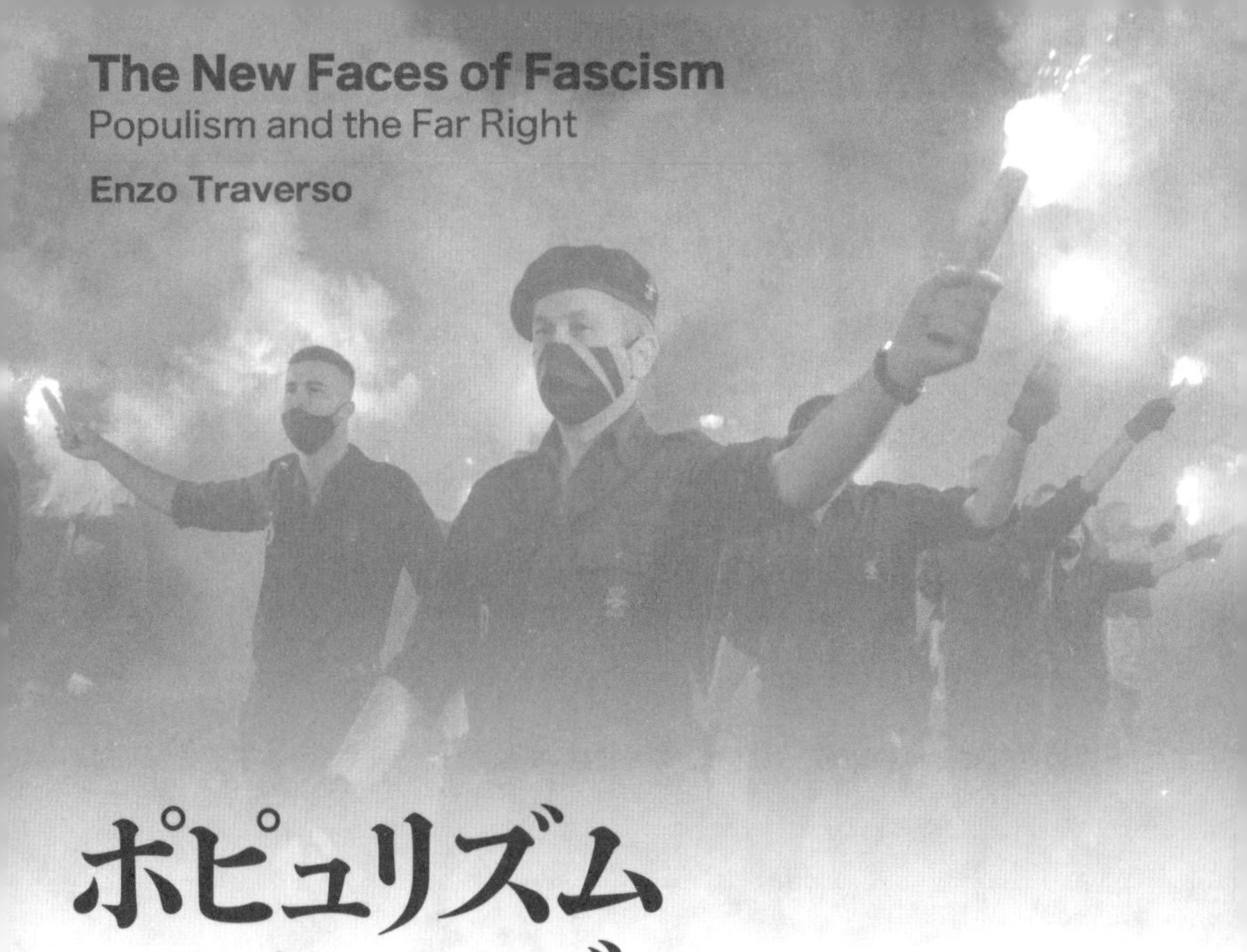

The New Faces of Fascism

Populism and the Far Right

Enzo Traverso

ポピュリズムとファシズム

21世紀の全体主義のゆくえ

エンツォ・トラヴェルソ

湯川順夫 訳

作品社

エンツォ・トラヴェルソ

ポピュリズムとファシズム

——21世紀の全体主義のゆくえ

第I部　ポピュリズムのゆくえ——歴史としての現在

凡例

一　▼印と章ごとの通し番号は、原注が付されていることを示す。原注は、見開き左端に掲載した。
一　引用文中の〔　〕は、原著者による補足である。
一　◆印は、訳注が付されていることを示す。訳注は、見開き左端に掲載した。
一　［　］で括った割注は、訳者による補足である。

第Ⅰ部

ポピュリズムのゆくえ

歴史としての現在

［第1章］

ファシズムからポピュリズムへ

現在台頭しているポピュリズム、二一世紀の極右勢力は、彼らが出発点とした〝二〇世紀のファシズム〟というモデルに囚われてはいない。常に生成変化し、新しいイデオロギーを取り入れており、「ポスト・ファシズム」と規定するべきである。もはや彼らは、体制を転覆する勢力として存在を誇示するのではなく、体制の内部からの変革をめざす「正常」な勢力として自らを演出している。

新自由主義が世界を席巻し、階級格差、生活の困窮、異常気象などが増大した。これによる生活不安という土壌が、ナショナリズムとポピュリズムを繁殖させている。例えばフランスでは、歴代政権が、保護主義とナショナル・アイデンティティを煽動し、強権的・排外主義的な政策を強化し、「国民戦線」の主張に絶えず追随している。このような事態は、伝統的な諸政党の危機を促進している。ポスト・ファシズムは、これまでの政治システムの破綻の兆候なのである。右派から左翼に至る既存の諸政党は、社会的な支持基盤を失ない、これまでの伝統的路線を放棄している。

1……二一世紀のポピュリズムは、ファシズムなのか？

過激な右翼の台頭は、今日の歴史的局面を表わす最も顕著な特徴の一つである。

二〇一八年時点で、EU八か国（オーストリア、ベルギー、デンマーク、フィンランド、イタリア、ポーランド、ハンガリー、スロバキア）の政府が、民族主義的で外人憎悪《ゼノフォビア》◆の極右派政党によって率いられている。これらの政党はまた、EU主要三か国の政治的舞台を二翼化させている。

フランスでは、「国民戦線」◆が二〇一七年の大統領選挙の決選投票では破れたものの、その得票率は異例の三三・九％という高さに達した。イタリアでは、「北部同盟」◆が右派連合戦線の中でヘゲモニーを握る勢力となり、新内閣を組閣し、ベルルスコーニの「フォルツァ・イタリア」を小勢力へと追いやった。ドイツでは、「ドイツのための選択肢」◆が二〇一七年の国政選挙に参戦し、ほぼ一三％の票を獲得したが、その結果、アンゲラ・メルケル首相の立場は大きく弱体化させられることとなったので、キリスト教民主同盟は、社会民主党との連立をもう一度続けざるを得なくなった、これまで賞賛されることが多かったドイツの「例外」が消え失せ、メルケルは、移民と難民に対する「寛大な」政策を再考する意向を表明した。

EUの外側でも、プーチンのロシアとその「衛星国」の一部は、ナショナリズムをせき止める唯一の要塞となるには、およそほど遠い存在となっている。アメリカ大統領へのドナルド・トランプの当選とともに、民族主義的・ポピュリスト的・人種差別主義的で、外人憎悪の新たな右翼の台頭が、全世界的な現象になった。一九三〇年代以降、世界は右翼過激派がこれと同じような形で伸長していくような経験をしてこなかったので、今日のこうした彼らの発展は、不可避的にファシズムの記憶を呼び覚ますことになって

◆外人憎悪　本書では*xenophobia*を「外人憎悪」とした。これは「外人」が当該国の国籍を得ているかどうかということは関係なく、その国の主流派とみなされているエスニシティの観点から捉えられている見方である。たとえば、フランスのイス

ラム系移民の中では、フランス語を話しフランス国籍をもっている人は多いが、主流のフランス人から見ると「外人」であって、しばしば憎悪の対象となっている。

◆**国民戦線**　仏の極右政党。一九七二年、ジャン＝マリー・ル・ペンを中心に、「フランス統一のための国民戦線」の名称のもと、新右翼の団体「新秩序」（Ordre Nouveau）の政治部門として設立。国粋主義や反共主義を掲げ、当時の新左翼運動に対抗する形で規模を拡大。伊のネオファシスト政党「イタリア社会運動」（ＭＳＩ）をモデルに、植民地主義者、ペタン（対独協力政権）派、反共主義者、プジャード派、王党派など右翼勢力の統合を目ざした。一九七〇～八〇年代は、選挙での得票率はきわめて低かったが、社共連立政権の経済政策の失敗や移民問題の顕在化などにより地方選挙で存在感を増し、一九八四年の欧州議会選挙ではじめて議席を獲得し、一九八六年の下院選では三五議席を得た。一方、移民を治安や失業問題と結びつけた主張により、レイシズム（人種主義）の象徴として批判を浴びた。冷戦が終結し反共主義では支持を得られなくなると、反グローバル化、仏の主権維持を訴え、ＥＵにも批判的な立場をとるようになり、それによって既成政党に対する批判票の受け皿となっていった。さらに二〇〇二年大統領選では、候補者が乱立し左派票が分散したため、ル・ペンが決選投票に進むことになった。しかし、このことで仏社会に危機感が広まり、また二〇〇七年の大統領選ではサルコジが右傾化したこともあって、国民戦線への支持は再び低迷した。

しかし二〇一一年、ジャン＝マリー・ル・ペンの三女マリーヌ・ル・ペンが党首になり、国民戦線からファシズムや人種差別的要素を排除し、その代わりに反イスラムや反グローバル化を掲げると、二〇一二年の大統領選では保革候補に次ぐ第三極の座を占めた。二〇一〇年代に入ると経済危機やテロ事件、さらに難民の流入などもあり、国民戦線の経済的・社会的な反グローバル路線は一般有権者からの支持を集めるようになった。二〇一五年には、ジャン＝マリー・ル・ペンを除名しさらに極右色を薄め、二〇一七年の大統領選ではマリーヌ・ル・ペンが大統領選の決選投票に進出し、下院選では八名もの議員を輩出するまでになった。二〇一八年、党名を「国民連合」に変更した。

◆**北部同盟**　イタリア北部のいくつかの地方政党が結集して一九九一年に結成。当初、その中心的主張は、農業中心の貧しい南部を、いつまで工業地帯の北部は支え続けければならないのか、とする北部の人々の一部にあった不満に訴える政策であったが、その後、次第に、外国からの移民排除・反ＥＵという形で、その政策はイタリア全体を問題にする右派政党としての主張を打ち出すようになった。二〇一八年、郷土主義を想起させる「北部」の名称を外し「同盟」に改称した。

◆**ドイツのための選択肢**　二〇一三年に結成された保守派の右翼政党。略称「ＡｆＤ」。メルケル首相のＥＵ政策に反対し、グローバリゼーションに不満をもつ人々の間で支持を拡大し、急成長を遂げている。特に旧東ドイツ地区で支持される。二〇一九年の連邦議会総選挙では、九四議席を獲得。イスラム系移民に対しては厳しい政策と実施すべきとし、党綱領で「イスラムはドイツに属していない」と明記している。

いる。その妖怪が現代の論争の中に再び登場し、歴史記述と過去の公的な使用との関係の問題を再開させている。ドイツの歴史学者ラインハート・コセレクは、歴史的事実とその言語的表現との緊張がある、という点をわれわれに思い起こさせた。[1] 概念は、歴史上の経験を考えるうえで不可欠だが、概念はまた新しい経験を把握するためにも使うことができるのであって、こうした新しい諸経験は、時間的経過の持続の網の目を通して過去と結びついている。歴史的比較は、同質性と繰り返しよりも、むしろ類似性と相違とを確認しようと試みるものなのだが、この比較は歴史と言語のこの緊張から生じるのである。

2……古典的ファシズムとポスト・ファシズム

今日、右翼過激派の台頭は、語義に関する曖昧さを示している。

一方において、ファシズムについて公然と語るものは――ギリシャの「夜明け」やハンガリーの「ヨッビク」（「より良いハンガリーのための運動」）やスロバキアの「国民党」を例外として――誰もいないし、大部分の観測筋はこうした新しい運動と一九三〇年代のそれらの祖先との違いを認めている。

他方において、この新しい現象を定義しようとするいかなる試みも、両大戦間の時期と今日のこの現象とを比較・対照することを意味することになる。ようするに、ファシズムの概念は、この新しい現実を捉えるためには不適切であると同時に不可欠でもあるのだ。したがって私は、現局面を「ポスト・ファシズム」の時期と呼ぶことにする。この概念は、年代順の特殊性を強調し、連続性と変化の両方を意味する歴史的な時系列の中にそれを置いてみようとするのである。それは確かに始まりつつあるすべての問題に対して答えるものではないのだが、変化の現実を強調しているのである。

まず第一に、われわれは、ファシズムの概念が第二次世界大戦後においてさえ頻繁に使われてきたという点を忘れるべきではない。それは、ラテン・アメリカの軍事独裁体制を定義するためだけではなかった。一九五九年、ドイツの哲学者テオドール・アドルノは、「民主主義内部における国家社会主義の残存勢力」の方が、「民主主義に反対するファシズムの残存勢力」よりも潜在的にはより大きな危険である、[2]と書いた。一九七四年、イタリアの映画作家ピエル・パオロ・パゾリーニは、新自由主義の資本主義の人類学的モデルを、かつてムッソリーニ政権がある種の「古典的《パレオ》ファシズム」として引き返すことのできない原始的な存在として登場したのに譬えて、「新しい資本主義」として描いた。[3]

そして、最近の数十年間においてすら、ベルルスコーニのイタリアを解釈しようとする多くの歴史家は、それが古典的ファシズムとの間で、たとえ親子のような関係があるとはしないまでも、親密性があることを認めた。もちろん、この政権と歴史的なファシズムには大きな違いがあるが——国家崇拝に代わって市場崇拝、「壮大なパレード」に代わってテレビの広告という形で——、ベルルスコーニの民主主義に関する国民投票についての概念やカリスマ的指導性は、ファシズムの原型を強く呼び起こした。[4]

このちょっとした余談は、ファシズムが、民族や大陸をも超える[5]だけではなくて、同時に歴史をも超えるものであることを示している。集団的記憶は、概念とその公的な使用との結びつきを定着させ、通常、歴史記述の次元を超えるものとなる。この見方に立てば、ファシズムは（われわれの政治的語彙の中で、それ以外の多くの概念と大いに類似する形で）、ファシズムを生み出した時代を超える可能性があるとみ

▼1 Reinhart Koselleck, 'Social History and Conceptual History', in *The Practice of Conceptual History: Timing History, Spacing Concepts*, ed. Todd Samuel Presner, Stanford: Stanford University Press, 2002, 20–37.

▼2 Theodor W. Adorno, 'The Meaning of Working Through the Past', In *Critical Models: Interventions and Catchwords*, ed. Lydia Goher, New York: Columbia University Press, 2005, 90.

▼3 Pier Paolo Pasolini, *Scritti corsari*, ed. Alfonso Berardinelli, Milan: Garzanti, 2008, 63.

▼4 Paolo Flores D'Arcais, 'Anatomy of Berlusconismo', *New Left Review* 68, 2011, 121–40. さらに、Antonio Gibelli, *Berlusconi passato alla storia: L'italia nell'era della democrazia autoritaria*, Rome: Donzelli, 2011.

▼5 Federico Finchelstein, *Transatlantic Fascism: Ideology, Violence, and the Sacred in Argentina and Italy 1919–1945*, Durham: Duke University Pres, 2010.

なせるだろう。アメリカとイギリス、フランスが民主主義国であるということは、それら諸国の政治制度のそれぞれの独自性を否定したり、あるいは、それら諸国の政治システムが（古代ギリシャの）ペリクレス時代のアテネの民主主義と一致するものであると主張したりすることを意味するものではない。

二一世紀には、ファシズムは、ムッソリーニやヒトラー、フランコの顔をさらけ出すことはないだろう。あるいはまた、それが全体主義的な恐怖政治の形を取ることもない（と望めるかもしれない）。それでもやはり、民主主義の破壊につながる多くの道があることも明白なのだ。民主主義への脅威についてありきたりの決まり文句のように儀式のよう語るのは――とりわけ「イスラムのテロリズム」などと言うのは――、一般に、敵を外部に存在する存在として描くものなのだが、こうした言い方は、民主主義が内部から破壊される可能性がある、というファシズムの歴史の根本的教訓を忘れてしまっているのだ。

じつは、ファシズムというのは、われわれの歴史的意識とわれわれの政治的想像力の鍵をなす部分なのである。しかし今日の情勢の多くの側面が、この歴史関連を複雑なものにしているのである。こうした新しい状況の中でも顕著なものになっているのは、イスラムのテロリズムの台頭であって、コメンテーターや政治主体がそれをしばしば「イスラム・ファシズム」と定義している。新しい右翼過激派は自らがまさに「イスラム・ファシズム」に反対する砦なのだと表現しているので、「ファシズム」という言葉は、解釈に役立つカテゴリーというよりも、むしろわれわれの理解を妨げるものとなっているように見える。

したがって、「ポスト・ファシズム」の概念の方がより適切であるように思われる。明らかにこの概念は限界があるにもかかわらず、それは、われわれが依然として変化の途上にあり、まだ結晶化していない過渡期の現象や運動を記述する助けとなる。まさにこの理由からして、「ポスト・ファシズム」は、「ファシズム」の概念と同じ水準にあるわけではないのである。ファシズムに関する歴史的記述をめぐる論争は依然として決せられてはいないが、それは、その年代的な、政治的な境界線が充分に明白になっている現象を定義しているのだ。われわれがファシズムについて語る時、何について語っているかに関して何ら曖昧なところはないが、右翼過激派の新しい勢力は、異なるさまざまな分子から成る混合的な現象なのである。それらは、すべての国で、たとえヨーロッパの中でも、フランスからイタリアに、ハンガリーからポーランドとウクライナに至るまで、一定の共通点を有しているものの、同じ特徴を示していないし、それぞれも相互に大きく異なっているのだ。

3……生成変化するポスト・ファシズム

ポスト・ファシズムはまた、ネオ・ファシズム、すなわち、古典的《パレオ》ファシズムを永続化させ、再生させようとする試み、とは区別されるべきである。

古典的《パレオ》ファシズムは、とりわけ、過去二〇年間にわたって中欧地域で出現し、歴史的なファシズムとの自らのイデオロギー的連続性を公然と主張してきたさまざまな党や運動（たとえば、ハンガリーの「ヨッビク」）の場合に当てはまる。ポスト・ファシズムはそれとは異なる。たいていの場合、それは古典的なファシスト的背景に由来していることは本当なのだが、今ではその形態を変えている。この星座に属する多くの運動は、もはやそのような起源を主張していないし、自身をネオ・ファシズムとは明確に区別している。いずれにしても、これらの運動は、古典的なファシズムとのイデオロギー的連続性をもはや公然と表明してはいないのだ。

これらの運動を定義するに当たって、運動の歴史的起源に関して、われわれはそれを産み出した子宮を無視することができないのだが、同時に、その変貌をも考慮に入れなければならない。こうした運動は、自らを変えてきたのであり、それは、その最終的結末が予測し得ないような方向を取りつつ進行している。その運動が、まさにその正確なイデオロギー的特徴をもつものとして、何か別の存在であるという形をとって定着する時、われわれも何か新しい定義を創り出さなければならないだろう。ポスト・ファシズムは、不確定で不安定な、しばしば矛盾するイデオロギー的内容を明らかにしており、その中では、矛盾した政治的・哲学的諸要素がともに混在しているような歴史性――二一世紀初頭という歴史性――をもつ独特の体制に属している。

　その歴史がよく知られているフランスの運動「国民戦線」は、こうした変化の典型である。ヨーロッパの政治舞台で注目を浴び、近年、成功を収め、今日その存在を示していることからして、それは多くの点で象徴的な勢力となっている。「国民戦線」が一九七二年に結成された時、それがフランス・ファシズムの子宮から産み出されたことは明白であった。その後、数十年間にわたって、この運動は、民族主義者からカトリック原理主義派やプジャード運動◆、植民地主義者（とりわけ「フランスのアルジェリア」に郷愁を抱く勢力）に至るさまざまな極右潮流を結集することに成功した。この作戦が成功を収める鍵となったのは、自らとヴィシー政権やフランスの植民地戦争とを分かつ歴史的な時間的経過が相対的に短かったということがあったからだとも考えられる。党結成の時点では、この党を構成するファシスト的分子が、他の勢力を結集し、党の活動の原動力としての役割を果たすことができたからである。

「国民戦線」はすでに一九九〇年代に発展し始めていたが、この党がようやく本当に脱皮し始めたのは、二〇一一年にマリーヌ・ル・ペン◆が党の指導者になってからだ。[6]その言説は変わり、党はもはやその古いイデオロギーや政治的原理を主張しなくなり、自らの立ち位置を大きくフランスの政治舞台の中に移しさえした。自らへの信頼性を気にかけて、この党は、痛みをともなわない「通常の」オールタナティブな選択肢として自らを打ち打ち出すことによって、現在の第五共和国の制度への参加を追求したのだった。もちろん、この党は、EUや伝統的な既存の体制には反対したが、それらに対する破壊的勢力として登場することをもはや望まなくなった。すべてを変えることを望んだ古典的ファシズムとは違って、「国民戦線」の野心は、今では体制をその内部から変えることであった。この点について、ヒトラーやムッソリーニですら合法的チャンネルを通じて権力を掌握したのだとする異議が出されるかもしれないが、この異議は妥当ではない。そこには、法の支配を打倒し、民主主義を一掃しようとするヒトラーとムッソリーニの意志がはっきりと確認されるからである。

　マリーヌ・ル・ペンが初期の「国民戦線」から引き継いだ相続は、政治的遺産というものをはるかに超えた、生物学的な親子関係という形を取っている。その権力を娘に引き渡したのは父親であって、それによって運動は王朝的な特徴を与えられることとなっている。しかしながら、このために、この民族主義の党は今や一人の女性に率いられるようになった。この事態は、ファシスト運動にとってはこれまでにまったく前例のないものである。また、そこでは、父と娘との間の、実際には、初期の「国民戦線」に固執する潮流と党を何か別のものに変えたいと思っている潮流との間の、イデオロギー的対立が最も明白な形で現われていて、「国民戦線」にはこの緊張がはっきりと刻印されている。「国民戦線」は変貌し始めているが、その路線変更がまだ結晶化されていない。変化はまだ進行中である。

4……ＥＵはポスト・ファシズムを阻止できるか？

この新たな極右の台頭に対して、ＥＵがそれを矯正する「治療薬」なのだと見るのは危険な幻想である。ヨーロッパ構想については、それを評価する膨大な数のレトリックがなされているにもかかわらず、ＥＵ

◆**プジャード運動**　一九五三年、仏のロート県サンセレの一文具書籍商Ｐ・プジャードが、中小商工業者の政治的不満を背景に起した反議会主義的極右運動。

◆**マリーヌ・ル・ペン**　一九六八年〜。ジャン＝マリー・ル・ペンの三女。二〇一一年、「国民戦線」の第二代党首に選出。二〇一二年の仏大統領選挙の第一回投票で三位となる。二〇一七年の大統領選挙では第一回投票で二位となり、決選投票でマクロンに敗北した。妊娠中絶や同性愛を容認し、反ユダヤ主義的発言を理由に父親を除名した。反イスラム主義的姿勢をとっているが、その理由としてイスラム系移民が同性愛に反対しているためだとし、ムスリム移民の排斥を唱えるのではなく「フランス社会にふさわしいイスラム」を求めていくのだと発言している。イスラム過激主義者に反対するムスリムの中には、ル・ペンに投票した人もいるという。

▼**6**　国民戦線の歴史に関しては多くの文献が存在する。その歴史の概要については、次のものを参照すること。Valerie Igounet, *Le Front National de 1972 à nos jours: Le parti, les hommes, les idées*, Paris: Seuil, 2014.

の政策の数十年間の結果はその制度が破綻したことを明らかにしている。現代のEUのエリート層とその創設者たちとの対照的な姿は、否定し得ない。その対照はあまりにも強烈なので、われわれは、その反動として、EU創設の父たちを賛美したい誘惑に駆られることだろう。私がここで述べているのは、悲惨な戦争の最中に連邦のヨーロッパを想像したアルティエロ・スピネッリ◆のような知識人のことではない。私が想起しているのは、コンラート・アデナウアー◆やアルチーデ・ガスペリ◆、ロベール・シューマン◆というEUの設計者たちのことである。スーザン・ワトキンス◆が最近私たちに思い起こさせてくれたように、以上の人物はすべて、民族主義が最高潮になっていた一八九〇年代に生まれ、人々が馬車で旅行していた時代に育っている。[7]

これらの人物たちはおそらく、ドイツに関するヨーロッパ的概念を共有していたのだろう。アデナウアーは、ケルン市長だったことがあり、デ・ガスペリは、ハプスブルク朝下の（オーストリア帝国）議会でイタリア系マイノリティを代表していたし、シューマンは一九一四年の前にドイツ統治下にあったアルザス地方のストラスブールで育った。三人が会う時には、ドイツ語を話し、三人ともプロイセン的民族主義や汎ゲルマン主義とはほど遠いコスモポリタニズムや多文化主義のドイツ・バージョンを擁護していた。[8]三人には、対立する世界の中にあって、ヨーロッパを共通の運命をもつ存在として描くというヨーロッパについてのビジョンがあり、大陸規模の内戦から抜け出したばかりの諸民族に対してこのプロジェクトを提案したというかぎりにおいて、勇気のある人々であった。彼らの経済統合の計画――石炭と鉄鋼の部門――は、政治的意志にもとづいたものであった。彼らは、共同市場を、金融的な従属の行為としてではなくて、政治的な統合の最初のステップとして考えた。善かれ悪しかれ、ヘルムート・コールとフランソワ・ミッテランは、政治家らしく行動する最後の人物であった。この二人は、三人の前任者並みの偉大さを備えてはいなかったが、銀行と国際金融機関の利害の単なる執行者というわけでもなかったのである

二一世紀への境目の時期に以上の政治家たちに取って代わった次の世代の政治指導者たちは、何のビジョンももっていなかった。この世代は、自らの政策の選択では常に世論調査に頼るというかぎりにおい

て、思想の欠如をポスト・イデオロギーのプラグマティズムの美徳であるとして誇りにしていたし、何ら勇気も持ち合わせていなかった。その典型例がイギリスのトニー・ブレアである。彼は、嘘と日和見主義と出世主義の達人であり、今日、自国で途轍もないほどひどく評判を落としてしまったのだが、今なおいくつかの金儲けの事業に関わっている。確信的なヨーロッパ主義者であり、戦後のイギリスの指導者の中でも最も親ヨーロッパ的である彼は変化を体現している。伝統的な右翼と左翼との間の亀裂を超える新自由主義の政治的エリートの誕生である（タリク・アリ◆はこれを「極中央派」と呼んだ▼9）。ブレアは、フランス社会党のフランソワ・オランドとイタリアのマッテオ・レンツィと、そしてある程度はドイツのアンゲラ・メルケルに対してさえ、そのモデルとなってきた。メルケルは、社会民主党との完全な協調の下で統治している。今日、新自由主義が、社会民主党とキリスト教保守派との両方の潮流を飲み込んでしまった。

◆**アルティエロ・スピネッリ**　一九〇七〜八六年。欧州連邦主義運動を興した共産主義グループ所属の欧州議会議員で、欧州連合設立条約草案を採択させた。
◆**コンラート・アデナウアー**　一八七六〜一九六七年。西ドイツの初代連邦首相。キリスト教民主同盟（ＣＤＵ）の初代党首。
◆**アルチーデ・ガスペリ**　一八八一〜一九五四年。イタリアの政治家。キリスト教民主主義の創設者。
◆**ロベール・シューマン**　一八八六〜一九六三年。ドイツ系のフランスの政治家。欧州議会の議長を務めた。
◆**スーザン・ワトキンス**　英誌『*New Left Review*』の編集者。
▼7　Susan Watkins, 'The Political State of the Union', *New Left Review* 90, 2014, 5–25. https://newleftreview.org/issues/II90/articles/susan-watkins-the-political-state-of-the-union
▼8　Tony Judt, *Postwar: A History of Europe Since 1945*, London: Penguin Books, 2005, 157［トニー・ジャット『ヨーロッパ戦後史』上（一九四五－一九七一）・下（一九七一－二〇〇五）（みすず書房、二〇〇八年）］。
◆**タリク・アリ**　一九四三年〜。パキスタンで生まれ、一九六〇年代の国際的な青年運動世代の一員であり、現在は英国のジャーナリスト・映像作家。
▼9　Tariq Ali, *The Extreme Center: A Warning*, London: Verso, 2015.

この変化の結果、ヨーロッパのプロジェクトそれ自体が袋小路に入ってしまった。ビジョンがこのように喪失してしまったために、EUは、金融権力が要求する諸政策を実施する任務を引き受ける機関へと変質してしまう一方、この勇気の欠如が政治的統合の過程のいかなる前進をも妨げることになっている。世論の動向を気にかけるEUの政治家たちは、いかなる戦略的ビジョンをもち合わせていず、次の選挙よりもさらに先のことを考えられないのだ。古い国家主権に戻ることも不可能であるが、さりとてヨーロッパの連邦制度を建設していくことも望まないので、EUは麻痺してしまい、恐ろしい奇怪な怪物を創り出してしまった。法的・政治的存在でもなく、民主的な正当性ももたない主体である「トロイカ」は、それでもやはり実質的権力を有していて、ヨーロッパ大陸を統治している。つまりIMF（国際通貨基金）とECB（欧州中央銀行）、EU委員会が各国政府に対して政策を命じ、その政策の実施を査定し、強制的な調整についての決定を下しているのである。

この「トロイカ」は、二〇一一年末と二〇一八年夏にイタリアで起こったように、各国の執行府それ自身をも変えることができる。前者の二〇一一年のケースでは、ベルルスコーニから、欧州中央銀行とゴールドマンサックス社の信頼を得ているマリオ・モンティへと首相の交代がなされたし、後者の二〇一八年のケースでは、セルジョ・マッタレッラ大統領が、議会の多数派によって支持された内閣の経済大臣の任命を拒否した。多くの新聞が、この経済大臣候補を、「ヨーロッパ懐疑派」、すなわちEU通貨に敵意を抱いている、と書き立てたからである。モンティは、「トロイカ」が決定した処方箋の実施を担当する、選挙で選出されたわけではない技術専門チームのリーダーだった。二〇一八年には、「北部同盟」の排外主義的で強権的な要求への一連の譲歩と引き換えに、経済財務大臣をパオロ・サヴォナからジョヴァンニ・トリアに交代させたが、これは「トロイカ」がトリアの方がより信頼できるとみなすことができたからだった。人間の「生死」を決定する権利、――古典的な主権国家の本質的特徴をなしていた権利――こそまさに「トロイカ」がギリシャの債務危機の期間中に強制した権利であったが、これはこの国全体を絞め殺しかねないものとなった。「トロイカ」には守るべき自身の特別な利害がなくなってしまう場合には、ＥＵはもはや存在しなくなり、分解する。たとえば、今日の難民危機に対して、各国は自国の国境を閉鎖したいと考えている。こうした情況の下では、排外主義的政治家であっても、もはやＥＵの統治と矛盾しないということになる。

ＩＭＦがＥＵには属していないし、「ユーログループ」がＥＵ財政閣僚の非公式の会合であり、（自身の規約に従う）欧州中央銀行も独立的機関である以上、この圧倒的に強大な権力は、いかなる国の議会からもいかなる民衆の主権からも発せられたものでもない。こうして、多くのアナリストが観測してきたように、「トロイカ」は「例外状態」を体現することになる。それでも、この例外状態は、古典的な政治理論にもとづいて「政治の自立」を表現した過去の独裁体制の多くの特徴を共有してはいない。ＥＵの今日の情勢においては、この例外状態は一時的なものではなくて、正常な機能のあり方なのであって――例外がルールになっている――、それは「金融への政治の全面的な従属」を意味している。[10] ようするに、それは、ある種の金融の独裁、新自由主義の「リヴァイアサン」を打ち立てている例外状態なのだ。「トロイカ」が、ルールを定め、それらをさまざまなＥＵ諸国に伝達し、そのうえでその実施をコントロールする、というわけである。これは、結局のところ、（ドイツの財務相を務めた）ヴォフガング・ショイブレの「オルド自由主義◆」である。それは、政治のルールに従う資本主義ではなくて、自身のルールを指示する金融資本主義である。政治家は、カール・シュミット的な意味での「コミサール◆」として行動することができるかもしれないが、それが体現し、すべての法的ルールが従っているある種の存在法である「ノモス」は、

▼10 政治的なものの自立については、次のものを参照すること。Carl Schmitt, *The Cocepat of the Political*, ed. George Schwab, University of Chicago Press, 2007［カール・シュミット『政治的なものの概念』（未来社、一九七一年）］。

◆**オルド自由主義** 二〇世紀ドイツで生まれた社会思想で、自由主義思想の一つ。新自由主義の源流の一つとされる。独占・寡占を導く古典的自由主義（自由放任主義）と計画経済はともに全体主義や経済の破綻を導くと批判し、消費者主権の経済を主張した。そのため再分配を支持し、カルテルやコンツェルンを否定する。

経済的・金融的なものであって、政治的なものではない。こうして、法的‐政治的合理性と経済的‐経営的合理性とが共存する現代の民主主義の本質的な矛盾は、統治の技術を用いて政治的機関――民主主義――を消し去ることによって解決策を見出したのである。[11] 言い換えれば、政府は統治に取って代わられたのであり、政治の金融化の結果は、国家を、会社と新自由主義の道理の普及という二つの目的のための手段に変質させたのである。[12] ジャン＝クロード・ユンケル◆以上に、見事にこのような金融的な例外状態を人格的に体現する人物が誰かいるだろうか？　彼は、自らが租税回避資本主義の祖国に変えたルクセンブルクで二〇年間にわたって指導者の役割を果たしてきた。一九世紀にマルクスによって練り上げられた国家の定義――全ブルジョアジーの共同事務を処理する委員会――が、ＥＵにおいて、そのほぼ完全な形で体現されたものを見出せるようになった。

もしＥＵが、ブレグジット（英国のＥＵ離脱）のトラウマを経験した後にそのコースを変えることができなければ、それがいかに生き残れるのかについて――さらにはＥＵの存在がそれに値するものなのかどうかについてさえ――、おそらくわれわれは疑問を抱くようになるだろう。今日、ＥＵは極右の伸長への障壁として立ちはだかってはいず、むしろそれに火をつけている。実際、ＥＵの分解は、これらの運動の発展のあり方に予想し得ないような影響を与える可能性がある。もしＥＵが分解し、経済危機を誘発することになれば、極右派はさらにひどく急進化していく可能性がある。こうしてポスト・ファシズムは、ネオ・ファシズムの軌跡をたどることもあり得るだろう。この過程は、一つの国から別の国へとドミノ効果的に広がっていくだろう。ぞっとするようなこうしたシナリオを、法外なものとして排除できるものは誰もいない。このことは、「ポスト・ファシスト」的右翼の過渡的で、不安定な性格をよりいっそう際立たせる。

われわれはまだそのような地点には至っていない。今日、グローバル経済における支配的勢力――金融資本――は、それがフランス大統領選におけるマリーヌ・ル・ペンを意味するのか、それとも他国のネオ・ファシストを意味するのかに関わりなく、これらの運動に賭けていない。実際、金融資本はＥＵの政治的中枢、すなわち、これは「極中央派」を支持している。これらの勢力は、ウォール・ストリートがアメリカの大統領選で（トランプではなく）ヒラリー・クリントンを支援したのとまったく同じように、ブレグジットに反対した。右翼過激派が権力に到達し、ＥＵが分解するという前記のシナリオが現実のものになるとすれば、それにはヨーロッパ大陸全体にわたる支配的な社会的・政治的なブロックの再編成がともなわなければならないだろう。

混乱が長引く情勢の下では、どんなことも起こり得る。これは、基本的に一九三〇〜三三年の時期にドイツで生じたことであって、この時期、ナチは〝はみ出し的存在〟〝怒れる庶民の運動〟から抜け出て、ビッグビジネスや実業界や金融界のエリートにとっての、さらにその後には軍部にとっての避けがたい対話者となった。両大戦間の時期、ファシズムは自らがボリシェヴィズムに反対する選択肢であると主張した。けれども、一九三〇年代とは異なって、今日のヨーロッパの危機は、（少なくとも予測し得る来るべき時期には）左翼的な解決策に道を開くようには思われない。信頼し得る左翼のオールタナティブの欠如は、矛盾した多様な結果をもたらしている。

◆**カール・シュミット的な意味での「コミサール」**　カール・シュミットは、独の法学者・政治学者。ワイマール政権下で議会制民主主義・自由主義を批判し、ナチに協力した。コミサールとは、君主や国民などの主権者から統治などの任務を委任された執行委員のこと。

▼11　この区別はジョルジョ・アガンベンによって概念化され、分析されている。Giorgio Agamben, *The Kingdom and the Glory: For a Theological Genealogy of Economy and Government*, Stanford University Press, 2011［ジョルジョ・アガンベン『王国と栄光――オイコノミアと統治の神学的系譜学のために』（青土社、二〇一〇年）］。

▼12　Wendy Brown, *Undoing the Demos: Neoliberalism's Stealth Rvolution*, New York: Zone, 2015, 70-78［ウェンディ・ブラウン『いかにして民主主義は失われていくのか――新自由主義の見えざる攻撃』（みすず書房、二〇一七年）］。

◆**ジャン＝クロード・ユンケル**　欧州委員会委員長を務めた（在任二〇一四〜一九年）。元ルクセンブルグ首相（在任一九九五〜二〇一三年）。

古典的ファシズムの根本的支柱は、反共主義だった。ムッソリーニは、自らの運動を「革命に反対する革命」と定義した。ポスト・ファシストの想像力の中には、これと同類の観念はまったく存在していない。その想像力が、塹壕《ざんごう》の中で鍛え上げられた鋼の肉体をもつ兵士といったような、エルンスト・ユンガー風の人物像などに取り憑かれることはいっさいない。今日のポスト・ファシストたちが知っているのは、フィットネス・クラブで訓練した普通のボディービルダーだけなのだ。共産主義と左翼は、もはや第一の不倶戴天《ふぐたいてん》の敵ではないし、過激な保守主義の許容限度を超える存在ではないのだ。このポスト・ファシストの心象風景の中では、ボリシェヴィキに取って代わったイスラムのテロリズムが、工場の中で活動するのではなくて、ポスト・コロニアルの移民たちが居住する郊外の中に隠れている。そうであるがゆえに、歴史的展望においては、ポスト・ファシズムは二〇世紀の革命の敗北の結果であるとみなすことができよう。共産主義が崩壊し、社会民主主義が新自由主義的統治を信奉するようになってからは、右翼の過激派は、まさにいかなる体制転覆の顔を示すことも控え、急進的左翼との競合関係に入ることをいっさい避けながら、多くの国々で「体制」に対立する最も影響力ある勢力となりつつあるのである。

しかし、このような立場は、右翼過激派にとって都合のよいことばかりではなかった。一九三〇年代においては、ヒトラーやムッソリーニ、フランコを受け入れる方向へとヨーロッパのエリート層を追いやることになったのは、反共主義であった。何人かの歴史家が指摘してきたように、それぞれの独裁者が、政治家や伝統的保守政党の多くの「誤算」によって得をしたということは確かであるけれども、当然のことだが、もしロシア革命と世界大恐慌がなければ、共和国の崩壊に直面したドイツの経済界・軍部・政界のエリート層が、ヒトラーによる権力の掌握を許しはしなかっただろう。今日、経済エリートの利害は、右翼過激派によってではなくて、EUの側の方によって、はるかにしっかりと代表されているのである。ユーロが崩壊し、ヨーロッパが混乱した不安定な状態に追いやられた時にはじめて、右翼は、信頼できる対話者に、潜在的な指導部となり得るだろう。残念なことに、そんな可能性がまったくありそうもないとは、とても言えない。わが政治的エリートたちは、一九一四年という瀬戸際になって「夢遊病者」を呼び出してしまう。「ヨーロッパの協調」の提唱者たちは、何が起こっているかわからないままに、パニックに陥ってしまったのである。[13]

極右派は、国が異なればそれぞれ別の顔をもっているのであり、ドイツやフランス、イタリアと同じやり方で、ギリシャで極右派に対して闘うことはできない。しかしながら、われわれは、フランスの例からいくつかの指標を導き出すことはできる。この国の政治システムは、大統領選挙が行なわれるごとに一貫して、極右を途方もなく大幅に増幅させることになっているからである。ジャン・マリーヌ・ルペンがはじめて第二回の決選投票にまで進めるようになった二〇〇二年の大統領選挙の激震の後、「国民戦線」は国内政治の問題を提起できるようになった。三〇年かけて、今、大統領選の第二回決選投票にその娘のマリーヌ・ル・ペンが進出することは、普通の事態だと思われるようになり、彼女は今日、エマニュエル・マクロンに反対する野党の指導的人物となっている。ニコラ・サルコジが内相であった時、「〝郊外〟（労働者階級とマイノリティのエスニック集団の住民が大量に居住する大都市周辺の郊外地域）を一掃する」との公約を打ち出した。その後、彼は大統領となり「移民・国民アイデンティティ省」を創設した。テロリストの衝撃によって緊張が激化する風潮の中で、社会党のフランソワ・オランド大統領の下にあった国民政府は、極右派が提案した政策をさらによりいっそう推進する政策を採用した。こうして、マニュエル・ヴァルス首相は、まずはじめに非常事態を布告し、次には、見境のない警察の暴力が行使され、その中でテロリストたちからフランス市民権を剝奪しようとした――この試みは最終的には成功しなかったのだが。共和国のレトリックは、「治安的」政策に道を開くこととなった。

政府に反対する政治的反対派勢力や社会運動は「国家の安全」に脅威をもたらすものとみなされるようになる一方、国家はポスト・コロニアル世界出身の住民に対する差別と猜疑の法を制定していった。テ

▼13 Christopher Clark, *The Sleepwalkers: How Europe Went to War in 1914*, Londonn: Allen Lane, 2012［クリストファー・クラーク『夢遊病者たち――第一次世界大戦はいかに始まったか』１・２（みすず書房、二〇一七年）］。

ロリズムの源泉とみなされたこれらの住民は、二重国籍をもっている可能性が最も高い人々であり、したがって、フランス市民権の剝奪の脅威によって最も大きな影響を受ける人々である。もしわれわれが本当に国の治安を保障するために強権的で外人を排斥する国家が必要だと言うのなら、その場合には、「国民戦線」がそれをもたらす最も信頼できる勢力として必ず登場することだろう。こうした特別法規を維持するとマクロン政権は決定したのだが、そのような法は、「国民戦線」が提案した多くの提案の中に常に含まれていたものであった。

自らを右翼だとしている政府も、左翼だとしている政府も、ともに今日のフランス政府のように、緊縮政策を実施した。これに対して、マリーヌ・ル・ペンは「白人の」庶民階級の利益を擁護すべきだと主張している。「フランス的血統のフランス人」「生え抜きのフランス人」を、というわけだ。これは、左翼に見捨てられ、政治的指針を自ら失ってしまい、これまでは選挙で棄権に逃避していた庶民の有権者の一部を惹きつけるのに充分なものである。

5……右翼ポピュリズムと左翼ポピュリズム

多くの学者は、今日の極右の運動と政党を、「ナショナル・ポピュリズム」という共通のイデオロギーを基盤にする新しい政治的ファミリーとして描いている。[14] フランスでは、この概念は、一九八〇年代中頃に知識人の世界で登場した。これはとりわけ、ピエール＝アンドレ・タギエフ◆のおかげであり、タギエフはそれについてより体系的な定義を与えようとしたのだった。[15] 一見すると、今日ではそのような概念が三〇年前に比べるとより当を得ているように思われる。今や、「国民戦線」のような党と古典的なファシズムとの間には、はるかに多くの明白な相違が存在しているからである。しかし、ポピュリズムの概念は、あまりにも広い範囲にわたって濫用されているので、もっともな強い疑問を引き起こしている。一方では、その境目が自在に変動していてすべてを包摂するように見えるために、この現象はほとんど捉えがたいものになっている。他方では、それ自身の独自の輪郭とイデオロギーを備えた全面的な政治現象としてポピュリズムを語ることもまた不可能なのである。

この用語が、ロシアやアメリカのポピュリズム（一八六〇年代以降のナロードニキ、一八九二～九六年の期間のアメリカ農民の人民党）、第三共和国の初期の時期のフランスでのブーランジェ運動[16]のようないくつかの一九世紀の現象、あるいはまた二〇世紀の大きく異なるさまざまなラテン・アメリカのポピュリズムに当てはまるのだが、ポピュリズムというのはイデオロギーというよりもすぐれて政治のスタイルだ、という点で歴史家の間で一定の合意が存在している。それは、大衆を「体制」への反対へと動員するために、国民の「生来の」美徳を賞賛し、国民とエリート層とを――さらには社会それ自身と既存政治体制とを――対立させるようなレトリックの手順なのである。

だが、われわれは、そうしたレトリックをじつに多種多様な指導者や運動の中に見ることができる。近年、「ポピュリズム」という非難が、フランスのニコラ・サルコジやマリーヌ・ル・ペン、ジャン・リュック・メランション、イギリスのナイジェル・ファラージやジェレミー・コービン、イタリアのシルヴィオ・ベルルスコーニやマッテオ・サルヴィーニ、ベッペ・グリロ、ハンガリーのヴィクトル・オルバーン、スペインのパブロ・イグレシアス、アメリカのドナルド・トランプやバーニー・サンダース、ベネズエラ

▼14 Jean-Yves Camus and Nicolas Libourg, *Les droites extrêmes en Europe*, Paris: Seuil, 2015.

◆**ピエール＝アンドレ・タギエフ**　一九四六年～。差別と反ユダヤ主義を専門とするフランスの哲学者・歴史学者。フランス国立科学研究センターの研究部長を務めた。

▼15 次の論文を参照すること。Jean-Pierre Rioux, ed., *Les Populismes*, Paris: Perrin, 2007.

▼16 これらのテーマに関する古典的著作には次のものがある。Franco Venturi, *Roots of Revolution*, New York: Grosset and Dunlap, 1966; Michael Kazin, *The Populist Persuation: An American History*, Ithaca, NY: Cornell University Press, 1998; Zeev Sternhell, *La Droite Révolutionnaire, 1885–1914: Les origins du fascisme*, Paris: Éditions du Seuil, 1978; Loris Zanatta, *El Populismo*, Buenos Aires: Katz Editores, 2013.

のウーゴ・チャベス、ボリビアのエボ・モラレス、エクアドルのラファエル・コレア、アルゼンチンのネストル・キルチネルとその妻のクリスチーナに対して浴びせかけられた。

以上の人物相互のじつに大きな違いからすると、「ポピュリズム」という言葉は、空の貝殻となってしまい、それにはじつに雑多な異なる中身を詰め込むことができる。この概念が弾力的で曖昧である点を考慮に入れて、マルコ・デラーモは、それはこの言葉が投げかけられている人々を定義するというよりも、むしろその言葉を投げかけている人々を定義することになっている、と指摘している。それは、反対勢力に烙印を押すのに役立つのだ。政敵に向けて「ポピュリズム」というレッテルを絶えず貼り続けるというのは、この用語を振りかざしている側の人間が人民に対して軽蔑の念を抱いているという点を、まず何よりも暴露しているのだ。緊縮政策と不平等をともなう新自由主義の体制が規範として確立される時、それに対して反対するすべての人は自動的に「ポピュリスト」[17]になる。「ポピュリズム」は、人民からよりいっそう離反した立場に立つ政治エリート層によって、自己防衛のメカニズムとして利用されるカテゴリーなのだ。フランスの哲学者ジャック・ランシエールによれば、

ポピュリズムというのは、民衆の正統性と学識の正統性とのあいだで激化する矛盾を覆い隠し、学識の統治が民主主義の発現やさらには代表制という混合形態に順応することの難しさを覆い隠すのに都合のよい名称である。この名称は、寡頭制の念願とするところを隠すと同時に暴露する。すなわち、民衆なしに、言いかえれば、民衆の分割なしに統治すること、政治なしに統治することである。[18]

『エル・パイス』(スペイン)から『ラ・レプブリカ』(イタリア)、『ル・モンド』(フランス)、『ガーディアン』(イギリス)、『フランクフルター・アルゲマイネ・ツァイトゥング』(ドイツ)に至るヨーロッパの新聞から判断すると、「ポピュリズム」の伸長は、一方では社会政策――緊縮政策に対する異議申し立て、最低賃金の引上げ、公共サービスの擁護、公共支出削減に対する拒絶――、もう一方では外人憎悪

や人種差別主義にもとづく政治、の両方に基盤を置くのである。これは、「ポピュリズム」という言葉が作り出す混乱のもう一つの例にすぎない。この論理に従えば、EUにおける「トロイカ」の新自由主義的政治を批判する者は誰であろうと、ポピュリストだということになる。こうして、ギリシャの「シリザ◆(Syriza：急進左派連合)」(少なくとも二〇一五年までは)、今日のスペインの「ポデモス◆(PODEMOS：〝われわれには可能だ〟)」は、一律にポピュリストと定義されてきた。われわれがまさにこのようにして相互間の根本的なイデオロギー的相違をうまい具合に無視することができるかぎりおいては、既存体制に反対するありとあらゆる種類の政治家を、同じバッグに詰め込めることになるのだ。ポピュリズムという概念は左翼と右翼との区別を消し去ってしまうのであって、それによって政治を理解するうえで有益な羅

▼17 Macro D'Eramo, 'Populism and the new Oligarchy', *New Left Review* 82, 2013, 5–28.

▼18 Jacques Rancière, *Hatred of Democracy*, London, Verso, 2006, 80 [ジャック・ランシエール『民主主義への憎悪』(インスクリプト、二〇〇八年)、一〇八頁]。

◆**シリザ** (Syriza：急進左派連合) 南欧の債務危機に直撃されたギリシャでは、EUから強制される福祉削減などの緊縮政策の強制によって厳しい生活を余儀なくされ、EUに対する不満が高まっていた。その不満を受けて、約三〇の左翼団体・エコロジスト団体などが結集し、シリザを結成。シリザが母体となって結成された「急進左派連合」が、二〇一五年の総選挙では第一党に躍進した。反緊縮を掲げる右派の少数政党と連立政権を組み、欧州初の反緊縮政権となったが、EUとの交渉において譲歩を引き出すことはできなかった。それを受けてシリザ指導部は、一転して、増税、公共部門の民営化の実施など、緊縮政策の導入に踏み切り、大衆的支持を急速に失った。

◆**ポデモス** (PODEMOS：〝われわれには可能だ〟) スペインでも、南欧の債務危機におけるEUからの緊縮政策の押し付けに対して、大衆的な抗議運動が巻き起こり、人々がマドリードのプエルタ・デル・ソル広場を埋め尽くした(これが米での二〇一一年のウォール・ストリート占拠運動にもつながっていく)。ポデモスは、この広場を占拠した運動を源流として、二〇一四年に結党。結党から二〇日間で一〇万人以上の党員を集め、党員数で三番目の政党に急成長した。二〇一六年、左派の諸政党や市民グループと選挙連合「ウニドス・ポデモス」を結成。二〇一九年の総選挙では下院で四二議席を獲得し、反緊縮政策をとる社会労働党政権に閣外協力をしている。

針盤をぼやけさせてしまうのだ。

　たとえ、最も微妙な相違を考慮した鋭く広い見識に立ってポピュリズムを厳密に概念化しようと試みても、その試みはこうした認識論上の罠に不可避的に落ち込んでしまう。ポピュリズムは、一連の一般的特徴——強権主義・政治的宗教であると考えられている過激なナショナリズム、カリスマ的指導性、多様性や法の支配に対する反感、「国民」に関する一枚岩的・同質的見方、デマゴギー的なレトリックなど——の形に定式化された抽象的なカテゴリーになってしまうのだ。こうした特徴は、一部の極右派や左翼の運動には当てはまる。しかしながら、抽象的なカテゴリーを定義するためには、それらの歴史的な系統とそれらの社会的・政治的目的との両方を無視しなければならないのだが、この二つはそれぞれの勢力の間では劇的なまでに大きく異なっているのである。

　アルゼンチンの歴史家でヨーロッパのファシズムを研究したフェデリコ・フィンチェシュタインの評価によれば、「ポピュリズムとはもともと、ファシズムに関する戦後の再定式化として出現した民主主義の強権的形態の規定のことである」。「ポピュリズムは、依然として歴史的にも発生起源的にも」、このファシズムの母型と「結びついている」というのである。もしそうであるとすれば、フィンチェスタインの予定調和的な類型論を理解するのは、きわめて困難である。それは、「ネオ古典的な左翼ポピュリズム」、すなわち、ラテン・アメリカにおけるウーゴ・チャベス◆、ラファエル・コレア◆、エボ・モラレス◆、ヨーロッパにおけるポデモスやシリザによって体現される左翼政治潮流を含んでいるからである[19]。アイザイア・バーリン◆が、自らの古い保守的な英知を披露しながら、「プラトン的なポピュリズム」の空虚さを指摘したのは、けっして間違っていたわけではなかったのだ。バーリンは、この問題に取り組む中で、多くの学者たちがおかしなシンデレラ的なコンプレックスにかかっていることを発見したのだった。「ここに一足の靴——『ポピュリズム』という言葉——がある。どこかにそれに合う足があるに違いない[20]」というわけだ。

　別のもう一つの例もまた、この誤解を明らかにしている。前記のさまざまな例は、すべて「ポピュリズム」のレッテルのもとにしばしば一括りにされるのだが、ラテン・アメリカのポピュリズムとポスト・ファシズムとの間には一つの根本的な違いがある。ウーゴ・チャベスの政治的スタイルを見てみると、彼がとりわけポピュリストであったことがわかる。彼はしばしば、コミュニケーションの技術として民衆への扇動を利用し、定期的に人民に訴えかけたが、自分が人民を体現しているのだと主張した。そのように主張するのは時として正しかった。二〇〇二年、ベネズエラの右翼とアメリカ大使館によって組織されたクーデターの試みから彼を救ったのは、民衆の蜂起であった。それがいかなる限界があろうと、ラテン・アメリカのポピュリズムは、富の再分配を追求しており、通常では排除されている社会層を政治システムの中に包摂するという目標を掲げている。[21] これらの政権が実施した諸経験に関する政治経済学は今後の討

◆**ウーゴ・チャベス** 一九五四～二〇一三年。ベネズエラで、貧困層からの根強い支持を受けて一九九九年に大統領に。左翼的政策に不満をもつ国内の富裕層や米政府などが、反チャベス運動を展開しクーデタも試みられたが、二〇一三年に病死するまで大統領の地位にとどまった。

◆**ラファエル・コレア** 一九六三年～。エクアドルの経済学者で、二〇〇六年に左翼政党連合の支援を受けて大統領に当選。二〇一七年まで大統領を務めた。

◆**エボ・モラレス** 一九五九年～。ボリビア史上初めての先住民出身の大統領。反政府運動の中心人物として活動し、二〇〇五年に大統領に当選。新自由主義・グローバル経済に対して対決姿勢を取ったが、二〇一九年にクーデタで失脚した。二〇〇〇年代初め、ベネズエラのチャベス、エクアドルのコレアと並ぶ、ラテンアメリカの反米左派政権の台頭を象徴する政治家。

▼**19** Federico Finchelstein, *From Fascim to Populism in History*, Berkley: University of California Press, 2017, 98, 251, 101.

◆**アイザイア・バーリン** 一九〇九～九七年。英の哲学者。オックスフォード大学で教鞭を執った。ラトビアのユダヤ系の出身。著書『自由論』（みすず書房、新装版二〇〇〇年）はよく知られている。

▼**20** 一九六七年にロンドン・スクール・オブ・エコノミクスで開催されたポピュリズムに関するシンポジウムでのアイザイア・バーリンの発言。Ibid., 128 からの引用。

▼**21** Carlos de la Terre, 'Left-wing Populism: Inclusion and Authoritarianism in Venezuela, Bolivia, and Equador', *The Brown Journal of World Affairs* 23: 1, 2016, 61–76.

論に委ねられるべき問題であることは確かだが、これらのラテン・アメリカのポピュリズムの目標は本質的に社会的なものなのだ。しかし国家のほとんどすべての富を代表している石油収入を活用し、ベネズエラ経済を多角化したりすることができなかったために、原油価格の下落を受けて、国を破局の瀬戸際にまで追いやることになってしまった。そのカリスマ的指導性と国民投票的な討議は、確かに民主主義の真の形態ではないけれども、『エル・パイス』紙と『フィナンシャル・タイムズ』紙によるこれらの国々に対する反ポピュリズム・キャンペーンには、それぞれその動機は異なるけれども、根拠があるのだ。ラテン・アメリカでは、左翼ポピュリズムが新自由主義の攻勢に反対する最も一貫した政治的抵抗形態なのだ。

それとは反対に、西ヨーロッパにおける「ポピュリスト」政党は外人憎悪と人種差別主義という特性を帯びているのであって、その目標は、社会の片隅へと追いやられている最底辺の最も不安定な人々を排除することである。これら人々とはまず第一に移民を意味する。したがって、右翼的ポピュリズムを「リベラル・デモクラシー」の「老衰した混乱」であり、「周辺へと追いやらた仲間に入れてもらえなかった人々の反乱」であると定義したマルコ・レヴェッリ◆は正しかった[22]。以上の根本的な違いを考慮に入れると、「ポピュリズム」や「ナショナル・ポピュリズム」の概念は、論争の境界を明確にするのを助ける代わりに、混乱を生み出す。こうした定義は、左翼と右翼の両方の潮流によって共有し得るもっぱら政治的スタイルにのみ焦点を当てるのであって、その結果、根本的な本質がぼやかされてしまうことになる。この観点からすると、ポピュリズムは、盛んに使われてきたもう一つの概念である「全体主義」の双生児なのだ。全体主義の概念は、ファシズムと共産主義との一目瞭然とも思える表面的ないくつかの類似性を強調することによって、この両者を共通の性格をもつ政治体制であると描くのである。ポピュリズムと全体主義はともに、古典的なリベラリズムを歴史的・哲学的・政治的規範であるとする見方を前提としてもっている。この二つはまた、未成熟で危険な民衆に対して上位に立って恩着せがましい態度を取る、遠方からの観察者からの外からの尊大な眼差しを前提としている。ポピュリズムに関するエッセイを著わしているヤン＝ヴェルナー・ミュラー◆のような立場を異にする分析すら、この概念の頻繁な濫用を批判する練習問題となっている。このエッセイの最後は、ポピュリズムが、代表制リベラル民主主義の制度的形態の深刻な危機に不意を打たれている現代の支配者に対する警告とみなすことができる、という指摘で結ばれている。[23]

マルコ・デラーモ◆が、ミュラーのエッセイについての書評でこう書いている。

> ポピュリズムに関する今日のありきたりの言説は、自らを君主の顧問だと信じている知識人が作り上げたものだ。当然にも、この概念を生み出している知識人の連中は、自分たちを「人民」の一部であるとみなしてはいない。これら知識人は人民に対しては、家父長的な態度を取って、たまには慈悲の心を示すが、警戒心を抱いているのは言うまでもないが、いら立ちと怒りをもって、人民を見下しているのだ。[24]

◆**マルコ・レヴェッリ**　一九四七年～。イタリアの政治社会学者。東部ピエモンテ大学教授。本書巻末解説の第1節を参照（二五四頁～）。

▼**22** Macro Revelli, *Populismo 2.0*, Turi: Einaudi, 2017, 4.

◆**ヤン＝ヴェルナー・ミュラー**　一九七〇年～。プリンストン大学教授で、専攻は政治思想史。最新著作の『ポピュリズムとは何か』のほかに、邦訳書として『試される民主主義――二〇世紀ヨーロッパの政治思想』上下巻（岩波書店、二〇一九年）がある。

▼**23** Jan-Werner Muller, *What Is Populism?*, Philadelphia: University of Pennsylvania Press, 2016, 103 [ヤン＝ヴェルナー・ミュラー『ポピュリズムとは何か』（岩波書店、二〇一七年）]。

◆**マルコ・デラーモ**　一九四七年～。イタリアのジャーナリスト。左派系の日刊紙『イル・マニフェスト』で長年にわたる執筆を続けるとともに、英の『ニューレフト・レビュー』誌など、外国のメディアにも記事・論文を執筆している。

▼**24** Marco D'Eramo, 'They, the People', *New Left Review* 103, 2017, 135.

6……トランプ現象はファシズムなのか?

二〇一六年のアメリカ大統領選挙におけるドナルド・トランプの勝利は、全世界的規模で政治の基軸を右へと移行させたが、事態の深刻さはヨーロッパを含む全世界的レベルで感じられている。それはそうなのだが、彼の勝利はそれ自身の脈絡の中で注意深く分析されるべきである。投票日の前夜まで、ヒラリー・クリントンの勝利が不可避だと思われていたので、最終結果は驚きと深いショックとともにやってきた。『ニューヨーク・タイムズ』紙にとって、民主党には八〇%以上の勝利のチャンスがあったのであって、同紙の読者は、ヒラリー・クリントンの敗北後、現実の生活の中で事実に反する歴史を自分たちが経験しているという悪夢の中に投げ込まれてしまったのではないか、という印象を抱いたのだった。これまでとは異なるもう一つの現実の中で生活しているのではないかと、人々は感じたのだ。それは、フィリップ・ロスが『プロット・アゲンスト・アメリカ——もしもアメリカが……』(集英社、二〇一四年)が描いたフィクションの中で、一九四一年の架空の選挙でチャールズ・リンドバーグが勝利したかのような、また、フィリップ・K・ディックの『高い城の男』の中で描かれているように、第二次大戦後のアメリカが帝国日本とナチのドイツに支配されていたりするような、あるいはまた、最近のアメリカの放送局HBOのドラマでの(南北戦争を描いた)『コンフェデレット』(南部連合)で想定されている北軍に対する(南軍の)ロバート・E・リー将軍の勝利のようなものだった。

ヒラリーの勝利がそれほどまでにまったく必然的だと考えられていたので、トランプの成功は「歴史の法則」を侵害するようなものだと思われた。自国で二〇年間、ベルルスコーニ的体制を経験してきたイタリア人にとって、これはむしろそんなに驚くべきことではなかった。われわれは、トランプの勝利がはるかにより根本的な影響を及ぼすことになるだろうとはっきり認識していたにもかかわらず、すでにどちらかと言うと無関心になってしまっていたのだった。より綿密に大統領選の結果を観測するならば、われわれの導き出すべき結論は明白である。メディアが予測することができなかったのは、ネオコン派の巨大な波の到来ではなくて——実際にはこうした波は起こらなかった——、むしろ民主党票の分解であった。トランプは、アメリカの独特の選挙制度のおかげで勝利した。彼はヒラリー・クリントンよりもかなり少ない票数しか獲得できなかったばかりでなく（ほぼ三〇〇万票も彼女よりも少なかった）、二〇一二年の大統領選挙での共和党のミット・ロムニー候補の得票数をも下回った。トランプの勝利は、民主党の一連の伝統的な拠点州でのヒラリー陣営の壊滅のおかげであった。われわれは、あたかもこの国が新しいカリスマ的指導者によって催眠術をかけられてしまったかのように、アメリカの「ファシズム化」を目撃しているわけではないのである。むしろ、われわれが眼にしているのは、大量の棄権票が生まれ、デマゴギーに訴えるポピュリスト政治家が抗議票を獲得するという形を取った、既存の政治・経済体制に対する根深い拒絶であった。

選挙戦全体を通して、トランプとベニート・ムッソリーニとが類似しているという点が繰り返し取り上げられた。トランプは、『ネイション』誌や『ニュー・リパブリック』誌のようなリベラル左派の定期刊行物によってだけでなく、『ニューヨーク・タイムズ』紙や『ワシントン・ポスト』紙のコラムニストによっても「ファシスト」と定義された。そのように決めつけた人々の中には、ロバート・ケーガンのようなネオコン派のアナリストも、さらにはマデレーン・オルブライト元国務長官までも含まれていた。[25]こうした評価の多くは、この共和党の大統領候補の個人的資質に焦点を当てた皮相な分析であった。それは、古典的なファシスト指導者の習性に最もよく似通っているトランプの特性を強調するものだった。トランプは自身を、思索家ではなくて、「実行力のある人」であると見せかけ、攻撃的な性差別主義をまき散らし、とりわけ低俗で乱暴なやり方で自分の精力を見せびらかし、宣伝手段として外人憎悪と人種差別

▼25 Robert Kagan, 'This Is How Fascism Comes to America,' *Washington Post*, 18 May 2016; Madeleine Albright, *Fascism: A Warning*, New York: Harper, 2018.

主義を武器にし、ムスリムとラテン系の人々を叩き出すことを公約し、警官がブラック・アメリカンを殺害した時には、警官に賛辞を送り、オバマに対してはその経歴からして彼が本当のアメリカ人ではないと示唆しさえした。「アメリカを再び偉大な国によみがえらせる」とするトランプの公約は、まず何よりもアメリカをもう一度、白人のものにするということを意味している。[26] 有権者の排外主義につけ込み、二〇一八年以降に社会的不平等を悪化させる役割を果たしてきた産業空洞化と経済危機のために手ひどい打撃を受けている庶民階級の擁護者を装った。[27] テレビに登場すると、彼のカリスマ的資質がアメリカの家庭の居間に一挙にどっと流れ込んだ。彼は普通のアメリカ人には属していないし、一貫して普通のアメリカ人を搾取してきた人間なのだが、自らの強権主義的なものを覆い隠そうとはせず、デマゴギーを使って普通のアメリカ人が置かれている状況と腐敗したワシントンの政治システムとを対照的に示すのである。ヒラリー・クリントンとのテレビ討論の時には、彼は、ひとたび自分が大統領に選出されたあかつきには、ヒラリーを監獄に送り込むとの脅しをかけさえした。以上のすべてのファシスト的資質は否定しがたい。だが、ファシズムは特定の政治指導者の人格のせいにすることはできないのだ。

　トランプは、大衆的なファシスト運動によってではなく、テレビのスターダムにのし上がることよって、権力の座に引き上げられた。この観点からすると、彼は、ムッソリーニというよりも、むしろベルルスコーニに譬えられる。トランプは、自分の背後には組織的な軍隊がないというただそれだけの理由から「黒シャツ隊」〔イタリアのファシスト党の民兵組織〕（あるいは「茶シャツ隊」〔ナチの突撃隊の異称〕）部隊をワシントンに進軍させるという脅しをかけるようなことはしない。彼は、ウォール・ストリートとワシントンのエリート層に対する民衆の憤激を体現することができたが、それこそクリントン一家がその象徴となっているものであった。そうではあっても、彼自身もこの国の経済的エリートの代表なのである。彼が、既存体制の柱の一つとしてそびえ立っているいわゆる「グランド・オールド・パーティー」（GOP）である共和党の候補者である以上、既存体制に反対する彼の闘いはそれだけにかえってよりいっそう逆説的なものなのである。これまで、彼は、ファシスト運動を作り上げるよりもGOP（共和党）を変える方がより有効であることを証明して見せた——大統領選挙の間、共和党のほぼすべての高官たちは彼の立候補に対して距離を置かなければならなかった。ブッシュ時代の終了以降、共和党を特徴づけてきたのは、党の危機であった。党はアイデンティティの危機とイデオロギー的目標の喪失に直面していた。トランプはこれを利用することができた。政治的には、彼は、政治の場での強権的方向への転換を代表しているが、社会・経済の場では一定の折衷主義を示している。彼は保護主義的であると同時に新自由主義的でもある。一方で、メキシコとの自由貿易協定に終止符を打ち、ヨーロッパと中国の両方に対して関税障壁を打ち立てたいと思っているが、他方では、大幅に減税を行ない、社会サービスを全面的に民営化したいと望んでいるのである。したがって、彼は、オバマ政権がすでに実施していたむしろ最も控え目な社会政策、とりわけ医療の面での社会政策を解体しようと決意している。

この観点からすると、ユーロに反対しているヨーロッパの右翼は、トランプに比べてはるかにずっと「社会的」である。アメリカでは、既存体制に対する社会的反対を代表したのはバーニー・サンダースだった。古典的ファシズムは新自由主義的ではない。それは、国家主義的であり、帝国主義的であって、軍事的拡張主義の政策を促進する。トランプは、反国家主義的で、むしろ孤立主義者である。彼は、アメリカの戦争に終止符を打ちたいと考えていて、（そこにはさまざまな多くの矛盾があるけれども）プーチンのロシアとの和解を追求している。ファシズムは常に、民族的・人種的コミュニティーの考えを支持したのだが、トランプは個人主義を説いている。彼は、外人憎悪で反動的なアメリカニズム・バージョンを、社会ダーウィニズムの独立独行の男、銃を携帯する権利を主張する自警団員、移民の国で少数派になりつつある白人の憤りを体現している。この国では、一世紀前にも、南ヨーロッパと東ヨーロッパからのカトリック系やギリシャ正教系のキリスト教徒、さらにはユダヤ人の流入に反対して、WASP（アングロサ

▼26 Adam Shatz, 'Wrecking Ball', *London Review of Books*, 7 September 2017, 17.
▼27 Ross Douthat, 'Is Donald Trump a Fascist?', *New York Times*, 3 December 2015.

クソン系の新教徒の白人）のナショナリズムが湧き起ったが、トランプは、まさにそれとまったく同じように、少数派になりつつある人々の危惧とフラストレーションを明示して見せることによって、有権者の四分の一の票を獲得したのだった。

したがって、この点で、歴史家ロバート・O・パクストン◆の言葉に従えば、このアメリカ大統領の振る舞いは無意識で無自覚なものである、なぜなら、彼がヒトラーやムッソリーニに関する本をたったの一冊も読んだことはないからだ、という点をも付け加えるならば、われわれはトランプを〝ファシズムなしのポスト・ファシスト的指導者〟であると定義することができよう。▼[28] トランプは、コントロールも予測もできないガタのきた精密さを欠く大砲である。われわれが事態を適切な歴史展望の中に位置づけるならば、これが古典的ファシズムと同じでないことは明白である。両者を比較することによって類似点を引き出すことはできるが、トランプのプロフィールを両大戦間の時期からくる歴史的パラダイムの枠の中で描き出すことはできないのだ。状況はまったく違いすぎている。

「ウォール・ストリート占拠◆」、スペインの「15-M◆」運動、フランスの「夜に立ち上がる◆」などの運動が、二〇世紀の共産主義からかけ離れているのと同じだけ、トランプも古典的ファシズムから隔たっていると言うことができよう。今日のこうした諸勢力の社会的・政治的対立は、共産主義とファシズムとの歴史的対立とまったく同じほど深い。しかし、たとえこうしたアナロジーを指摘できても、そのことは、両極のどちらの主体も二〇世紀の歴史を引き継ぐものとして自らのアイデンティティを認めていることを意味するものではない。言い換えれば、トランプの「ファシズム」について語るというのは、歴史的連続性を確認できるというわけでも、彼が意識的にすすんでその遺産を奉じているということを指摘するものでもないのだ。

当然、そこには驚くほどの類似性がある。トランプは、産業の縮小と二〇〇八年の経済恐慌によって手痛い打撃を受けてきた庶民階級の味方であると主張しているが、むしろ、それらに責任ある主要勢力――金融資本――を攻撃しないで、別のスケープゴートを提起することによって、そう主張しているのだ。彼の選挙キャンペーンもまた、ファシストの一九三〇年代の反ユダヤ主義のさまざまな要素を再生産したものであり、それはその敵に対して神話とエスニックの面での均質的な民族的コミュニティーを擁護しようとするものであった。かつてユダヤ人はファシズムの特別な敵であった。トランプは、この敵のリストを変更して、さらに長いものにした結果、今ではリストには黒人・ラテン系・ムスリム・非白人の移民も含まれるようになった。選挙結果は都市と農村との信じられないほどの分断を明らかにした。（大統領選では、トランプはすべての都市で敗北した。彼が六〇％以上の票を獲得した州においても都市では敗北したのである）。この分断は、経済危機と外人憎悪との積年の関連を証明している。とどめがたい多民族化の

◆**ロバート・O・パクストン**　一九三二年〜。米の歴史学者。邦訳書に『ヴィシー時代のフランス――対独協力と国民革命１９４０〜１９４４』（柏書房、二〇〇四年）。

▼**28**　次のものを参照すること。Isaac Chotiner's interview with Paxton, 'Is Donald Trump a Fascist?', *Slate*, 10 February 2016.

◆**ウォール・ストリート占拠**　二〇一一年、ニューヨークのウォール街で発生した、経済界・政界への大衆的な抗議行動。リーマンショックを受けて、新自由主義政策による貧困の増大、格差の拡大に、金融資本の無制限の私的利益追求への反発が高まったことによる。世界のわずか一％の富裕層が、残りの圧倒的多数の人々を搾取し貧困に追いやっているとして「１％対99％」というスローガンを掲げた。この時期、スペイン、イタリア、ギリシャ、中東全域の「アラブの春」など、格差拡大に抗議する占拠運動が世界的に出現した。

◆**15－M**　スペインの債務危機の中で、二〇一一年、失業と公共サービスの削減を中心とする緊縮政策に抗議して始まった運動。同年五月一五日の統一地方選挙の一週間前に、抗議行動が呼びかけられ、全国に拡大し、プエルダ・デル・ソル広場を始めとする多くの広場が占拠された。その後のポデモスの運動の先駆けとなった。

◆**夜に立ち上がる**　二〇一六年春、仏で発生した大規模な抗議行動。解雇をより容易にする、超勤手当を削減するなどの労働法改悪の試みに対して、非正規の不安定雇用の拡大に直撃されている若者（労働者、学生、高校生）が立ち上がり、毎晩、レプブリック広場などに集まり占拠し、コンサートや講演会や討論会を行なった。既存の労働組合や左翼政党による新しい運動として注目された。

高まりに直面して、不安と外人憎悪という反応がアメリカの白人全体に広がってきた。スケープゴートに依拠した政治がこれを利用し、増幅させている。トランプのレトリックでは、「既存体制」という言葉は、古い反ユダヤ的決まり文句を再生し、定式化し直したものであって、こうした古い反ユダヤ的決まり文句は、土地に根ざした高潔で仲むつまじい、平穏なコミュニティーのものであって、こうした地方の古いコミュニティーは、匿名で知識人であり、かつコスモポリタン的である腐敗した大都市からの脅威にさらされている人々なのである。

そうしたアナロジーのいくつかは滑稽で、ほとんどパロディーに類するものである。トランプが空港に着陸し、タラップを降りて滑走路に集まった群衆に演説するビデオがある。写真を撮るために携帯電話を前に突き出して興奮している人々の集まりは、奇妙なことに、さながらファシスト的敬礼の代わりをしているようでもある。このビデオの映像は、一九三六年のニュルンベルクのナチ党大会の記録映画『意志の勝利』のオープニング・シーンを思い起こさせる。ヒトラーはこの町に飛行機で向かい、歓喜に沸く群衆の歓迎を受けたのだった。しかし、これは偶然の類似にすぎない。ムッソリーニやヒトラーとは違って、おそらくトランプは、古いスタイルのカリスマ的指導者にとってのバイブルの書であったギュスターヴ・ル・ボンの『群衆心理』[29]をまったく読んだことはなかっただろうが、デマゴーグとしての彼の巧妙さは、その代わり、彼がテレビジョンの掟を熟知していることにあった。彼の多くの支持者が、エーリッヒ・フロムとテオドール・アドルノの一九五〇年の「権威主義的パーソナリティ」の分類の中のFスケール（ファシズム・スケール）に入るとみなされているということは、おそらく本当であろう。[30]しかし、ファシズムは、指導者の気質にも、（指導者を支持する人々の心理的気質がかに重要であるとしても）指導者支持者のそうした心理的気質にも、還元できないのだ。

問題はまさに、トランプが綱領をもっていないことであり、その点が歴史上のファシズムと彼を分けているという事実にあるのだ。両大戦間の時期の破局的情勢のもとで、ファシズムは、そのイデオロギー的な折衷主義にもかかわらず、衰退したかのように見えた自由主義秩序に対する全面的なオールタナティブを提案することができた。言い換えれば、ファシズムは、社会についての、新しい文明についての、プロジェクトを提起したのだ。トランプは、社会についてのオールタナティブなモデルを提唱しない。彼の綱領は「アメリカを再び偉大にする」ことに尽きる。彼は、アメリカ的な社会・経済モデルを変革することを望まない。それは、まさに彼自身がこのモデルから莫大な利益を得ているという、ただそれだけの理由からだ。

ファシズムは、経済に国家が強力な形で介入する時代に勃興した。この特性を、ソ連邦やファシスト諸国、ルーズヴェルトの「ニューディール」から出発した西側民主主義体制が共有していた。それは、フォーディズムの資本主義、工場の組立てラインと大衆文化の時代に生まれた。トランプは、新自由主義の時代に、資本主義が金融化し、個人主義が競い合い、不安定待遇が蔓延する時代に、登場した。彼が大衆を動員しているわけではなくて、アトム化された個人や窮乏化し孤立させられている消費者から成る大衆を惹きつけているのだ。新しい政治的スタイルを発明したわけではないし、兵士のように見えることも、軍服を着ることも望んではいない。ハリウッドのテレビ・シリーズの背景をなしているものに似た、享楽的でひどく低俗なライフスタイルをこれ見よがしに披露する。彼は、新自由主義の人類学的モデルを体現しているのだ。不動産業者であるムッソリーニやヒトラーを想像するのは困難だ。これこそ、トランプと、古いヨーロッパの民族主義的・人種差別主義的・外人憎悪の運動とを分けるものなのである。ヨーロッパのこの古い運動は、自分たちのファシスト的起源から離れることによって一定の社会的信用を得ようとしているのである。逆説的だが、アメリカはトランプのような右翼としての大統領をもったことはないのである。他方、六〇年前や一〇〇年前の、マッカーシズムや「赤の恐怖」に対する魔女狩りの時期に比べると、おそらく今日、ファシスト思想はそれほど広がってはいないだろう。

▼29 Gustave Le Bon, *The Crowd: A Study of the Popular Mind*, Mineola, NY: Dover Publications, 2002.
▼30 Theodor W. Adorno, ed., *The Autoritarian Personality*, New York: Harper, 1950.

トランプの勝利が孤立した事象だということを言いたいのではない。それは、EUの危機やブレグジット、二〇一七年のフランス大統領選挙をも含む国際情勢の一翼を形成する事象である。これは、既存の体制に、そしてある程度はグローバリゼーションそれ自体に（ユーロやEU、既存の体制に）異議を唱えるべく右から運動が出現するという全般的傾向の一環である。台頭するこうした勢力は、親ファシスト的な星座の配置図を描き出している。しかしそれは、時として系統がじつに大きく異なる多種多様で異質のものを結集することになる。

7……「反政治」――政治システムの機能不全を埋めるポピュリズム

もしポピュリズムというものが「反政治」の一つの形として定義されるのであれば、この用語が実際に何を意味するかを理解しなければならない。ピエール・ロザンヴァロン◆にとって、ポピュリズムは、政治の一つの「病理学的」な形、すなわち、「非政治」の純然たる政治形態（la politique pure de l'impolitique）だというのである。[▼31]「非政治」（あるいは「反政治」）の勝利は、代表制民主主義が、「カウンター・デモクラシー」、すなわち、民主主義によって必要されているものであると同時に、民主主義を殺す影響を与える可能性もあるカウンター・パワーによって麻痺させられ、ついには「吸い尽くされてしまう」ことを意味するにすぎない。これは、ルソーへの素朴な回帰として出現する可能性があるだろうが、権力に対する評価を行ない、それをチェックするためのこの手段――国民投票、透明性、永続的な統制、市民と権力の間に介在するいかなる中間的機関をも除去すること――は、それが代表制それ自体の原理に疑問を呈するようになる時には、民主主義を破壊するかもしれない。ロザンヴァロンによれば、これらのカウンター・パワーは、実りのあるものと危険なもののどちらにもなり得る「市民社会と政治領域との」ギャップを作り出すのである。一方において、「社会的不信」が市民の健全な警戒心を促し、それによって政府が社会の要求により強い注意を払うことを余儀なくさせるが、他方では、「それはまた中傷と否定の破壊的形をも促す可能性がある」[32]。

哲学者ロベルト・エスポジト◆は、「非政治的なもの」を、純然たる事実や物質性に還元してしまう政治への幻滅したアプローチだと定義している。古い政治神学の世俗化された形態としての近代政治に関する古典的なシュミット的ビジョンは、時代遅れとなってしまった[33]。近代的政治は、世俗的制度――まず最初に国家主権、次に議会、さらに憲法――の神聖化から成り立っている。絶対主義の紋章と典礼は共和国の儀式と象徴に取って代わられた。このビジョンの下では、政治勢力は価値観を体現することになる。政治的代表制はまたほとんど神聖な暗示的合意をもつことになり、多様性は思想の対立を、強力な知識人の参加を表現する。今日の政治家は、ほぼ例外なく自らを善良でプラグマティックな（そして最も重要なことは、ポスト・イデオロギー的な）マネージャーだとみなしている。政治は、価値観を体現するものであることを止め、その代わりに、権力や膨大な富の管理の純然たる「統治」と分配の場となった。政治の場では、政治家はもはや思想のために闘わなくなり、その代わりにキャリアを積み重ねる。この「非政治的なあり方」は、政治的代議制の根底にある物質的現実を明らかにしている。今日、通常「反政治」と呼ば

◆**ピエール・ロザンヴァロン**　一九四八年～。仏の歴史家・政治学者。仏民主労働総同盟の経済顧問、社会科学高等研究院研究ディレクターなどを経て、コレージュ・ド・フランス教授。

▼**31**　Pierre Rosanvallon, *Counter-Democracy: Politics in an Age of Distrust*, Cambridge University Press, 2008, 22［ピエール・ロザンヴァロン『カウンター・デモクラシー――不信の時代の政治』（岩波書店、二〇一七年）］。

▼**32**　Ibid., 253, 24.

◆**ロベルト・エスポジト**　一九五〇年～。イタリアの哲学者。ナポリ東洋大学教授などを経て、現在、イタリア人文科学研究所副学長。邦訳書に『近代政治の脱構築――共同体・免疫・生政治』（講談社選書メチエ、二〇〇九年）。

▼**33**　Roberto Esposito, *Categories of the impolitical*, New York: Fordham University Press, 2015; Carl Schmitt, *Political Theology: Four Chapters on the Concept of Sovereignty*, ed. George Schwab, Chicago: Chicago University Press, 2006［カール・シュミット『政治神学』（未来社、一九七一年）］。

れているものは、現代の政治に対する反発なのであって、現代の政治は、「主権的権力」――たいていの場合、空っぽの制度に取って代わられてしまっている――を奪われてしまい、「物質的機構」――すなわち、経済権力、官僚機構、そして政治的仲介機構としての軍隊の混合したもの――に切り縮められてしまっている。

ポピュリズムは、「反政治」を体現するものとみなされ、無数の批判にさらされている。しかし、こうした批判は、大部分の場合、「反政治」の本当の原因について口を閉ざしている。反政治は、政治の空洞化の結果なのである。最近の三〇年間で、中道左派政府と中道右派政府との政権交代は、いかなる本質的な政治的変化をも意味しなかった。なぜなら、政権の交代は公的資源を管理する人物の変更を意味するのであって、それぞれの政権は、政治政策のいかなる変更もすることなく、むしろ自身のあれこれのネットワークやコネ組織を利用しているだけだからである。

こうした政治のあり方のこの展開は、市民社会と国家の政治の両方における別の大きな二つの変化と結びついている。一方において、われわれは公共空間――権力の行動が分析され、批判されるような理性の批判的行使の場▼[34]――の物象化の増大を目撃している。なぜなら公共空間が独占的メディア企業とコミュニケーション産業とによって吸収されてきたからであり、他方では、特権が立法府から執行府へと絶えず移り続けているために、伝統的な権力分立には疑問が投げかけられるようになっているからである。この永続的な例外状態のもとでは、議会が法律を作成するというそもそもの役割が忘れ去られてしまい、執行府によってすでに決定されている法を批准するだけということにならざるを得なくなっている。こうした情勢の下では、「反政治」の発展は不可避だ。「反政治」のポピュリストを非難する批評家たちは、このような変質に同じく責任ある人々である。つまり、このような批評家は消防士だと見せかけた放火魔なのだ。

ポスト・ファシズムは一九三〇年代の先祖の「強力な」価値観をもはや保有していないが、それは、非政治的なところに落ち込んでしまった政治が残した空白を埋めることを目論んでいるのである。その処方箋は、政治的には反動的であり、社会的には退嬰的である。それは、国家主権の復活、経済的保護主義の形態の導入、絶滅の危機に瀕した「ナショナル・アイデンティティ」の擁護をともなっている。政治が信用失墜の状態に陥っているので、ポスト・ファシストたちは、集団的熟議のプロセスを破壊し、人民と指導者とを、ネーションとその指導者とを、融合させるような関係を目指す民主主義の国民投票的モデルを支持する。「非政治的」という用語は、第一世界大戦終結時のドイツにおける保守革命の指導的代表者の一人、トーマス・マンにまでさかのぼる長い歴史をもっている。[35] しかし、現代の反政治の形態は、右翼だけに属するものではない。イタリアでは、「五つ星運動」◆が代表制民主主義に対する退行的な批判を体現している。しかし、それは同時に、政治の現在の危機に対するオールタナティブの探求という水路を切り拓く可能性をも保持しているのである。しかしながら、既存の政治を実際には擁護しておきながら、その既存政治に対して「反政治」という烙印を押して批判しようとする試みは、あらかじめ破産する運命にあることは明白だ。

右翼過激派の新しい勢力は、共通するいくつかの特徴をもっていることは確かだ——まずその第一は、外人憎悪である。これはある種の刷新されたレトリックをともなっている。極右の新勢力は、たとえその外人攻撃が実際にはポスト・コロニアル地域出身の移民や住民に対して向けられているとしても、それは使い古された古典的人種差別主義を放棄している。第二は、この新しいナショナリズムの中核をなしてい

▼34 Jürgen Habermas, *The Structural Transformation of the Public Sphere: Inquiry into a Category of Bourgeois Society*, Cambridge, UK: Polity Press, 1991 [ユルゲン・ハーバーマス『公共性の構造転換——市民社会のカテゴリーについての探求』(未来社、一九九四年)]。

▼35 Thomas Mann, *Reflections of a Nonpolitical Man*, ed. Walter D. Morris, New York: Frederick Ungar, 1983 [トーマス・マン『非政治的人間の考察』全三巻(筑摩書房、復刻一九八五年)]。

◆**五つ星運動** スペインのポデモス、ギリシャのシリザなどと同様に、イタリアでも債務危機による緊縮政策の実施に苦しむ人々の抗議運動として二〇〇九年に始まった。ジャンロベルト・カザレッジョと人気コメディアンのジュゼッペ・ピエーロ・グリッペによって結成された。

るイスラム嫌悪が反ユダヤ主義に取って代わっているということである。この点については後で立ち戻ることにする。この極右派がまたそれ以外の共通的テーマをもっていることも確かであって、そこには、ナショナリズム、反グローバリゼーション、保護主義、強権主義が、一定のイデオロギー的変化をともないながらさまざまな形をとって織り込まれている。「国民戦線」は、もはや死刑制度の再導入を求めてはいないが、金融権力に従うのを拒否する強力な政府と主権国家を要求している。強権主義的で自給自足的ナショナリズムを提唱しているのである。

　そのような言説には、たとえもはや強力なイデオロギーに根ざすものでないとしても、一定の一貫性があるのだ。ムッソリーニやヒトラー、フランコの軍国主義的・帝国主義的言説は、もはや信頼を得ることができない。ポスト・ファシズムは、植民地帝国の再建や戦争の煽動を望んでいないし、中東における西側の戦争に対して反対していることからすると、この勢力が一見、「平和主義者」のようにも見える。もちろん、古典的ファシズムでさえ、整合性の欠如、緊張、対立という特性をもっていたのである。イタリア・ファシズムとドイツ・ナチズムは、未来派の前衛から保守派のロマン主義に至る、農村的神話から優生学に至る、多様な傾向を結集していた。後で見るように、フランスのファシズムとは、ペタン将軍の民族革命の枠をはるかに超えた多数の政治勢力や「同盟《リーグ》」やグループから成る銀河星雲であった。しかしながら、一九二〇年代と三〇年代には、イデオロギーがこの銀河の中では非常に重要な役割を果たした。そして、イデオロギーが演じる役割が、今日の極右に比べてかつての時代の方がはるかにずっと重要であったことは確かである。「国民戦線」の背後に、われわれは、かつての「アクション・フランセーズ」◆の指導者であるモーリス・バレス◆やシャルル・モーラス◆、ナチ占領下のパリやブリュッセルでの対独協力者の典型的人物であるロベール・ブラジヤック◆やアンリ・ド・マン◆などに匹敵するよう知識人を見ることはできない。

8……不用となった知識人とイデオロギー

極右を刷新してその政治形態を変えようとするいくつかの試みが、この数十年間、フランスでなされてきたが、その最も力強く洗練された潮流であるGRECE（ヨーロッパ文明調査・研究グループ）[▼36]は、政治グループというよりも知識人のサークルである。その指導的人物、アラン・ド・ブノワ◆は、「国

◆アクション・フランセーズ　一八九四年に発生したドレフュス事件を契機に結成された仏の王党派組織。反ドレフュス派の知識人を中心に結成され、間もなく王政支持に転向。最も徹底した反共和主義の運動として影響力をもった。

◆モーリス・バレス　一八六二～一九二三年。仏の作家・ジャーナリスト・社会主義者・政治家。ナショナリズムや反ユダヤ主義的な視点による政治的発言でも知られ、仏におけるファシズムの思想形成に大きな役割を果たしたとされる。邦訳書に『国家主義とドレフュス事件』（創風社、一九九四年）ほか。

◆シャルル・モーラス　一八六八～一九五二年。仏の思想家・作家。反ドレフュスの論陣を張り、一八九八年、アクション・フランセーズを設立。王党派・伝統派という立場から、ナショナリズムと反ユダヤ運動を唱道。近年、仏の極右勢力などによる復権の動きがあり、著作が復刊された。

◆ロベール・ブラジヤック　一九〇九～四五年。仏の作家・ジャーナリスト。対独協力者として死刑判決を受け銃殺。邦訳書に『われらの戦前――フレーヌ獄中の手記』、「1945――もうひとつのフランス」4（国書刊行会、一九九九年）ほか。

◆アンリ・ド・マン　一八八五～一九五三年。ベルギー労働党の指導者であったが、ナチスが台頭するとナチの支持者になり、ドイツ軍のベルギー占領期には対独協力者となった。なお米国で活躍した文学理論家ポール・ド・マンは甥にあたる。

▼36　'Groupement de recherche et d'études pour la civilisation européenne'［「ヨーロッパ文明調査・研究グループ」］。一九六八年にアラン・ド・ブノワ派によって結成されたフランスの反動的なシンクタンク。

◆アラン・ド・ブノワ　一九四三年～。仏の「新右翼」の理論的指導者。「差異への権利」＝民族的アイデンティティを尊重する多文化主義を独自に吸収し、「差異論的人種主義」を理論づけた。そして、仏国内のエスニック・マイノリティは同化を拒否する権利があり、しかし、それによって民族間の憎悪が煽られるため、共存は不可能であるとした。本書巻末解説解説（二六三頁）を参照。

民戦線」の変化にいかなる直接的な影響をも与えていないように見える。今日、公けの論争においてその思想は、エリック・ゼムール◆やアラン・フィンケルクロート◆のような知識人や、テレビに登場する専門家によって擁護されているが、二人は、ファシストのイデオローグでも、そうした政党の党員でもなかった。「国民戦線」を支持すると公然と宣言した移民によるフランスの「人口大置換◆」（Le Grand Remplacement）の理論家、ルノー・カミュ◆のような人々は、それほど多くない。こうした人々は、才気あるエッセイストであって、かつてのモーリス・バレスやシャルル・モーラスに匹敵するようなものに今日のフランスにおいてなる、という自らの野心を隠してはいないのだが、その影響力ある役割はテレビのトークショーへのこれらの人々の出演にもっぱらかかっているにすぎない。

「国民戦線」は、共和国の責任を果たすというその試みにおいて、自らはアラン・ソラル◆のような過激なネオ・ファシストとは距離を置くことによりいっそう力を注ぎ続けているのだが、「人口大置換」という考えをめぐってキャンペーンを展開しているのがマリーヌ・ル・ペンではなくて、エリック・ゼムールであるという点は注目に値するように思われる。[37]

これは、極右を分析するために使われてきた伝統的なカテゴリーに疑問を呈する、未完の変化を示すもう一つの新たな兆候である。古典的ファシズムの野心は、フランス、イタリア、ドイツのケースの違いを超えて、新しいプロジェクトと新しい世界観の中にその政治の基礎を据えることであった。それは、自らを「革命的」であると主張した。それは、新しい文明を建設し、自由主義と共産主義の間の「第三の道」を追求した。[38]今日、この点はもはや右翼過激派の関心事ではなくなっている。歴史的には、ファシストのナショナリズムは、ある種の「他者」に反対する立場へと自らの立場を定める必要があった。反対の対象の第一にきたのが、ユダヤ人であった。ユダヤ人は、ある種の反人種の架空のビジョン、ネーションを腐敗させようとする外来の異質な身体であった。それに加えて、そこでは女性は常に従順なままにとどまるだろうとする、性差別主義的で女性蔑視《ミソジニー》の世界観が存在していた。女性は、人種を再生産する存在とされ、家事をこなして、子どもを育てなければならず、公的生活において役割を果たすべきではない存在だとみなされていた▼39。イタリア・ファシスト党の文化政策を担当したマルゲリータ・サルファッティ◆（彼女はまたユダヤ人でもあった）、宣伝者でありナチの映画の監督であったレニ・リーフェンシュタール◆のような

◆**エリック・ゼムール**　一九五八年〜。仏の作家・ジャーナリスト。『フィガロ』紙などに寄稿し、テレビやラジオに出演している。

◆**アラン・フィンケルクロート**　一九四九年〜。仏の思想家・作家。一九六〇年代後半、中国の文化大革命の影響から毛沢東主義派の組織（ＵＪＣｍ－ｌ）に加わり六八年の五月革命に参加。一九七〇年代には「新哲学派」に参画した。その発言は、しばしば論争を巻き起こしている。邦訳書に『二〇世紀は人類の役に立ったのか――大量殺戮と人間性』（凱風社、一九九九年）ほか。

◆**人口大置換**（Le Grand Remplacement）　大量の移民とその人口増加によって、ヨーロッパの人口を白人からアフリカや中東の非白人のイスラム教徒に置換しようとしているという陰謀論。ルノー・カミュによる二〇一一年の同名の著書によって広まった。

◆**ルノー・カミュ**　一九四六年〜。フランスの作家。同性愛者であることを公言し、イスラム教の同性愛嫌悪を非難している。邦訳された『トリックス』（福武書店、一九九一年）は、パリやニューヨークなどを舞台に、行きずりの男と男のアヴァンチュールを描いた作品。

◆**アラン・ソラル**　一九五八年〜。仏の作家・映画製作者。もとはマルクス主義者だったが、二〇〇〇年代に極右へと転向し、ムッソリーニのファシズムを信奉するようになる。国民戦線に参加したが、二〇〇九年、マリーヌ・ル・ペンと袂を分かち国民戦線を去った。

▼**37**　Éric Zemmour, *Le Suicide Français*, Paris, Albin Michel, 2014.

▼**38**　George L. Mosse, *The Fascist Revolution: Toward a General Theory of Fascism*, New York: H. Fertig, 2000.

▼**39**　Claudia Koonz, *Mothers in the Fartherland: Women, the Family, and Nazi Politics*, New York: St. Martin Press, 1987; Victoria de Grazia, *How Fascism Ruled Women*, Berkley: Univercity of California Pres, 1993.

◆**マルゲリータ・サルファッティ**　一八八〇〜一九六一年。伊のジャーナリスト・美術評論家。ファシスト党の著名なプロパガンダ顧問で、ムッソリーニの伝記を執筆し、また愛人の一人でもあった。

◆**レニ・リーフェンシュタール**　一九〇二〜二〇〇三年。独の映画監督。ヒトラーに重用され、ベルリンオリンピックの記録映画『オリンピア』などを監督し、ナチのプロパガンダに貢献した。邦訳書に自伝『回想』（文春文庫、一九九五年）ほか。

人々のケースを指摘することができるかもしれないが、この二人は例外であった。ホモセクシュアリティは、ファシストの男らしさへの崇拝とは対立する、モラル的な弱さと退廃的な道徳観の権化とも言うべきものであって、反人種のもう一つの姿であると考えられていた。[40] 今日、このようなレトリックのいっさいが姿を消してしまった。たとえ、右翼過激派の多くの有権者の間で同性愛嫌悪《ホモフォビア》と反フェミニズムが非常に広範囲にわたって広がっているとしても、今ではそうなっているのだ。それどころか、このような運動はしばしば、イスラム主義◆に対して、女性の権利やゲイの権利を擁護すると主張しているのである。オランダのピム・フォルタインとその後継者ヘルト・ウィルダース◆は、ＬＧＢＴ内の保守主義派の最もよく知られた例であるが、二人は例外ではない。ドイツでは、「ドイツのための選択肢」は、ゲイの結婚に反対なのだが、国会でのこの党の代表はアリス・ワルデル◆であり、彼女はレズビアンである。フランスの「国民戦線」の前書記のフロリアン・フィリポット◆は、自分がホモセクシュアルであることを隠していないし、ルノー・カミュもフランスのゲイの中の保守主義派の偶像的人物である。

極右派のさまざまな人物も、ゲイのカップルによる平等な結婚の権利、養子縁組の導入に反対しようとする二〇一二年はじめの「すべての人のためのデモ」◆（Manif pour tous）などの運動に参加しているが、マリーヌ・ル・ペンはこの問題についた公けの発言をしなかった。彼女はこの役割を自分の姪であるマリオン・マレシャル＝ル・ペン◆に任せた。マリオンもまた、確かに影響力があるのだが、人前に出る度合いはマリーヌに比べてはるかに少ない人物だった。「国民戦線」の幹部たちは、ムスリムがブルカ（またはブルキニ）の着用を強制したがっており、強制結婚を実践していると思っているのだが、これらの幹部たちは、テレビやラジオの番組に出演している時には、自分たちがそのようなムスリムに反対してミニスカートを履く権利を支持すると公言するのである。

これらすべては、われわれが述べてきたポスト・ファシズムの中の緊張と矛盾の一端である。ポスト・ファシズムは、反フェミニズム、反黒人の人種差別主義、反ユダヤ主義、同性愛嫌悪から出発している。右翼過激派は、これらの衝動を結集し続けている。最も反啓蒙主義的な有権者の層が「国民戦線」に支持票を投じているが、同時に、「国民戦線」は全体として新しいテーマと社会的実践を取り入れている。こうした新しいテーマと社会的実践は、自身の創成期の規範に属するものではない。したがって、ゲイの結婚と「すべての人のためのデモ」をめぐるマリーヌ・ル・ペンの曖昧な立ち位置は、単なる戦術的な選択ではない。それは、極右がちっぽけな集団と化してしまうのを避けるために承認せざるを得ない歴史的変

▼40 George L. Mosse, *The Image of Man: The Invention of Modern Masculinity*, New York: Oxford Univercity Press, 1998［ジョージ・モッセ『男のイメージ——男性性の創造と近代社会』（作品社、二〇〇五年）］。

◆**ピム・フォルタイン** 一九四八〜二〇〇二年。オランダのピム・フォルタイン党の創設者。同性愛者であることを公言。「イスラム教は、ゲイやレズビアンを受け入れない時代遅れの宗教だ」とし、イスラム系移民の流入を停止すべきだと主張した。同国のメディアは極右ポピュリストとして扱ったが、本人は強く否定している。二〇〇二年、「動物愛護団体」の青年によって射殺された。

◆**ヘルト・ウィルダース** 一九六三年〜。オランダの政治家。二〇〇六年、極右政党・自由党を設立。「オランダの脱イスラム化」を掲げ、モスクの閉鎖やコーランの発禁、イスラム移民の排斥を主張。一方で、男女平等の促進、LGBTの権利拡大などの政策を打ち出している。

◆**アリス・ワルデル** 二〇一七年より「ドイツのための選択肢」の連邦議会での代表を務める。スリランカ人の女性映画プロデューサーとレズビアン・カップルの関係にあり、二人の養子を育てる。同性婚の合法化には反対を表明しているが、同性愛者のシビルパートナーシップ制度は支持している。

◆**フロリアン・フィリポット** 一九八一年〜。仏の国民戦線でマリーヌ・ル・ペンの右腕として広報担当を務めていたが、二〇一七年に離党し、新党「レ・パトリオット」を設立した。二〇一四年に、男性パートナーとの写真を雑誌に掲載され、同性愛者であると報道され話題となった。マリーヌ・ル・ペンは同性婚法の撤廃を公約としているが、国民戦線（国民連合）などの主要政党よりも党幹部に同性愛者が多く、また世論調査によると同性愛者の支持者が多い。

◆**すべての人のためのデモ**（Manif pour tous） 二〇一三年に仏は同性婚を認める法律が成立したが、これに対しカトリックを中心とする保守派が総結集して大規模な反対運動を展開し、「すべての人のためのデモ」と自称した。

◆**マリオン・マレシャル＝ル・ペン** 一九八九年〜。仏共和政史上最年少の二二歳で国民議会議員となった。二〇一二年の「すべての人のためのデモ」に参加している。

化を反映しているのである。二一世紀初頭のヨーロッパ社会は、一九三〇年代の社会ではない。今日、女性を家庭の中に戻すべきだと提唱することは、アルジェリアにおけるフランスの植民地支配の復活を要求することと同じような時代錯誤であろう。マリーヌ・ル・ペン自身がこの変化の産物であって、古い月並みなイデオロギー的考えのままにとどまる続けることは、広範な人々の層を引き離してしまうことになるという点を充分に承知しているのである。

（一部のグループの特異でウルトラ反動的な側面を別とすれば）「すべての人のためのデモ」に関する最も驚くべき点は、われわれがしばしば「サイレント・マジョリティー」と呼んでいる保守派の世論が今は街頭を乗っ取りつつあるという事実である。そして、この公共空間の占拠は、左翼に由来する美学的慣例の採用を必要とするのであって――「六八年五月革命」のポスターを考えること――かつてのその意味を抗議に起ち上った人々がひっくり返してしまったのである。自分自身の歴史に属さない象徴やスローガンのこの盗用とそらしは、右翼の「規範」からのある程度の「解放」と知的風景の全般的な再定義を明らかにしている。▼41

今日のポスト・ファシズムの主要な特性は、まさに一方における古典的ファシズムからの継承と、他方におけるその伝統に属さない新しい諸要素、の矛盾に満ちた共存なのである。極右派のより広範な発展はこの変化を促進した。「国民戦線」は、今日の世界政治に関与しつつある。世界では、公的領域と政治の場の両方が深い変化を経験している。二〇世紀は、大衆的な大政党をもったのだが、これらの大政党は、自身のイデオロギー的基盤、自身の社会的基盤、全国的機構を保有していて、市民社会に深く根を張っていた。こうしたものはもはやまったく存在していない。政党はもうイデオロギー的兵器庫を必要としていない。ヨーロッパ全体で、左翼であろうと右翼であろうとどちらの与党もともにもはや知識人を獲得する必要はない。それに代わって、宣伝とコミュニケーションの専門家を雇い入れている。この点は「国民戦線」にも言える。この党は、たゆまずそのイメージ、そのスローガン、その発言ポイントを手入れしている。まさにイデオロギーが消滅しつつあるかぎりにおいて、政治的スタイルが絶えず重要性を増しつつある。この新たな情勢に直面して、ナショナリズムは、もはや全国的コミュニティーを人種や文化や宗教の点から定義しようとするのではなくて、グローバリゼーションの脅威に対する抵抗の点から定義しようとしているのだ。ドナルド・トランプは、明らかに、「反政治的で」、ポスト・イデオロギー的な折衷主義の極端なケースを代表している。大統領選の期間中、彼は注意深く一つのイデオロギーとは提携しないようにしたし、共和党の最も保守的な勢力さえ彼とは距離を置き続けた。彼は、「反既存体制」という路線をけっして放棄しなかったけれども、その日その日で話題を変え、ありとあらゆるやり方で自分の意見をも変えていったのだ。

9……ネーションからナショナル・アイデンティティへ

ネーションは長きにわたって、「客観的」な用語であると定義されてきた――自然によって定められた領土に根ざした安定したコミュニティー、エスニック的に均質な人民、統一的な経済・文化・言語・宗教であるとして。ネーションは、幸運な運命が賦与されている論理的な主体であり、歴史は単なるその幸運な運命の反映でしかないというわけだ。ここ数十年にわたって、研究者が、ベネディクト・アンダーソンのパイオニア的著作『想像の共同体――ナショナリズムの起源と流行』に従って、ネーションを社会・経済的な構成概念であるとみなし始めるようになった。▼42 公的な領域においては、古いナショナリスト的レトリックが減退し、保守派の言説はネーションからナショナル・アイデンティティに移った。ほとんど全部

▼41 Camille Robcis, 'Cathorics, the "Theory of Gender", and the Tuern to the Human in France: A New Dreyfus Affair?', *The Journal of Modern History* 87, 2015, 893–923.

▼42 Benedict Anderson, *Imagined Communities*. London, Verso, 1983［ベネディクト・アンダーソン『想像の共同体――ナショナリズムの起源と流行』（リブロポート、一九八七年）］。

の右翼が今ではアイデンティティの点からネーションを定式化し直すようになっている。イタリアでは、極右の外人憎悪は「北部同盟」の場合のように、実際にはしばしば「反」ネーションになっている。「北部同盟」は当初、この国の「ヨーロッパ的で」豊かな北部を貧しい地中海的南部地方から引き離そうとした。◆二〇一三年以降、その指導者マッテオ・サルヴィーニ◆は、ネオ・ファシスト――特に「カーサ・パウンド」◆の運動――と同盟し、「北部同盟」の当初の反南部［イタリアの南部地域］的路線をより全般的な外人憎悪の路線に置き換えることによって、この路線の変更を試みてきた。▼[43] フランスでは、この「アイデンティティ主義的」転換を、後になってマリーヌ・ル・ペンがそれを採用する以前においてさえ行なったのが、ニコラ・サルコジであった。マリーヌ・ル・ペンは、フランスの民族主義が二〇世紀において経験したトラウマをけっして体験することのなかった世代に属している。ヴィシー政権もアルジェリアでの戦争をも目撃してはいない。彼女は、ファシズムを構成するすべての要素がすでに消滅してしまっているという筋書きがすでに出来上がっている時代の中で、政治的に形成された。一九七〇年代や八〇年代には、依然としてヴィシーへの、フランスのアルジェリアへの、そしてインドシナへの多くのノスタルジーが存在していた。今日、もはやそれはもはや存在しない。

このように言うからといって、極右の人種差別主義がなくなってしまったということではない。そうではなくて、その人種差別主義が当初のファシスト的母型を大きくぼやけさせてしまった、ということである。この意味において、イデオロギーは極右にとってもはや問題ではない。概して、極右派のファシズムとの関係は、むしろ社会民主主義派の社会主義との関係に似ている。今日、ヨーロッパの社会民主主義政党は、新自由主義に自らを順応させ、第二次大戦の直後に自らが作り上げた福祉国家の残滓を解体する面では抜群の働きをしたのだった。歴史的にフランス社会党はド・ゴール主義に反対していた。一九五〇年代後半には、第五共和国の出現に反対した。社会党はそれを強権主義的体制へと向かう転換だとみなしたのだった。しかしその後、この党は、第五共和国の諸制度に適応し、経済的「現実主義」の名の下に自身のすべての価値観を放棄し、その政策を批判する者に対しては誰であろうと「ポピュリスト」の烙印を押した。マルクス・レーニン主義の言説を持ち上げ、両大戦間の時代の共産主義のスタイルを取り入れている運動は単なるセクトでしかないし、急進的左翼の大部分もそのようなレトリックをまったく放棄してしまった。フランスでは、二〇〇九年に誕生した「反資本主義新党」◆（NPA）が、新しい用語を取り入れることによって旧来の革命的マルクス主義運動の言説を乗り越えよう試みてきた。たとえスペインの「ポデモス」綱領やさらにはギリシャの「シリザ」の綱領が、二〇一五年の最初の選挙での勝利の時点で新自由主義に対して急進的に反対する立場に立っていたとしても、それらは、一九七〇年代のフランスの左翼連合の共同綱領や、ドイツ社会民主党やイタリア共産党の綱領と比べるならば、むしろ穏健であるように見える。われわれはただ新たな史的位置の体制に入っているだけなのだ。新自由主義の世界では、福祉国家の防衛は体制反逆的に見えるのである。この観点からすると、極右のイデオロギー的な「一貫性の欠如」も、例外的なものではけっしてないのである。それは、ほとんどすべての政治勢力が見舞われている変化を反映している。

◆**マッテオ・サルヴィーニ**　一九七三年～。イタリアの「北部同盟」の党名から「北部」を外し「同盟」とするなどの抜本的な改革により、中部・南部でも支持を伸ばして国民政党へと転換させた。支持者からは「カピターノ」と呼ばれる。

◆**カーサ・パウンド**　イタリアのネオファシストの運動で、二〇〇三年、ローマの国有の建物をスクワット（占拠）し、社会センターとすることから始まった。

▼**43**　北部同盟については膨大な文献がある。マッテオ・サルヴィーニ指導部の下の極右派の運動に関する最近の大きな変貌については、次のものを参照すること。Valerio Renzi, *La politica della ruspa: La Lega di salvini e le nuove destre europee*, Rome: Ediizioni Alegre, 2015.

◆**反資本主義新党**（NPA）　革命的共産主義者同盟（LCR：第四インターナショナル・フランス支部）を中心に、社会党・共産党よりも左に位置する多くのグループ、左翼活動家、急進的エコロジストなどが結集して、二〇〇九年に結成された。

10……マクロンとマリーヌ・ル・ペン

二〇一七年の大統領選挙は、これまで第五共和国の構造を形作ってきた左翼と右翼との間の伝統的な分岐に対して根本的な疑問を呈する、ちょっとした政治的地殻変動であった。この意味では、それは同時に、一九九〇年代はじめにイタリアで生起したことに匹敵する出来事であった。この時、イタリアでは、キリスト教民主党、イタリア共産党、社会党のすべてが消滅してしまった。あるいは、最近のスペインの選挙では、「ポデモス」や「シウダノス◆(Ciudanos：市民党)」が、国民党や社会労働党のような伝統的な右翼政党や左翼政党と並んで登場した。しかし、選挙は、多くの人が言明し、恐れたような、極右派にとっての転換点を画すものとはならなかった。予測通りに、マリーヌ・ル・ペンは決選投票にまではたどり着き、ほぼ三四％の得票率（一〇〇〇万票以上）を獲得した。しかし、期待されていたものからすると――ル・ペンにとっては、四〇％が手の届く範囲にあると思われていたばかりでなく、彼女がこの境界線をも超えさえする可能性があるとも思われていた――、この選挙結果は、「国民戦線」にとってがっかりさせるものと判断され、指導部内のちょっとした危機を引き起こすことになった。

この一部始終を、われわれはどのように説明することができるのか？　門外漢のエマヌエル・マクロンとは対極的な立場に立っているというのは、マリーヌ・ル・ペンにとっては充分に喜ばしいことであった。彼女の観点からすると、第二回目の投票の状況はこれほど有利なことほとんどあり得ないほどであったろう。彼女が対決した若き候補のマクロンは、既存体制の純血種で、（フランス・エリートの）最高学府であるＥＮＡ（国立行政学院）の卒業生で、ロスチャイルド系のビジネス銀行の前経営者であり、ひどく不人気だった政権の経済大臣でもあった。右翼陣営の候補者フランソワ・フィヨンは身内の不正給与受給問題が暴露されるというスキャンダルにまみれてしまった。他方、社会党の選挙戦は、信用を失墜させてしまった前大統領の遺産と、左からの挑戦者の台頭によって麻痺させられてしまった。左からの挑戦者となったのは「屈しないフランス」◆の候補者のジャン・リュック・メランションであって、メランションの台頭は「ポデモス」の影響を受けていた。マリーヌ・ル・ペンは、マクロンとの対決において、自分が、国際金融のグローバル派の候補者、ブリュッセルとEUのトロイカの人間に反対し、さらにはフランスの貧困地域よりもロンドンのシティやウォール・ストリートにいる方がはるかにくつろげるような人物に反対する、すべての愛国者、国家主権の防衛者として、〝深層のフランス〟◆の真の代表として、登場できると思っていた。ようするに、彼女はグローバリゼーションに反対してネーションを支持しているというのだ。

しかし、彼女はうまくこの機会を捉えることができなかった。政治評論家や彼女自身の側近さえ、みんなが同じ見解を抱いた。すなわち、第二回投票での選挙戦はひどくお粗末なものであったし、政敵に対するテレビでの彼女の論戦の出来栄えはひどいものでしかなかった、というわけである。多くの人が彼女の戦術上の誤りとメッセージの弱さについて語ったが、おそらく彼女の失敗にはもっと深い理由があったに違いない。それはポスト・ファシズムの矛盾に関係していそうだ。彼女の選挙戦は、彼女のアプローチの

◆**シウダノス**（Ciudanos：市民党）　スペインの新興右派政党で、二〇〇六年に設立。二〇一五年の総選挙では下院で四〇議席を獲得するなど躍進した（二〇一九年の総選挙で一〇議席に）。現在、アンダルシアなどのいくつかの自治州で連立政権に加わっている。

◆**「屈しないフランス」**　メランションの「左翼戦線」のスローガン。もはや赤旗も掲げず、「インターナショナル」も歌わない代わりに、三色旗を掲げ、国歌「マルセイエーズ」を歌う「左翼戦線」の集会は、「屈しないフランス」というこの呼称ともあいまって、フランス・ナショナリズムに傾斜しつつあることを象徴している。

◆**ジャン・リュック・メランション**　一九五九年〜。仏の政治家。社会党の議員だったが、二〇〇八年、社会党内の左派として離党し、左翼党を結成した。二〇一二年の大統領選挙では、この左翼党が共産党と共同の選挙連合「左翼戦線」を結成し立候補したが落選。

◆**深層のフランス**　仏の伝統的で典型的な地方文化を言い表わす言葉。

根本的な不安定性のために弱められた。そのアプローチは、過去のファシズム（運動の原型）から民族主義的右翼への不完全な移行を表現していた。その民族主義的右翼は、自らがリベラルな民主主義の規範に沿った正当性と尊敬に値する存在であることを立証して見せることが、まだできていないのである。マクロンとのテレビ討論を通じて、マリーヌ・ル・ペンはファシスト的用語を使わなかった。彼女の人種差別主義は和らげられ、外人憎悪は明白であったが、それは、すべての右派政治家の間で事実上共通する決まり文句となっているレトリックによって捻じ曲げられたものだったが。それでもやはり依然として、彼女の提案は、混乱し、曖昧であるような形で終わった。ユーロ問題に対する彼女のためらいがちなアプローチは、驚くべき無能さを暴露するものとなった。彼女の強権主義的な激しい長い演説はおよそ説得力に欠けていた。彼女が大統領として統治する下では、テロリズムに対するより効果的な闘いがなされると心から信じることができるものは誰もいなかった。ようするに、彼女の攻撃的なレトリック、その明らかなデマゴギー、筋の通った主張を展開する能力の欠如、提案の非常に曖昧な性格は、テレビ討論を観ているすべての人に、この候補者が政治家となる素養を有していないことを示した。

　マリーヌ・ル・ペンはもはやファシストではないが、さりとて民主主義の側に移ったわけでもない。彼女は依然としてこの二つの極の間にあって、どっちつかずのままにとどまっている。古典的《パレオ》ファシズムのイデオロギーや用語や実践がもはや受け入れられない世界の中にあって、彼女はもはやファシストではないが、ファシズムの亡霊が彼女のまわりに付きまとい続けている。彼女は民主主義者でもない。なぜなら、民主主義へのその転換があくまでも手段のままにとどまっていて、真剣さにも真実味にも今なお欠けたままにとどまっていることを、彼女の言葉が示しているからである。彼女は、既存権力に対する単なる批判を超えて、信頼し得る統治勢力の先駆者として登場する能力がないことを立証してしまった。ありとあらゆる色合いの政府によって最近数十年間に法制化されてきた緊縮政策と社会・経済的暴力をめぐって、「国民戦線」は、庶民階級の反乱の水路となり、社会の広範な層に及ぶその病弊と苦難の捌け口となることに成功したが、統治する党とはならなかった。その前進と限界は、EU内の至るところに見られる他の民族主義的な外人憎悪の党の前進と限界を、そのままに映し出している。EUは、近年、オランダからイギリスやデンマークに至るまで同様の「敗北」を経験しているのだ。

より一般的に言えば、フランスの選挙はポピュリズムをめぐる論争に新たな要素を導入したのである。マクロンの勝利それ自身は、新しいタイプのポピュリズムの台頭を刻印するものであった。これは、ある意味、すでにイタリアのマッテオ・レンツィ◆によって、すでに予示されていたものである。このポピュリズムは、ファシスト的でも、反動的でも、民族主義的でも、外人憎悪にもとづくものでもないが、それでもやはりポピュリズムなのである。レンツィと同様に、マクロンもまた、二〇世紀のイデオロギーから自らが解放された政治家として登場した。彼は、左翼をも右翼をも超えて、分裂していた両陣営の閣僚がともに相並んで協調して働く政府を作り上げた。若くて、教養と才気に富み、戦術にたけ、大胆で、洗練されたマクロンは、マキャヴェリの次のような教訓をわが物にしているのだ。すなわち、真の政治家の「美徳」とは、権力を獲得するために、自分の活動しているその状況を利用することができるその能力（その「幸運」）にある、というのだ。実際、彼はきわめて有利な情勢に遭遇していた。左翼は政権の座にあった時に自らが実施した緊縮政策で疲弊していた。右翼は腐敗にまみれていた。さらに、選挙制度によって、第一回投票の二四％という自分の得票率から、「国民戦線」の台頭への人々の危惧につけ込んで、決選投票で圧倒的多数の支持票を得ることができた。マキャヴェリの教訓に従って、マクロンは左翼と右翼の両方の有権者を惹きつけるための言葉を繰り出した。彼の経済政策は新自由主義的なものになるだろうし、したがって支配的エリート層を優遇することになるだろうが、社会政策に関しては進歩的であり、女性、ゲイ、エスニック的マイノリティの権利を擁護する。彼は、植民地主義を「人類に対する犯罪」だと定義し、さらにシリコンバレーやウォール・ストリートでは、コンピュータ科学者やトレーダーの価値観が、その出自や宗教や肌の色ではなくて、仕事をするその能力を通じて測られると説明し、マグレブやア

◆マッテオ・レンツィ　一九七五年〜。イタリア民主党の指導者。二〇一四年には首相に。

フリカ出身の若者の一部の支持をも獲得した。

マクロンにはイデオロギーは皆無である。彼に魅了されてしまったマスコミは、彼を哲学者の系統に属する人物であると強調した――学生時代、ポール・リクール［仏を代表する哲学者］のもとで学んだのだが、▼44 彼の政治哲学は、すでに述べたようなマキャヴェリ的リアリズムとは違って、一枚の薄っぺらいヒューマニズムの層に覆われた急進的プラグマティズムの域を出ないのだ。大統領選挙戦の期間中、彼は、プロジェクトや一連の価値観への支持を呼びかけたことはなかったが、国の救済者、先見の明のある男、として登場するようになるにつれて、彼個人への支持を呼びかけた。（労働法などの根本的問題を含めて）大統領令を通じてフランスを改革したいとする彼の願望は、議会に対する執行機関の優越性を明らかに主張しているのであって、それは、彼の大統領としての職務に「決定主義的」・ボナパルティスト的性格を付与しようとする強権的な傾向を示している。彼はカリスマ的指導者として登場している――彼を支援するメディアによれば、「ジュピター神」のような指導者であるということになる。彼は、EU機関、フランスの経営者、国際金融界によって支援されている。その上、（イタリアで）レンツィが最初に「民主党」の古い指導部を「スクラップにする」人物として登場したのとまったく同じように、自分はフランスで第五共和国の伝統的な二党制度を解体したのだと誇っている。ようするに、マクロンは、新しい新自由主義的な、「ポスト・イデオロギーの」、「リバタリアン的」ポピュリズムを体現しているのである。▼45 多くの進歩派がこの若い政治家の魅力にたらし込まれた。そのマナーや教養が、彼を、ベルルスコーニやトランプは言うまでもなく、サルコジとも正反対の人物にしているように見えているのだ。しかし、この点でもまたポピュリズムについて常に当てはまるのだが、以上のすべては政治スタイルについて述べているにすぎないのだ。彼の愛想のよい誇張された身振り表現の背後には、政治の新しい概念が横たわっている。この概念は、新自由主義の時代のほとんど自然発生的な新しい精神を表現している。この精神は、起業家的モデルに従って組織される挑戦だと想定されている、競争であり、生活である。マクロンは、左翼でも右翼でもない。彼は、政治の舞台にやってきたホモエコノミクスを体現している。彼は、人民とエリート層とを対立した位置に置くことを望んでいない。彼は、人民に対してエリート層をモデルとして提示するのである。彼のモデルは、企業と銀行の言葉である。彼は、技術革新を行ない、お金を稼ぐことができる生産的・創造的な精力的な人民の大統領になりたいと思っている。しかし、市場法則が世界を支配するかぎり、圧倒的多数の人民は常に大損する。そして、このことが民族主義と外人憎悪の風土を育てる。五年間の「マクロン体制の統治」が「国民戦線」を一掃することにはならないことは確かである。

▼44　次のフランソワ・ドッスの好意に満ちた文章を参照すること。François Dosse, *Le Philosophe et le Président*, Paris: Stock, 2017.

▼45　新自由主義的なポピュリズムの体現者としてのマクロンという仮説は、エリック・ファッサンによって検討されている。Eric Fassin, *Populism: Le grand ressentiment*, Paris: Textuel, 2017.

[第2章]ポピュリズムとアイデンティティ政治

「ポスト・ファシズム」に対抗して、フランスの伝統的政党が対置している「共和主義」の言説は、ポスト・ファシズムの勢力に対して有効性をもたない。なぜなら、これらの政党はフランスによる植民地での犯罪を容認し、フランスが移民を社会的にもエスニック的にも排除しゲットーへと追いやっている点を認めようとしないからだ。たとえば、共和主義の「ライシテ」(世俗主義)による厳密な政教分離政策は、ブルキニ論争や『シャルリー・エブド』事件に象徴されるように、国民的共同体からムスリムを排除する機能を果たしている。

「国民戦線」は、イスラム嫌悪を前面に押し出し、イスラム原理主義やそのテロに対して、自分たちこそがヨーロッパの「民主主義的価値観」を防衛しているのだと唱えている。共和国主義と植民地主義は、現在においても共存しているため、伝統的政党と「国民戦線」とは、基本的レトリックが同じなのだ。

1……極右のアイデンティティ・ポリティクス

フランスの主流マスメディアが、「国民戦線」と「共和国原住民党」◆(PIR)――ポスト・コロニアルの左翼の運動——とをともに、「アイデンティティ・ポリティクス」の数多くの形態そのものだと表現するのがお決まりである。これは、「反白人」人種主義に反対するキャンペーンを生み出したが、人種差別主義やイスラム嫌悪《イスラモフォビア》、外人憎悪をただ正当化するだけの間違ったやり方である。▼1 このような考えにもとづいて主張するとすれば、フランツ・ファノンやマルコムXは人種差別主義者であったと主張することも、それほどむずかしくはないだろう。なぜなら、二人は白人優位に反対するために暴力が必要だと呼びかけたからである、というわけだ。あるいはまた、「ユダヤ人の血」には神秘的価値があるとするシオニスト的文章を著わしている宗教哲学者マルティン・ブーバーは、ドイツ・フェルキッシュ・ナショナリズム◆のイデオローグとほとんど同類である、と主張することになるだろう。PIRに反対するこのキャンペーンは、そのほのめかしが、あまりにもお粗末だったので綿密な調査研究には耐え得るものではなかった。しかし、このような主張は周期的に繰り返し浮上してくる。「反白人」人種主義を非難する同じ人々が、最近、イスラムの反ユダヤ主義のせいでユダヤ人がフランスにおいて「エスニック浄化」という苦難に遭っていることに反対する請願運動を展開した。▼2 外人憎悪とデマゴギーに満ちたレトリックを別にすれば、アイデンティティを主張する一部の立場は、実際には有益ともなり得るのである。PIRの本質主義的用語と挑発的スローガンは、正当な疑問を引き起こすかもしれないが、同時に一定の興味深い考察をも刺激す

◆**「共和国原住民党」**（PIR） アルジェリアに生まれ、仏で教育を受けた女性ウーリア・ブーテルジャらが、仏で結成した団体。仏が植民地支配をしていた地域で、フランス人と「区別」して現地の住民を指していた差別的な意味合いをもつ呼称「原住民」という言葉をわざわざ用いて団体名にしている。そこには、仏在住のイスラム系の人々が、今なお大都市郊外などに居住し、植民地支配下における現地住民と同様に差別・抑圧されている、という現状認識が示されている。

▼1 次のものを参照すること。Sylvie Laurent and Thierry Leclère, eds., *De quelle couleur sont Blancs? Des 'petits Blancs' au 'racisme anti-Blancs'*, Paris: La Découverte, 2013.

◆**ドイツ・フェルキッシュ・ナショナリズム** ナチの国家社会主義とほぼ同義語として使われている。

▼2 'Manifeste contre le nouvel antisémitisme', *Le Parisien*, 22 April 2018.

るのである。移民・難民・外国人からフランス系のフランス人を守る「国民戦線」のような排除を目指すアイデンティティ主義と、抑圧されたマイノリティのアイデンティティの主張とを区別することが重要である。私たちは、これらの要求が取るその形態について議論することができるかもしれないが、PIRは全体として、大都市郊外の左翼的な政治的急進化を刺激すると同時に、過激なイスラム主義やテロリズムへの傾斜に対してだけでなく宗教的原理主義の魅力に対しても抗して活動するという、両方の面で歓迎すべき役割を果たしてきた。

「国民戦線」のアイデンティティ主義——ポスト・イデオロギー時代における新しい「イデオロギー」——について言えば、伝統的な共和主義派のレトリックを使ってそれに反対しようとするのは、無益な試みであることを指摘しておく必要がある。「国民戦線」がフランス共和国の価値観とは無縁で相容れない勢力であるとする、一般によくある見方は注意深く検討されるべきである。じつのところ、この言説は過去のフランスの植民地主義を大幅に選別したうえでの解釈を前提としている。フランス植民地主義は第三共和国の下で絶頂に達し、その体制はパリ・コミューンの鎮圧から生まれ、ヴィシー政権とともに終わるに至った。第四共和国については、その歴史は、（アルジェリアの）セティフの大虐殺とマダガスカルにおける弾圧から始まり、アルジェリア戦争中のド・ゴール派のクーデターで終わった。神秘的なオーラでこの共和国を覆い隠そうとする悪質なレトリックは、厄介でばつの悪い問題を提起する以外、何物でもないのだ。しかし、驚くべき点は、この神話が政治的分岐を超えるほどになっているということである。この神話が、左翼と右翼の両方のほぼすべての政治勢力によって共有されているのだ。もし「国民戦線」が古いファシストの上着を捨てて、今や共和国的伝統の一翼になることを望むようになっているとするならば、その場合には「その権利」を否定するのは容易ではない。全国新聞の中では、多くの社説が、「国民戦線」は人々の一部を排除することを望んでいると述べて、「国民戦線」に対して警戒を呼びかけている。確かにそれは正しいのだが、同時に、移民排除や移民のエスニック的・社会的ゲットー化を促進する政策が、第五共和国のすべての歴代政権によって実施されてきたということもまた、真実なのである。共和主義的言説が、なぜそれほど無力なのかという理由の一つがここにある。そして、この言説を振りまいている人々が、まさに自分自身の主張を用いて「国民戦線」と闘おうとしている人々それ自身である場合には、この無力さはただただ大きくなるばかりとなる。ニコラ・サルコジが、移民・ナショナル・アイデンティティ省を設置し、より最近では、フランソワ・オランドが、まるで移民系の人々のナショナル・コミュニティーへの所属を追い払うかのように、テロリストからフランスの市民権を剥奪するよう提案した。もし以上のすべての提案が、本当に共和国の知的・法的・政治的枠組みの一部を形成するものであるとすれば、マリーヌ・ル・ペンが自分は共和派だと自称したからと言って、どうしてそれについてそんなに憤慨すべきなのかを理解するのはむずかしいのだ。

フランスの場合を別にするとして、たとえ各国の違いを過大評価すべきではないとしても、各国の情勢には明らかに相違が認められる。スペインでは、ネオ・ファシズムはほとんど存在しないが、それでもフランコ体制へのノスタルジーは、社会の中の最も保守的な勢力の間では広範に存在していて、こうした人々は国民党に投票する。ファランヘ党◆はほとんど消滅してしまったが、カタルーニャの危機［二〇一七年の同州の独立をめぐる紛争］は、フランコ主義的なナショナリズムの大きな爆発を引き起こした。イタリアでは、われわれは二重の変化を経験した。一方において、サロ共和国を継承するイタリア社会運動（MSI）が、リベラルな保守勢力へと変わり、一九九〇年代半ばに伝統的な右翼に合流していったが、他方において、もともとはファシズムとは無関係だった「北部同盟」は、マッテオ・サルヴィーニ指導部の下で徐々に極右運動になってきた。ドイツについて言えば、深い保守主義的衝動がとりわけ東ドイツで明白であり、「西洋のイスラム化に反対する欧州愛国者」[3]（PEGIDA：ペギーダ）や今日の「ドイツのための選択肢」[4]（Af

◆**ファランヘ党**　長きにわたるスペインでのフランコの独裁体制（一九三九～七五年）の下で、唯一の公認だった政党。人民戦線による共和派に対抗して、フランコは一九三七年に、旧ファランヘ党（一九三三年結成）と王党派勢力と合体させた新ファランヘ党を結成し、自らの独裁体制の政治的支柱とした。

D）が、難民危機を肥やしにして成長している。それでもドイツは、自国自身のナチの過去を清算し、ナチの犯罪を認め、ホロコーストの記憶を歴史意識の柱の一つにしている。ドイツ社会の広範な部分にとって、「ナショナル・アイデンティティ」とはまず何よりも「憲法愛国主義」[5]を意味するが、反対に、フランスは実際には植民地主義の犯罪をけっして認めていないのであって、植民地支配の遺産は、エメ・セゼールが「戻ってくる衝動」[6]と言ったように、ブーメランのように再度よみがえり続けている。

政治家エリック・ゼムールは『フランスの自殺』（二〇一八年）の中で、フランス人は、「アフリカとアラブの世界からやって来るムスリムの群れによる新しい野蛮な侵略に対して自身を防衛すべきだ」と主張している。[7]ニコラ・サルコジの演説には、「フランスを愛せ、さもなくばフランスを去れ」という変わることない考えのスパイスがいつも振りかけられてきた。あるいはまた、彼はさらに最近では「諸君がフランス人になると、諸君の祖先はゴール人ということだ」とも言っている。マイノリティのエスニック・グループは、この発言の最初の一節を捉えて、サルコジ自身がこの発言に当てはまる人間なのではないか、と尋ねることができよう。彼に反対する人々は、フランスは、文化的にも、宗教的にも、エスニック的にも多元的な国であり、一世紀にわたる移民によって形成されたモザイクのようなアイデンティティの国なのであって、そのようにフランスが形成されているのであって、もしあなたがそのようなフランスを愛していないのであれば、あなたがフランスを去るべきなのだ、と主張している。この点において、この乱暴な反移民発言は文字通り「ユートピア的」なものである。なぜなら、時計の針を逆戻しすることは不可能であるからである。移民の子孫に対するその侮蔑を織り交ぜた、フランス人の「血筋」（祖先からの系統）についてのこの反動的言説は、実際には存在していない神秘的フランスを前提とし、理想化しているのである。そんな国は数世紀前に死滅していて、グローバリゼーションの時代においては昔に戻ることができないのだ。それはけっして戻ることができないばかりか、たとえ戻ることが何とか可能だとしても、そうした後戻りは破局となるだろう。それは、全面的な孤立と窮乏化を生み出す後戻りの動きとなろう。

このことはヨーロッパ全体にもまた当てはまる。移民はヨーロッパの未来なのだ。それは、人口の減少と経済の衰退を止めるための、高齢人口に年金を支払うための、世界に門戸を開くための、ヨーロッパ文化を刷新して他の大陸との対話を生み出すための必要な条件なのである。以上すべての分析は同じ結論に到達するのだが、低劣な自分の選挙上の計算を優先する政治家は、そのことを認めたくないのだ。「コミュニタリアニズム」に対するお決まりの典型的批判は、エスノセントリズムの退嬰的形態を推進するための口実にほかならない。[8]

こうした考察はイタリアにもまた当てはまるのであって、イタリアはまだ出生地主義にもとづく市民権の制度を備えていない。長年にわたって移民が流入し続けてきたフランスやアメリカと違って、イタリアは一世紀にわたって、絶えず移民の波がヨーロッパの沿岸から遠く離れたさまざまな諸国を目指すための溜め池となってきた。ここ三〇年間でようやく、この国は、一〇〇万人の若者——移民の子どもたち—

▼3 「西洋のイスラム化に反対する欧州愛国者」(Patriotische Europäer gegen die Islamisierung des Abendlandes: PEGIDA)は、二〇一四年にドレスデンで創設された反イスラムのグループで、政治評論家からは、ドイツ国家民主党に近いものとみなされている。

▼4 ドイツのための選択肢(Alternative für Deutschland: AfD)は、二〇一三年に創設された欧州懐疑主義の右翼政党である。

▼5 (もともとユルゲン・ハーバーマスによって創り出された)この概念については、次のものを参照すること。Maurizio Viroli, *For Love of Country: An Essay on Patriotism Nationalism*, New York: Oxford University Press, 1995.

▼6 エメ・セゼール『帰郷ノート』(平凡社、一九九七年)の中に「植民地主義論」として収録されている。Aimé Césaire, *Discourse on Colonialism*, trans. Joan Pikham, New York: Monthly Review Press, 2000, 36. この概念については次のものを参照すること。Michael Rothberg, *Multidirectional Memory: Remembering the Holocaust in the Age of Decolonisation*, Stanford: Stanford University Press, 2009, ch. 3.

▼7 Éric Zemmour, *Le suicide français*, Paris: Albin Michel, 2014.

▼8 次のものを参照。Farbice Dhume, *Communautalisme: Enquête sur une chimère du nationalisme français*, Paris: Demopolis, 2016.

―が、この国自身の中で外国人のままにとどまり続けている移民の国に変わったにすぎない。もちろん、もっぱら血統主義のみにもとづく市民権の制度が生まれるには多くの原因がある。血統についての神秘的崇拝が、リソルジメント◆文化[9]から生まれてきた民族的思想の最も重要な特徴の一つである。しかし、それがもはや今日のイタリアにふさわしくないことは明白である。イタリアで生活し、働いている数百万の人々（その多くはイタリアで生まれている）に対してその市民権を認めないというのは、耐えがたい差別の形態であり、文明国にふさわしいものではないばかりか、社会・経済的観点からしても逆効果であって、有害でもある。グローバリゼーションという挑戦課題に直面する中で、アラビア語や中国語、スペイン語、ロシア語を話せるイタリア人の新しい世代の存在が、輸出や交易、そして科学やテクノロジーの交流などの点で有益であるということは、誰もが理解し得ることだろう。にもかかわらず、市民権法を改正しようとする試みは、それが大部分の政治勢力の外人憎悪の偏見にさらされているので、うまくいかず、全面的に妨げられ続けている。

2……フランスの政教分離とイスラム嫌悪――ブルキニ論争をめぐって

ライシテ（世俗主義）は、右翼過激派の台頭と深く関連したもう一つの論争のテーマである。

ライシテという概念の今日の使用――国家の非宗教主義、すなわち共和国憲法の条項としての教会と国家の分離――のフランス版は、疑問があるどころか、率直に言えばしばしば反動的でもある。アングロサクソン版の啓蒙思想から生まれた非宗教主義とフランス版の非宗教主義とは、一般には区別される。簡単に言えば、これは、信教の自由と、宗教ならびそれが強制する制約からの自由との違いに対応している。この二つの解釈は対照をなしている。信教の「ための」自由としての世俗主義の概念は、とりわけプロテスタント諸国に根を下ろしているのだが、国家をしてあらゆる宗教的マイノリティの保障者たらしめ、市民社会における自由な表現を許容するものである。これは、迫害され、罪に問われたヨーロッパからの宗教的マイノリティを受け入れた国、アメリカの組織的原理である。こうして、近代において多文化主義を意味するものが出現するずっと以前の時期に、国家が宗教的多元主義を保障したのだった。

フランスでは、それとは反対に、ライシテは、宗教から自由であるための闘いの成果であり、絶対主義に反対する頑強な闘争の中で勝ち取られたものであった。公共空間はカトリック教会の支配から徐々に解放されていった。こうした脈絡の中で、教会と国家の分離に関する一九〇五年の法は、カトリック教会やナショナリスト、反共和派の保守主義に対して共和国が自らを防衛するために取り入れた手段であった。一方における宗教と国家との分離を、さらにまた他方における宗教的信念（無神論者の信念も）の全面的自由とを定式化する世俗主義の概念が、擁護し得るものであることは確かである。この一般的な原則は、フランスからイギリスに至るまで、アメリカからインドに至るまで、広い範囲にわたってすべての地で実行に移すことができるだろう。

しかしながら、フランスではライシテの歴史は同時に、植民地主義の歴史と分かちがたく絡み合っている。その帝国を打ち立てたのと同じ時期に、第三共和国はライシテのための闘争を展開したのであるが、植民地的な政治的人類学にもとづいて共和国的市民権を導入したのだった。第三共和国の下では、市民は植民地出身の先住民と対比され、先住民は同じ権利をもてなかった。第三共和国は、国内の敵に対して自らを防衛したが、共和主義は、植民地支配の下に置かれた主体を別個の存在にとめおくような法的障壁と政治的なヒエラルキーを築き上げた。言い換えれば、世俗主義はオリエンタリズムと分かちがたく結びついていたのであり、そうすることによって、文明対原始、白人対有色人種、ヨーロッパ人対非ヨーロッパ人、そして結局のところ市民対原住民、という植民地的二分法に加担したのだった。[10]

◆**リソルジメント**　一九世紀のイタリアの国家統一運動。「再興」または「復興」という意味で「リソルジメント」と呼ばれた。

▼9　次のものを参照。Alberto Mario Banti, *Sublime madre nostra: La nazione italiana dal Risorgimento al fascismo*, Rome: Laterza, 2011.

二〇世紀への変わり目の時期において、第三共和国は、反動派からの一連の脅威に反対する闘いの中でライシテを支持したが、今日ではライシテを排除の手段としての武器にしている。差別へと傾斜する共和国のこの傾向には一定の連続性がある。しかし、今日では、このようなライシテ観は、現実のフランスの多様な性格を攻撃しているのである。フランスでこうしたライシテ観にもとづく攻撃を批判しようとしている人々の大部分は、自由で民主的ないかなる社会にとっても重要不可欠な世俗主義の基本的原則に疑問を投げかけているわけではない。むしろ、その歴史の矛盾、そのネオ・コロニアルな利用の仕方を主として問題にしているのだ。

フランスの海岸での女性のブルキニ（全身を覆い隠す水着）着用をめぐる最近の騒動◆[11]は、反宗教主義（ライシズム）としての世俗主義に関するこのセクト主義的解釈を物語る一つの例であった。ここでは、宗教に関する事柄について国家は中立的ではなくて、むしろ国家によって体現されている反宗教的立場に市民が従うよう国家が義務を課しているである。実際、世俗主義のこの形は、反ムスリム・キャンペーンの手段となった。ブルキニ事件が再度明らかにしたように、問題の核心は、ライシテの曖昧さとは別のところにあるのであって、世俗主義が問題ではなくてイスラム嫌悪が問題なのだ。それどころか、人種差別主義に反対する多くの人々が、海岸でのベール着用の女性に対する警察の許しがたい介入を非難し、多文化主義的なフランスという観点を擁護して声を挙げているのは、まさに世俗主義の名においてなのである。[12]そして、ブルキニ事件は、「国民戦線」が共和主義の側へと結局のところ移行したその歴史的背景を決定的に暴露することとなったのだ。それどころか、このライシズム――すなわち、世俗主義の非寛容的バージョンを攻撃的な形で強制するもの――と、エリザベート・バダンテール◆やカロリーヌ・フレスト◆のような人々によって表明されているある種のイスラム嫌悪のファミニズムとの間で顕著で厄介な客観的収斂《しゅうれん》が生まれているのである。この点もまた、大部分の西側諸国では――とりわけアメリカでは――イスラム嫌悪が、ネオコン派やキリスト教原理主義の強迫観念であるというかぎりにおいて、フランス的特殊性なのだ。[13]

一九世紀末、チェーザレ・ロンブローゾ——犯罪人類学の創始者であり、主導的実証主義学者であり、進歩の熱烈な提唱者であった——は、啓蒙思想の哲学がヨーロッパを起源として生まれたことを、「植民地化された人種」▼14に対する白人の優越性を示す証拠だとみなした。一部のフェミニズムは、西側文明の優越性を前提とみなし、そうすることによって、啓蒙思想的価値観と同類の概念を自らのアイデンティティとした。この見解に立てば、ベールを着用している女性の存在それ自体が、ヨーロッパの植民地主義が文明化の使命を未完のままに残したことを示す証拠にほかならない、ということになる。

▼**10** 以下の二つの著作を参照すること。Carole Reynaud Paligot, *La République raciale 1860–1930*, Paris: Presses universitaires de France, 2006; Nicolas Bancel, Pascal Blanchard, and Françoise Vergès, *La République coloniale: Histoire d'une utopie*, Paris: Albin Michel, 2003. この市民／先住民という二分法は、エドワード・サイードが研究で取り上げた、ヨーロッパのオリエンタリズムのフランスの政治的側面である。Edward Said, *Orientalism*, New York: Vintage, 1978［エドワード・サイード『オリエンタリズム』上・下（平凡社ライブラリー、一九九三年）］。

◆**ブルキニ着用をめぐる最近の騒動**　二〇一六年、仏の二〇以上の自治体がイスラム教徒の女性用水着「ブルキニ」の着用を禁止し、ニースの海岸では警官がブルキニを着用している女性を取り締まった。

▼**11** この論争については次のものを参照すること。Philippe Marlière, 'La gauche de l'entre-soi et le burkini', *Médiapart*, 26 August 2016.

▼**12** 次のものを参照すること。Ethienne Balibar, *Secularism and Cosmopolitanism: Critical Hypotheses on Religion and Politics*, New York: Columbia Univercity Press, 2018.

◆**エリザベート・バダンテール**　一九四四年〜。仏の歴史学者・フェミニズム研究者。邦訳書に『母性という神話』（ちくま学芸文庫、一九九八年）ほか。夫はミッテラン政権の法相で、死刑を廃止したロベール・バダンテール。

◆**カロリーヌ・フレスト**　一九七五年〜。仏のジャーナリスト。フェミニズム、ゲイの権利、世俗主義を訴え、カトリック・ユダヤ人・イスラム教徒の宗教的原理主義と闘うと主張している。

▼**13** たとえば次のものを参照すること。Caroline Fourest, *Génie de la laïcité*, Paris: Grasset, 2016.

▼**14** Cessare Lombroso, *L'uomo bianco e l'uomo di colore: Letture sull'origine e la varietà delle razze umane*, Turin: Bocca, 1892.

さまざまな研究は、女性が男性支配だけのせいにはほとんどできないような、さまざまな理由からベールの着用を選択していることを示している。多くのムスリム女性は――ベールを着用している者も着用していない者も――、これがさまざまな異なる形を取る現象であるという点を認めたうえで、自らの見解を表明しているのだ。時として、ベールは、宗教的アイデンティティよりもむしろ文化的アイデンティティを表現するものとなっている。自分の授業を受ける学生の中にベールを着用する若い女性を抱えている大学の教員たちは、その点を証言することができる。しかし、たとえベールがその性格としてもっぱら家父長的なものであったとしても、弾圧的な法的手段を行使してそれと闘うことは――ソ連邦において宗教を根絶しようとした試みと同様に――、受け入れがたいものであると同時に逆効果でもあるように思われる。[15]

エリザベート・バダンテールが、「自分がイスラム嫌悪呼ばわりされることを、われわれは恐れるべきではない」[16]と語る時、彼女は、フランス社会全体に流れる、「国民戦線」をつちかっている一連の外人憎悪と反動的衝動を正当化しているにすぎないのだ。もし世俗的であることが、ベールの着用を選択しているムスリム女性からベールを引きはがすことを本当に意味するのだとしたら、「国民戦線」は確かにフェミニズムの最良の擁護者だということになる！　こうした両者の接近は、共和主義と植民地主義との旧い共生を暴露しているだけではなく、「国民戦線」がなぜ自分たちは共和主義の伝統に立っていると主張するのか、その理由をも明らかにしているのだ。ポピュリズムというものがまず何よりも政治的デマゴギーの形態であるとすれば、今日におけるライシテの利用の仕方が明らかにこの現象を見事なまでに実証しているのである。

最近の法的規制の動きについて言うと、こうした動きが何と誰とを実際に攻撃対象としているのかを暴露する努力が絶えず行なわれている。公共の場での「宗教的標章の表示」を禁じる法の制定を提唱した人々は、イスラムだけではなくすべての宗教を想定したものだと主張しているが、これは言い換えれば、イスラム教がこれまでのところでは、この法律が適用された唯一の宗教だということなのだ。同様に、「二重国籍」の剝奪を可能にしようとする憲法改正――これは「国民戦線」の古くからの提案であった――

—もまた、それが本質的にムスリムに向けられたものであるという点を否定しようとするありとあらゆる種類の議論のレトリックを使って、正当化された。そのメッセージは明白であった。テロリストはフランスにはふさわしくはない、というわけだ（たとえテロリストを生み出したのが実際にはフランスである、としてもだ）。この点で、「国民戦線」と闘う試みの側は、この党自身のレトリックとこの党自身の言説を取り入れているのだ。「フランスは、植民地支配が根絶できなかった野蛮と蒙昧主義に対して自衛しなければならない」というわけである。

『シャルリー・エブド』誌へのテロ襲撃をめぐる論争でもまったく同じく、宗教を冒瀆し、批判する権利が特別な歴史的脈絡の枠内で常に行なわれているという点は注目に値する。ジョークは、その状況次第で異なった意味に受け取れる。テル・アビブの地で人々を笑わせるユダヤ人に関する冗談は、一九三八年時点のベルリンではむしろ悪意あるものと思われるだろう。同じく、西側の雑誌に掲載されたムハンマド像の戯画は、北アフリカで掲載されたイスラムの蒙昧主義への風刺画と同じ意味をもつものとはならない。イランの風刺画家は、抑圧的な体制によって否定されている自由を要求するためにリスクを冒している——そしてこのためにしばしば重大な代償を払うことになる——。フランスやデンマークでは、自らの自由を利用して社会から排除の対象となっている人々をあざ笑う風刺画家たちが存在している。フランスの社会学者エマニュエル・トッドは、自分自身の宗教をけなす権利と他人の宗教をけなす権利との間には根本的な相違がある、と述べている。彼はこう強調する。フランスでは、「弱者の境遇の下に置かれ差別されている集団の宗教の中の中心的人物を繰り返し一貫して冒瀆することは、——裁判所の判決がどう言うべ

▼15 Joan Scott, *The Politics of the Veil*, Princeton: Princeton University Press, 2010［ジョーン・スコット『ヴェールの政治学』（みすず書房、二〇一二年）］を参照。また、より広い観点から同じ著者による次の著作も参照すること。*Sex and Secularism*, Princeton: Princeton University Press, 2017.

▼16 Elisabeth Badinter, 'Il ne faut pas avoir peur de se faire traiter d'islamophobe', *Marienne*, 6 January 2016.

きかとは関わりなく――宗教的・エスニック的な根本的憎悪とみなされるべきだ[17]」と。

ライシテに関する同じ主張が、政治的に異なる色合いの分布にまでまたがって聞こえてくる。この論争は、右翼と左翼の伝統的分岐にはけっして従っているわけではない。「反資本主義新党」（NPA）について考えてみよう。この党は予期せぬ事態に直面することとなった。党は郊外地区に自身の根を下ろそうと試みた。そして、ひとたび一定の支持を獲得し始めると、スカーフを着用した若い活動家がこの党の候補者名簿リストの一人として名を連ねて立候補した。彼女はすぐさまメディアによるヘイト・キャンペーンを受けることとなった。マスコミは、反資本主義新党の「イスラム的左翼主義」に対する攻撃を開始し、極左と過激なイスラム主義とが収斂しつつあるように思われると指摘した。ベールを着用する自らの権利を主張するモロッコ系の活動家であったイラーム・ムサイドは、自らのフェミニズムと反資本主義とパレスチナの大義を支持する活動への参加を改めて主張したのだった。この時、彼女は実際に確信をもってそうした発言をしたのだった。反資本主義新党は、彼女を排除せず、実際には代表の一人として受け入れたが、同時に、自分たちの党がマルクス主義の無神論の伝統に立脚しているという点を強調した。このことは、反資本主義新党の党員の間に、無神論者と、「規範外だが許される」信者というある種の二重の地位を成立させることを事実上意味した。一九三〇年代以降ずっと、とりわけアルジェリア戦争の期間中、反植民地主義は、反資本主義新党（NPA）の前身の組織――「革命的共産主義者同盟」◆（LCR）――の顕著な特徴の一つであり続けてきた[18]。だが、宗教についてのこれら活動家の見方は、急進的な啓蒙思想から受け継がれた蒙昧主義への批判を何ら超えていなかったのである。党のメンバーの一部――とりわけ宗教に関する社会学者で、ラテン・アメリカの解放の神学に関する重要な著作[19]の著者であるミシェル・レヴィ――によってなされた試みがあったにもかかわらず、反資本主義新党はこの危機に立ち向かう準備ができていず、二つの対立する立場の間で引き裂かれることとなった。こうして、多くの若い移民系の活動家が反資本主義新党から離れていった。その反植民地主義は、反資本主義新党が移民の子どもたちの間に浸透していく助けとなってきていたのだが、イデオロギー的な先祖返りによってそれは麻痺させられてしまった。今日のフランスは、一九〇五年のフランスではない。今日のフランスは、一世紀前に比べて文化的・宗教的な多元主義がはるかにずっと大きくなっている国である。反資本主義新党以外の運動は、それとはまったく反対の道をたどっている。「共和国原住民党」は、宗教的な運動として出発したものではないが、今日、イスラムを、宗教的な立場というよりもむしろ文化的・政治的なものであると認定していて、偏狭さや宗教的蒙昧主義に対するいかなる批判も、事実上、この党の言説からは消え去っている。世俗主義の社会主義の名の下に遂行された二〇世紀の革命の敗北の後では、とりわけ宗教が政治の基本的な次元にまで回帰しつつあるようになって以降には、左翼は宗教のこうした現実とまったく折り合いをつけられていないのである。

「共和国原住民党」を見る時、われわれは一九三〇年代にまでその比較対照を拡張することができる。かつて、多くのユダヤ人は、宗教としてのユダヤ教の教義とは無関係で、ユダヤ教会のシナゴーグに足を踏み入れたこともなく、無神論の急進的な運動やマルクス主義の運動に参加しさえしていた。それでもやはり、これらのユダヤ人たちは自らのユダヤ的文化への忠誠を認めていた。彼らのこのアイデンティティには、当時、非難の烙印が押され、反ユダヤ主義がいずれにしてもこうしたユダヤ人の罪を追及していたのだが、こうしたユダヤ人たちは、このアイデンティティに対する自分たちの愛着をただ堂々と宣言するた

▼17 Emmanuel Todd, *Qui est Charlie? Sociologie d'une crise religieuse*, Paris: Seuil, 2015［エマニュエル・トッド『シャルリとは誰か？　人種差別と没落する西欧』（文春新書、二〇一六年）］。

◆**革命的共産主義者同盟**　六八年の五月革命を担ったＪＣＲ（革命的共産主義青年同盟）が中心になって一九六九年に結成された共産主義者同盟を前身とし、革命的共産主義者戦線を経て一九七四年に結成。二〇〇九年に組織を解散し、「反資本主義新党」に合流した。五三頁の「反資本主義新党」の訳注を参照のこと。

▼18 次のものを参照すること。Sylvain Pattieu, *Les camarades des frères: Trotskistes et libertaires dans la guerre d'Algérie*, Paris: Syllepse, 2002.

▼19 Michael Löwy, *The War of Gods: Religion and Politics in Latin America*, London: Verso, 1996.

めに、そうしたのだった。ハンナ・アーレントは、レッシング賞を受賞した時の講演で、戦前のドイツでは、『ヴェニスの商人』の中で発せられたかの有名な「お前は誰なのだ？」という問いに対応する唯一の答えは、「ユダヤ人だ」であった、と語っている。その答えだけが迫害の現実を酌んでいたからた。[20] 二一世紀初頭、ヨーロッパが、一九三〇年代のヨーロッパとは同じでないことは明白である。しかし、憎悪の社会的・文化的パターンは、たとえ歴史的な諸情勢が変化した後にあっても、依然として同じものであり続けている。同じようなことが、「イスラム的背景」をもつ多くの人々に対して、今日、おそらく起こりつつあるのだ。自分たちの出自を否定することは現実を逃れることになるだろう。あるいは、それは、自分たちが受けている抑圧と排除の話を呑み込んで耐え忍ぶことを意味するだろう。しかし、われわれが知っているように、ハンナ・アーレントは、『イエルサレムのアイヒマン』の出版によって火がついた騒動の中で、ユダヤ民族の名において発言したり、いわゆる「ユダヤ人コミュニティー」なるものへの自分の忠誠を宣言したりすることを拒否したのだった。彼女がゲローム・ショーレム〔イスラエルの思想家。ユダヤ研究の専門家〕に手紙を書いたのは、抽象的な民族ではなく、自分の友人たちだけを愛していたからだった。[21] レッテル貼りに直面した際の彼女の堂々としたスタンス、そしてまた同族主義とのいっさいの共謀の拒否は、じつに健全なものだった。

現代フランスにおける政治的・宗教的アイデンティティを広く観察していく場合の複雑さが、ウーリア・ブーテルジャ◆の最近の著作をめぐる論争に中でもまた提起された。一部の人々が、彼女の著作『白人、ユダヤ人、そして私たち』[22] に対して、反ユダヤ主義の立場を取っていると非難している。この告発は大いに疑問の余地のあるものであって、こうした告発は不可避的に文脈の中からあれこれの一節を引いてくるやり方にもとづいたものとなっているのだ。当然にもそこには望ましくないいくつかの言葉使いがあるが、それを率直な心で読めば、それが反ユダヤ主義だなどという主張はとうてい信じることはできない。フランツ・ファノンやマルコムXが時として「反白人」の人種差別主義として非難された、という点を再度思い起こすべきである。ウーリア・ブーテルジャの立場はしばしば物議をかもすものとなっているが、彼女の著作は興味深く挑発的である。それは、非常に私的で血の通った著作であるだけでなく、同時に政治的でもある手際よく書かれたテキストである。それは言葉の最良の意味において挑発である。彼女は、共和派の欺瞞のベールを剝ぎ取り、曖昧さの余地がない言い方で植民地支配の遺産と結びついた人種問題がフランスには存在する、と主張している。そして今日、マイノリティの空間的分離がいかに広範な形で都市景観を形成することになっているのかをわれわれが目撃する時、この点で彼女が正しいことは明らかである。われわれを現代フランスの人種問題――この問題は世の中の支配的な言説によって一貫して見逃されている――に直面させようとして、ブーテルジャは、多くの人々が厄介だと思うような用語を使う。すなわち、「白人」「ユダヤ人」、そして、その多くがムスリムである黒人とアラブ人を意味する「原住民」というような言い方である。

この観点から、アメリカと比較してみるのは興味深い。アメリカはさまざまな異なるエスニック・グループの共存のモデルであるとはおよそ言えないが、多様な人々から成る国であるという点は認められている。『ニューヨーク・タイムズ』紙は、そのウェブサイトに「アメリカにおける人種、あなたのストーリー」と題する報告を発表し、多くのインタビューを掲載した。あらゆる生い立ちや宗教の人々が意見を寄せ、自分たちにとってアメリカ人であるということは何を意味するか、自分の文化的・宗教的ルーツは

▼20 Hannah Arendt, 'On Humanity in Dark Times: Thoughts about Lessing', *Men in Dark Times*, New York: Hacourt Brace, 1970〔ハンナ・アーレント『暗い時代の人間性について』（情況出版、二〇〇二年）〕, 17.

▼21 Hannah Arendt and Gershom Scholem, *Correspondence*, ed. Marie Louise Knott, Chicago: University of Chicago Press, 2017〔マリー・ルイーズ・クノット編『アーレント=ショーレム往復書簡』（岩波書店、二〇一九年）〕, 207.

◆ウーリア・ブーテルジャ　一九七三年〜。「共和国原住民党」の提唱者。六一頁の訳注「共和国原住民党」を参照のこと。

▼22 Houria Bouteldja, *Les Blancs, les Juifs et nous*, Paris: La Fabrique, 2016. これの英語版は次のものである。English trans. Rachel Valinsky, forward by Cornel West, *Whitess, Jews and Us: For a Politics of Revolutionary Love*, New York: Semiotext(e), 2017.

何か、アメリカでの生活の中でどんな偏見に遭遇したか、を語った。フランスの『ル・モンド』紙の方は、この種のことをけっしてしたことはない。ようするに、ウーリア・ブーテルジャの語義をめぐる挑発はどこにも何もなかったのに突然不意に出現することになったわけではなかったし、彼女が「冷静な気持ちで」そうしたわけでもなかった。この反応は、一九八三年の「ブールの行進[23]（マルシュ・デ・ブール）」（北アフリカ系の青年の平等を求めるデモ行進。ブールとはフランスに住むアラブ系の二世世代の人々のこと）が越えがたい大きな壁にぶち当たった後にも、植民地問題をめぐる議論が何ら重要な変化を生み出さなかったという三〇年間以上の結果を踏まえてのことなのだ。この結果への反応として生まれたのが、「私の仲間には手をつけるな[24]」という見下したようなスローガンを表記したバッジであった。この過程の最後の段階は、フランスが「シャルリー（・エブド）の装いをした」二〇一五年一月一一日のデモとともにやってきた。こうした共同歩調は自然発生的に生まれたものではない。これらの運動は、その内部のさまざまに異なる主体の承認を通じて構築されなければならなかった。この多様性が認められなければ、共和派の植民地主義の場合のように、普遍主義は常に偽善的で、人を欺くものとなってしまうだろう。ウーリア・ブーテルジャの著作の問題は、彼女が白人やユダヤ人や黒人について論じているということではない。その問題はむしろ、彼女がいかなる「生物学的決定主義」からも解放された「社会的・政治的な意味」においてこれらのカテゴリーを明らかに用いているのだが、事実上、それらのカテゴリーを均質的な存在にしてしまい、これらの用語を特徴づける相違と矛盾を消し去ってしまっているという点なのだ。

　こうして、ブーテルジャはアラブ革命を無視し、イスラムを西側とは対立する一枚岩的なブロックに実際には変えてしまっているのであって、それは、彼女が当然にもほとんど共感を覚えるはずのないサミュエル・ハンチントンが『文明の衝突』の中で展開していることと少し似通うことになっている[25]。イスラム主義のテロリズムが、ムスリムの異なるさまざまなグループ相互間の関係を定義するうえで決定的な役割を果たすのだが、たとえそうであっても、彼女はイスラム主義のテロリズムについても何も語らない。マフムード・アフマディーネジャード前イラン大統領のユーモアに対する彼女の肯定的見方は、テヘランのゲイから賛同を得られないし、北アフリカのマチスモ（男性優位主義）への彼女の擁護も、その起源がどうであれ、その被害を受けている女性たちからの共感を得られないということもまた、まったく確かである。彼女は、「人種差別主義の結果としての男の去勢は屈辱であり、この屈辱に対して男は私たちに法外な代償を支払わせるのだ」と書いたうえで、「原住民の家父長制に対する急進的批判は、脱植民地主義地域のフェミニズムが承服しがたい贅沢なのだ」とする結論を導き出している。[26] 彼女の著作は、鋭い分析を提供してくれる説得力のある真剣な文章が見られる一方で、いっさいの提携を妨げることになる障壁をむしろ事実上積み上げることになってしまうような、胸の悪くなる驚きを引き起こす文章が他方では存在していて、この両者の間で絶えず動揺し続けている。この心理的メカニズムは何ら新しいものではない。ナチの反ユダヤ主義を経験した多くのユダヤ人が原則としてイスラエルを批判するのを拒否したのも、多くの共産主義者が敵に奉仕するのを避けるためにスターリニズムに対するいっさいの批判を控えたのも、まさにそのためであった。この態度は、心理的反応として理解できるものではあるが、常に悲惨な結果を招くことになる。

彼女の著作の中では、白人はまた常に同質的なカテゴリーだとみなされている。それらの人々は白人であって、何らそれぞれの特色をもたない、というわけである。だが、この問題はむしろもっと複雑である。

▼23 「ブールの行進」として知られている一九八三年の「フランス全土をめぐる平等を求める行進」は、最後にパリでの巨大な行進で終わった。それは、アフリカのマグレブ地方の出身の移民が居住するスラムと地域で生まれたポストコロニアル第二世代によって組織された最初の大きなデモであった。次のものを参照すること。Abdelali Hadjat, *La marche pour l'égalité et contre le racism*, Paris: Éditions Amsterdam, 2013.

▼24 社会党の周辺の人々によって一九八四年に結成された団体、ＳＯＳ Ｒａｃｉｓｍｅによって提起されたスローガン。

▼25 Samuel P. Huntington, *The Crash of Civilizations and the Remaking of the World Order*, New York: Simon & Schuster, 1996［サミュエル・ハンチントン『文明の衝突』上・下（集英社文庫、二〇一七年）］。

▼26 Bouteldja, *Les Blans, les juifs et nous*, 84, 95.

イタリアについて考えてみるとよい。リビアやエチオピアから見ると、イタリアは、確かに白人であり、じつは、リビアにおける強制収容所やエチオピアでの化学兵器による絶滅作戦といった遺産をもつ「白人の野蛮さ」をまさに体現する存在である。安全にシチリアの海岸に到着したいと願いながらボートで地中海を渡って来たアフリカの人々にとって、イタリアは、EU（欧州連合）と呼ばれる武装した要塞の国境である。しかし、一世紀前に（ニューヨーク湾の）エリス島に上陸したイタリア人移民は、けっしてそのような白人ではなかった。カトリック教徒で南ヨーロッパからの農民として、これらの醜くうす汚れたいやなイタリア人は、少なくとも一、二世代の間は、支配的なWASP[27]とは大きく異なる「劣等人種」の地位に落とし込まれたままにとどまることになった。ジェラール・ノワリエル◆は、一世紀前にフランスでイタリア人に対する大量虐殺があったと述懐している。[28]今日のトルコ人の移民たちは、オスマン帝国の子孫であり、クルド民族を抑圧している国家の市民でもあるのだが、これらトルコ系移民は「白人」なのだろうか？　私なら鮮明な分岐線を引くようなこうしたカテゴリーを用いないだろう。ブーテルジャの著作のいくつかの章句は、ポスト・コロニアリズム◆が、逆立ちしたオリエンタリズムの形を取る、とするヴィヴェーク・チッバーの評価を確認させるものとなっているように思われる。[29]

3……インターセクショナリティー

インターセクショナリティーの概念は、一九八〇年代末に法思想の専門家であるカンベルレ・クランショーによって最初に創造されたものであるが、社会問題と人種問題とは相互に深く絡み合っている、という考えを提起したものだった。[30]これは、生産的思想であって、「ウォール・ストリート占拠運動」以降のアメリカで最も重要な運動である「ブラック・ライヴズ・マター運動」に深い影響を与えた。「アイデンティティ」の問題は、大陸ヨーロッパよりもずっと以前にアメリカでは提起されていた。この感覚の起源は、アフロ・アメリカンの市民権運動であったが、この運動それ自身が、フェミニズムからLGBT

や環境保護運動に至る、経済に直接に還元されない他の運動の出現を促したのだった。このことは、ヨーロッパ「左翼」の「土台」――戦略的な仮定だけではなくて、哲学的仮定とも言えるもの――をめぐる批判的考察を要求することとなった。

マルクス主義的左翼は常に、階級、ジェンダー、人種、宗教を結びつけることに手こずってきた。それは、一九世紀以来、これらのさまざまな特質が階層をなすものと考えてきた。ジェンダーや人種や宗教などが階級と結びついているが、階級に対して従属的役割を演じていると考えて、階級対立に一貫して特権的位置を与えてきた。こうした諸問題に対する解決は、階級的搾取の終結という結果とともにもたらされるだろうと考えられていた。一九六〇年代、「新左翼」は、こうした他の諸特質を、階級的アイデンティティの単なる必然的結果に還元してしまうのではなく、非階層的なやり方で結合させようと試みた。右翼過激派について言うと、この勢力は、社会問題とアイデンティティとの強い結びつきを指摘した。「国

▼27 完全な黒人でも、完全な白人でもなかった、アメリカにおけるイタリア人移民の第一世代の入り組んだ人種的待遇については次のものを参照すること。Thomas A. Guglielmo, *White on Arrival: Italians, Race, Color, and Power in Chicago, 1890–1945*, New York: Oxford University Press, 2004. 北部のイタリア人による南部のイタリア人に対する人種差別的偏見については次のものを参照すること。Vito Teti, *La razza maledetta: Origini del pregiudizio antmeridionale*, Rome: Manifestolibri, 2011.

◆**ジェラール・ノワリエル** 一九五〇年～。仏社会科学高等研究院教授、専門は国民国家・移民現象の社会史。邦訳書に『フランスという坩堝――一九世紀から二〇世紀の移民史』（法政大学出版局、二〇一五年）ほか。

▼28 Gérard Noiriel, *La massacre des Italiens: Aigues-Mortes, 17 août 1893*, Paris: Fayard, 2010.

◆**ヴィヴェーク・チッバー** 一九六五年～。インドに生まれ米で活動する社会学者。ニューヨーク大学教授。ポスト・コロニアル理論に対して、新たにグローバルサウスをエキゾチックで本質化されたものとして提示することによって、新たなオリエンタリズムを形成すると批判し、スピヴァックなどと論争をくり広げた。

▼29 Vivek Chibbers, *Postcolonial Theory and the Spectre of Capital*, New York,: Verso, 2013.

▼30 Patricia Hill Collins and Sirms Birge, *Intersectionality*, Cambridge, UK: Polity Press, 2016.

民戦線」の言説は、社会の不平等をはっきりと激しく攻撃するのだが、「貧しい白人」を擁護するという反動的な回答を提案するものとなっている。この点で「国民戦線」が成功を収めたのには多くの理由がある。まず第一は、共産党の選挙面での崩壊とその文化の衰退である。歴史的に、ファシズムの原型は反共主義であったし、このことがファシズムの社会的言説の範囲をかぎられたものにしていた。今日、極右派は、その伸縮自在のイデオロギー的分岐線を消し去ることなく、新自由主義のヨーロッパに対する批判を提起することができる。左翼が新自由主義に対して強い反対の声をあげ、反資本主義的特性を帯びるようになっているところでは、極右派は、（ギリシャの「黄金の夜明け」◆の場合のように）ネオ・ファシスト的となるだろう。その社会的言説は、その人種差別主義と外人憎悪によって全面的に覆いつくされてしまっている。（フランスの）「国民戦線」の場合は、左翼がオールタナティブを提起できないというただそれだけの理由から、社会的不平等を攻撃するこの土俵で大衆的支持を得ているのだ。

右翼過激派は大衆の動員を追求している。それは、民族の再覚醒を呼びかけ、腐敗したエリート層を取り除くよう要求している。このエリート層こそ、グローバル資本主義によって支配されているのであって、ヨーロッパ諸国が統制できない移民と「イスラムの侵略」へと道を開いた政策に責任がある、というのだ。フランスの社会学者リュック・ボルタンスキーとアルノー・エスケールが適切に述べているように、右翼過激派は、腐敗したエリート層に反対する「善良な」人々という古い「神話」を放棄せず、それを大幅に再定式化しているのだ。過去においては、「善良な」人々は、大都市の「危険な諸階級」に反対する地方のフランスを意味した。共産主義の終焉以後では、国内製造業の空洞化の打撃を受けて敗北した労働者階級が、この高潔な民族的・民衆的なコミュニティーの中に再統合された。「悪い」人々——郊外の移民、ムスリム、黒人、スカーフを着けた女性、麻薬常用者、周辺部に追いやられている人々——は、リベラルな道徳的姿勢を採用している有閑階級の構成員と溶け込んでいる。それは、フェミニストであり、ゲイに好意的であり、人種差別主義に反対し、環境保護主義者であり、移民の権利の擁護者である。結局のところ、ポスト・ファシスト的な想像力が考える「善良な」人々とは、ナショナリスト、反フェミニスト、同性愛嫌悪、外人憎悪であって、エコロジーやモダンアートや主知主義に対してあからさまな反感を抱いている。[31]

本来、右翼がアイデンティティについて語る場合、その主要な関心は、同一性の証明（アイデンティフィケーション）、すなわち、一九世紀末以降のヨーロッパで採用されてきた政治的・社会的コントロールなのである。[32] これは、民衆の運動や国内の移住者を管理し、外国人や犯罪者や破壊活動分子を登録するという意味である。身分証明書の発明は、法的・政治的権利の取得としての市民権の承認以上のもの、コントロールしようとするこの意志の問題なのである。同一性の証明は、フーコーが生政治権力の出現と呼んだものの一つの側面にすぎず、生きた身体とみなされる領土や、人口の管理と統治をともなったものである。[33] 右翼過激派の保守的同一性の証明の言説は、根無し草のベクトルとしてのコスモポリタニズムとグローバリゼーションとを批判することを目指しているのだが、右翼過激派は、非常に近代的な同一性の証明と管理の生政治的政策と、自らのこのきわめて保守的な同一性の証明の言説とを結びつけようとしている。

◆「**黄金の夜明け**」 過激な行動で知られるギリシャの極右政党。移民排斥を訴え過激なヘイトクライムを引き起こし、同性愛嫌悪を掲げゲイ・パレードを襲撃し、移民の露店を集団で破壊し、サッカーではフーリガン活動を行なうなど、数多くの暴力事件を起こしている。またホロコーストも否定している。党のスローガンは「血、名誉、黄金の夜明け」。二〇一二年の総選挙で「すべての移民を国外追放し、国境地帯に地雷を敷設する」という公約に掲げ、一八議席を獲得。二〇一五年の総選挙では一八議席を獲得し、議会第三政党となった。しかし二〇一九年の総選挙では議席を失い、さらに二〇二〇年、裁判所が、殺人事件などに関与したとして党そのものを犯罪組織として認定した。

▼**31** Luc Boltanski and Arnaud Esquerre, *Vers l'extrême: Extension des domaines de la droite*, Paris: Editions Dehors, 2014; Gérard Mauget, 'Mythologies: le "beauf" et le "bobo"', *Lignes* 45, 2014.

▼**32** Ilsen About and Vicent Denis, *Histoire de l'identification des personnes*, Paris: La Découverte, 2010.

▼**33** Michel Foucault, *The Birth of Biopolitics: Lectures at the College de France, 1978–1979*, New York: Picador, 2010 [ミシェル・フーコー『生政治の誕生――コレージュ・ド・フランス講義一九七八‐一九七九年度』（筑摩書房、二〇〇八年）]。

左翼のアイデンティティ・ポリティクスは、それとはまったく異なる。それは、排除の問題ではなくて、承認の要求である。[34]「すべての人のための結婚」は、ゲイ・カップルの権利のための要求である。すなわち、それは既存の権利の拡張であって、他人の権利の制限や否定を求める要求ではない。ヨーロッパでスカーフを着用している女性は、着用を受け入れるよう要請しているのであって、ミニスカートを禁止しようとしているのではない。「ブラック・ライヴズ・マター」は、「反白人」の運動ではなくて、増大する警察の暴力に直面しているマイノリティの主体が受けている抑圧に対する抗議であった。

それでもやはり、アイデンティティの言説としばしば結びついている曖昧さを振り払うことは有益である。なぜなら、アイデンティティの概念それ自体（これは、ラテン語のidem＝同じ、からきている）がありとあらゆる種類のものに用いられやすいからである。二種類のアイデンティティ、すなわち同一性としてのアイデンティティと、自我あるいはイプセイティ（ipseity）[35]としてのアイデンティティ、という二種類のアイデンティティとの、ポール・リクールによる区別に立ち戻るのは有意義かもしれない。

前者のアイデンティティは、「われわれは何者か」という問いに応えるものであって、生政治的アイデンティティ、あるいは生物学的なDNAを指していて、所与の、変えられないものである。これは、右翼が作り上げているアイデンティティであって、その人の本質そのものと結びついた存在論的なアイデンティティである。これは、生まれつき決定されているアイデンティティである（われわれの祖先、「わがゴール人」というわけだ）。そして、これはまた、近代の生政治的同一性証明の対象になっているものでもあって、われわれの生物統計学的パスポートなのである。

それとは異なって、後者のアイデンティティのタイプは、「われわれは誰なのか」という問いに応えるものであって、自己形成の過程の結果なのである。われわれは、われわれの生活がわれわれから作り出すもの、われわれが選択することによって成っているもの、なのである。このアイデンティティは主観的なものであり、開かれていて、今後変化していく可能性があるのだ。それは、市民権とは区別されるべきものである。市民権は、政治的コミュニティーへの自身の所属を決定する。後者のこのタイプのアイデンティティは、文化的・宗教的多様性を前提としているので、有益な世俗主義のための基礎をなすものともなっている。人はコミュニティーの一員になったり、それに所属したり、自らをある共通のアイデンティティを持つものとみなしたりするが、それには無数の道がある。フランスとヨーロッパ――そしてアメリカやアルゼンチンもまた――の豊かさはまさに、アイデンティティのこの多様性のおかげなのである。たとえば、フランスがかつては植民地帝国であったという事実は、この国では少なくとも一つの積極的な面、すなわち、そこに生きているアイデンティティと文化という富を持っているということである。これは、他のどの国でも常に見出せるものではない。

バンジャマン・ストラ◆は、これについての一つの注目すべき具体例を取り上げて分析している。すなわち、アルジェリアでは、一つの支配的側面、すなわち、一つの支配的な公式の記憶が存在するのに対して、フランスでは、一方における「ピエノワール」（アルジェリア生まれのフランス人）に体現される「フランスのアルジェリアの遺産」が、他方における、亡命した民族解放戦線内の反対派の人々や、戦後アルジェリアから移住してきたアルジェリア人、植民地支配者側で闘ったアラブ人（「アルキ」――アルジェリア戦争中にフランス軍側に立って戦ったアルジェリア人）、フランス人の反植民地主義者たち、古参兵たちの遺産とが共存している、というのである。これらすべての人々は、この記憶の一部を保持しているが、その記憶は多角的な記憶なのである。[36] これらのアイデンティティは、「民族の叙事詩」や血統の話に

▼34 次のものを参照すること。Axel Honneth, *The Struggle for Recognition: The Moral Grammer of Social Conflicts*, Cambridge, UK: Polity Press, 2015.

▼35 Paul Ricoeur, 'Narrative Identity,' *Philosophy Today* 35: 1, 1991, 73–81.

◆バンジャマン・ストラ 一九五〇年、アルジェリア生まれ。仏の歴史学者。邦訳書に『アルジェリアの歴史――フランス植民地支配・独立戦争・脱植民地化』（明石書店、二〇一一年）。

▼36 Benjamin Stora, *La gangrène et l'oubli. La mémoire de la guerre d'Algéire*, Paris: La Découverte, 2006.「多角的記憶」については、次のものを参照すること。Rothberg, *Multidirectional Memory*.

は還元できない。

アイデンティティは、主観的なものであって、必然的に社会的、文化的な複数のパターンの一翼を形成している。それは、承認を求めるのであり、政治はこの要請を考慮しなければならない。しかし、排他的なアイデンティティ・ポリティクス――アイデンティティの主張に切り縮められてしまった政治――は、危険でもあるし、長期的視野を欠いている。なぜなら、政治の役割とはまさに、個々の主観性を克服し、それを超えることであるからである。アメリカでは、アイデンティティ・ポリティクスは矛盾した結果を生み出している。一方において、それは基本的な諸権利を獲得する役割を果たしたのだが、他方では、黒人、フェミニスト、ゲイ、環境保護主義者を別々のしばしばごく少数の運動へと分散させてしまうこととなった。アイデンティティ・ポリティクスは、それがいっさいの統一の展望をも放棄してしまい、その結果、保守的な姿勢にしかならないという危険に陥っていることになった場合には、破産してしまっている。これは、われわれが相互の運動の提携を構築していく方法ではない。[37]

4……ホロコーストの記憶とイスラム嫌悪

今日、公共の場は、戦争やジェノサイド、その中でもとりわけホロコーストの記憶によって支配されている。西側社会の記憶のこの転換は三〇年前にさかのぼる。フランスでは、この事態は、公的論争の舞台へのヴィシーの復帰とともに、そしてまた、とりわけクロード・ランズマンのドキュメント映画『ショアー』の公開（一九八五年）の後のユダヤ人の記憶の台頭とともに生じた。ドイツでは、それは、アメリカのテレビ番組シリーズ『ホロコースト』、その後の「歴史家論争◆」（一九八六年）の結果生まれた。「歴史家論争」では、エルンスト・ノルテ指導下の保守派学者グループと、ユルゲン・ハーバーマスの率いる進歩派の戦線とが対立した。[38] 相対的に見過ごされてきたそれ以前の数十年間に対するある種の遅ればせながらの誇張された償《つぐな》いという反応の中で、ホロコーストは強迫観念の対象となった。この変化は、いろいろな点において（特にアイヒマン裁判もあって）一九六〇年代にその前兆が見られたが、その現象は実際には約二〇年後に全面的な重要性を帯びることとなった。今日、政府によって制度化され、公式の記念行事によって儀式化され、文化産業によって実施されているホロコースト記念行事は、次第に教育的で首尾一貫した役割を果たさなくなっている。それは、ともすれば分裂と恨みを生み出しがちな、抜粋された一面的記憶になってしまった。第二次世界大戦中、ユダヤ人たちはジェノサイドの犠牲者であったが、今日ではヨーロッパのどの国においてももはや抑圧されたマイノリティではないし、イスラエルの建国は今やユダヤ人たちを抑圧者の国家の共犯者にさせている。記憶のポリティクスが生み出す誤解の結果こそが、ユダヤ人を典型的な犠牲者にすると同時に、植民地の暴力の犠牲者の記憶について沈黙させたり、大したことでないように思わせたりしている。だから、記憶の政治のこうした誤解を生じさせる結果に対して正しい処置を講ずることにはそれだけの価値があるのだ。

絶滅収容所の記憶は反ユダヤ主義に焦点を当てているのだが、今日、イスラム嫌悪が至るところで増大している。この記憶は、現在のこうした事態と切り離されてしまうならば、結局のところ不毛なものに終している。

▼37 次のものを参照すること。Nancy Fraser and Axel Honneth, *Redistribution or Recognition? A Political-Philosophical Exchange*, London: Verso, 2004［ナンシー・フレイザー／アクセル・ホネット『再分配か承認か？——政治・哲学論争』（法政大学出版局、二〇一二年）］。また次のものをも参照すること。Nicole Lapierre, *Causes communes. Des Juifs et des Noirs*, Paris: Stock, 2011.

◆**歴史家論争** ノルテは『フランクフルター・アルゲマイネ』紙で「過ぎ去ろうとしない過去」を発表し、アウシュヴィッツはソ連の「収容所群島」の模倣であり、カンボジアのポル・ポトの大虐殺などと比較可能であるとして、ホロコーストの歴史的意味合いを相対化しようとした。ハーバーマスは、ナチ犯罪を絶対無比のものと捉え、ドイツ人はアウシュヴィッツという極限を経験することでようやく普遍的な西欧理念にたどり着くことができたとし、ノルテらを「修正主義」的であるとして批判した。ハーバーマス『過ぎ去ろうとしない過去——ナチズムとドイツ歴史家論争』（人文書院、一九九五年）参照。

▼38 ホロコーストの記憶の浮上によって生み出された全世界的な知識人の間の論争については、とりわけ次のものを参照すること。Dominique LaCapra, *History and Memory After Auschwitz*, Ithaca, NY: Cornell University Press, 1998.

わってしまう。確かに、学校の子どもたちに『ショアー』を観させたり、ナチの強制収容所への見学を組織するというのはよいアイデアかもしれないが、二〇〇五年にフランスで起こったように、もしそれと同じ時に議会が植民地支配にも良い面があったという点を自賛する法案◆を採択しているようであれば、単に論点をずらしていることにしかならない。政党指導者が満場一致で反ユダヤ主義を批判する一方で、それと同時に反移民の外人憎悪を容認するとすれば、それはホロコーストを記憶することの意義を完全に台無しにしてしまうことになる。▼39

こうして植民地主義は、反人種差別主義の陣営内においてさえ論争を呼ぶ遺産になっているのだ。国立移民史博物館（CNHI）は、とりわけこの点を物語る例となっている。パリで二〇〇七年に創設されたこの博物館は、フランスの大臣による開設宣言がなされなかった唯一の国立博物館である。フランソワ・オランド大統領が出席する開館式が行なわれたのは、それが建設されてからほぼ一〇年が経ってからのことであった！　博物館は建設の提案者をも巻き込む嵐のような論争の渦中に出現したのだが、その論争は建設会場をめぐって展開された。じつは、そのもともとの建物は大きな象徴的な意味をもっていたのである。というのは、それは一九三一年に植民地博覧会の会場として造られた建物だったからである。移民史博物館は、植民地主義を想起させるにふさわしい建物の中に設置されるべきなのだろうか？　実際、植民地支配の問題を取り上げるような博物館がフランスには現在存在しないので、CNHIが当然にも、植民化の問題を集中的に取り上げるとりあえずの立派な臨時展示場として、ある程度までこの欠如を取りつくろっている。

CNHIはよい博物館であるが、ここではその質は問題にしない。しかし、それは同時に、歴史記述上の間違った考えを反映しているのだ。すなわち、植民地主義の遺産は移民の歴史に解消してしまうことができるという考えが、そこには反映されているのだ。植民地主義と移民という二つの現象には深い結びつきがあることは確かである。しかし、両者を正しく理解するためには両者を区別する必要があるのだ。二〇世紀におけるポーランド人・イタリア人・スペイン人の移民に対する侮辱と軽蔑▼40は、植民地支配下に置かれた人々に対する抑圧とは異なっている。前者の移民たちは、アフリカ系移民のような「原住民」ではなかった。前者の人々は、植民地展示館でエキゾチックな対象として檻の中で展示されたり見世物にされたりしたことはけっしてなかった。

5……市民宗教としての共和主義——イスラム原理主義テロをめぐって

フランスのアイデンティティの対立する二つの形態としての、国家の共和主義とポスト・コロニアルの記憶との興味深い衝突が、二〇一五年一月のテロ攻撃◆の後に起きた。この時、国家の共和主義は、異常なまでの再覚醒を（少なくとも一瞬の間）経験し、その中でこの共和主義は市民宗教としての旧い習性を再び誇示することになった。多くの観測筋は、古くて明らかに古風でもある信念のこの予期せぬバイタリティーを指摘した。パリの心臓部での虐殺の衝撃を受けて、突如として、古い愛国的感情がかつての昂《たか》ぶりを再び見出したのだった。共和国の立憲的価値観がもう一度神聖化され、市民は信仰行為としてそれらを信奉するために再び街頭をパレードした。共和国は神聖視される。これが、『シャルリー・エブド』

◆**二〇〇五年に……植民地支配にも良い面があったという点を自賛する法案**　二〇〇五年に公布された「フランス人引揚者に対する国民の感謝および国民の負担に関する法律」。第四条の第一項は、大学の研究において「北アフリカにフランスが存在した歴史について、ふさわしい位置付けを与えること」とし、第二項では、高校以下の教育でも「海外領土、中でも北アフリカにフランスが存在したことの肯定的役割」を教えること、と明記されていた。歴史学者たちが反対の署名運動をくり広げ、第二項は翌年廃止された。

▼39　Enzo Traverso, *The End of Jewish Modernity*, London: Pluto Press, 2016, ch.7.

▼40　次のものを参照すること。Nicolas Bancel and Pascal Blanchard, eds, *Human Zoos: Science and Spectacle in the Age of Colonial Empires*, Liverpool University Press, 2009.

◆**二〇一五年一月のテロ攻撃**　『シャルリー・エブド』誌へのテロ攻撃のこと。

誌とユダヤ系食品専門スーパーマーケットのイベルカシェルへの襲撃◆の後に、マニュエル・ヴァルス首相がわれわれに語ったことである。二〇一五年一一月のパリでの襲撃事件◆を受けて、フランソワ・オランド大統領が語ったこともまた同じであった。これらの事件の最中には共和国の儀式がじつに効果的であった。レジス・ドブレ◆は、これらの悲劇的日々を受けての一月一一日のデモに参加して自分がいかにうれしかったかを書いていて、共和国の伝統の力強さは素晴らしい驚きであったと認めている。▼41 じつに強烈な感情が表明された共和国防衛のデモの規模は、本当に強烈な印象を与えるものであった。しかしこれらのデモは、劇的な形で共和国のナショナリズムのすべての矛盾を、再び公然と示すこととなった。シャルリーが共和国のシンボルに取り込まれることになると、植民地主義の亡霊が大挙して舞い戻ってきた。もし本当にシャルリーが共和国の真髄なのであれば、その場合にはムスリムは共和国から力づくで排除されることになる。

パリのレプブリック広場ではより自然発生的な追悼の形態も出現した。たとえば、カフェ「ラ・ベル・エポック」の前に設置された、犠牲者を悼むために花束とメッセージを捧げる祭壇にこの点を見ることができる。これは、自然発生的な同情の瞬間だったが、攻撃の後に行なわれたデモと同じような象徴的な効果や政治的な側面をもつことはなかった。一方では、この矛盾した大衆動員は根底においては本物であった。人々は、自らの憤激や苦悩を、自由と民主主義の価値観への自らのこだわりを表明したのだった。他方、「私はシャルリー」という圧倒的なスローガンは明らかに共和国の境界線を引いていたのだった。表現の自由や思想・信仰の複数性、神を冒瀆する権利すらも主張するその向こうで、このスローガンは、共和国からテロリストだけでなく、ムスリムをも排除する分岐線をぶしつけに定めているのだ。すなわち、『シャルリー・エブド』誌上で、毎週、汚名を着せられ続けているフランスの住民の重要な部分を占めるムスリムが排除されるのだ。エマニュエル・トッドは、こう指摘している。

「ネオ共和国」は、その市民の一部に対して自身の存在そのものを耐えがたいほどにまで否定することを要求している。ムスリムは、善良なるフランス人男女として受け入れられるためには、自身の宗教を冒瀆することはよいことだということを受け入れざるを得ないのだ。そして、これは実際には、ようするにムスリムにムスリムであることを止めることを求めることに帰着する。ベストセラー本の著者であるイデオローグたちは、一つの解決策として国外追放があると述べている。[42]

共和主義という市民宗教の曖昧さがそこには存在している。一九世紀以降、この矛盾が共和国の歴史全体を貫く傷となってきたのである。

◆**『シャルリー・エブド』誌とユダヤ系食品専門スーパーマーケットのイペルカシェルへの襲撃**　『シャルリー・エブド』は、仏の風刺週刊誌。社会問題に対する痛烈な風刺で、当初は、仏の社会運動団体などでもその風刺画が活用されていたが、次第にその批判がイスラム教に対する批判が中心となっていき、イスラム教徒からの抗議が強まっていた。その中で同誌事務所を中心とする一連の襲撃がなされた。

◆**二〇一五年一一月のパリでの襲撃事件**　パリ同時多発テロ事件。パリ市街とサン＝ドニ地区の商業施設において、イスラム国（IS）の戦闘員とみられる複数のジハーディストのグループによる銃撃および爆発が同時多発的に発生し、死者一三〇名、負傷者三〇〇名以上を生んだ。

◆**レジス・ドブレ**　一九四〇年～。仏の哲学者・政治活動家。ゲバラと活動をともにするなど、代表的な左翼知識人として活躍した。

▼**41**　Régis Debray, 'Mise au point', *Medium* 43, 2015, 8–25.

▼**42**　Todd, *Qui est Charlie?*, 225［トッド『シャルリとは誰か?』、二七七頁］。

[第3章]
反ユダヤ主義とイスラム嫌悪

一九世紀末のドイツで、ユダヤ人が国民の「不純分子」と考えられたのと同様に、今日、ムスリムがヨーロッパのアイデンティティに脅威を及ぼす侵略者として描かれている。そして二〇世紀前半に〝反ユダヤ主義〟がナショナリズムを作り出すことになったのと同じように、今日、〝イスラム嫌悪〟が欧米のナショナリズムを作り出しているのだ。

また、マリーヌ・ル・ペンからサルコジまでが、アルカイダやイスラム国に対して「ファシズム」と批判した。過激なナショナリズム、極端な暴力、民主主義に対する敵意によって、そして戦争によって荒廃した国で発生したという点では、両者は多くの共通する点をもっているが、その比較はより深く掘り下げる必要がある。少なくとも、ファシズムは民主主義に対するオールタナティブであったが、イスラム国などは民主主義を経験したことがない国で誕生している点は異なる。

我々の存在のありとあらゆるレベルで、個人主義と競争が、市場の論理によって強制されている。ポピュリズムもイスラム原理主義も、こうした極端に暴力的な新自由主義の世界に対する退嬰的反応である。

1……国民国家の誕生によって出現した「反ユダヤ主義」

テロリズムとイスラム嫌悪が、二一世紀の文化と政治の風景を形成している。イスラム嫌悪は、二〇〇一年の9・11を受けて強力な形で出現したが、西側の妄想の世界では反ユダヤ主義に取って代わった。ほぼ二世紀にわたって、反ユダヤ主義がヨーロッパのすべてのナショナリズムの内部に織り込まれてきていたのであって、その結果、それが旧大陸の文化と精神構造に広く浸透していた。「ユダヤ人問題」の参照文献の系譜を構成し直したジェイコブ・トゥーリーによれば、反ユダヤ主義は、アンシャン・レジーム（旧体制）の下でも、解放の最初の法律が出された時期にも、存在しなかったという。[1] それは、近代のナショナリズムの時代に出現した。その時点で、ヨーロッパ政治の文化において、国家としてのあり方（statehood）の重視から、ネーションとしてのあり方（nationhood）の重視という大きな転換が生じたのであって、公けの論争はもはや国家（state）内部におけるユダヤ人の地位をもはや取り上げなくなり、むしろ国民国家（nation-states）内部のその地位を取り上げるようになった。

ユダヤ人は市民となっていたが、世紀末のナショナリズムにとっては、ユダヤ人はむしろエスニック的に同質的だと考えられていたネーション内部における異質の人々の集まりのままであり続けた。ユダヤ人の近代性を表わす主要な特徴――都会生活、移動性、原典主義、治外法権的存在――は、ナショナリズムの新しいバージョンとは衝突した。ユーリ・スレッキンの有名な寓意的な定義によれば、ユダヤ人は、「アポロンのような人々」（戦士であり、定住者、物品の生産者）がいる世界の中にあって「メルクリウス」というマイノリティ（異邦人、移住者、概念の生産者）になったという。[2] その時点において、周辺

▼1 Jacob Toury, 'The Jewish Question: A Semantic Aproach', *Leo Baeck Institute Year Book* 11: 1, 1966, 85–106.

▼2 Yuri Slezkine, *The Jewish Century*, Princeton: Princeton University Press, 2004, ch.1.

性、他者性、コスモポリタニズム、批判的思考を体現するものとしてのユダヤ人に関する理念型（ステレオタイプ型の見方）が最終的に体系化された。言い換えれば、「ユダヤ人問題」は、「想像の共同体」としてネーションが発明された時代、近代を特徴づけるものとして出現するのである。[3] ナショナリズムはこうした社会的・文化的に形成された存在を、その過去と将来がある種の存在論的条件や神の摂理による運命に刻み込まれている自然の一枚岩的な有機体であるとみなした。こうした存在の中では、ユダヤ人には存在の余地はない

ファシズムというのは強固な反ユダヤ主義である。反ユダヤ主義は、ドイツ国家社会主義の世界観全体にしみ込んでおり、スペインのフランコの過激なナショナリズムに深い影響を与えた。イタリア・ファシズムは当初、反ユダヤ主義ではなかったが、一九三八年に、ユダヤ人を差別する人種法を公布し、エチオピア戦争後にムッソリーニが宣言して、アフリカの「帝国」において厳格な階層的秩序を打ち立てた。一五世紀末にユダヤ人が追放されてしまっていたスペインにおいてさえ、反ユダヤ主義は、フランコの宣伝のプロパガンダとなり、この宣伝はユダヤ人を国家カトリック教会体制に対する国民の敵としての「赤」と同一であるとみなした。二〇世紀前半、反ユダヤ主義は、（象徴的な境界を作り上げていた）貴族層やブルジョア層から知識人に至るまであらゆるところに広がった。一九三〇年代の最も重要な作家たちの多くは、自らの反ユダヤ主義を隠そうとはしなかった。今日、人種差別主義は、その形態と対象を変えた。ムスリムの移民が、ユダヤ人に取って代わった。（生物学的言説にもとづく）人種差別主義は、「ユダヤ教的・キリスト教的ヨーロッパ」とイスラムとの間にある根本的な人類学的な不一致を強調する、文化的偏見に道を譲った。アルトゥル・シュニッツラー［オーストリアの作家］やマルセル・プルーストがその小説の中でじつに見事な形で描き出したような伝統的な反ユダヤ主義は、今なお残り続ける現象となる一方、ホロコーストを追悼することがEUにおけるある種の市民宗教となった。[4] コミュニケーション装置としての戦前の反ユダヤ主義が後退する一方で、イスラム嫌悪が増大した。敵についてのポスト・ファシストの描写は、古い人種的パラダイムを再生産していて、かつてのユダヤ人のボリシェヴィキと同様に、イスラムのテロリ

ストはその他者性を強調する肉体的特徴をもってしばしば描かれる。しかしながら、ポスト・ファシズムの知的野望はかなり小さくなっている。今日、エドゥアール・ドルモン◆による『ユダヤ的フランス』（一八八六年）、ヒューストン・スチュアート・チェンバレン◆による『一九世紀の基礎』（一八九九年）、ハンス・ギュンター◆による一九二〇年代の人種的人類学に匹敵するものは存在しない▼5。新しい外人憎悪は、マルティン・ハイデッガーやカール・シュミットは言うに及ばず、レオン・ブロワ◆やルイ・フェルディナン・セリーヌ◆、ピエール・ドリュ・ラ・ロシェル◆のような作家を生み出してはいない。ポスト・ファシズムの文化的腐植土は、文学的創作によって育てられていない——その最も重要な表現は、ミシェル・ウエ

▼**3** Anderson, Benedict, *Imagined Communities*. London, Verso, 1983［ベネディクト・アンダーソン『想像の共同体——ナショナリズムの起源と流行』（リブロポート、一九八七年）］。

▼**4** Enzo Traverso, *The End of Jewish Modernity*, London: Pluto Press, 2016, ch.7. 市民宗教としてのホロコーストの記憶の解釈については、次のものを参照すること。Peter Novick, *The Holocaust in American Life*, Boston: Mariner Books, 2000, 198–201.

◆**エドゥアール・ドルモン**　一八四四～一九一七年。仏のジャーナリスト。ユダヤ人を攻撃した著書『ユダヤ的フランス』（一八八六年）は、二年間で一四〇版を重ねる大ベストセラーとなった。

◆**ヒューストン・スチュアート・チェンバレン**　一八五五～一九二七年。英に生まれ独に帰化した政治評論家。著書『一九世紀の基礎』は二〇世紀初頭の独で、人種的・イデオロギー的な反ユダヤ主義の聖典の一つとなった。

◆**ハンス・ギュンター**　一八九一～一九六八年。ナチお抱えの優生学者。ナチの人種政策・民族政策に多大な影響を与え、「人種学の教皇」と呼ばれた。

▼**5** 次の二つを参照すること。Michel Winock, *Nationalism, Anti-Semitism, and Fascism in France*, Stanford, Stanford University Press, 1998［ミシェル・ヴィノック『ナショナリズム、反ユダヤ主義、ファシズム』（藤原書店、一九九五年）］、Geoffrey G. Field, *Evangeliist of Race: The Germanic vision of Houston Stewart Chamberlain*, New York : Columbia University Press, 1981.

◆**レオン・ブロワ**　一八四六～一九一七年。仏の作家。カトリック教徒。著書に『ユダヤ人の救い』がある。邦訳書に『絶望者』（国書刊行会、一九八四年）。

ルベック［仏の作家］による最近の小説『服従』である。これは、イスラム共和国に変わってしまった二〇二二年のフランスを描いている[6]——が、むしろ、マスメディアの注目を引くための大々的なキャンペーンによって育てられている。ファシストだとは言えない多くの政治家や知識人、テレビチャンネル、大衆誌が、この文化的腐植土の形成に絶大な貢献をしている。われわれは、北アフリカ系の移民が住む建物の「騒音と臭い」についてのジャック・シラクのかの有名な発言◆[7]、「ネズミのように繁殖し」、われわれの大聖堂の壁に小便をする「アラーの息子たち」に対するオリアナ・ファラッチ◆の怒りに満ちた文章[8]、そしてまた、さらに最近の出来事として、フランスとイタリアの両国における黒人閣僚をサルに譬えたりする言い方を思い起こすことができるだろう[9]。シラクがフランス共和国の大統領であったこと、そしてまたオリアナ・ファラッチが、さまざまな国で、とりわけアメリカとイタリアで数え切れないほど多くの財団から賞を受け取っていることを思い起こすべきである。二〇〇五年、イタリアのカルロ・アツェリオ・チャンピ大統領が、彼女の「文化的功労」に対して金賞を授与した。ジョルジュ・L・モス（彼のファシズム解釈については次章で分析することにする）は、古典的ファシズムにおいては語られる言葉の方が、書かれた文章よりも重要であると指摘している。映像が書かれた文化からその覇権を奪ってしまった時代においては、ポスト・ファシストの言説がまず最初にマスメディアを通じて広がり、文学作品の創作を派生的な地位にしてしまっているというのは、けっして驚くようなことではないのであって、文学作品は、（『服従』のケースで見られたように）、まさにそれがマスコミの取り上げる出来事になるかぎりにおいて、有効なものになるのである。

今日のイスラム嫌悪と最も類似する形でかつての反ユダヤ主義が見られた国は、フランスの第三共和国よりも、むしろ一九世紀末のドイツ帝国であった。ドレフュス事件以降、フランスの反ユダヤ主義はポーランドやロシアからのユダヤ人移民を攻撃してきたが、その主要攻撃対象となったのは、官僚機構、軍隊、学術機関、行政の中で非常に重要な地位を占めていた高級公務員（「国家のユダヤ人」）であった。ドレフュス大尉は、そのような社会的上昇の象徴であった[10]。（一九三〇年代の）人民戦線当時には、反ユダヤ主義の攻撃対象となったのは、レオン・ブルム［人民戦線内閣の首班］だった。彼は、「反フランス」の人物によって征服された共和国というイメージを自身で体現していたユダヤ人で、ホモセクシュアルのダンディーな人物

◆**ルイ＝フェルディナン・セリーヌ**　一八九四〜一九六一年。仏の作家。第二次大戦の前後に『虫けらどもをひねりつぶせ』『死体派』『苦境』などの反ユダヤ的な評論や政治的パンフを数多く執筆した。邦訳書に『なしくずしの死』上下（河出文庫、二〇〇二年）。

◆**ピエール・ドリュ・ラ・ロシェル**　一八九三〜一九四五年。仏の作家。ファシズムを、資本主義と共産主義に対抗して欧州を堕落から再生する思想と評価し、対独協力を行なった。戦後、潜伏先のパリで自殺。邦訳書に『フランスの生きる道』（利根書房、一九四一年）のほか、小説に『ジル』上下巻（国書刊行会、一九八七年）、『ゆらめく炎』（河出書房新社、一九八〇年。ルイ・マル監督映画『鬼火』の原作）など。

▼**6**　Michael Houellebecq, *Submission: A Novel*, trans, Lorin Stein, New York: Picador, 2015［ミシェル・ウエルベック『服従』（河出文庫、二〇一七年）］。

◆**ジャック・シラクのかの有名な発言**　一九九一年六月一九日の「共和国連合」の集会で、シラクは、大都市郊外の団地に住むイスラム系移民について次のように語った。「ぎゅうぎゅう詰めで暮らしている家族です。父親と三、四人の妻、二〇人ぐらいの子どもです。年間五万フランの社会手当、もちろん仕事もせずに！　おまけに騒音と臭いを付け加えてください。そう、同じ階に住んでいる……フランス人労働者（夫婦）は変になってしまいます」（増田一夫「逆風のなかの『移民』――フランスにおける排除と敵対の言説」、『ODYSSEUS』第二一号、二〇一七年より）。

▼**7**　*Le Monde*, 21 June 1991. シラクの人種差別主義的な発言は、トゥルーズのバンド、Ｚｅｂｄａの有名な歌となった。

◆**オリアナ・ファラッチ**　一九三〇年〜。イタリアの女性作家・ジャーナリスト。『ニューヨーク・タイムズ』や『ロンドン・タイムズ』の特派員を務め、作家としても高い評価を得ている。

▼**8**　Oriana Fallaci, *The Rage and the Pride*, New York: Random House, 2002, 39.

▼**9**　イタリアとフランスの二人の大臣、セシル・ケンゲとクリスチアーヌ・トビラを、右翼の閣僚、ロベルト・カルデロリとナディーヌ・モラノは「オランウータンのようだ」と発言した。次のものを参照。*La Republica*, 14 July 2013; *Le Nouvel Observateur*, 16 July 2014.

▼**10**　次のものを参照すること。Pierre Birnbaum, *The Jews of the Republic: Political History of the State Jews in France from Gambetta to Vichy*, Stanford: Stanford University Press, 1996.

であった。ユダヤ人は、「国家の中の国家」を代表する者として任命されたのであって、[11] そうした地位をユダヤ人が占めていた割合は、アフリカやアラブ出身のムスリムのマイノリティの人々の現在占めているのと同じ割合でなかったことは確かである。これらのマイノリティの人々の代表は、現在のヨーロッパ諸国の国家機関の中では、じつにわずかな割合でしかないのである。これに対して、「ヴィルヘルム時代」のドイツでは、ユダヤ人が国家機構から注意深く排除され、新聞が帝国のエスニック的・宗教的原型を問題にして「ユダヤ人の侵略」に対して警告を発していた。この点は、「ヴィルヘルム」時代のドイツと比較対照した方がもっとよく当てはまる。反ユダヤ主義は、ドイツ人に民族意識を否定形で定義することを可能にさせる「文化的コード（規範）」の役割を果たした。当時、この国は、急速な近代化と大都市へのユダヤ人の集中という問題を抱え、ユダヤ人が最も力強く発展する集団に見えていたのであった。言い換えれば、ドイツ人とはまず何よりも第一に非ユダヤ人であったのだ。[12] 同様に、今日、イスラムは、保守派の作家にとっては、失われたフランス人の「アイデンティティ」が否定的な区分を通じて脅かされ、グローバリゼーションの中に飲み込まれていく姿を見出させてくれる文化的コードなのだ。多文化主義と人種混交に対する恐れは、古くからの「混血」への懸念を当世風に焼き直したものにすぎない。文化的絶望の雰囲気が新しい外人憎悪の文芸を支配しており、この文芸は一九世紀の当初の反ユダヤ的な嘆きをそっくりそのまま真似ている。ざっとその文章を比較するだけでその点がまったく明らかになる。リヒャルト・ワグナーは、かの有名な論文『音楽におけるユダヤ性』（一八五〇年）において、「モダンアートのユダヤ化」を非難し、受け継がれてきたすべての伝統が堕落してしまったのはユダヤ人の文化的同化のせいである、と指摘した。ワグナーはこう説明する。ユダヤ人は「近代のヨーロッパの諸言語を習得して話しているのであって、母語として話しているわけではない」のであり、したがって、ユダヤ人のいっさいの存在そのものが何か「本物でないもの」を表現しているのであり、この「本物でないもの」が今度は「ユダヤ的性格ついての最も深い反感」を正当化することになっている」、と。[13] 一八八〇年、歴史家ハインリヒ・フォン・トライチュケは、ユダヤ人のドイツ社会への「侵入」を嘆き、そこでは、ユダヤ人が文化的習慣を動揺させ、「重大な脅威」や腐敗をもたらす要素として働いているとして、こう書いている。

移民が眼に見えて増えつつあって、問題はますます深刻になっており、われわれはこのよそ者の民族をどう融合することができるか？〔……〕セム人（ユダヤ人）は虚偽・欺瞞・ペテン的なビジネスの実践の傲慢な貪欲さ、現代のあの基本的な物質万能主義といった、罪の多くを負っているのであって、この物質万能主義はすべての労働を純然たるビジネスとみなし、労働の中にあるわが国民の伝統的な善良な本質を圧殺してしまいかねない脅威となっている。多くのドイツの村々では、ユダヤ人は高利貸を通じて自分の隣人を売り渡す。[14]

反ユダヤ主義の先駆者たちは、「教会の不寛容と国民の尊大さ」との両方を拒否した「高度な教育を受けた人々」であったのだから、反ユダヤ主義は無知な人々の偏見ではなかった。トライチュケの結論は、一種のスローガンになった絶望の警告だった。「ユダヤ人はわれらの禍《わざわい》である」[15]、と。現代の外人憎悪の文化的絶望の言葉を見出すには、[16] この「ユダヤ人」を「ムスリム」に置き換えるだけ

▼11 Pierre Birnbaum, *Un mythe politique: La 'République juive' de Léon Blum à Pierre Mandès France*, Paris: Fayard, 1998.
▼12 Shulamit Volkov, 'Anti-Semitism as Cultural Code: Reflections on the History and Historiography of Anti-Semitism in Imperial Germany', *Leo Baeck Institute Year Book* 23: 1, 1978, 25–46.
▼13 Richard Wagner, 'Judaism in Music', *Judaism in music and Other Essays*, trans. William Ashton Ellis, Lincoln: Nebraska University Press, 1995, 84. 次のものをも参照すること。Jacob Katz, *The Dark Side of the Genius: Richard Wagner's Anti-Semitism*, Hanover: Brandeis University Press, 1986.
▼14 Heinrich von Treitschke, 'Unsere Aussichten', in *Der Berliner Antisemitismusstreit 1879–1881*, vol. 1, ed. Karsten Krieger, Munich: K. G. Saur, 2003, 16.
▼15 Ibid.

でよい。ヨーロッパでは、イスラムへの恐怖は十字軍の時代にまでさかのぼる。アルジェリア戦争の期間、これは、シャルル・ドゴールとその親友アラン・ペイルフィットとの会話の中にすら再び登場した。

> 君は、フランス国家が一〇〇〇万人のムスリムを取り込むことができるなどと信じられるかね？　明日にはそれは二〇〇〇万人になり、明後日には四〇〇〇万人となるだろう。もし、われわれが統合策を取り、もしアルジェリアのすべてのアラブ人とベルベル人がフランス人であるとみなされるようになれば、連中が生活水準のはるかに高いフランス本土にやって来て移住するのをどう防ぐのだろうか？　◆僕の村は、コロンベイ・レ・ドゥー・ゼグリーズとはもはや呼ばれなくなり、コロンベイ・レ・ドゥー・モスケと呼ばれるようになるんだ[17]！

それから五〇年後、ルノー・カミュは、この「侵攻」はすでに起こっている、と考えている。彼は、「人口大置換」を「非文明化」や「非文化化」、そして「国民感情」の抹消として描いている。彼の眼には、大量の移民は次のものに疑問をはさむものと映っている。

> われわれの文化、われわれの言語、そして当然にも、われわれの生活のあり方、われわれの行動、われわれの信仰、あるいは残り続けているわれわれの風景、生き残っているわれわれの法、われわれの習慣、風習、われわれの食、われわれの自由[18]。

著書『人口大置換』の中で、彼は、南フランスの村を歩いていたある日、突然、次のことに気づいた、と書いている。

> 驚くことに、住民が一世代を経て完全に変わっていて、窓辺や歩道にいるのはもはや同じ人々ではな

いのだ。〔……〕私の文化、私の文明それ自身の土壌の上を私は歩いていて、人々が美しいが誤解を招くような「多文化主義」という名称を飾り付けとして展示していることをまだ気づかないままに、別の文化、別の文明の中に踏み込んでいたのだった。[▼19]

文化や文明への致命的な脅威としての移民、人種の坩堝《るつぼ》、文化的混合を異様なまでに非難することによって、カミュの著作は、「混血」への昔ながらの恐れを今日新たにもう一度再生させている。たとえ「人種」を「生物学的な系統」というよりも、むしろ「広く共有されてる歴史」の遺産として定義しているとしても、彼は「人種」の概念を復権させたいと思っているのだろう。[▼20]

ミシェル・ウエルベックは、まったく異なったスタイルを持っていて、人種的憎悪の度合いがより少ないのだが、衰退する文明の退廃とそれへの考慮という点では同様の感情が、ウエルベックの小説でも、そしてとりわけフランス共和国でムスリムの大統領が当選するという事態を描く彼の小説『服従』には広く染み込んでいる。アダム・シャッツ[◆]が強調しているように、「ウエルベックは反動派としての彼の

▼16 世紀末のドイツの文化的ペシミズムに関する古典的研究については次のものを参照すること。Fritz Stern, *The Politics of Cultural Despair: A Study in the Rise of the Germanic Ideology*, Berkeley: University of Cariforenia Press, 1961.

◆**僕の村は……** この発言で示されているのは、キリスト教の「教会（エグリーズ）」にちなんで付けられた町名すらが、イスラム教の「モスク（モスケ）」を含む名前に取って代わられてしまうのではないか、とする危惧である。

▼17 次のものからの引用。Adam Shatz, 'Colombey-les-deux-Mosquées,' *London Review of Books*, 9 April 2015, 15.

▼18 Renaud Camus, *Le Grand Remplacement*, Neuilly-sur-Seine: Reinharc, 2011, 66.

▼19 Ibid., 82.

▼20 Ibid., 23.

◆**アダム・シャッツ** 米の編集者・書評家。『ネイション』誌の文学編集者を経て、『ニューヨーク・タイムズ』紙などに書評を執筆している。

先祖であるセリーヌとしばしば比較されてきたが、セリーヌの著作には野性的で反逆的精神があるのだが、ウエルベックの著作は恨みと無力さと敗北感に満ちている」[21]。しかしながら、衰退をうたう詩人は、アラン・フィンケルクロートである。成功をおさめた最近の著作『不幸なアイデンティティ』で、彼は、「われわれが祖先からの系譜によってもはや定義しなくなっているフランス人男性」を擁護している。フランス人男性は今では他者であることの勝利のせいで苦しんでいる。「他者へのロマンティシズム」であることの勝利が、フランス人男性を自分の国にいながらも亡命者にしてしまっている、というのである。彼はこう書いている。「他者へのロマンティシズムが脚光を浴びる中で、正当な出自が異国的なものだけであって、禁じられるアイデンティティがナショナル・アイデンティティだけである、とする多様性の新しい社会的規範がフランスをかたどっている」[22]。フランス系の男女がイスラム律法に従って肉をさばく肉屋に囲まれて生活し、自分たちの周辺でイスラム教に改宗する人々の人数が増えていく時、「これらのフランス系の人々は、自分たち自身の土地で異邦人になる」[23]。不幸なことに、フランスはその古くて気高い普遍主義を放棄してしまった、というわけである。

フランスは、ヨーロッパの典型であり、ヨーロッパは人類をその本質の完全な実現へと導くという——過去・現在・未来の——自らの使命を、もはや信じてはいない。それは、他者を改宗させたいともはや望んではいない。それは、誰かを改宗させたりすることも——他宗派の人々を宗教的に改宗させたりすることや、文化の多様性を啓蒙主義のカトリシズムへと再吸収したりすることも——、望んでいず、むしろ、他者がフランス人に対して押しつけている偏見を認めることをよって、他者を認めることを望んでいるのだ[24]。

「多文化主義」や誤った形で理想化されている「混合主義」——「黒人・白人・ブール（アラブ系の人）」の選手が入り混じってプレーしているフランスのサッカーチームの現在の姿——などの災いに直面して、

フランスはその「不幸なアイデンティティ」を表明せざるを得ないのだ。「ムスリムはわれわれの禍だ！」と。ドイツでは、ネオ保守派の思想家であり、「ドイツのための選択肢」のイデオローグでもあるロルフ・ペーター・ジーフェルレ◆によって、衰退という言葉が繰り返されるリフレーンが、強いシュペングラー的語調でうたわれてきた。ジーフェルレにとって、ドイツ社会は、自らのいっさいの伝統的方位を失ってしまい、「自身と、それを解体しようとする勢力、すなわちムスリムの移民や自身の過去を徘徊するユダヤ人とを、もはや区分けすることができなくなっている」。ドイツは「モラルの面で身分不相応なことを求められて」生きている。グローバリゼーションの過程それ自体のために、ドイツは大量の移民に直面するよう運命づけられているのであって、ホロコーストの記憶が修復しがたいほどの自己のナショナル・アイデンティティの喪失を生み出し、ナショナル・アイデンティティが外国への償《つぐな》いに取って代わられることになるかぎりにおいて、その運命は悲劇的であるというのである。自分の診断との言行一致をはかるものとして、彼は、『ゲルマニアの終わり』というタイトルの自己証言の著作を出版した直後に自殺した。▼25 文化的絶望。これがEU全体に広がるポスト・ファシズムの腐食土である。

▼21 Shatz, 'Colombay-les-deux-Mosquées', 18.
▼22 Alain Finkielkraut, *L'identité malheureuse*, Paris: Folio-Gallimard, 2013, 110.
▼23 Ibid., 119.
▼24 Ibid., 100.
◆**ロルフ・ペーター・ジーフェルレ** 一九四九〜二〇一六年。独の歴史学者。著書『ゲルマニアの終わり』は「右翼過激派のパンフレット」だと非難され、文壇からは反ユダヤ主義とみなされたにもかかわらず、彼の自殺後ベストセラーとなった。
▼25 次の二つの著作を参照すること。Rolf Peter Sieferle, *Finis Germania*, Steigra: Antaios Verlag, 2017; *Das Migrationsprobkem: Über die Unvreinbarkeit von Sozialstaat und Masseneinwanderung*, Berlin: Manuscriptum Verlag, 2016. 過去に保守革命に関する興味深い著作を著わしたジーフェルレについては次のものを参照すること。Timothy Garton Ashm 'It's the Kultur, Stupid', *The New York Review of Books*, 7 December 2017.

2……欧米における「イスラム嫌悪」の醸成の経緯

イスラム嫌悪は古い起源をもつが、それはポスト・コロニアルの時代に、アラブ系とアフリカ系の移民を嫌悪するものに変わっていった。イスラムへの敵意は、中世の時代にさかのぼるが、一八世紀以降、徐々に少なくなっていき、第一次世界大戦の終結時におけるオスマン帝国の崩壊後には消滅したかのように思われた。それが二〇世紀末に戻ってきたのだった。今日、イスラムとの衝突は「ヨーロッパ的アイデンティティ」の神話の構築を促進し、大陸の「ユダヤ的・キリスト教的起源」を主張する人々によって絶えず持ち出されている。一九八〇年代以降、まず最初はアフガニスタンでの戦争によって、次に湾岸戦争、さらには二〇〇三年のイラク戦争とイスラム主義のテロリズムの拡大とともに、容赦なくイスラム嫌悪が増大してきた。

一九世紀末、「ユダヤ人」は隠喩的な人物像となった。この言葉は、宗教を超越したエスニック的・文化的マイノリティであることを示していた。というのも、「ユダヤ人」という言葉は、ユダヤ教会であるシナゴーグには行っていず、まったく宗教的アイデンティティを保持していなかったユダヤ人をも含んでいたからである。アラブ人とイスラムは今日、同じような役割を演じている。イスラム嫌悪のナショナリストにとって、イスラムというのは、宗教以上のものなのだ。この言葉は、必ずしも宗教的実践を守っているわけではなくて、この意味からして世俗化しているイスラム教徒をも代表するすべての人々を含んでいるのだ。以上のような形で言及される反ユダヤ主義の「文化的コード（規範）」は、否定的に定義されるドイツと一線を画すうえで必要なものであったのだが、これと同様に、イスラムへの恐怖は、今日、ラシド・ベンジン◆が「新しいアイデンティタリアン運動を結びつけるもの」▼26と呼んだものになっている。サルトルの有名な文章――「ユダヤ人とは、他の人間がユダヤ人と考えている人間である。〔……〕反ユダヤ主義者がユダヤ人を作るのである」▼27――と同じく、ムスリムは、空想によって生み出された恐怖と脅威を体現する、投影された像になったのである。

一〇〇年前のユダヤ人と今日のムスリムとのこのアナロジーは、すべての比較と同様に、類似点と相違点の両方に注意を払いながら一定の慎重さをもって見なければならないのだが、それが当を得たものであることはほとんど議論の余地のないところである。そうした論争が行なわれている問題では、集団的記憶が重要な役割を果たす。反ユダヤ主義がホロコーストをもたらしたのであるから、反ユダヤ主義とイスラム嫌悪との関係を比較・対照すれば、われわれが今、ムスリムに対するジェノサイド戦争の瀬戸際に立っているのではないか、とする考えが示唆されるかもしれない。それでも、反ユダヤ主義が必然的にホロコーストにつながっていくとする主張には、大いに議論の余地があるところである。大半の歴史家は、ホロコーストは第二世界大戦中の例外的情況から出現したという点に同意している。それは、けっして不可避ではなかったのだ。それは、一九世紀の「フォルキッシュ」（ドイツのエスノ・ナショナリスト的）イデオロギーや反ユダヤ主義の不可避的な産物ではなかった。このことは、衰退するオスマン帝国の下でのアルメニア人の大量虐殺、内戦の最中に起こった一九九四年のルワンダでのツチ族の絶滅作戦にも当てはまる。すべてのジェノサイドにはそれぞれの前提条件があるけれども、原因と結果との間に決定論的因果関係がけっしてあるわけではない。この比較作業は、世紀末の反ユダヤ主義が対象となるが、ナチの「最終解決策」は対象にならない。幸いなことに、今日のヨーロッパは、ユダヤ人を犠牲にすることによって救済されるとするナチの「贖罪的反ユダヤ主義[28]」に似通ったところはまったくないのである。

◆ラシド・ベンジン　一九七一年〜。モロッコのリベラルなイスラム学者・政治学者。

▼26 Racid Benzine, 'La peur de l'islam, ferment d'un nouveau lien identitaire en France?', in *Vers la guerre des identités? De la fracture coloniale à la révolution ultra-nationale*, eds. Pascal Blanchard, Nicolas Bancel, and Dominic Thomas, Paris: La Découverte, 2016, 101–109.

▼27 Jean-Paul Sartre, *Anti-Semite and Jew*, trans. George J. Becker, preface by Michael Walzer, New York: Schocken Books, 1995, 69［J－P・サルトル『ユダヤ人』（岩波新書、一九五六年、八二頁）］。

しかしながら、イスラム嫌悪は旧来の反ユダヤ主義の純然たるあがないバージョンではない。それは自身の古い起源と自身の伝統をもっている、すなわち、植民地主義という起源と伝統をである。現代のイスラム嫌悪の起源は、ヨーロッパの長い植民地支配の過去にあるのであって、フランスではアルジェリア戦争の記憶にある。その記憶はこの植民地主義のトラウマ的結果である。前章で見たように、植民地主義は、人種的・政治的境界を定めた、市民と植民地の被支配者――市民と原住民――という二分法にもとづく政治的人類学を作り上げた。ようするに、右翼過激派はこの古い法的な分離の復活を目指しているのである。「市民権は、市民権のない状態との関係においてのみ存在する」と、ルノー・カミュは書いている。彼はさらに、「市民と非市民との間の地位と待遇の格差をできるだけ改善しようとする」[29]自らの意向を強調している。

第三共和国の下で成文化されたこの法的分裂が崩壊した後、ムスリムの移民は、感染性病原体、すなわち「人民内部にいる人民」であるとみなされるようになった（それは、ゲットーが終焉した後にユダヤ人がヨーロッパ全域で市民権を獲得したのとまったく同じであった）。植民地主義というイスラム嫌悪の原型が、その毒性と持続性を説明してくれる。実際、イタリア人やポーランド人、スペイン人の姓は、三世代を経ると、フランス人の父称の多数の名前の中に自然と溶け込んでいってしまうのに対して、アフリカ系の人々やアラブ人の名前は、すぐさまその名前の持ち主が特別な二流のカテゴリーに所属していることを暴露してしまうことになる。これこそ、今日禁止されている人種差別主義的な語彙に代わる婉曲表現が「移民の背景をもつ」とか「移民出身の」と呼んでいるカテゴリーにほかならない。

ＩＮＥＤ（国立人口統計学研究所）とＩＮＳＥＥ（国立統計・経済研究所）による最近の研究から判断すると、移民の第二世代の方が、第一世代に比べてより統合されていないと感じているという。この事実は、これまで立証済みとされてきた歴史的傾向の前例のない逆転を刻印するものとなっている。[30]「移民の背景をもつ」フランスの男女は、イタリア系アメリカ人、ユダヤ系アメリカ人、日系アメリカ人などという意味での外国系フランス人ではないのだ。移民系の人々は二流のフランス市民にすぎない。もしわれわれがフランスの植民地的過去を適切に考慮に入れなければ、共和国の軍隊と公立学校――この二つの特権的機関を通じて、移民は一世紀以上の間、フランス市民になってきた――がともに、もはやこの役割を果たしていないという点を理解できないであろう。フランスが近隣諸国に対してモデルであるかのように長らく見えていたことを忘れるべきではない。近隣諸国のうちでとりわけドイツの市民権についての定義は、出生地主義を認めていない。一九八〇年代に、ユルゲン・ハーバーマスは、ドイツが国籍をエスニック的基準ではなく政治的基準に従って定義することができるようにする改革にもとづく「憲法愛国主義」という自らの要求を中心に据えた（この制度は実際に二〇年後に導入された）。このことは、EUがその移民を統合するうえで、いかに困難な状態にあったか――今なおそうである――を示している（二〇一五年時点で、EU加盟国に居住する約三五〇〇万人がEU域外で生まれた人々であった[31]）。

アメリカでは、イスラム嫌悪は異なった起源をもっている。一世紀前、ヘンリー・フォードは、この国の反ユダヤ主義の指導的宣伝者であった。二〇世紀はじめにロシアのツァーリの警察がでっち上げで作成した『シオン長老の議定書◆』を、アメリカに導入したのは彼であった[32]。それは、WASPのイデオロギーの構成要素の一つとなった。しかしながら、この反ユダヤ主義は、ヨーロッパ大陸に比べるとそれほど毒々

▼28 この概念については次のものを参照。Saul Friedländer, *Nazi Germany and the Jews, Vol. 2: The Yours of Persecution, 1933–1939*, New York: Harper Collins, 1997, ch. 3.

▼29 Camus, *Le Grand Remplacement*, 17.

▼30 Maryline Baumard, 'Emploi, école, les réussites et les blocages de l'intégration en France', *Le Monde*, 8 January 2016. これは、次の研究結果を要約したものである。Edwy Plenel, *Pour les musulmans*, Paris: Découverte, 2016. この自著の中でプレネルは、フランスのイスラム憎悪の原因についての素晴らしい分析を提起している。

▼31 https://ec.europa.eu/eurostat/statistics-explained/index.php/Migration_and_migrant_population_statistics/fr

◆**『シオン長老の議定書』** ユダヤ人が「世界征服」を計画しているとする陰謀論の偽書。最初にロシア語版が作成され、一九世紀末から二〇世紀にかけてから各国に流布していった。ヘンリー・フォードやヒトラーなども、この陰謀論に影響された。

しいものではなかった。KKK（クー・クックス・クラン）と白人至上主義者はとりわけ主として黒人運動に反対していたので、その反ユダヤ主義はその付け足しにすぎなかった。移民流入の波を脅威とみなしたのはこのWASPの人種差別主義であった。[33] 今日、アメリカの外人憎悪のこの伝統は、ほぼ必然的にその主要構成要素としてイスラム嫌悪を取り込んでいるが、根深い起源のある文化的偏見を超えて、それは同時にグローバルな新政治秩序に対処しようとする試みという地政学的側面をも備えている。もちろん、二〇〇一年の9・11の後には、アメリカは、反ムスリムの人種差別主義の波に襲われたが、アメリカにはイスラム嫌悪の特別な伝統は存在しない。トランプによるムスリムの国外追放の呼びかけは広範な憤激を呼び覚まし、それは政治的に分裂している彼自身の陣営にも及び、ムスリムの入国禁止令の措置は、連邦裁判所の判事によって何度か停止させられた。ヨーロッパでは、反対に、植民地主義という原型は、この新しいイスラム嫌悪が定着し、社会的・経済的危機の状態の中でよりいっそう拡大していくための文化的基盤を提供している。

3……「イスラム嫌悪」とともに新たに出現した「ユダヤ人嫌悪」

イスラム嫌悪のみが出現しているわけではない。イスラム嫌悪は、新たな「ユダヤ人嫌悪《ジュデオフォビア》」とともに出現しているのであって、この新しいユダヤ人嫌悪はフランスでは最もどぎつい形を取っている。これは、古い反ユダヤ主義とは区別されるべきである。二〇一二年のトゥルーズとモントバンでのテロによる殺害事件の張本人であるモハメド・メラや、さらにその後の二〇一五年一月のヴァンセンヌのユダヤ食品スーパーへの襲撃事件について考えてみる。この残虐な反ユダヤ主義のテロリズムは、実際にはじつに恐ろしいものなのだが、ヨーロッパの長い反ユダヤ主義の歴史の流れに属するものではない。一部の保守派の研究者にとっては、キリスト教のユダヤ人ヘイト、啓蒙主義の反宗教、生物学的人種差別主義、左翼の反シオニズム、そしてイスラム原理主義は、基本的にすべて同じものであって、カメレオンのようにさまざまに姿を変えてはいるが、永久不変の反ユダヤ主義だということになる。しかし、現実はそれほど単純ではない。いやそれどころか、ユダヤ人に対するこの敵意は古いナショナリズムの伝統には支えられていないのだ。一定のステレオタイプ的な概念が今なお残っているものの、多くの研究は、反ユダヤ的攻撃のこの新しい波が実際には同じ世論の中で反ユダヤ主義の衰退と並行していることを示している。フランスの近東研究所の世論調査によれば、第二次世界大戦集結時点では、質問を受けた人のわずか三分の一の人がユダヤ人を他のすべての人と同じくフランス人だとみなしていたにすぎなかったが、二〇一四年までにこの割合は八五%に達していた。[34]

この新たなユダヤ人憎悪の明白な原因の一つは、イスラエル－パレスチナ対立である。『シオン長老の議定書』はアラブ世界ではベストセラーになり、カイロからベイルートに至るどこの書店でも購入することができるのだが、このユダヤ・ヘイトのルーツはキリスト教のヨーロッパにはない。このユダヤ人嫌悪は、ヨーロッパの諸国民から排除されていると感じ、ユダヤ人について西側を代表するものとして攻撃しているマイノリティの間で発展した。イスラエルの政策のために、ユダヤ人は西側を体現する存在となったのであり、その結果、ユダヤ人をヨーロッパ諸国民とは異質の外国人の集団とみなす古い反ユダヤ主義

▼32 次のものを参照すること。Henry Ford, *The International Jew*, Torrance, CA: Noontide Press, 1978. この著作は一九二〇年の『ザ・デアボーン・インデディペンデント』◆（*The Dearborn Independent*）に発表された一連の論文を集めたものである。

◆『**ザ・デアボーン・インディペンデント**』 一九〇一年に発刊された週刊紙。一九一九年から一九二七年までの期間、ヘンリー・フォードが発行人となった。フォード車の販売員は、この新聞を販促媒体として活用させられることとなった。

▼33 アメリカの人種差別主義の歴史に関する古典的研究は次のものを参照すること。John Higham, *Strangers in the Land: Patterns of American Nativism, 1860–1925*, New Brunswick, NJ: Rutgers University Press, 2001.

▼34 Nonna Mayer, 'Vieux et nooveaux visages de l'antisémitisme en France', in *Vers la guerre des identités? la fracture coloniale à la révolution ultranationale*, ed. Pascal Blanchard, Nicolas Bancel, and Dominic Thomas, Paris: La Découverte, 2016, 92.

のパラダイムはひっくり返されることとなった。

この偏見の悲劇は、一方は今日に抑圧されていて、他方は過去において抑圧された、二つのマイノリティを激しく対立させていることである。今日、フランスのユダヤ人は、経済的、文化的、さらには象徴的にも統合されている。ドイツでユダヤ的起源をもつことは、今日、栄誉の印《しるし》であって、まさに一〇〇年前の状態とは正反対である。かつては、反ユダヤ主義は広範な形の「ユダヤ人の自己嫌悪」を生み出していた。[35]ユダヤ人は、じつに痛ましい記憶を抱えているが、今日、フランス社会の中で自分たちが差別されていると感じている別のポスト・コロニアルのマイノリティからの激しい攻撃の対象となっている。これは、残念で嘆かわしい文化的・政治的な後戻りの反映である。一九三〇年代においても一九六〇年代においても、ユダヤ人はアフリカ系アメリカ人の公民権のための闘いに深く関与した。一九六五年、ラビのアブラハム・ヨシュア・ヘッセルとマーチン・ルーサー・キングは、有名なセルマのデモにおいて肩を並べて行進した。お互いが迫害を受けていた二つのコミュニティー、ユダヤ人と黒人に同盟が成立していたことはまったく明白である。[36]

フランスでは、アルジェリア戦争の期間中、ユダヤ人は、反戦運動を構成する三つの勢力の中でじつに大きな位置を占めていた。三つの勢力とは、「フランスの名誉」の防衛の活動をしていた共和派のドレフュス派、ボリシェヴィキ的国際主義派、第三世界派であって、[37]これらの勢力が「地に呪われたる者◆」の反乱を支持していたのだった。当時、歴史家のマイケル・ロスバーグは、鋭くもこう指摘した。ホロコーストは、ある種、アルジェリア戦争の言外の意味となっている、と。彼は、この戦争では、この言外の意味はフロイトの言葉を借りれば、「隠蔽記憶《スクリーン・メモリ》」[38]の役割を果たしたのだ、と示唆した。フロイトによれば、「隠蔽記憶」は、ある経験を無意識の中に投げ込んで隠してしまうというのだ。精神分析医のセラピーによって、患者はこの抑圧された記憶を回復できるのである。この抑圧された記憶は、認識にもとづく回想の中ではなくて、強迫観念として夢の中に再び現われる可能性がある。フロイトは、異なるさまざまなタイプの隠蔽記憶の特性を、とりわけ、子どもの事象に関する隠蔽記憶の特性を、明らかにした。この概念は、他の知の分野への応用も可能であり、有益だった。異なるさまざまな生きた事象と、歴史的な経験の間で相互の移行や転移が可能である。ユダヤ人がアルジェリア戦争に関与した多くの事例があるのは、こうした理由からである。すでに戦争が始まる以前の一九五〇年の時点で、MRAP（人種差別主義に反対し諸国民間の友好を求める運動）は、アルジェリア人に対するフランス警察のやり口を非難し、そのやり方を第二次世界大戦中のフランスでのドイツ占領軍に匹敵するものとみなしていた。MRAPのポスターはこう警告していた。

> 鎮圧部隊のこの驚くべき大規模な展開、恣意的な逮捕、このひどい人種差別主義はすべて、ナチの占領当局とその手先によって行使された手段から直接に発想を得ていた。警官隊の作戦中に聞こえてくる「下劣なアラブ人め」という叫びは、ヴィシー政権の警察が、多くの無実の人々を移送し、ガス室へと引き渡していた時に発した「下劣なユダヤ人め」という叫びに似ている。[39]

▼35 次のものを参照すること。Sander L. Gilman, *Jewish Self-Hatred: Anti-Semitism and the Hidden Language of the Jews*, Baltimore: Johns Hopkins University Press, 1986.

▼36 次のものを参照すること。Hasia Diner, *In the Almost Promised Land: American Jews and Blacks 1915–1935*, Baltimore: John Hopkins University Press, 1995.

▼37 アルジェリア戦争に反対する勢力のこの三分割は、ピエール・ヴィダル＝ナケが指摘したものである。Pierre Vidal-Naquet, *Mémoires, vol. 2: Le trouble et la lumière 1955–1998*, Paris: Seuil/La Découverte, 1998, 159.

◆**地に呪われたる者**　精神科医でもあり、アルジェリア民族解放戦線に参加して闘ったマルチニック出身のフランツ・ファノンの著作『地に呪われたる者』（みすず書房、一九六一年）の題名にちなむ。

▼38 Michael Rothberg, *Multidirectional Memory: Remembering the Holocaust in the Age of Decolonization*, Stanford: Stanford University Press, 2009, 12–16. 次のものを参照すること。Sigmund Freud, 'Screen Memories,' *The Uncanny*, trans. David MacLintock, New York: Penguin, 2003, 5–6.

一九六〇年、MRAPの会員のあるマン・ディマンシュタインは、次のように書いた。

ある点では、アルジェリアの情勢は、占領下の（フランスの）ユダヤ人の状態を思い起こさせる。アルジェリア人には、黄色い星のようないかなる特別な標識も付けられてはいない。〔……〕しかし、それ以外のことで言うと、アルジェリア人に対する夜間外出禁止令がある。アルジェリア人は、特殊警察部隊の監視下に置かれ、フランスのさまざまな地域への立入りが禁止されたり、拘束されたりするために、アルジェリア人の住居の永続性も仕事も不確実なものになりかねない。[40]

フランスのレジスタンスに参加したユダヤ人のアドルフォ・カミンスキーは、アルジェリア戦争中にはアルジェリア民族解放戦線（FLN）の一員となった、彼は、一九五四年以前には、いかなるアルジェリア人とも会ったこともなかったが、今ではFLN活動家のために偽の身分証明書を偽造するという、じつにきわどい責任を引き受けるようになっていた。彼はこう書いている。「私の見解からすると、ナチが数年前にユダヤ人にしたのと同じように、フランス当局が非白人（褐色の肌の人々）狩りを行なうなどというのはまったく耐えがたいことだ。〔……〕その犠牲者は変わったが、〔アルジェリア人に対する〕そのやり口は同じだった」[41]。ピエール・ヴィダル＝ナケは、その自叙伝の中で、アルジェリア駐留のフランス軍によってその当時大々的に行なわれていた拷問に、なぜ自分が反対するのかの理由を説明している。彼は書いている。

私の父ルシアンは、一九四四年五月にマルセイユでゲシュタポに拷問された。これと同じ技術的やり口が、インドシナやマダガスカル、チュニジアやモロッコに続いて、アルジェリアでもフランスの警察と軍隊によってもなされているということに、私はぞっとさせられた。[42]

一九六〇年当時を思い起こして、彼はこう書いた。「ナチの時代がわれわれの生きている現在よりも前のことだとは、今日、誰も主張できないのだ」[43]。「隠蔽記憶」の最も強固な例は、オーストリアのユダヤ人作家、ジャン・アメリ（ハンス・メイヤー）によって提供されている。彼は、アウシュヴィッツに送られたのだが、一九六五年には、拷問は「第三帝国の偶発による罪ではなくて、本質的なものである」[44]と述べている。彼にとって、拷問は「国家社会主義の極致」なのである。「その本質はまさしく、第三帝国がその存在の密度をすべての点で体現した拷問の中にある」。ホロコーストは、植民地主義のプリズムを通って再来した。われわれは、アメリがその文章の中で提起している歴史的解釈について論争することができるけれども、ナチ・ドイツと植民地アルジェリアとのこの比較・対照の政治的目的は明白である。以上の簡単な紹介はここまでとし、現在の情勢に立ち戻ると、われわれはじつに簡単な次の評価を避けて通ることができない。すなわち、イスラム嫌悪へのアラン・フィンケルクロートの支持やデュードネ◆による反ユダヤ主義的発言は、大いに憂慮すべき退行を明らかにしているのではないか、と。

▼39 次の文献に引用されている。Jim House, 'Memory and the Creation of Solidarity During the Decolonisation of Algeria,' *Yale French Studies*, 118: 119, 2010, 21.

▼40 Ibid., 15.

▼41 Ibid., 34.

◆**ピエール・ヴィダル＝ナケ** 一九三〇～二〇〇六年。仏の歴史学者。邦訳書に、歴史修正主義（ホロコースト否定）を反駁した『記憶の暗殺者たち』（人文書院、一九九五年）ほかがある。

▼42 Vidal-Naquet, *Mémoires*, vol. 2, 32.

▼43 Ibid.

▼44 Jean Améry, *At the Mind's Limits: Contemplations by a Survivor on Auschwitz and Its Realities*, Bloomington: Indiana University Press 1980, 30. 拷問に関するアメリーの考察のより広範な情況の説明は次のものを参照すること。Dan Diner, 'Verschobene Erinnerung: Jean Améry's 'Die Tortur' wiedergelesen', in *Jean Améry : '... als Gelegenheitsgast, ohne jedes Engagement'*, eds Ulrich Bielefeld and Yfaat Weiss, Paderborn: Wilhelm Fink: 2014, 73–78.

一九世紀と二〇世紀、ユダヤ人は、反ユダヤ主義を国是としていたさまざまな国々に直面していた。今日では、国家がユダヤ人を防衛している。ユダヤ人に対する敵意や暴力のさまざまな形が存在していることは確かであるが、われわれは、学校に通う子どもたちが、アウシュヴィッツにある記念館やホロコーストに関する反人種差別主義教育センターを訪問する社会の中で生きている。ホロコーストの記憶は共和国の市民宗教となっているのに対して、植民地での犯罪の記憶は、植民地化の「肯定的役割」を明記した二〇〇五年の（フランスの）法律の場合に見られるように、依然として否定され、抑えつけられている。フランス共和国は、第二次世界大戦中の収容所へのユダヤ人移送についてヴィシー政権の責任を認めているが、植民地戦争と大量虐殺についての自身の責任を認めてはいない。このダブルスタンダードは非常に重大な結果をもたらしている。一つの痛ましい過去を重んじるということは、まだ認められないままにあるそれとは別の記憶と結びついた苦悩をさらに強める可能性がある。抑圧された者の間の連帯とはまったく異なって、「犠牲者の間の抗争」の方がかえって不自然なのだが、それはじつは短期的視野の差別的な記憶政策によって呼び起こされる可能性があるのだ。[45]

シュロモー・ザンド◆やアムノン・ラズ・クラコツキン◆の問題提起を受けた後でも、われわれは「親ユダヤ主義国家」[46]という言い方をしてもよいのだろうか？　「親シオニズム」の方がむしろより適切な呼び方であろう。フランスの地での二〇一二年のメラ事件から二〇一五年のシャルリー・エブドでの大量殺戮に至るそれぞれのテロ攻撃の後、ベンヤミン・ネタニヤフがフランス大統領と肩を並べて登場した。イスラエルの政治家たちは、自分たちがフランスのユダヤ人の正当な代表者であるかのように登場したが、フランスのユダヤ人たちの側は今度は――特に追悼的な記念セレモニーや歴史上の記憶についての政策を通じて――中東においてパレスチナ人を抑圧する国家と同一の存在であるとみなされている。長年にわたって、在フランス・ユダヤ人機関代表評議会（ＣＲＩＦ）のようなユダヤ人コミュニティーの諸団体は、在仏イスラエル大使館のある種の従属的団体となっていて、同じことがフランス以外の多くの国についても言えよう。

もちろん、新しいユダヤ人嫌悪――イスラエルの政策に対して闘う、という名の下にフランスやヨーロッパのユダヤ人を攻撃すること――は、素朴で愚かな人々を引っかけようとする罠であり、またデマゴギーに満ちた宣伝屋のための手段以外の何物でもないのだ。反シオニズムと反ユダヤ主義が一体化してしまうことも現実にはあり得るのであって、ヨーロッパのユダヤ人とイスラエルとの関係についてのこの誤解によって、一方が他方に流れ込んでしまうことにもなるのだ。もちろん、このことはまた新しいユダヤ人嫌悪とアウグスト・ベーベル◆が「愚か者の社会主義▼47」と呼んだものとが似通っているという見方を正当化することにもなる。それは、貧者の贖罪の山羊であり、イスラエル・パレスチナ間の対立に関して宗教的・政治的装いをまとった社会的反ユダヤ主義なのである。

◆**デュードネ**　デュードネ・バラ・バラ。フランスのコメディアン。反ユダヤ主義的発言でフランスではしばしば問題にされている。

▼45　以下の二つを参照すること。Jean-Michel Chaumont, *La Concurrence des victimes: Génocide, identité, reconnaissance*, Paris: La Découverte 1997; Françoise Vergès, *La mémoire enchaînée: Questions sur l'esclavage*, Paris: Albin Michel, 2006.

◆**シュロモー・ザンド**　一九四六年〜。イスラエルのテルアビブ大学の歴史学者。専攻はヨーロッパ現代史。邦訳書に『ユダヤ人の起源――歴史はどのように創作されたのか』（浩気社、二〇一〇年／再刊・筑摩書房、二〇一七年）。同書の刊行に合わせて来日した際には「『ユダヤ人』はシオニズムによる発明」だと語っている。

◆**アムノン・ラズ・クラコツキン**　一九五八年〜。イスラエルのベングリオン大学のユダヤ思想の研究者。

▼46　次の二つの著作を参照すること。Shlomo Sand, *How I Stopped Being a Jew*, London: Verso, 2015; Amnon Raz-Krakotzkin, *Exil et souveraineté judaïsme, sionisme et pensée binationale*, Paris: La Fabrique, 2007.

◆**アウグスト・ベーベル**　一八四〇〜九一三年。社会主義者で、ドイツ社会民主党の創設者の一人。ユダヤ人の富と力は社会的不正によってもたらされたものとする反ユダヤ主義の主張に対して、そのような主張は「愚か者の社会主義」と批判した。

▼47　次の二つの著作を参照すること。Michele Battini, *Socialism of Fools: Capitalism and Modern Anti-Semitism*, New York: Colombia University Press, 2016; Michel Dreyfus, *L'antisémitisme à gauche: Histoire d'un paradox de 1830 à nos jours*, Paris: La Découverte, 2010.

4……イスラム原理主義はファシズムなのか?

今日、中東を襲っている危機と、ヨーロッパ・ファシズムの歴史とを比較・検討することは、興味深い作業である。そうするためには事前に必要な警告をして、一つの歴史的経験をただ単に別の歴史的経験へと投影するようなことがないように念入りに確認しなければならない。そうすることによってはじめて、われわれは歴史的なファシズムとアルカイダやイラク・シリアのイスラム国のナショナリズムとを比較・対照することによって、実りあるものを得ることができる。

「イスラムのファシズム」という言葉についてとりわけ目立つのは、それが不確かで曖昧な性格であるという点である。ジョージ・W・ブッシュからニコラ・サルコジまで、さらにもっと最近ではフランスのマリーヌ・ル・ペンから前首相のマニュエル・ヴァルスに至る、ありとあらゆる類いのすべての人々が、この言葉をそれぞれ異なる意味と異なる幅で使ってきた。これは、右翼と左翼の両方の、さらには革命派さえ含めた決まり文句に変わったのであり、フランスの哲学者のアラン・バディウは、イスラム国の襲撃を「ファシスト的犯罪」とした。[48] これはある種の不協和音を生み出した。少数の例外を除くと、「イスラムのファシズム」は、有益な分析的カテゴリーというよりも、むしろ政治闘争のために用いられているのだ。野蛮さと過激な暴力とがイスラム国の最も顕著な特徴であって、民主主義や近代的自由に対するこの運動の根本的な敵意を立証する必要もない、という点は疑う余地のないところである。しかし、ファシズムとのこうしたあまりにも明白な類似性に焦点を当てるだけにとどまるならば、われわれはいくつかの決定的な相違を見逃してしまいかねないだろう。

第一の一致しない重要な点は、宗教についてである。

イタリアのファシズム、ドイツのナチズムは「政治的宗教」であった。すなわち、それらは、伝統的な宗教を自身の政治的価値観や象徴に置き換えようとする世俗の体制であった。こうした体制は、ネーション・人種・指導者・闘争を、典礼的・儀式的やり方で祝うことによって神聖化した。レイモン・アロン◆が第二次世界大戦中に強調したように、こうした体制は「代替的宗教」であった。▼49 しかしながら、この観点からすると、イタリアのファシズム、ドイツのナチズムは、不完全な「政治的宗教」であった。ファシズムは、一九二九年のラテラノ条約でカトリック教会と妥協したし、ドイツのナチズムはカトリック教会やプロテスタント教会と本当の意味ではけっして断絶しはしなかった。

それ以外のファシズムは、教会を自身の政治体制のもとに統合しさえした。スペインのフランコ体制は、自らを一つの国家カトリシズムと定義し、内戦以前の時期に非宗教的なファシズムを唱道していたファランヘ党を最終的に吸収した。同様に、一九三三～三四年、オーストリアのエンゲルベルト・ドルフス首相は、一種の聖職者的ファシズムを提唱した。スロバキアでは、第二次世界大戦中、ナチ協力派のファシスト政権が、カトリックの宗教的指導者ヨゼフ・ティソに率いられていた。ヴィシー政権もファシストとカトリック潮流との共存のもう一つの実例であった。

では、なぜ、これらはファシスト的特性を帯びた神中心の独裁体制とは言えないのか？ イスラム国はまったく充分にこの定義に当てはまる。以上の二つの現象の類似性は表面的なものには見えない。しかし、イスラム国が「世俗的宗教」ではなくて、むしろ極端な形にまで政治化され、過激にされた伝統的宗教の原理主義的解釈を体現しているということは明らかだ。それは、かつてスペインの軍部が内戦期間中にカトリック教会の支援を追求したのと同じような、宗教的運動を組み込んだ世俗的体制ではない。サダム・

▼48 Alain Badiou, 'Le Rouge et le tricolore', *Le Monde*, 27 January 2015.

◆**レイモン・アロン** 一九〇五～八三年。仏の社会学者・哲学者・ジャーナリスト。パリに生まれ、ドイツで学び、第二次大戦後は、仏ソルボンヌ大学で哲学の教鞭を執った。

▼49 Raymond Aron, 'L'avenir des religions séculières', *Chroniques de guerre: Le France libre 1940–1945*, Paris: Gallimard, 1990, 925–48.

フセインの旧イラク軍のさまざまな部分――世俗的政権の軍隊であった――を統合し、自身の軍事機構の中にこの旧軍隊を組み込んだのは、むしろイスラム原理主義の運動であった。

むしろ反対に、両者のいくつかの類似性はこの運動の起源に関係している。古典的ファシズムは、第一次世界大戦によって安定性を深く損なわれてしまった大陸において、とりわけ国家による暴力の独占が深刻な形で疑問視されるようになったイタリアやドイツにおいて、出現した。ファシズムの暴力は、戦争によって傷ついたヨーロッパ社会の野蛮化の産物であった。[50] 同様のことが何か、アラブとイスラム世界でも今日、生じている。イラクとアフガニスタンは、数十年間にわたる永続的戦争によって荒廃してしまった（アフガニスタンは一九七八年のソ連軍の侵攻以来、そしてイラクは一九八〇年代の対イラン戦争以来、ずっとそうである）。もし、われわれがこうした持続する戦争の結果を忘れてしまうなら、イスラム国の暴力を理解することはできないだろう。フランスでテロ襲撃を行なっている大部分の人々が、イラクやシリアに行ったことがあるというのはけっして偶然ではなく、これらの国々で人々は暴力に順応させられるようになったのである。こうした状態への慣れの方が、宗教的原理主義よりもはるかに大きな決定的要因である。宗教的原理主義は、人々の中に蒙昧主義を生み出すことはあっても、自爆テロ犯や群衆への無差別銃撃を行なえるような個人を作り出すことはない。イスラム国は、宗教的原理主義だけの問題というよりも、もっとずっと複雑な問題なのだ。

イスラム国と歴史的なファシズム運動とには類似性が存在するが、その比較もまた、より深く掘り下げられなければならない。歴史家は、「帝国の《インペリアル》」ファシズムと「占領下の」ファシズムとを区別してきた。[51] ドイツのナチズムは、この定義によれば、「帝国の」ファシズムであるのに対して、「占領下の」ファシズムの典型的なケースは、ヴィシー政権下のフランスである――すなわち、軍事的敗北の後に（この点ではそれ以外のいくつかの諸国と同様に）出現する、従属下の対ナチ協力者の政権なのである。この見方からすると、一九四三年以前のイタリア・ファシズム――その体制のプロジェクトは、アフリカ、バルカン半島、ギリシャに植民地を創設することによって自身の帝国を創設することを追求し、地中海地域をイタリア自身の「生活圏」に作り変えることであった——は、対独協力者の政権であるサロ共和国とは区別されるべきである。サロ共和国は、国の一部のみを支配しているにすぎず、ナチ・ドイツに完全に従属していた。イスラム国は、権力を獲得してその政権が打ち固められた後に対外への拡張がなされていったムッソリーニのイタリアやヒトラーのドイツとは違って、まさに自身の拡張を通じて自らの体制を打ち固め、その機構を構築していった。たとえそうであっても、イスラム国は、イスラム創生期の拡張主義の局面を引き合いに出すという点で、帝国主義的なファシズムにより近い。

イスラム国はまた、神権政治的プロジェクトを公然と打ち出してはいたが、それを超越した別の急進的ナショナリズムの形態をも体現している。イスラム国は、スンニ派とシーア派とを分かつムスリム世界内の亀裂を表現している。イスラム国は、急進的なスンニ派ナショナリズムという原動力によって駆り立てられているが、そのナショナリズムは宗教的原理主義の次元を超えて広がっている。それは、イスラム主義者だけではなく、イラクの世俗派的スンニ派から成るサダム・フセイン政権時代の旧イラク軍の一部をも取り込んでいる。この旧軍部の勢力は、二〇〇三年のアメリカによる侵攻戦争後に樹立されたシーア派政権に反乱してきた、世俗派のスンニ派である。（イラクの）シーア派は、一〇年間にわたってスンニ派を排除したのであって、結局のところスンニ派に報復したのだった。

この見方からすると、イスラム国のナショナリズムは、ファシストのナショナリズムとは大きく異なっている。イスラム国のナショナリズムは、人種（stirpe）に対するイタリア・ファシズムの神秘的信条

▼50 次の二つの著作を参照すること。George L. Mosse, *Fallen Soldiers: Reshaping the Memory of the World Wars*, New York: Oxford University Press, 1990, ch. 8 ('The Brutalization of German Politics')［ジョージ・モッセ『英霊——創られた世界大戦の記憶』（柏書房、二〇〇二年）］、Enzo Traverso, *Fire and Blood: The European Civil War 1914-1945*, London: Verso, 2016［エンツォ・トラヴェルソ『ヨーロッパの内戦——炎と血の時代 一九一四－一九四五年』（未来社、二〇一八年）］。

▼51 Robert O. Paxton, *The Anatomy of Fascism*, New York: Knopf, 2004［ロバート・パクストン『ファシズムの解剖学』（桜井書店、二〇〇九年）］。

や、ドイツのナチズムにとっては、すこぶる中心的な位置を占める血統や土地への崇拝とは、まったく関係がないものである。イスラム原理主義は、ヨーロッパのファシズムにはなかった普遍的側面を有している。それは、エスニックや領土の境界なしにすべての信者を統一してムスリムのディアスポラ（離散）を包含する宗教的共同体、「ウンマ」の原理を自らのアイデンティティとしている。イスラエルの歴史家のモシェ・ツルカマンは、この概念とシオニズムとの逆説的な類似性を強調している——この概念は、ナチズムよりもシオニズムの方にはるかに近い。[52]

それ以外の相違点の存在もまた納得できるものである。ヨーロッパの外部、たとえば、ラテン・アメリカでは、いくつかのファシズムが、アメリカからの支援のおかげで権力にまで昇りつめた。チリでは、ラテン・アメリカのファシスト政権の中でも最悪の政権であるピノチェト軍事独裁政権が、CIAによって組織されたクーデターのおかげで樹立された。それとは反対に、イスラム国は、西側の支配に反対するその闘争から力を引き出している。この点はむしろ、イスラム国をファシストだとするいかなる定義に対しても疑問を抱かせるものとなっている。

ファシズムがリベラル民主主義の歴史的危機に対するオールタナティブを提供した、という点は想起しておくべきであろう。当時のイタリアでは、ほんの少し前に普通選挙を導入したばかりであったが、このリベラルな国家に反対してムッソリーニは闘った。ドイツでは、ヒトラーは、その当時ヨーロッパで民主主義の最も先進的な形を取っていたワイマール共和国に反対した。スペインでは、フランコ体制は、第二共和国とその人民戦線に対する反撃であった。イスラム国が根を下ろしたアラブ世界の地では、民主主義はけっして存在してこなかった。イスラム国とは、民主主義に対する反対を代表しているのではなくて、むしろ民主主義の欠如の中から成長し、アラブの国々とムスリムの諸国における長年にわたる独裁体制に対する拒絶の意識によって育まれてきた現象なのだ。

古典的なファシズムを構成する最後の根本的要素であり、じつはその本当の存在理由の一つとなっているのは、われわれがすでに見てきたように、反共主義である。しかし、イスラム国は、反共主義がもはや何の役割も果たさないポスト冷戦の国際的情勢の下で発展してきた。イスラムのテロリズムは、ヨーロッパのポスト・コロニアル世代の青年を含むムスリム世界の、一定の周辺的層に訴えかける力をもっている。それは、両大戦間の期間中に共産主義によって駆りたてられた政治的急進主義に、いくつかの点で匹敵するものである。急進的なイスラム主義は、庶民階級出身のムスリム青年や中産階級の若い改宗者を惹きつけている。今日、人々を惹きつけることのできる急進的な左翼の極は存在していない。急進的なイスラム主義が魅力的な左翼の極の欠如という事態への埋め合わせとなっているのだ。

ジハーディズムが一九七〇年代の革命派の暴力の訴えに匹敵する、思想の市場で唯一の入手可能な大義として今日多くのヨーロッパの青年に対して登場しているとするオリヴィエ・ロワの主張は、おそらく言いすぎであろうが、完全に間違っているわけではない。[53] しかしながら、そうした模造品の革命は、悲劇的な誤解であり、たちまちのうちに幻滅に代わるものである。反植民地的左翼の再覚醒が、若者を宗教的改宗からイスラム主義的急進化やシリアへの出立《しゅったつ》に至る道へと導いている過程を食い止めることができるだろう。神話的な原初のカリフ統治を復活させるというイスラム国のプロジェクトは、過去に目を向けている。それは、革命的共産主義のユートピアの力と解放の力の両方を欠いている。その類似点を探すとすれば、イスラムのテロリズムと古典的なファシズムがともに保守革命あるいは反動的なモダニズムの形態であるという点を認めることできるだろう。[54] ファシズムは、権威・階層・秩序といった保守的伝統から一定の価値観を取り入れるが、一方における保守的伝統と、他方における特に科学やとりわけ技術の進歩という点での近代性の熱心な受容とをつなぎ合わせた。ファシストの宣伝もまた近代的なものであって、それ

▼52 Moshe Zuckermann, "Islamofascim": Remarks on a Current Ideologeme', *Die Welt des Islams* 52, 2012, 351–69.

◆オリヴィエ・ロワ　一九四九年〜。中東・中央アジアの文化や宗教に関する仏の専門家。邦訳書に『ジハードと死』（新評論、二〇一九年）、『現代中央アジア――イスラム、ナショナリズム、石油資源』（文庫クセジュ、二〇〇七年）など。

▼53 Olivier Roy, 'Le djihadisme est une révolte générationnelle et nihiliste', *Le Monde*, 4 November 2015.

が近代的な通信手段によって広めた象徴や神話を通じて集団的な想像力を作り出すのである。レニ・リーフェンシュタールの映画とファシストやナチの集会会場での「光の大聖堂」は「政治の審美化」の見事な例である。[55]今日、イスラム国においても同様のものが存在している。想像上の過去にもとづく反啓蒙主義的なプロジェクトに従って、それは、インターネットとビデオ・クリップを通じてきわめて近代的なプロパガンダを制作している。イスラム国の宣伝ビデオは、フレーミング、緊張、背筋の凍るような戦慄の側面で、ハリウッドの様式上のコードをリサイクルしている。パリのアラブ政治研究所の研究主任クレール・タロンによれば、

自らの前身であるアルカイダと同じように、イスラム国は、それが西部劇であれ、スリラーであれ、ファンタジーであれ、映像作品を作る場合、文化的帝国主義のコードを完全に会得しているのだ。それは、『アラビアのロレンス』から『サロメ』や『洗礼者ヨハネ』を経て『ゲーム・オブ・スローンズ』に至るまでのオリエンタリズムを惜しげなく模倣している。[56]

オマル・オムセン◆の洗練された勧誘の動画は未来を感じさせてくれるもので、ジハード主義者になる「選ばれし者たち」のために用意されたものである。ビデオ・ゲームを連想させるようなこうした映像は確かに最新のテクノロジーを利用できるイスラム国の能力を示しているが、同時にさらにもっと深い何ものかをも示している。イスラム国は、犯罪を行なうにあたって、ある程度模倣しているのだ。たとえば、アメリカやイギリスのジャーナリストを処刑する前に、その戦士たちは犠牲者にオレンジ色の制服を着させているが、われわれは以前にそうした制服をグァンタナモ米軍基地で捕虜たちが着せられているのを見たことがあるのだ。暴力、囚人が生きたまま焼かれること、斬首といったすさまじい描写は、ハリウッドが何十年にもわたって撮影してきた特殊効果映画を思い起こさせる。砂漠を走り抜けるトラックの隊列や「イスラム国の敵」の死体を車両の後ろに引きずっている（二〇一五年一一月のパリの）バタクラン劇場

襲撃者の若者の気晴らしは、イラクやシリアにおける日々の暴力のいかなる物真似をも超えてしまっている。こうした映像はまた、暴力に対する西側における想像力に対応するものでもあって、西側世界では文化産業によってそうしたものが絶えず制作され続けている。以上すべてのことが、「保守革命」、すなわち、極端な反啓蒙主義とテクノロジー面での近代性との結合を明らかにしている。そうだからと言ってクエンティン・タランティーノ監督にイスラム国の暴力に責任があるとするものではないことは確かだが、多くのイスラム戦士たちはおそらくコーランよりもアメリカのテレビの方をより熟知しているだろう。

古典的ファシズムは、生気論的な非合理主義を必要としたのであって、それは肉体的耐久力の神話を作り、金属製のボディーを描き、戦士の動物的な力を賛美した。それが、すなわち、ドイツの作家エルンスト・ユンガー◆が「新しい人種」と呼んだところのものであって、第一次世界大戦の武器の素材となってい

▼54 次の二つの著作を参照すること。Stefan Breuer, *Anatomie der Konservativen Revolution*, Darmstadt: Wissenschaftliche Buchgesselschaft, 1995; Jeffrey Herf, *Reactionary Modernism: Technology, Culture and Politics in Weimar and the Third Reich*, New York: Cambridge University Press, 1984［ジェフリー・ハーフ『保守革命とモダニズム——ワイマール・第三帝国のテクノロジー・文化・政治』（岩波書店、一九九一年）］。

▼55 Peter Reichel, *Der schöne Schein des Dritten Reiches. Faszination und Gewalt der Faschismus*, Munich: Hanser, 1996. 政治の美学化については次のものを参照すること。Walter Benjamin, 'The Work of Art in the Age of Mechanical Reproduction,' in *Illuminations*, ed. Hannah Arendt, New York: Schocken Books, 1968, 217–52［ヴァルター・ベンヤミン『複製技術時代の芸術』（晶文社クラシックス、一九九九年）］。

▼56 Claire Talon, 'Comprendre le djihadisme pour le combattre autrement', *Mediapart*, 5 October 2014.

◆**オマル・オムセン** 一九七六年頃〜。セネガル出身の仏のジハード主義者。仏の若者をイスラム原理主義に勧誘する中心人物であるとされ、彼らの作成した勧誘の動画は、ユーチューブで二年間で一六万五〇〇〇回以上再生された。

◆**エルンスト・ユンガー** 一八九五〜一九九八年。独の思想家・作家。第一次大戦と第二次大戦に従軍し、その体験記や戦争を主題とする論考を執筆した。『労働者——支配と形態』（月曜社、二〇一三年）では、激しく変化する世界の中で、卓越した技術をたずさえた新しい人間たちが、来たるべき社会の担い手として登場する。

る鋼鉄に鍛造されるのである。[57] 男性的な力への賞賛が生への軽視と死への衝動を必要としたかぎりにおいて、この非合理主義はニヒリスティックなものである。今日、われわれは以上のすべてをイスラム国の中に見出している。イスラム国の支配下にあるテロリストたちは、じつに深く破壊されているので、そこでは人間的生活の価値観それ自身もまた衰退してしまっている。それは、歴史家が両大戦間期のヨーロッパでの人類学的な断絶とみなしたのとよく似ている。どちらの場合にも、暴力による死が通常の「常態化された」生存の様相となった。「死への存在」(Sein-zum-Tode) あるいは「死へ向かう存在」——ハイデッガー的実存主義のモットー——が、今ではイラクとリビア、シリアで新たな意味を見出している。[58]

以上のすべての理由からして、イスラム国とファシズムには実際に類似性が存在するし、すでに述べた両者の大きな相違と並んで、こうした類似性も考慮に入れておくだけの価値はあるのだ。それでは、どうして「イスラムのファシズム」という概念は、もっともな疑問を引き起こすのだろうか？　まず第一に、それは、現在の対立を説明するというよりも、むしろ冷戦時代にやむを得ず引かれた分岐線へのノスタルジーを明らかにしているのであって、この分岐線が新たな十字軍につきまとっているのだ。[59] 第二に、イスラムのファシズムについて語るということは、イスラム国のテロに対する戦争を反ファシスト闘争だと考えることを意味する。その帰結は新たな「神聖同盟」である。こうした捉え方は、中東における西側の戦争を、ナチ・ドイツに対する一九三九～四五年に至るまでの連合軍の戦争と同等のものとみなすという誤解を生み出す。中東で最近二〇年間にわたって闘われてきた戦争は、じつはイスラム国が源泉だというのだ。

イスラム原理主義は、オスマン帝国の終焉と脱植民地化の始まり以来、一世紀にわたって存在してきた。世界の中のこの地域が終わりなき破壊的戦争によって荒廃させられるようになったここ数十年間に、イスラム原理主義は潮流の形を取るようになった。アフガニスタン、イラク、リビア、シリアで展開された戦争は、「イスラムのファシズム」と戦うというよりも、むしろ「イスラムの急進化」を作り出し、強化したのだ。

ファイサル・デビジ◆やオリヴィエ・ロワのような学者は、ジハード主義が「イスラムの急進化」ではなくて、むしろ「急進主義のイスラム化」の結果、生じたのだと正しくも述べている。それは、中東におけるいっさいの地政学的秩序の崩壊によって生み出された急進主義を体現しているのであって、こうした情勢の中では、ジハードの方が、「カリフ統治の国」を建設するための宗教的処方箋よりも、むしろ西側の支配と闘うためのより大きな政治的武器になるように思われる。[▼60] このことは、われわれがイスラム自身のこのメッセージを真剣に受け取る必要がない、ということを意味するのだろうか？ もちろん、宗教は、何か別のものに簡単に取り換え可能なイスラム国のイデオロギーの純然たる手段でしかない、表層にすぎない、としてしまうことはできない。それでも、このイデオロギー的・政治的な背景だけでイスラム国の劇的な台頭と没落を説明することはできないのだ。イスラムは、何世紀にもわたる長い歴史をもっているのだが、二一世紀への境目のこの特殊な歴史的局面においてのみ、イスラムの一部がテロ的様相を呈したのだった。オスマン帝国の時代には、イスラムはキリスト教的ヨーロッパに対してもっと寛容であったように思われるし、ヨーロッパとの経済的・文化的交流を常に維持していた。[▼61] イスラムとイスラム国と

▼57 Ernst Jünger, *The Worker: Dominion and Form*, Evanston, IL: Northwestern University Press, 2017.［エルンスト・ユンガー『労働者――支配と形態』（月曜社、二〇一三年）］。

▼58 ハイデガーの哲学と第一次世界大戦のトラウマとの関係については次のものを参照すること。Domenico Losurdo, *Heidegger and the Ideology of War: Community, Death, and the West*, Amherst, NY: Humanity Books, 2001.

▼59 Jan-Werner Müller, *What Is Populism?*, Philadelphia: University of Pennsylvania Press, 2016［ヤン＝ヴェルナー・ミュラー『ポピュリズムとは何か?』（岩波書店、二〇一七年）］, 6.

◆**ファイサル・デビジ** 一九六四年〜。タンザニアのダル・エス・サラームで生まれ。イスラム原理主義とグローバリゼーションを研究する歴史家。イエール大学で教鞭を執っている。

▼60 次の二つの著作を参照すること。Faisal Devji, *Landscape of the Jihad: Militancy, Modernity*, Ithaca, NY: Cornell University Press, 2005; Olivier Roy, *Jihad and Death: The Global Appeal of Islamic State*, New York: Oxford University Press, 2018［オリヴィエ・ロワ『ジハードと死』（新評論、二〇一九年）］。

▼61 Jack Goody, *Islam in Europe*, Cambridge: Polity Press, 2004.

の間に有機的関連が存在するという点に疑う余地がないとしても、イスラム国の暴力をイスラムの必然的帰結だとすることは、スターリンの強制収容所をマルクスの歴史哲学の帰結であり、スペイン内戦期間中のフランコの大量虐殺をキリスト教の帰結だと解釈するのと同じほど無意味である。シリアにあるイスラム国への合流を目指している若者の多くが、宗教的背景をもたない新改宗者だという点を一部の論者が強調しているのは、注目に値する。社会学者のラファエル・リオジエは、フランスを観察して、宗教的教育を受けていてイスラムをより深く理解している人々が、イスラム国よりもむしろスーフィズム（スンニ派イスラムの中のイスラムにより忠実な純粋派だが、政治的潮流ではない）の方により魅かれているが、イスラム国の方は、個人的な危機を抱えていて自分が社会から排除されていると感じている若者の中から、主としてその戦士を補充している、と主張している。オリヴィエ・ロワは、スーツケースに『イスラム・フォー・ダミーズ』◆という本を入れてシリアに向かう途中で逮捕されたロンドン住民の象徴的ケースを紹介している。マックス・ウェーバーの『プロテスタンティズムの倫理と資本主義の精神』（一九〇五年）をめぐる知識人の論争から一世紀以上経っても、われわれは、宗教が歴史を作るうえではきわめて重要かもしれないが、それだけが究極の原因として作用するわけではないという点を思い起こさざるを得ないのである。

冷戦期には、反共の学者たちは、ソ連邦を「イデオクラシー」（イデオロギー国家）として描いた。[62] ネオコン派は、同じイデオロギー的シェーマを保持しながら、敵を変更した。今日、敵は「過激なイスラム」になった。イスラム国の暴力を駆り立てるイスラムの役割をめぐる論争は、『共産主義黒書』へのステファヌ・クルトワ◆の序文を思い起こさせる。この序文で、クルトワは共産主義を犯罪的イデオロギー以外の何ものでもないとみなし、[63] それ自体が、ロシアの内戦、スターリニズム、強制労働収容所などを生み出した原因なのだとしている。宗教裁判所と解放の神学がキリスト教の異なる二つの側面であるのとまさに同じように、イスラム国は、イスラムの本質を明らかにするものではなくて、その表現の一つにすぎないのだ。

政治的なイスラムとその最も過激な表現を読み取るうえでの鍵となるものの一つは、アラブ革命の破綻である。イスラム国はイラクとシリアの内戦から出現したのであって、この内戦は一連の革命運動の崩壊を促進し、革命運動の勢いはリビアへの西側の軍事介入によって打ち砕かれてしまった。しかし、アラブ革命の破産は、同時にまたこの運動の弱さをも露呈させた。二〇世紀には、北アフリカと中東は、アラブ社会主義、汎アラブ・ナショナリズム、世俗的な政治運動を経験した。一九七九年、イランにおける革命は、ホメイニという人物一人だけの問題ではなかった。宗教的諸勢力が世俗的で無神論的なすべての勢力を排除する内戦が起こった。シリアでは、バシャル・アル＝アサド政権に反対して決起した諸勢力が当初、世俗的で民主的な運動を結成した。アメリカと西ヨーロッパは、アフガニスタンでソ連邦に反対して戦ったアフガニスタンの原理主義派に対して、その後はアサドと戦ったイスラム主義派勢力に対して資金的・軍事的な支援を提供し始めた。これらの勢力の多くはイスラム国の陣営に移った。この地域におけるアメリカの別の同盟国トルコは、長年イスラム国を助けてきたのであって、クルド人がイスラム主義勢力に対して地上で戦う唯一の戦闘勢力であったにもかかわらず、クルドを爆撃した。これは複雑きわまりない危機なのだが、カリフ統治の国がいかにして出現したか理解しようとするなら、これらすべての要因を考慮

◆**『イスラーム・フォー・ダミーズ』** *Islam for Dummies.* まったく何も知らない人でもわかるとするガイドブックの〝フォー・ダミーズ・シリーズ〟の一冊で、イスラム教入門書。

▼**62** たとえば、次のものを参照。Martin Malia, *The Soviet Tragedy: A History of Socialism in Russia 1917–1991*, New York: Free Press, 1994［マーティン・メイリア『ソヴィエトの悲劇――ロシアにおける社会主義の歴史 一九一七―一九九一年』上下（草思社、一九九七年）］。

◆**ステファヌ・クルトワ** 一九四七年〜。仏国立科学研究所の研究責任者を務める歴史家。『共産主義黒書――ソ連篇／アジア篇』（ちくま学芸文庫、二〇一六年／二〇一七年）の共同執筆者の一人。

▼**63** 以下の著作の序文を参照すること。Stéphane Courtois, ed., *The Black Book of Communism*, Cambridge, MA: Harvard University Press, 1999［ステファヌ・クルトワ『共産主義黒書〈ソ連編〉』（ちくま学芸文庫、二〇一六年）］。

に入れる必要がある。このカオスの中で、イスラムの教えの厳格な解釈や現代のジハードとしてのその再解釈への回帰がなされた。

もちろん、この情況についての責任の所在は、じつに多岐にわたる。しかし、じつに多くのオールタナティブ――社会主義、ナショナリズム、民主的・世俗的運動――がアラブ世界の中で一世紀にわたって、投げ捨てられ、信用を失墜させられてしまったという点からして、宗教への回帰がますます魅力的な選択肢となっていったのだった。大部分の世俗的イデオロギーが、今日、単なる一時的な現象にすぎないか、あるいは落とし穴に陥ってしまっていると見える一方、イスラムは依然として唯一の深く根を下ろしている目標であり続けている。西側では、われわれは、イスラム国を人権・自由・民主主義に対する根本的な敵であると考えているが、それはイスラム国の姿の一つの面にすぎない。

地中海の南岸から眺めるなら、その風景ははるかに大きな違いがあるように見える。そこから眺めると、それどころか、人権、リベラリズム、西側の民主主義の方がむしろ、抑圧と破壊と大量の死とをもたらしてきた戦争を正当化するために持ち出された風景にほかならないし、解放運動の発展を可能にしたかもしれない諸条件を引き裂いてきたようにさえ見えるかもしれない。アメリカの保護国的統治という形を取って樹立されたカブールとバグダードの「民主主義」は機能していず、「アラブ革命」がそうした民主主義をいかなる種類のモデルともみなさなかったことは確かである。この観点からすると、「アラブ革命」の方は一九八九年の中欧における「ベルベット革命」とは何か大きく異なっていた。この「ベルベット革命」の展望は、じつのところ、西側の経済的・政治的モデルを輸入するためのものであった。「アラブ革命」は、軍事独裁体制の打倒を追求したが――これはチュニジアでは成功し、エジプトでも一時期成功をおさめた――、その民主主義的展望は、その社会・経済的プロジェクトと同様に、依然として将来において新たに作り出されるべき課題として残っている。[64]

イスラム国は、アラブ革命のこうした破産の産物であって、それは今回、地域全体にわたるはるかに深い根本的な社会的・政治的な再編成過程の中のほんの一局面にすぎないのかもしれない。軍事的な面ではイスラム国は敗北し、多くの人々はそれが数か月以内に崩壊するだろうと観ている。民間の住民がこのテロ体制から甚大な犠牲を被ったことは疑う余地のないところだが、それは、アメリカとヨーロッパの帝国の戦争に対するその反対という点から一定の正当性の引き出したのだった。帝国の戦争は、イスラム国のテロリストの攻撃とは比較にならないほどの多くの死者を生み出したからである。

もしわれわれが、一九一八年の敗戦とヴェルサイユ講和会議がドイツに生み出した広範な恨みと復讐の願望——ヒトラーがこれを厳かな装いをこらしながら利用した——を考えるならば、歴史的ファシズムと比較するのは無駄なことではない。歴史家レンツォ・デ・フェリーチェが、ファシズムがけっしてテロだけではなく、同時にそれが広範な層の人々の間で、そして時として民衆の広範な多数派の間で獲得した「合意」にも基礎を置いていた、という点を強調しているのは正しかった[65]（イタリア共産党の指導者、パルミロ・トリアッティはそれを「反動的大衆体制」と定義した）。

この点はイスラム国には必ずしも当てはまらないのだが、中東のスンニ派社会では、このイスラム国の運動に共鳴したり、少なくともシリアでのアサドやイラクでのシーア派政権、リビアにおける親西側当局との対抗関係の中で、この運動を支援したりする一部の人々がいることは疑いようのない事実だ。一九三〇年から三三年までの期間、ドイツの左翼は分裂していて、民主主義勢力は孤立していた。他方、西側のリベラル民主主義の陣営は、ボリシェヴィキを恐れて、好意的中立の立場に立ってヒトラーを傍観していた。今日、「イスラムのファシズム」に反対する西側文明の擁護者たちは、第二次世界大戦の経験を再現させるべきだと主張しているが、実際にはこうした人々はかつての悲劇的過ちを繰り返しているのである。

▼64 次のものを参照すること。Gilbert Achcar, *The People Want: A Radical Exploration of the Arab Uprising*, Berkeley: University of California Press, 2013［ジルベール・アシュカル『アラブ革命の展望を考える——「アラブの春」の後の中東はどこへ?』（柘植書房新社、二〇一八年）］。

▼65 Renzo De Felice, *Interpretations of Fascism*, Cambridge, MA: Harvard University Press, 1977.

第Ⅱ部

ファシズムの新しい顔

現在の中の歴史

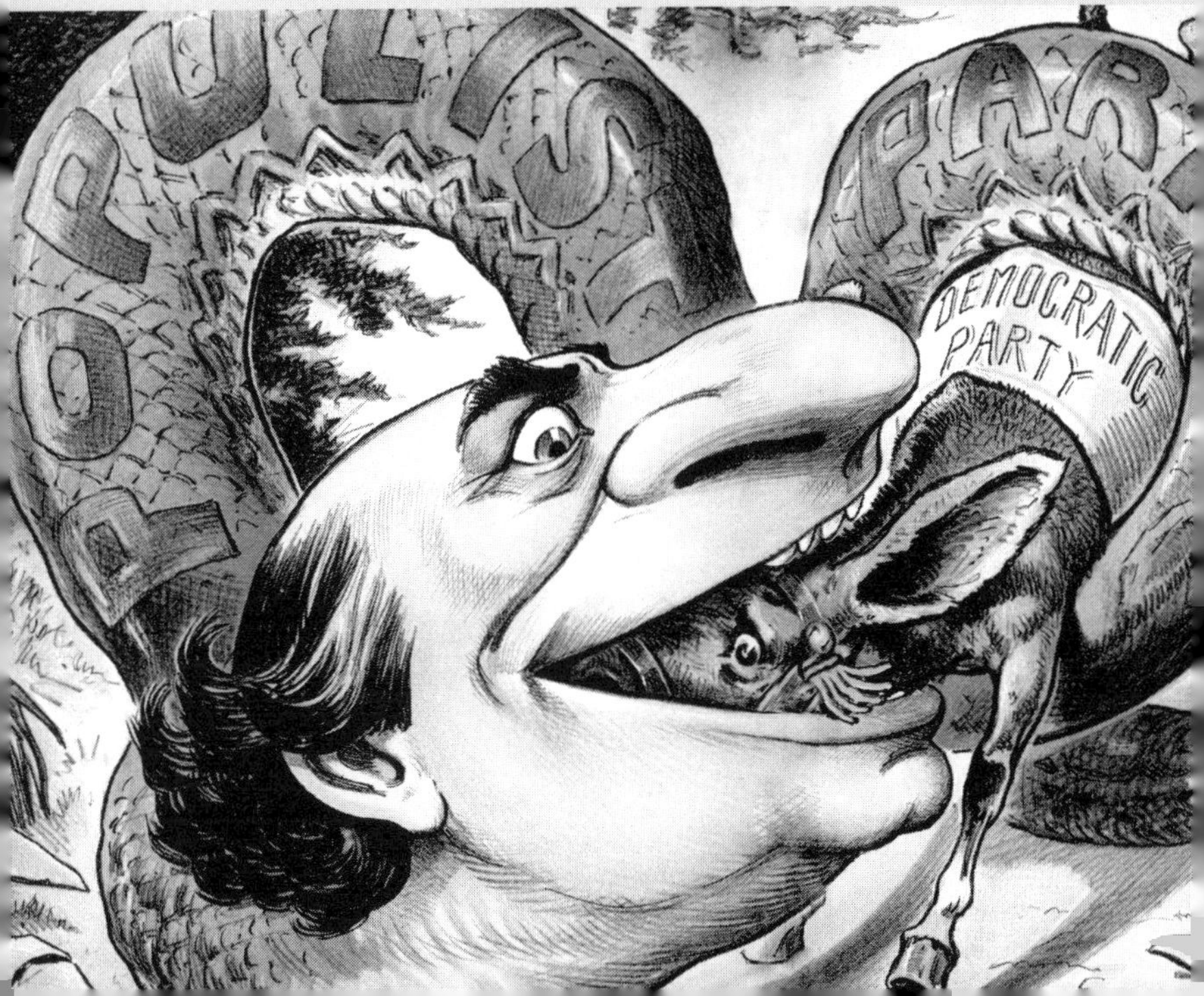

［第４章］

ファシズムの新たなる解釈をめぐって

ファシズムとは何か？　この問いは、一九二〇年代以来、活発な学術的論争となってきた。この三〇年では、二つの大きな歴史的変化が、この学術論争を再編している。一つは、ファシズムと反ファシズムという対立軸が、ヨーロッパにおける世論や政界を二極化するという状態が消滅したこと。もう一つは、今日における研究者の大部分が第二次大戦後の生まれとなったことである。また、文化産業でも公的な記念行事でも、反ファシズムの記憶は、徐々にホロコーストの記憶へと置き換わっていったことである。

半世紀以上にわたる平和的な国際関係とリベラルな民主主義の強化の期間を経て、そして現存の社会主義の崩壊によって、我々の政治的想像力と歴史的語彙の両方の面で逆説的な変化が発生した。「革命」がもう一方の陣営に移ったのである。「ファシスト革命」という概念が、学問の世界では決まり文句となった。

本章では、一九八〇年代から二〇世紀の終わりまでに起こったこれらの焦点の交替の決定的局面を、ジョージ・モッセ、ゼエフ・スターンヘル、エミリオ・ジェンティーレの三人の研究者のファシズム論を中軸に分析していく。

1……ファシズムとは何か？

ファシズムとは何か？　この問いが、一九二〇年代以来ずっと学術的論争の活発な展開を促すもとになっている。古い解釈は、絶えず批判され、定式化され直され、少し異なる見方が提起され、疑問が提起され続けてきた。この知的論争がヨーロッパの歴史の舞台に最初に出現して以降、それは、直接無関係な学者をも巻き込んだのであって、「中立的」なものでも、あるいは純然たる学術的問題でもけっしてなかった。ファシズムを研究するという課題は、東洋的専制体制や封建制度の由来を分析するのとは何か別のものである。それは、政治的言語や政治的対立と深く絡み合った知的関与である。ファシズムの定義それ自身が論争のテーマなのである。

それに対する最も限定的なアプローチは、もっぱら一九二二年から四三年までの期間にイタリアを統治した、ベニート・ムッソリーニ指導下の政治体制だけを対象とするものである。それよりももっと広い範囲の叙述は、二つの世界大戦間にヨーロッパで出現したすべての一連の運動と体制を含めており、そのうちで最も重要なものは、ドイツの国家社会主義（一九三三〜四五年）、スペインのフランコ体制（一九三九〜七五年）であった。他方、一九三〇年代と四〇年代にヨーロッパで出現した数多くの運動や体制――フランスのヴィシー政権、ポルトガルのサラザール体制、中央ヨーロッパにおけるナショナリスト的・軍事的体制――、さらにまたアジアでの、とりわけ帝国日本での、そしてより最近ではラテン・アメリカにおける運動や体制をめぐる公然たる歴史記述をめぐる論争もやはり存在している。

数十年間、ファシズムの分析は、保守派学派とマルクス主義学派とによって支配されていた。前者は、ファシズムを、カリスマ的指導部の下に置かれた近代的独裁体制・強権的権力であると解釈した。その観点からするとファシズムの主要な特徴は、法の支配、代議制の制度、権力の分立、憲法にもとづく自由などのほぼ全面的な破壊であった。後者は、それを経済危機の局面に陥った資本主義の利害を防衛することを目指す階級的独裁として描き出した。社会主義革命の高揚による脅威に直面して、資本主義は、リベラルな民主主義を打ち捨てて、暴力的な存在としてその姿を現わすことによってしか自らの体制を維持できなかった。ファシズムは、まず何よりも、反革命の政治的特性であった、ということだ。

この三〇年の間に、二つの大きな歴史的変化がこの学術論争を再編することとなった。一方において、ファシズムと反ファシズムの分裂が、ヨーロッパ諸国における世論や政界を二極化させるという事態がなくなってしまった。他方において、今日、この分野で研究に従事する学者の大部分が第二次世界大戦後生まれとなった。文化産業でも公的な記念行事でもどちらの場合でも、反ファシズムの記憶から徐々にホロコーストの記憶へと置き換わっていった。半世紀以上にわたる平和な国際関係とリベラルな民主主義の強化の期間を経て、現存の社会主義の崩壊が、われわれの政治的想像力と歴史的語彙の両方の面で逆説的な変化を促進させた。革命がもう一方の陣営に移ったのだ。「ファシスト革命」の概念が学問の世界では決まり文句となった。本章は、一九八〇年代から二〇世紀の終わりまでの間に起こったこの焦点の交替の決定的局面を分析する。

ファシズムについての解釈の刷新に最も貢献した歴史家の中でも、ジョージ・L・モッセ、◆ゼエブ・スターンヘル、◆エミリオ・ジェンティーレ◆の三人は、とりわけ傑出した地位を占めている。モッセは、ナチ・ドイツに、スターンヘルは第三共和国とヴィシー政権下のフランスに、ジェンティーレはムッソリー

◆**ジョージ・L・モッセ**　一九一八〜九九年。反ユダヤ主義・ナチズムを研究した歴史家。ベルリンに生まれ、ナチスの迫害を逃れ米に移住し、ウィスコンシン大学などで教鞭を執る。邦訳書に、本書で参照しているもののほかに『ユダヤ人の「ドイツ」——宗教と民族をこえて』（講談社、一九九六年）がある。

◆**ゼエブ・スターンヘル**　一九三五〜二〇二〇年。ポーランド生まれのイスラエルの歴史家。ファシズムのルーツに関する研究で世界的に知られる。ヘブライ大学で教鞭を執った。

◆**エミリオ・ジェンティーレ**　一九四六年〜。イタリアの歴史家。ファシズムをイデオロギーと文化の側面から分析した。サピエンツァ大学で教鞭を執る。レンツォ・デ・フェリーチェに師事した。

ニのイタリアに、その研究を集中している。しかし、三人はともに比較・対照の展望の中に自らの研究の位置を据えた。そして、この展望がファシズムの概念の中に共通した地平を見出すことになったのである。

三人の中でも議論の余地なくパイオニアであることが明白なのは、最年長のモッセである。今は亡きモッセは、二〇世紀の傑出した歴史家の一人としてすでに「認められている」。現代史に対する彼のアプローチは、彼の死の直後に遺作として出版された、彼の回顧録で叙述されている特殊な知的経験の結果であった。▼1 彼は、ワイマール共和国創成期の一九一八年に、影響力のあるプロイセンのユダヤ人エリートの家庭に生まれた。ベルリンの最も重要な出版社のオーナーの息子であった彼は、一九三三年に母親とともにドイツを去り、イタリアを経て、最初はイギリスのケンブリッジ大学で、次にはアメリカのハーバード大学で大学教育を受けた。アメリカに到着したのは一九三九年であった。一九五〇年代半ばから、マディソン市のウィスコンシン大学でその学究生活を送るようになった。ユダヤ人でありゲイでもあったモッセは、ブルジョアジーの体面について、すなわちナショナリズムとセクシュアリティとの、規範と他者との、保守主義と芸術的前衛との複雑な関係について、さらにはファシスト的美学における肉体のイメージについての著作を著わしているが、自分自身の記憶と経験から自らのインスピレーションを得ていた。▼2

より後の世代に属するスターンヘルとジェンティーレは、彼とは異なる自己形成の経験をもっていた。エルサレム大学の歴史学の教授だったスターンヘルは、パリの政治学研究所で博士号論文を準備した。彼は近年、この研究所を厳しく批判しているけれども、彼の研究は、人類学や社会、文化の歴史の影響についてはほとんど無関心であり、政治思想の歴史に関する古典的な伝統に属していた。▼3 ジェンティーレは、レンツォ・デ・フェリーチェ◆の弟子であり、その初期の頃の支持者であった。デ・フェリーチェは、ムッソリーニの伝記の作者として有名で、イタリア・ファシズムに関する歴史研究者であった。▼4 しかしながら、ジェンティーレは、次第に自分の師から離れていき、「首領《ドゥーチェ》」の伝記にはそれほど関心を振り向けなくなっていき、自分の研究を文化の歴史に向けるようになっていった。その結果、今日では、彼の方法論は、デ・フェリーチェの影響力を受けているというよりも、モッセの方にはるかにずっと近いように思われる。[5]

制度と政治の歴史を重視したデ・フェリーチェとは違って、モッセは文化と美学に焦点を当てた。この違いがあるにもかかわらず、デ・フェリーチェは、自分のこのアメリカの同僚を高く評価していて、モッセの著作の中にフェリーチェ自身の直観と業績の発展したものがあることを見出していた。モッセの研究に助けられて、デ・フェリーチェはファシズムを現代的で「革命的な現象」であるとする自らの解釈を明確にすることができた。とりわけ、モッセの研究が助けとなって、デ・フェリーチェはファシスト体制の期間中のイタリア社会の「合意」の秘密を「大衆の国民化」の産物だとみなすようになった。さらにまた、

▼1　George L. Mosse, *Confronting History of A Memoir*, Madison: University of Wisconsin Press, 2000.

▼2　エミリオ・ジェンティーレは、モッセの著作では自叙伝と歴史記述が豊かな形で絡み合っているという点を適切にも強調している。次のものを参照すること。Emilio Gentile, *Il fascino del persecutore: George L. Mosse e la catastrofe dell'uomo moderno*, Rome: Carocci, 2007, 24. モッセの知的軌跡を再現した全般的かつ詳細で明解な解説は次のものを参照すること。Karel Plessini, *The Perils of Normalcy: George L. Mosse and the Remaking of Cultural History*, Madison: The Univesity of Wisconsin Press, 2014.

▼3　スターンヘルの知的軌跡については、彼への興味深い「自伝的」インタビューを参照すること。Zeev Sternhell, *Histoire et Lumière: Entretiens avec Nicolas Weil*, Paris: Albin Michel, 2014. 思想の歴史家としてのスターンヘルに対する批判的なポートレートについては以下を参照すること。Enzo Traveso, 'Illuminismo e anti-illuminismo: La storia delle idee di Zeef Sternhell', *Storiografia* 18, 2014, 219–30.

◆**レンツォ・デ・フェリーチェ**　一九二九～一九九六年。イタリア・ファシズムの時代を研究したイタリアの歴史学者。六〇〇頁に及ぶ『ムッソリーニ伝』を著わした。

▼4　Emilio Gentile, *Renzo De Felice, Lo stiorico e il personaggio*, Rome: Laterza, 2003.

▼5　ジェンティーレは、モッセから「最大の恩恵」を受けていることを認めている。次のものを参照すること。Emilio Gentile, *Il culto del Littorio, La sacralizzazione della politica nell'Italia fascista*, Rome: Laterza, 1993, xi. その英語版は次のものである。*The Sacralization of Politics in Fascist Italy*, Cambridge, MA: Harvard Univesity Press, 1996.

彼の研究の助けを借りて、デ・フェリーチェはファシズムの起源が、フランスのジャコバン主義に由来する左翼の伝統の中にあることをも突き止めたのだった。[6] 同時にデ・フェリーチェは、モッセの著作のイタリアにおける普及にも貢献したので、イタリアではモッセの著作がアメリカ以外の国では最大の影響力をもつことになった。[7] モッセは、デ・フェリーチェを自分自身に非常に近い方法を体系的に適用した歴史家だとみなしていた。二人の歴史家はどちらも、ファシズムの参加者や思想、自己表現を考慮に入れることによって、「内部から」ファシズムにアプローチした。[8] ある意味において、デ・フリーチェは、ジェンティーレがローマのサピエンツァ大学でモッセの教え子の一人であったというかぎりでは、この三人の歴史家をつなぐ環をなす人なのである。スターンヘルは、ピエル・ジョルジオ・ズニーノやエミリオ・ジェンティーレといった「デ・フェリーチェのイタリアの後継者たち」と自分の研究が類似していることを公然と認めた。ズニーノらにとって、イタリアのファシズムについての説明は、とりわけイデオロギーと文化にある。[9]

2……モッセによるファシズム文化研究

三人の歴史家によれば、ファシズムとは、同時に革命でもあり、イデオロギーでもあり、世界観（Weltanschauung）でもあり、文化でもあった。革命として、それは新しい社会の建設を望んだ。イデオロギーとしては、それは保守主義と自由主義に対するオールタナティブの役割を果たしていたマルクス主義への拒否として、ナショナリズムを再定式化した。世界観（Weltanschauung）として、それは、歴史を「新しい人間」を形成するための王国と考える哲学の枠内に、自らの政治的プロジェクトを刻み込んだ。そして文化としては、ファシズムは集団的想像力を改変し、人々の生活方法を変えるとともに、私的領域と公共的領域とのすべての差異を取り除いて、単一の国家共同体に融合させることによって（エスニックや人種の境界線に沿った境界線は定められているのだが）、両方の領域のいっさいの相違を取り除こうと試みた。三人の歴史家はそれぞれ、ファシズムを「右翼の革命」であって[10]、その社会的原動力が中産階級であり、その野望が新しい文明を創造することであるとみなした[11]。言い換えれば、それは、反自由主義であると同時に反マルクス主義の「精神的」「共同体主義的《コミュニタリアン》」な革命であった[12]。

▼6 Renzo De Felice, 'Prefazione', *Le interpretazioni del fascismo*, Romme: Laterza, 1995, vii–xxv. 一九八八年の序文でのモッセのこの言葉は。英語版には含まれていない（英語版 *Interpretations of Fascism*, Cambridge, MA: Harvard University Press, 1977）。次のものも参照すること。Renzo De Felice's introduciton to the Italian translation of Mosse's *La nazionalizaazzione delle masse. Simbolismo politi e movimenti di massa in Germania 1815–1933*, Bologna: il Mulino, 1975, 7–18.

▼7 モッセの著作のフランスでの受容については、次のものを参照すること。Stéfane Audoin-Rouzeau, 'George, L. Mosse, Réflexion sur une méconnaissance française', *Annales* 1, 2001, 1183–86.

▼8 George L. Mosse, 'Renzo De Felice e il revisionismo storico', *Nuova Antologia* 2206, 1998, 177–86, especially 185. 次のものを参照すること。デ・フェリーチェ宛モッセ書簡。Gentlice, *Il fascino del persecutore*, 111 に引用されている。

◆ピエル・ジョルジオ・ズニーノ　一九四六年〜。イタリアの歴史家で、ファシズムを研究。トリノ大学で教鞭を執っている。

▼9 Zeev Sternhell, 'Morphologie et historiographie du fascisme en France', *Ni droite ni gauche. L'idéologie fasciste en France*, Paris: Fayard, 2000, 49.

▼10 Emilio Gentile, *Fascismo. Storia e interpretazione*, Rome: Laterza, 2002, 95.

▼11 次の二つの著作を参照すること。George L. Mosse, *The Fascist Revolution: Toward a General Theory of Fascism*, New York: Howard Fertig, 1999, 42; Zeev Sternhell, 'Le concept de fascisme', in *Naissaance de l'idéologie fasciste*, eds Zeev Sternhell, Mario Sznajder and Maia Maia Asheri, Paris: Folio-Gallimard, 1994, 23–24 (English trans. *The Birth of Fascist Ideology; From Cultural Rebellion to Political Revolution*, Princeton: Princeton University Press, 1996).

▼12 Zeev Sternhell, *Ni droite ni gauche. L'idéologie fasciste en France*, Paris: Seuil, 1983, 273–74 (English trans. *Neither Right Nor Left: The Fascist Ideology in France*, Princeton University Press, 1996). A・ジェイムズ・グレガーにとって、ファシズムは二〇世紀における「真の革命」であったのであって、彼はこの解釈の最も急進的なバージョンを書き上げた。A. James Gregor, *The Fascist Persuasion in Radical Politics*, Princeton: Princeton University Press, 1974.

長年にわたって、歴史家はファシズムを、イデオロギー的断片の折衷的アマルガムであるとする解釈を擁護してきた。この見解からすると、ファシズムは、反自由主義、反共産主義、反民主主義、反ユダヤ主義、反啓蒙主義の形を取るものとして、ただ否定形によってのみ自己を定義できるのであって、自身の独自の一貫した文化を創造することが根本的にできなかった、ということになる。ノルベルト・ボッビオ◆によれば、ファシズムのイデオロギー的結束力は表面なものであるというのだ。ファシズムは、近代的でも、革命的でもなく、より古い時代の保守的伝統を否定することによってこの結束力を実現できたにすぎないのであって、それは、一方におけるいくつかの否定と、他方におけるファシズムが古典的保守主義の伝統から引き継いだ秩序・権威・位階制・服従・従順という価値観との融合の結果であったということになる。[13]

わが三人の歴史家たちは、この解釈に反対して、ファシストのプロジェクトの首尾一貫性を強調している。それが、いくつかの前の時代の諸要素を復活させたのだが、そうした諸要素を一つの新たなジンテーゼへと融合させたことも、また疑う余地のないところである。保守的価値観は、ファシスト的な大渦巻の中に溶解してしまったのだが、それらの価値観を変えて、新しくて明らかに近代的な質を備えて再登場した。社会的ダーウィニズムは、古代的体制から引き継がれてきたコミュニティーに関する有機体的考えを、人種にもとづき、自然淘汰に由来するネーションの一枚岩的なビジョンへと作り変えた。帝国主義は、民主主義や平等に対する拒絶を新しいナショナルな人種的秩序への崇拝と、反個人主義を大衆への崇拝へと変質させた。軍国主義は、勇気についての古代的理想を戦闘への崇拝に変えた。それはまた、権力について考えを、征服と支配のプロジェクトに変え、権力の原理を世界についての全体主義的ビジョンに作り変えてしまった。

ファシズムを構成する要素は、さまざまなものから成っていた。まず最初にわれわれが見出すのは、空想的な衝動、すなわちネーションの神秘性である。この神秘性が、伝統を理想化し、しばしば架空の過去を作り出すのである。ファシスト文化は、行動や男らしさ、若さや戦闘を讃え、それらを肉体に関する特殊なイメージに変えるとともに、またそれらを、ネーションのアイデンティティを定義し直すための身振りやエンブレム、象徴に変えてしまう。以上のすべての価値観にとっては、異なるさまざまなアウトサイダーの人物という正反対の存在が必要であった。すなわち、ゲイのようなジェンダー的アウトサイダーや自らの従属的立場を受け入れなかった女性、犯罪者や盗人のような社会的アウトサイダー、アナーキストやボリシェヴィキ、破壊活動分子という政治的アウトサイダー、そしてユダヤ人や植民地化された諸民族といった人種的アウトサイダーが、それである。これらの人物たちは、(肉体面でもそうであるだけでなくそれと同じだけ審美面でもモラル面からもそうである)ブルジョア的正常性とは正反対のものを象徴する「堕落」の痕跡を、その精神と肉体の中に宿していた。

ファシズムは、肉体的強靭さ、勇気、危険をものともしない気質、「新しい人間」の闘う倫理的価値観を体現していたのに対して、自然から遠く離れた都市の中心部に住み、スポーツをせず、実践的活動ではなく思考に携わっているユダヤ人知識人は、それとは正反対の退廃を体現していた。ユダヤ人・ゲイ・反抗的な女性はとりわけアウトサイダーであったし、こうしたアウトサイダーの存在によって、今度はファシズムが男らしさや美、肉体的・道徳的健全さという自らの神話を練り上げることが可能になった。[14] しか

◆ノルベルト・ボッビオ　一九〇九〜二〇〇四年。イタリア法哲学者・政治思想史家。第二次世界大戦中、イタリア共産党の非合法組織で活動し服役。戦後、アカデミズムの世界に戻った。邦訳に『右と左——政治的区別の理由と意味』(御茶の水書房、一九九八年)、『光はトリノより——イタリア現代精神史』(青土社、二〇〇三年) ほか。

▼13 Norberto Bobbio, 'L'ideologia del fascismo', *Dal fascismo alla democrazia. I regimi, le ideologie, le figure e le culture politiche*, Milan: Baliini & Castoldi, 1997, 61–98.

▼14 次の二つの著作を参照すること。George L. Mosse, *Nationalism and Sexuality: Respectability and Abnomal Sexuality in Modern Europe*, New York: Howard Fertig, 1985, ch. 7 [ジョージ・L・モッセ『ナショナリズムとセクシュアリティ——市民道徳とナチズム』(柏書房、一九九六年)]、George L. Mosse, *The Image of Man: The Creation Masculinity*, New York: Oxford University Press, 1996, ch. 8 [ジョージ・モッセ『男のイメージ——男性性の創造と近代社会』(作品社、二〇〇五年)]。

し、ファシズムの中では、ホモセクシュアリティを非難するブルジョア的な烙印とエロティックな想像力とが共存していたのだった。後者は、メナーブント（男性同盟）――一九一四年以前におけるドイツでの男子青年の運動――から引き継がれ、一八世紀末にヨハン・ヴィンケルマンによって体系化されていた古代ギリシャの美学的モデルから影響を受けたものであった。[15]（ピエール・ドリュ・ラ・ロシェルからロベール・ブラジヤックに至る、さらにはユリウス・エヴォラからエルンスト・ユンガーに至るまでの）多くの作家が、この保守的倫理と抑圧的イデオロギーと破壊的想像力の三つが入り混じった特殊な混合物にひどく魅せられたのだった。[16]

優生学と人種生物学を通じて、ナチズムはこうしたアウトサイダーたちの否定的なステレオタイプを医学的カテゴリーに変えた。モッセはこう書いている。「人種の概念は主としてユダヤ人に好んで適用されたが、〔……〕アウトサイダーを医学的症例へと型にはめてしまうことは、そうしたアウトサイダーすべてを社会の規範から逸脱した存在へと固定的に位置づけることとなった[17]」。こうしたアウトサイダーの間には類似点があるにもかかわらず、ナチの世界観は、アウトサイダーの人間を階層的秩序のもとにあるとみなした。したがって、ユダヤ人とゲイとは相互に互換性をもつものではなかった。その否定的本質のゆえに退けられるユダヤ人とは違って、ゲイは「逸脱」、すなわち、その性的あり方のゆえに非難されたのだった。ゲイは、（たとえ強制収容所に送られるとしても）「再教育」と「更生」が可能であったのに対して、ユダヤ人は抹殺されるべきであった。[18]これは、アウトサイダーに対するブルジョアジーと保守派の古典的な拒絶形態からの重大な転換を意味している。ファシズムは一九世紀のブルジョアジーの文化と社会的規範や市民道徳の考えとを継承してはいるが、ジェンティーレが適切にも述べているように、文民の衣装をまとった場合の市民道徳は、軍服を着た場合の市民道徳とは一致しないのである。[19]

逆説的だが、ファシズムにおいては、ロマンチックな衝動が、テクノロジーにもとづく近代への崇拝と共存しているのであって、このテクノロジー的近代への崇拝は、未来派の速度に対する賞揚からも、さらには、より混合的な形でのヨーゼフ・ゲッベルスの「鋼鉄のロマン主義」からも明らかである。この鋼鉄のロマン主義は、ドイツの森の自然の美しさとクルップ社の工場の産業的力強さとを統一しようとする試みなのである。このような矛盾した逆説的な混合は、一九世紀末の文化的ペシミズムから二〇世紀はじめの反動的モダニズムへの変質の諸要素を含んでいた。[20]この新しいイデオロギー的な潮流は、帝国主義と全体主義の諸手段を用いて展開されているネーション再生を求める近代の闘争の中に、保守派の伝統である古い価値観を注入した。しかし、モッセとスターンヘル、ジェンティーレはいずれも、ファシズムのイデオロギー的不均質性を、さらにはその折衷主義をも強調するテーゼにあまりにも近い立場にとどまり続けたために、反動的モダニズムという概念を退けてしまった。三人から見ると、ファシズムは性格としては反動的ではなくて、むしろあらゆる側面からして革命的なものであったということになる。ジェンティーレによれば、「ファシスト的モダニズム」や「全体主義的近代性」という概念の方がはるかに適切なもの

▼15 Mosse, *The Fascist Revolution*, ch. 10, 188.

◆**ユリウス・エヴォラ** 一八九八～一九七四年。イタリアの政治思想家・神秘思想家。イタリアのファシズム運動に参加し、神秘主義的アーリア人至上主義による新帝国の建国を唱えた。イタリアでファシスト政権が崩壊するとドイツに亡命。戦後、逮捕されたが最後まで転向を拒否し、ネオファシズムの中心的唱導者としてイタリアで大きな影響力を持った。二一世紀に入ってから著書の英訳が急ピッチに進んだ。ミルチャ・エリアーデとは生涯にわたる親交をもった。

▼16 ibid., ch. 9, 175–82.

▼17 George L. Mosse, 'Bookburnig and Betrayal by the German Intellectuals', *Confronting the Nation: Jewish and Western Nationalism*, Hannover: Brandeis University Press, 1993, 111.

▼18 次のものを参照すること。Saul Friedlander, 'Mosse's Influence on the Histriography of the Holocaust', in *What History Tells: George L. Mosse and the Culture of Modern Europe*, eds. Stanley G. Payne, David Jan Sorkin, and Jhon S. Tortorice, Madison: The University of Wisconsin Press, 2004, 144–45.

▼19 次のものを参照すること。Emilio Gentile, 'A Provisional Dwelling: The Origin and Development of the Concept of Fascism in Mosse's Historiography', in *What History Tells*, 101.

▼20 Ibid.

であったのだろう、というのである。[21]

ファシズムの保守的特徴と近代的特徴とが、大衆社会を変えたナショナリズムの枠内で併存している。ファシズムがその支持基盤を拡張し、その言語を変え、たいていの場合、プチ・ブルジョアジーや下層諸階級から引き抜いてきたその指導者を選抜したのは、こうした脈絡においてであった。ムッソリーニとヒトラーは、貴族の祖先をもつ政治家ではなくて、第一次世界大戦前後の政治的危機の期間に、大衆と緊密なコンタクトを取りながら街頭に自らの政治的使命を発見した平民であった。さらに、この変質は、ファシズムが塹壕《ざんごう》の中で造られた言語の遺産と戦闘方式を、政治闘争それ自身の中に導入しようと試みた時に完成された。ヨーロッパの歴史の大きな転換点として、総力戦は大衆の暴力を日常生活の中に導入し、社会を「野蛮化」させ、大衆に産業技術による大量虐殺や無名の大衆の死に慣れさせた。[22]ナショナリズムの政治運動として、ファシズムはこのトラウマから発展してきた。モッセはこの事態を戦時中に強力な形で加速化された「大衆の国民化」の産物と見ている。[23]それは、一九一四年以前のヨーロッパ社会の場合のような政治に対する単なる観客としてではなく、主役であるという幻想を大衆に与えることによって大衆を動員したいと考えたのであった。

大衆の国民化は、集団的儀式——愛国的なデモ、犠牲者への追悼記念式典、国の祭典、記念碑、旗、象徴、国歌——の中に表現されたのだが、それらの儀式はファシストやナチの典礼の中でその究極の完成の域に達した。ムッソリーニのローマのヴェネチア広場での集会、そして（とりわけ）ニュルンベルクのツェッペリン・スタジアムでのヒトラーの党大会は、この傾向の最も眼を惹く側面を示すものであった。言い換えれば、ファシズムは近代性の典型的な現象、すなわちナショナリズムの市民宗教へのパラダイム・レベルでの変質を例証しているのだ。[24]モッセによれば、この傾向の起源はフランス革命にまでさかのぼるという。フランス革命は、宗教的制度から世俗的な制度への移行や、ネーションに対する信念をともなったというのである。しかも、この新らたな信念は、自身の典礼儀式、すなわち、宗教儀式的行事を再生産する一連のセレモニーを必要とした。モッセが明快に観察したように、ファシズムは、「ジャコバン的な政治的スタイルの直接の子孫[25]」であった。ファシズムは、獲得したものを祝い、その犠牲者を追悼することによって、一七八九年以後に出現した革命のフェスティバルの歴史的伝統に自らの名を刻んだ。

しかし、それは同時に、とりわけドイツの遺産である社会主義的伝統の遺産をも明らかにしていた。解放と平等などの価値観の下へと労働者階級を動員し、労働者階級を強力な政治的組織の枠内にはめ込むことによって、ドイツの社会民主主義は、パレードや歌をともなった、赤旗などの象徴や五月一日のメーデーデモのような儀式的行事の下に構築された新たな世俗的宗教としての社会主義を発展させた。ファシズムと社会主義とを分かつ根本的相違が存在することは明らかである。社会主義の宗教的側面が、啓蒙主義の合理主義的伝統、ならびにファシズムとは根本的に対立するプロレタリアートの解放の概念への社会主義の支持によって、大きく相殺される以上、そうなのである。しかし、モッセにとっては、たとえそのような途方もなく大きな相違があるとしても、そのことはファシズムが社会主義のいくつかの特徴からその影響を受けていることをも妨げるものではなかったのである。言い換えれば、ファシズムは、社会主義のイデオロギーを根底から退けたけれども、同時に社会主義的な儀礼を模倣しもしたのだった[26]。

▼21 Gentile, *Fascismo*, ch. 11, 265–306.

▼22 George L. Mosse, *Fallen Soldiers: Reshaping the Memory of the World Wars*, New York: Oxford University Press, 1990, ch. 7–8, 126–80［ジョージ・モッセ『英霊——創られた世界大戦の記憶』（柏書房、二〇〇二年）］。

▼23 George L. Mosse, *The Nationalization of the Masses: Political Symbolism and the Mass Movement in Germany from the Napoleonic Wars through the Third Reich*, New York: Howard Fertig, 1974［ジョージ・モッセ『大衆の国民化——ナチズムに至る政治シンボルと大衆文化』（柏書房、一九九四年）］。

▼24 Ibid., ch. 1; Mosse, *The Fascist Revolution*, xvii–xviii, 45.

▼25 次の二つの著作を参照すること。Mosse, *The Nationalization of the Masses*［モッセ『大衆の国民化』］、Mosse, *The Fascist Revolution*, 7.

▼26 Mosse, *The Nationalization of the Masses*, ch. 7［モッセ『大衆の国民化』］。

　このアプローチは、一九三〇年代においてエリック・フェーゲリン◆とレイモン・アロンによって構築された全体主義という解釈とは一致しない。この二人の政治理論家にとっては、ナチズムと共産主義は、近代の二つの異なる「世俗的宗教」であって、リベラリズムに対する同様の拒絶や類似した終末論的な願望を擁護したという点において共通していたのであった。[27] ファシズムの宗教的側面を強調するモッセは、合理的な選択ではなくて、信念にもとづく感情を生み出すことのできる運動について述べているのだが、彼の解釈はファシスト的なスタイルや慣例、表現に基本的に焦点を当てたものであって、そのイデオロギー的な内容にはそれほど重要な位置を与えていなかった。モッセによれば、ジェンティーレは、ファシスト的スタイルを政治の神聖化と定義し、清めと改心のための棍棒《こんぼう》、犠牲者追悼の際のアピール、ファスケス◆（束桿《そっかん》）、ローマを建国したとされる狼、ローマ式敬礼などといった、そのさまざまな象徴的形態を分析しているという。[28] ジェンティーレは、とりわけファシズム自身が自らの宗教的側面を認めていたことを立証している。このことは、ムッソリーニがジョヴァンニ・ジェンティーレ◆と共同で『エンシクロペディア・イタリアーナ』のために書いた論文の中で、彼自身によって公然と認められている。[29] 一九二二年、ムッソリーニの新聞『イル・ポポロ・ディターリア』は、ファシズムとキリスト教とを比較して、そのどちらの中にも「市民的・政治的信念だけではなく、信仰・民兵・精神の規律」があることを認めている。[30] エミリオ・ジェンティーレは、ジャン・ピエール・シロノー◆の社会学的アプローチを取り入れて、ファシズムの中には信念・神話・儀礼・交わりという四つの本質的要素を中心にして結びつく宗教の典型的な構造があるとしている。[31] この彼の観点からすると、ファシズムを理解するためには、市民宗教という概念の方が、ファシズムを「政治の美学化」へ向かう近代の傾向として捉えるヴァルター・ベンヤミンの理論よりも、はるかに適切だということになろう。[32] ジェンティーレによれば、そのようなベンヤミンの定義は、ファシズムにおける政治の美学化が、美学の政治化と深く結びついていたという点を捉えていない、ということになる。言い換えれば、ファシスト的ショーは、イデオロギーのドグマに従い、信念の力によって支えられていた、ということである。[33] しかしながら、われわれは、ファシストの「政治的宗教」の枠内での大衆の動員が大衆を歴史の主役に変えようとするものではなくて、むしろ大衆を——ジーグフリート・クラカウアー◆が一九三六年に指摘したように——単なる飾り物のような形にしようと試みたという点を見落としてはならない▼34。残念ながら、ジェンティーレは（彼よりも前のモッセもまた）、問題のこの側面を認識せ

◆**エリック・フェーゲリン**　一九〇一～八五年。ドイツのケルンで生まれ、ウィーン大学で学ぶ。ナチの人種論を批判し、米国に移住し、政治哲学者となる。邦訳書に『政治の新科学——地中海的伝統からの光』（而立書房、二〇〇三年）ほか。

▼**27**　Eric Voegelin, *Die politische Religionen*, Munich: Fink, 1996; Raymond Aron, 'L'avenir des religons séculières', *Chroniques de guerre, La France libre 1940–45*, Paris: Gallimard, 1990, 925–48. この概念については、次のものも特に参照すること。Emilio Gentile, *Politics as Religion*, Princeton: Princeton University Press, 2006.

◆**ファスケス**　「束」を意味するラテン語の名詞ファスキス（fascis）の複数形で、斧の周りに木の束を結びつけたものをさす。古代ローマで高位公職者の周囲に付き従ったリクトルが捧げ持った権威の標章として使用され、二〇世紀にファシズムの語源となった。

▼**28**　Gentile, *Il culto del littorio*, 43, 47, 53.

◆**ジョヴァンニ・ジェンティーレ**　一八七五～一九四四年。イタリアの哲学者・政治家。『イタリア百科事典』を編纂した。

▼**29**　ムッソリーニはファシズムを「宗教的概念」であると定義した。次のものを参照すること。Benito Mussolii [and Giovanni Gentile], *La dottrina del fascismo nella La Treccani*, Milano: Terziaria, 1997, 3. また次のものも参照。Gentile, *Il culto del littorio*, 103.

▼**30**　次の著作に引用されている。Gentile, *Il culto del littorio*, 95.

◆**ジャン・ピエール・シロノー**　仏の社会人類学者。グルノーブルのピエール・マンデス・フランス大学で教鞭を執る。

▼**31**　Gentlile, *Fascismo*, 208. 彼は次のものを参照している。Jean-Pierre Sironneau, *Sécularisation et religions politiques*, Hague, The Hague; Mouton, 1982.

▼**32**　Walter Benjamin, 'The Work of Art in the Age of Mechanical Reproduction'［ヴァルター・ベンヤミン『複製技術時代の芸術』（晶文社クラシックス、一九九九年）］, in *illuminations*, ed., Hannah Arendt, New York: Schocken Books, 1968, 17–52. モッセは、ベンヤミンが指摘したこの定義を自著の Mosse, *The Nationalization of the Masses*［モッセ『大衆の国民化』］の中で採用している。

▼**33**　Gentile, *Fascismo*, 284–85.

ず、むしろそのショーの中にファシズムの本質を見出すという見方から成る光学的錯覚に陥ってしまっている。[35] 言い換えれば、二人はファシズムをこの自己表現に帰着させてしまっているのだ。

モッセは、ジャコバン主義を近代のナショナリズムとファシズムの原型と解釈しているにもかかわらず、ヤコブ・L・タルモン◆が立ち上げ、フランソワ・フュレ◆がその典型的な代表となっている歴史学の潮流には所属していない。フュレは、ファシズムと共産主義を全体主義の双生児とみなしている。[36] モッセは、ファシズムと共産主義との奥深い違いを強調することによって、この両者がたった一つの共通の特徴である反リベラリズムにのみによって定義される同一カテゴリーに含めることができる、という点を受け入れないのである。[37] 実際、彼が考えたジャコバン主義とファシズムとの連続性は、政治的スタイル（その共通の傾向はネーションを神聖な統一体とみなすことだ）に関係するものであって、イデオロギー的内容に関係するものではない。[38] ジェンティーレもまた、ファシズムと共産主義を同一のカテゴリーに含めるという見方を退けている。彼は、ファシズムのナショナリズムと共産主義のインターナショナリズムには根本的な対立があるという点を強調し、この点での対立は、両者にはその生成に関わる類似性があるとする説のいかなる「歴史的な根拠」をも否定するものである、と付け加えている。[39] スターンヘルもまた、「共産主義とファシズムとの（根本的な）共謀」というフュレのテーゼを退けている。その表面的な類似性にもかかわらず、この二つの体制はそれぞれ「人類と社会に関するまったく正反対の概念を擁護していた」というのだ。両者は革命的目的を追求したが、両者の革命は正反対のものだった。共産主義は経済的・社会的革命であったが、ファシズムは文化的・道徳的・心理的・政治的革命であった。ファシズムは、社会を変革しようとする試みであったが、資本主義を破壊するものでなかったことは確かである。[40] スターンヘルは、次のような結論を導き出す。すなわち、「このような根本的相違は、共産主義とファシズムがもつ啓蒙主義に対する正反対の関係の中にあるのであって、啓蒙主義は共産主義によっては擁護されたが、ファシズムによってそれは拒絶された」というのだ。[41]

モッセは、彼がアメリカにやって来た時に発見した伝統的な思想史よりも、文化史の方がより有効であ

◆**ジークフリート・クラカウアー**　独のジャーナリスト・社会学者・映画学者。邦訳書に『カリガリからヒトラーへ――ドイツ映画一九一八－三三における集団心理の構造分析』（みすず書房、一九九五年）ほか。

▼**34**　Siegfried Kracauer, 'Masse und Propagande', in *Siegfried Kracauer 1889–1966*, eds. Ingrid Belke and Irina Renz, Marbach am Neckar: Deutsche Schillergesellschaft, 1989, 88. また次をも参照すること。Peter Reichel, *Der schöne Schein des Dritten Reiches. Faszination und Gewalt der Faschismus*, Munich: Hanser, 1991. この側面については、次のものも参照すること。Simonetta Falasca-Zamponi, *Fascist Spectacle: The Aesthetics of Power in Mussolini's Italy*, Berkely: University of California Press, 1997.

▼**35**　Sergio Luzzatto, 'The Political Culture of Fascist Italy', *Contemporary European History* 8: 2, 1999, 317–34.

◆**ヤコブ・L・タルモン**　一九一六～八〇年。ユダヤ系の歴史学者。全体主義の系譜を研究し、政治的メシアニズムはフランス革命に由来すると主張。ジャコバン主義とスターリン主義の類似点を強調した。邦訳書に『フランス革命と左翼全体主義の源流』（拓殖大学海外事情研究所、一九六四年）。

◆**フランソワ・フュレ**　一九二七～九七年。仏の歴史学者・政治思想史家。革命を「現象」として捉え、仏革命の「脱神話化」を唱えた。また、共産主義を「幻想」の歴史として読み解き、共産主義とファシズムを二〇世紀における二つの全体主義として、両者を比較検討した。邦訳書に『共産主義黒書〈ソ連篇〉』『共産主義黒書〈アジア篇〉』（共編、筑摩書房、二〇一六年／二〇一七年）ほか。

▼**36**　Jacob L. Talmon, *The Origins of Totalitarian Democracy*, London: Secker & Warburg, 1952; François Furet, *The Passing of an Illusion: The Idea of Communism in the Twentieth Century*, Chicago: Univercity of Chicago Press, 2000〔フランソワ・フュレ『幻想の過去――二〇世紀の全体主義』（バジリコ、二〇〇七年）〕。

▼**37**　George L. Mosse, *Intervista sul nazismo*, Rome: Laterza, 1977, 77.

▼**38**　George L. Mosse, 'Political Style and Political Theory: Totalitarian Democracy Revisited', in *Confronting the Nation: Jewish and Western Nationalism*, Hannover: Brandeis University Press, 1993, 60–69, especially 65.

▼**39**　Gentlile, *Fascismo*, 57.

▼**40**　Zeev Sternhell, 'Le Fascisme, ce mal du siècle', in *Le mythe de l'allergie française au fascisme*, ed., Michel Dobry, Paris: Albin Michel, 2003, 405.

▼**41**　Sternhell, 'Morphologie et historiographie du fascisme en France', 106.

るとみなした。彼は、イデオロギーと政治の歴史を考慮に入れることだけではファシズムの適切な理解にとって充分でないという点を強調することによって、またファシズムの表現や慣例、民衆の感情に政治的な形を与えることができるその能力をも考慮に入れる必要があると提唱したのだ。集団的想像はファシズムの中に、故郷、拡声器、鏡、話しぶりを見出した。モッセは、経済的・社会学的・イデオロギー的・制度的な側面よりも、むしろ人類学的・文化的側面を大切にし、たいていの場合に、ファシズムやナチズムに関する伝統的な歴史学を無視した。彼にとっては、エルンスト・カッシーラー、アビ・ヴァールブルク、エルンスト・カントロヴィチから発想を得た象徴的形態の研究の方がずっと実りあるものに思われた[42]。このアプローチの独創性と特殊性のおかげで、モッセはファシズムの言語と神話を真剣に考慮に入れた最初の歴史家になったが、彼のアプローチは同時に、印象にもとづく文化史へつながっていくという一定の限界をも明らかにした。その文化史は、しばしばイデオロギーの重要性を過小評価していて、社会と政治の歴史を組み込んだうえでさらにその枠を超えていくのではなくて、むしろその社会史や政治史に取って代わることになってしまった[43]。

　モッセは、最初の大著である『フェルキッシュ革命——ドイツ民族主義から反ユダヤ主義へ』において、ナチズムの起源を調べ、ナチズムの起源が広範で独特のドイツの文化運動、すなわち、国粋的なナショナリズム（フェルキッシュ・ナショナリズム）の中にあることを発見した。彼は、新ロマン主義内部で民族（Volk）という考えが誕生し、一九世紀末から第一次世界大戦までの時期にそれがアカデミズムの諸機関や青年運動の中で正当性を獲得していき、ついには一九一八年以後の国家社会主義とともに高揚することとなっていった、という点を研究によって明らかにした[44]。モッセの観点からすると、このイデオロギーの特異な性格は、啓蒙主義（Aufklarung）への拒絶であったということになる。ナチズムに関する彼の解釈は、それがより洗練され、政治よりも人類学や文化にいっそうもとづくものではあったが、ドイツ的特殊性（Sonderweg）に関する伝統的な説の新しい版として登場した[45]。モッセのテーゼは、じつに見事に展開され、説明されたものだったが、一九四五年以後に出現した分析と質的に異なるものではなかった。

戦後になると、歴史家は、近代へのドイツの道が、フランス革命やイギリスのリベラリズムによって体現されるものと考えられていた西側のパラダイムから、逸脱したものだったと分析するようになった。[46] おそらく、その当時、ヨーロッパとアメリカの両方で再発見されていたフランクフルト学派の影響を受けたのであろうが、モッセは、一九七〇年代はじめ以来、自らの研究を、啓蒙主義（Aufklarung）の暗黒面の方に絶えず向けるようになり、哲学者としてではなくて文化に関する歴史家としてその否定の弁証法を分析するようになった。[47] ナショナリズムがブルジョアジーの規範を吸収したというかぎりにおいて、教養（Bildung）に関わる独自の価値観——教育・文化・自己達成——は、アウトサイダーの領域の中へと

◆**エルンスト・カッシーラー**　一八七四〜一九四五年。ユダヤ系の独の哲学者・思想史家。新カント派に属し、知識の現象学を基礎にしながら、シンボル＝象徴体系としての「文化」に関する壮大な哲学を展開した。

◆**アビ・ヴァールブルク**　一八六六〜一九二九年。独の美術史家。イコノロジー（図像解釈学）の創始者とされる。邦訳書に『ヴァールブルク著作集』全七巻（ありな書房、二〇〇三年）。

◆**エルンスト・カントロヴィチ**　一八九五〜一九六三年。独に生まれ米で活動したユダヤ系歴史家。ヨーロッパ中世政治思想史を専攻。邦訳書に『祖国のために死ぬこと』（みすず書房、一九九三年）ほか。

▼**42**　次の著作のモッセの序文を参照すること。George L. Mosse, *Masses and Man: Nationalist and Fascist Perceptions of of Reality*, New York: Howard Fertig, 1980.

▼**43**　Ibid.

▼**44**　George L. Mosse, *The Crisis of German Ideology: Intellectual Origin fo the Third Reich*, New York: Grosset & Dunlap, 1964［ジョージ・L・モッセ『フェルキッシュ革命——ドイツ民族主義から反ユダヤ主義へ』（柏書房、一九九八年）］。

▼**45**　Steven E. Aschheim, 'George L. Mosse at 80: A Critical Laudatio,' *Journal of Contemporary History* 34: 2, 1999, 295–312, especially 298.

▼**46**　ドイツ的特殊性に関する論争については、次のものを参照すること。Davis Blackburn and Geoff Eley, *The Peculiarities of German History: Bougeois Society and Politics in Nineteenth Century Germany*, Oxford: Oxford University Press, 1984.

▼**47**　George L. Mosse, *Toward the Final Solution: A History of European Racism*, New York: Howard Fertig, 1978, ch. 1. この側面については、次のものを参照すること。Aschheim, 'George L. Mosse at 80', 308.

後退してしまい、その結果、それはユダヤ的性格を帯びることとなった。ナショナリズムの方は、ドイツ・ブルジョアジーの市民道徳――これは道徳（Sittlichkeit）に関するドイツ的観念に統合された――を取り入れ、教養（Bildung）という理想の方を放棄した。ナショナリズムがドイツのブルジョアジーの市民道徳とユダヤ人の教養（Bildung）との間に作り出したこの裂け目は、不可避的にブルジョア文化を独自に体現したものとしてのリベラリズムを弱体化させ、ナチズムと対決するその能力への懸念を生じさせることになった。[48] 近代のナショナリズムは、フランス革命の産物であり、それは大衆社会とは対立するものである。一九世紀末、近代のナショナリズムはファシズム誕生のための諸条件を作り出したのだが、ファシズムは第一次世界大戦によって生み出された歴史的亀裂の後になって結実した。こうして、ファシズムは、啓蒙主義の遺産を一方で退けながら、同時にそれを延命させたのである。一方では、それは、啓蒙主義の哲学的価値観やその思想（教養という目標）を退けたが、他方では、ネーションの神聖化や大衆の国民化のようなその歴史的経験の別の特徴を拡張し、急進化した。この点では、モッセの学問的業績の中で、神話・象徴・道徳的価値（この過程のベクトル）がその著作の中で際立った位置を占めていて、ファシズムの他の構成要素は後景に置かれたままとなっていた。[49] たとえファシズムがジャコバン主義から政治的スタイルを引き継いでいるのだとしても、それが啓蒙主義の哲学的遺産やフランス革命が宣言したすべての価値観とは対立する自らのイデオロギーや世界観を疑いもなく構築したことは、疑いようはない。もちろん、モッセはこの点を完全に認識していたが、彼の著作はこの事実の全面的な意味を考慮していない。

3……ゼエフ・スターンヘルによるイデオロギー分析

モッセの著作とは対照的に、ゼエブ・スターンヘルは、大きく異なる風景を描いている。アーサー・ラヴジョイ◆公認の思想史の伝統に属しているこのイスラエルの歴史家は、ファシズムの本質を反啓蒙主義の中に見ている。彼の言葉によれば、「ホッブスからカントに至るまで、一七世紀のイギリス革命からアメリカ革命とフランス革命に至るまでに人類と社会に関して練り上げられたビジョンに対する全面的な拒絶」[50]であったということになる。スターンヘルは、その最新の著作の中で、ファシズムを「啓蒙主義に逆らい伝統にいらだつ形態」であると述べている。さらに彼は、ファシズムによって、「ヨーロッパは、そのプロジェクトが啓蒙主義文化の破壊でしかない一連の政治運動と体制をはじめて作り出した」のだ、と付け加えている。[51]しかしながら、ファシズムを一つのイデオロギー的原型に帰着させ、社会情勢から隔離された知的過程の中にそのプラトン的な核を見つけ出そうとするスターンヘルの傾向は、その理由は異なるのだが、モッセのアプローチとまったく同じく疑問の余地があるように思われる。スターンヘルの方法は、文化史（ファシズムの神話や象徴に関する分析）に対してだけでなく、一般的にも、いっさいの社会史の業績に対してもまた無関心である。自分への批判者に対する反論として、彼が説明しているように、ファシズムには「深い知的起源」があったのであって、ファシズムを理解するためには「社会史はそれほど有効ではない」というのである。[52]

▼48　George L. Mosse, 'Jewish Emancipation: Between Bildung and Respectability', *Confronting the Nation: Jewish and Western Nationalism*, Hannover: Brandeis University Press, 1993, 131–45.

▼49　Jay Winter, 'De l'histoire intellectuelle à l'histoire culturelle: la contribution de George L. Mosse', *Annales* 56: 1, 2001, 177–81. この点は、スターンヘルからモッセに対する基本的批判の一つであった（もう一つの論点であるファシズムの生成に関する問題については、モッセの著作への次の書評がある。Zeev Sternhell, '*The Fascist Revolution: Toward a General Theory of Fascism* by George L. Mosse', *The American Historical Review* 105: 3, 2000, 882–83）。

◆**アーサー・ラヴジョイ**　一八七三～一九六二年。米の哲学者・思想史家。学際的な学問分野である「観念史」を確立した。邦訳書に『観念の歴史』（名古屋大学出版会、二〇〇三年）、『存在の大いなる連鎖』（ちくま学芸文庫、二〇一三年）ほか。

▼50　Sternhell, 'Le concept de fascisme', in *Naissance de l'idéologie fasciste*, 28–29.

▼51　Zeev Sternhell, *Les anti-Lumières. Du XVIIIe siècle à la guerre froide*, Paris: Fayard, 2006, 578, 52 (translated by David Maisel, *The Anti-Enlightenment Tradition*, New Haven: Yale University Press, 2009).

▼52　Sternhell, 'Morphologie et Historiographie du fascisme', 50.

スターンヘルは、その研究内容を絶えず拡げていく中で、ファシズムを、ドレフュス事件時点の一九世紀末のフランスで生まれ、一九四〇年のヴィシー政権でその頂点に達したイデオロギー的潮流である、と表現した。言い換えれば、ファシズムは、その時点までは根本的に対立していた二つの異なる政治的伝統――左翼由来のものと右翼由来のもの――の出会いと融合の産物であった。スターンヘルによれば、ファシズムの最初の表現は、「革命的右翼」であった。それは、一方におけるそのナショナリズムが大衆社会の衝撃を受けてポピュリスト的な形を取るようになっていた右翼的潮流と、他方におけるマルクス主義を退けた後に民族主義的方法を取るようになっていた左翼潮流との統合の結果であった。リベラリズムと政治的民主主義に対してともに反対するということが、両者に共通するイデオロギー的な核であった。ポピュリスト的右翼とナショナリスト的左翼の二つを加算したものが、国家社会主義という新しい混合主義的概念をもたらした[53]。広がっていく「退廃」の感情をつちかった社会的ダーウィニズム、人種差別主義、反リベラリズム、反ユダヤ主義、反民主主義的なエリート層、近代への批判、これらすべてがファシズム出現の肥沃な土壌を生み出した。その知的祖先はドレフュス事件の時期に登場した。

この時期以降、何人かの知識人が、その後ファシズムへと融合していくことになる一連の思想を練り上げた。モーリス・バレスは、「権威主義、指導者崇拝、反資本主義、反ユダヤ主義、そしてある種の革命的ロマン主義」を統合した[54]。ジョルジュ・ソレル◆によるマルクス主義の反唯物論的・反民主主義的バージョンは、ギュスターヴ・ル・ボンの心理学、ベルグソンの生命論、ニーチェの反近代主義、パレートのエリート論と合流した[55]。最後に、「セルクル・プルードン◆」（プルードン・サークル）の二人の思想家、ジョルジュ・ヴァロワ◆とジュール・スーリー◆が、国家社会主義の最初のバージョンを定式化した。したがって、このように解釈すると、すでに一九一四年よりもはるか以前にファシズムのイデオロギー的な輪郭が描き出されているのであって、「フランスの第三共和政はその実験室であった[56]」。

戦間期の雰囲気は、国家社会主義へと向かうこの傾向を不可避的に加速し、それが発展して大衆的影響力を得ることを可能にした。もちろん、ファシストの統合はイタリアでのムッソリーニの運動とともに新たな水準に達することになり、この地で「ファシズム」という言葉が造り出された。そのフランスの祖先と同様に、イタリアのファシズムは、ナショナリズムの異なるさまざまな諸潮流とカリスマ的指導部、革命的サンディカリズムからくる反乱的態度、未来派モダニズムのダンヌンツィオ的バージョンとを統一し

▼53 Zeev Sternhell, *La droite révolutionnaire, Les origines françaises du fascisme 1885–1914*, Paris: Folio-Gallimard, 1997, original edition 1978.

▼54 Zeev Sternhell, *Maurice Barrès et le nationalisme français*, Brussels: Complexe, 1985, 384.

◆**ジョルジュ・ソレル** 一八四七〜一九二二年。仏の革命的サンディカリスムの社会理論家。マルクス主義の左派修正主義を提唱した。史的唯物論を信じず、大衆を一致した行動に導く「神話」こそが、ゼネスト、ボイコット、サボタージュによって資本主義を分裂させ、労働者による生産手段の統制をもたらすとした。ブルジョワ民主主義に懐疑的なプルードンの理論を肯定し、革命的変革の唯一の道としてジャコバンの伝統を復興させた。ブルジョワ民主主義を否定したことについて、極右派のシャルル・モーラスを賞賛した。反民主主義の政治傾向（カール・シュミットなど）、特にファシズムには絶大な影響を与え、ムッソリーニは「ファシズムの精神的な父」「私の師」「私自身はソレルに最も負っている」と述べている。

▼55 Sternhell, 'Le concept de fascisme', in *Nassaince de l'idéologie fasciste*, 65.

◆**セルクル・プルードン**（プルードン・サークル） アクション・フランセーズの王政支持者とアナルコ・サンディカリストの合流によって一九一一年に結成された仏の組織で、「労働組合員を王政支持者に転換する」ことを目指した。イタリアよりも早い〝ファシズムの元祖〟と言われる。アナキストのプルードンにちなんで命名された。

◆**ジョルジュ・ヴァロワ** 一八七八〜一九四五年。仏の政治家。ジョルジュ・ソレルの弟子となり、その後、アクション・フランセーズに参加。国家主義と革命的な労働組合主義との合流を目指してセルクル・プルードンを結成した。

◆**ジュール・スーリー** 仏の神経心理学者。一九世紀末から二〇世紀はじめにおいて、反ユダヤ主義と民族主義を唱えた。

▼56 Zeev Sternhell, 'La droite révolutionnaire: Entre les anti-lumières et le fascisme', preface to the new edition of *La droite révolutionnaire*, 1997, x. より問題の多い方法ではあるのだが、同様のテーゼがロバート・ソーシーによって擁護されている。Robert Soucy, *French Fascism: The First Wave 1924–1933*, New Haven: Yale University Press, 1995. ならびに、*French Fascism: The Second Wave 1933–1939*, New Haven: Yale University Press, 1995. 後者に収録されている「スターンヘル論争」のソーシーによる再考をも参照すること。'Sternhell controvercy' in the second volume, 8–12.

たのである。一九三〇年代はじめ、社会党や共産党という左翼出身の指導者を頂くさまざまな政治運動集団の下に組織されたファシズムの第二の波がフランスで出現したが、スターンヘルはまた、作家のピエール・ドリュ・ラ・ロシェルやロベール・ブラジヤックといった一群の美学者、イタリア・ファシズムやドイツ・ナチズム礼賛者たちもこの潮流に加えている。[57]

一九三〇年代、フランスのファシズムは大衆的な政治現象となった。それは、もはやセルクル・プルードンなどの小さな知識人グループではなくて、フランス人民党や緑シャツ隊（農民防衛委員会）のような数万人の党員を組織する能力をもつ政党に体現される存在であった。スターンヘルにとっては、ヴィシー政権はフランス・ファシズムの四〇年間に及ぶ長い軌跡の必然的帰結として出現するのである。著書*Ni droite ni gauche*（『右翼でも左翼でもなく』）の中で、彼は、多くの批評家が彼を目的論的だと非難する[58]ことになるような過激な調子で自分の解釈を擁護した。この非難に対して、彼は自分のテーゼを強調してこう反論した。「ヴィシー政権の立法を支えるすべての諸原理は、一八九〇年代のナショナリズムの綱領の中に記述されていた」のだと。[59]

全体として、スターンヘルはファシズムの歴史を、その知的系譜に還元する。モッセとジェンティーレは、このアプローチを退け、第一次世界大戦を「ファシズムの真の原型」、根本的な断絶[60]とみなし、この断絶がなければ、ファシズムは政治的には重要だがごく少数の知的サークル以上のものにはけっしてなることはなかったであろう、としている。[61]世界大戦は、一世紀前のウィーン会議で定められたヨーロッパ大陸の秩序の崩壊を促進し、ヨーロッパの「協調」という均衡を覆し、ナショナリズムに新たな特徴を付与することになった。ナショナリズムは今や以前に比べてはるかにずっと攻撃的で、軍国主義的で、反民主主義的なものとなった。その指導者たちが認めているように、この断絶がなければ、ファシズムとナチズムはけっして誕生し得なかった。ムッソリーニは、戦争、すなわち塹壕《ざんごう》（trincerocrazia）から生まれてきた新たな軍国主義的権力を作り出した経験の産物として、ナショナリズムと社会主義の出会いを導き出したのだった。[62]

スターンヘルは、この銃剣が思想に対してもたらした影響と衝撃を考慮に入れるのを拒否したけれども、[63]ファシズムが戦争直後にイタリアで台頭したというのは事実である。第一次世界大戦は、一方における社会主義に由来するナショナリスト潮流（ムッソリーニ）と、他方における革命的サンディカリズム（セルジオ・パヌンツィオ）、過激なナショナリズム（エンリコ・コッラディーニ、アルフレッド・ロッコ）、イタリア王国外のイタリア人居住地区を併合しようとするイレデンティズモ（ガブリエーレ・ダンヌンツィオ）、保守的リベラリズム（ジョヴァンニ・ジェンティーレ）、未来派のアヴァンギャルド（フィリッポ・トンマーソ・マリネッティ）などの他の諸潮流との融合を可能にした坩堝《るつぼ》であった。この運動の軍国主義的な側面——軍服、武器、暴力的な言葉への強いこだわり——は、戦争の経験抜きにはとうてい考えられないものだっただろう。エミリオ・ジェンティーレは、一九一四年以前には、ナショナリズムは文明を「再生」させようとは試みてはいなかったし、革命的サンディカリズムがゼネストを通じた労働者階級の解放をなお追求していた、という点を強調している。[64]この左翼的潮流がナショナリズムの名において自らの当初の社会的プロジェクトを放棄して、社会党の左派を自らの敵であったものへと変質させてしまっ

▼57 Sternhell, *Ni droite ni gauche*.

▼58 次のものを参照すること。Robert Wohl, 'French Fascism: Both Right and Left: Reflection on the Sternhell Controvercy', *Journal of Modern History* 63:1, 1991, 91–98, in particular 95. この論争については、以下を参照。Antonio Costa Pinto, 'Fascist Ideology Revisited: Zeev Sternhell and his Critics', *European History Quarterly* 16: 4, 1986, 465–83.

▼59 Sternhell, 'Morphologie et historiographie du fascisme en France', 46.

▼60 Gentile, *Fascismo*, 45.

▼61 Ibid., 276–78.

▼62 Benito Mussolini, 'Trincerocrazia', *Opera omnia*, Firenze: La Fenice, 1951, vol. 10, 140–43.

▼63 Francesco Germinario, 'Fascisme et idéologie fasciste. Problèmes historiographiques et méthodologiques dans le modèle de Sternhell', *Revue française des idées politiques* 1, 1995, 39–78, in particular 63.

▼64 Gentlile, *Fascismo*, 278–79.

たのは、ようやく戦後になってからのことにすぎない。それどころか、スターンヘルは、ファシズムについてよりももっとずっと、プレ・ファシズムの主要な相互関係の概要を描いていたのだった。一九一八年の後になってようやく、融合や再接合や発展や合同が可能になり、諸勢力に結びつきが実現されたのである。スターンヘルは、その具体的な歴史的表現をめぐるファシズムのイデオロギー的本質を強調するので、世紀末のパリやセルクル・プルードンの代表たちを一九三〇年代の運動や体制の指導者たちと同じほどに重要だとみなすことになる。ようするに、スターンヘルは、プレ・ファシズムとファシズムとの相違だけでなく、ファシストの運動とファシスト体制の相違をも抹消してしまうのである。ファシスト運動が権力獲得のために闘うことによって体制転覆の「革命的」役割を演じたのに対して、ファシスト体制は国家権力を擁護し、国家権力を防衛し、再びそれを強化するというはるかにずっと保守的な役割を果たしたのだった。

　スターンヘルの解釈の、論争の余地のある側面はこれだけではない。左翼潮流と右翼潮流からの合流によって生まれたイデオロギーという彼のファシズムに関する見方は、（すでに述べたような時系列的なギャップがあるにもかかわらず）フランスとイタリアのケースでは一定の実証的根拠を有していることは確かなのだが、それを一般化することはできない。（ポルトガルのサラザール体制や中欧の一群のファシスト体制は言うまでもないが、）スペインのフランコ体制やドイツ国家社会主義などに見られる主要な異形においては、出現の起源となった諸勢力の中にいかなる左翼的勢力をも含んでいなかったのである。

　その上、スターンヘルの解釈は、極少数派にとどまっているファシズムの形をウェーバー的「理念型」に変えてしまうことになる。[65] フランスのファシズムは、他国のファシズムに比べてかなり弱体であり、より短命であって、フランスの軍事的敗北とドイツの占領を受けてその後、権力の座に就き、ごく短期間だけ支配したにすぎず、この占領がなければ、自身を政権に転化することはほとんどできなかったであろう。フランスのファシズムは長期にわたってもっぱら知識人の運動にとどまり続けた。ペタンの国民革命によるその勝利は、ヨーロッパの保守的・聖職者的・強権的・反近代主義的な伝統に属していた他のイデオロギー的潮流との融合を通じて起こったのである。だから、ロバート・O・パクストンが、ヴィシー政権は結局のところ、「民族的威光の拡張主義的政治」というファシズムの本質的特性を欠いた「占領ファシズム」のカテゴリーに属するものである、と主張したのも、この理由からである。[66]

4……ファシズム革命と共産主義革命

モッセ、スターンヘル、ジェンティーレの三者は、相違が存在しているにもかかわらず、ファシズムの主要で明確な標識の一つ、すなわち、反共産主義に対する過小評価という点では一致している。もちろん、三人のうちの誰もがこの側面をまったく無視してわけではない。しかし、いずれもそれを根本的な点だとはみなしてはいない。この過小評価の由来は、各人それぞれに異なったところにある。モッセとジェンティーレにとって、過小評価の由来は、ファシズムのイデオロギー的側面を無視したり、ことさらこの側面を選り出して焦点を当てたりして、むしろその文化的・美学的・象徴的特徴を強調することの方を好むという二人の傾向にある。スターンヘルにとっては、この過小評価は、ファシズムが反リベラリズムという反応だとする彼のファシズム解釈から導き出されている。より正確に言うと、彼はファシズムを反啓蒙主義の近代における表現だとみなしているために、そこから彼は反共産主義の解釈もこの同じ潮流の変形版にすぎないと考えるようになっているのである。しかも、モッセ、スターンヘル、ジェンティーレの三人は、ファシズムの「革命的」性格を強調しているがために、反共産主義という解釈を根本的には過小評価することになる。

▼65 Germinario, 'Fascisme et idéologie fasciste', 54.

▼66 Robert O. Paxton, *The Anatomy of Fascism*, New York: Knopf, 2004［ロバート・パクストン『ファシズムの解剖学』（桜井書店、二〇〇九年）］, ch. 4.

それどころかじつは、反共産主義は、ファシズムの歴史的軌跡の最初から終わりに至るまでファシズムを特徴づけるものだった。それは、ナショナリストの「市民宗教」を敵に対する「十字軍」へと変質させた戦闘的で過激な攻撃的反共産主義であった。反ボリシェヴィズムの一形態とみなされたファシズムは、革命的な現象としてではなくて、一九一七年のロシア革命の後にヨーロッパが陥った内戦の社会的雰囲気から生じた反革命的現象として出現する。まず最初のベルリンでのスパルタクス団の蜂起、その後の一九一九年のバイエルンとハンガリーの労働者共和国に対する残虐な弾圧、さらにはその翌年のイタリアにおける「赤い二年間」の敗北は、このヨーロッパ内戦の顕著な時期だった。こうした情勢の中では、ファシスト「革命」は共産主義革命に根本的に反対する運動としてのみ自己を定義することができた。このために、何人かの歴史家はファシズムについて「革命に対抗する革命」であると述べている。[67]

この反革命的側面は、それとは異なる別のイデオロギーや展開が見られはするものの、ヨーロッパ・ファシズムに共通する中核をなしている。アーノ・J・マイヤー◆は適切にも「反革命が発展し、それがファシズムという特徴のもとにヨーロッパ全土で頂点に達した」と述べている。[68] イタリアのファシズムやドイツのナチズム、その他の多くのより小さなファシスト運動がスペイン内戦期間中にフランコの反乱の防衛のもとに合流していったのも、反共産主義という旗の下においてであった。より全般的に見れば、ファシズムは、リベラリズムに反対するよりもはるかに強く共産主義に反対したのだった。最初には一九二二年のイタリアで、次に一〇年後のドイツで、ムッソリーニとヒトラーが「合法的革命」を成し遂げることを可能にしたものは、ファシズムと、主として伝統的保守派や一九世紀のリベラリズムの後継者たちから成るエリート層との合流であった。

この観点は、ファシズムを反共産主義に帰着させたり、それをエルンスト・ノルテ流にボリシェヴィズムの否定的コピー[69]だと解釈したりするものではない。ファシズムは、一九一七年以前に出現していたいくつかのイデオロギー的要素を一つの首尾一貫した体系へと接合しようと試みたのであって、反共産主義がファシズムの反啓蒙主義のイデオロギーの体内に移植されたことは明白である。しかし、反共産主義は、ファシズムの異なるさまざまな諸要素を融合させるために、そしてそのイデオロギーを一つの政治的プロジェクトに、その世界観を活動的な運動に変えるためには、決定的なものだった。言い換えれば、ファシズムは反共産主義なくして存在し得なかったのである。

全体として見ると、「ファシスト革命」それ自身の概念――わが三人の歴史家によって、著作の書名をも含めて頻繁に用いられている概念――は、論争の余地が大いにあるところだ。三人がファシズムに関するマルクス主義の古典的解釈の弱点を強調するのはまったく正しいが、その解釈を完全に無視するというのは間違っている。というのも、そのように無視しなければ、三人が古典的なマルクス主義の解釈の中に「ファシスト革命」という概念の限界を示唆する多くの議論を見出すことができていただろうからである。ファシズムは、（台頭すると同時に没落もしている）中産階級に根を下ろした運動であり、また蜂起的な手段によってではなくて、旧来の経済や官僚や軍や政治のエリート層との妥協を通じて権力を獲得した平民的指導者によって率いられた運動であった。ファシズムが新しい体制を樹立し、権力の分立、憲法的

▼67 次のものを参照すること。Mark Neocleous, *Fascism*, Buckingham: Open University Press, 1997, ch. iii–iv, 38–74.

◆**アーノ・J・マイヤー** 一九二六年～。ルクセンブルクのユダヤ系の生まれ。米の歴史学者。邦訳書に『ウィルソン対レーニン――新外交の政治的起源 一九一七–一九一八年』二巻（岩波書店、一九八三年）。

▼68 A. J. Mayer, *The Furies: Violence and Terror in the French and Russian Revolutions*, Princeton: Princeton University Press, 2000, 67.

▼69 次のものを参照すること。Ernst Nolte, *Der europäische Bürgerkrieg. Nationalsozialismus und Bolschewismus 1917–1945*, Berlin: Ullstein, 1987. このテーゼは、次のノルテの最初の著作でも暗黙のうちに擁護されていた（この著作はファシスト運動の中にアクション・フランセーズをも含めていた）。Ernst Nolte, *Three Faces of Fascism*, New York: Holt, R & W, 1966. ノルテのこの著作についての書評の中で、モッセは、「ファシズムは、この時代の革命の衝動を廃絶したのではなくて、むしろそれを置き換えたのであるから、それを単なる反マルクス主義という政治的反動だと決めつけることはできない」という点を強調した。次のものを参照すること。Mosse, 'E Nolte on Three Faces of Fascism', *Journal of the History of Ideas* 27: 4, 1966, 624.

自由、民主的議会制とをともなった旧来の自由主義国家を破壊したことは、疑いのないところである。しかし、わずかな例外（特にフランコの一揆）を除いて、それは合法的に権力を掌握したのであり、とりわけ、既存の社会の経済構造についてはそれをけっして変革しなかったのである。所有と生産に関する社会的形態を根本的に変革した共産主義革命とは違って、「ファシスト革命」はすべての国で旧来の支配階級を自らの権力体制のもとに統合した。言い換えれば、ファシズムの誕生は、ファシズムと強権主義的支配と保守主義の間の相互浸透を意味するのである。

いかなるファシスト運動も伝統的エリート層による多少とも明確な支援なくして権力の座に就くことはなかった。[70] このことは、ムッソリーニと、イタリアのリベラル保守派の哲学者ジョヴァンニ・ジェンティーレの協力によっても、フランコ体制の中でのカルリスタ勢力（スペインの王党派）とファランヘ党勢力との共存によっても示唆されているように、経済の分野にもイデオロギーの分野にも言えることである。われわれがファシズムそれ自身の言葉と美学にごまかされてしまうという危険を冒すつもりがないのであれば、「ファシスト革命」を語る場合には常にこうした慎重さを念頭においておくことが重要である。スイスの歴史家フィリップ・ビュランが「ファシスト革命は、歴史的には革命派なしの革命として出現する」と主張する時、それは説得力をもつ。[71] モッセ、スターンヘル、ジェンティーレは、「ファシズムの革命的原型」に力点をおくがゆえに、ファシズム内部の保守的構成分子の存在を無視する傾向がある。三人は、ファシズムの近代的側面、「新しい文明を建設しようとするその意志」、その全体主義的性格について主張する。しかしながら、彼らは同時に、保守主義が近代とともに出現するという点を忘れているのだ。それどころか、保守主義はファシズムの顔の一つを成している。イギリスの哲学者アイザイア・バーリンがジョゼフ・ド・メーストルに関するファシズムに関する論文の中で指摘しているように、反革命それ自体の古典的イデオロギーは、ファシズムの特性のうちのいくつかを予示していた。[72]

モッセによれば——そして、この点だけがヤコブ・L・タルモンと意見を同じくしているのだが——ファシズムは一定のジャコバン的伝統と結びついているかぎりにおいて、全体主義的なのである、ということになる。スターンヘルの見解からすると、ファシズムは、ナショナルなコミュニティーの再生を目指す、啓蒙主義に対する近代的批判であるがゆえに、全体主義的なのである。[73]ジェンティーレにとって、ファシズムは、「新しい人間」についての神話やテクノロジーへの崇拝と融合した近代化プロジェクトであるがゆえに、全体主義的なのである。この理由からして、ジェンティーレは、ファシズムを全体主義国家の最も完全な正当化であると考えている。[74]そうであるとしても、このような一方的な評価はファシズムと保守主義との複雑な関係を捉えてはいない。ファシスト体制のイデオロギー的・プロパガンダ的表面を、その実際の社会的・政治的内容に結びつけることに関心を寄せる別の歴史家たちは、ファシズムの全体主義的野望の破産を率直に認めていた。[75]

ファシスト・イタリアに関して、多くの研究者が、一九三〇年代における体制の保守的安定化と官僚化を強調していた。この期間、ファシスト党は事実上、国家機構に吸収されていた——これはドイツのケースとは反対である。[76]ファシストとナチの宣言された近代化は、ファシストが権力に就いた時、一定の保守

▼70 Paxton, *The Anatomy of Fascism*〔パクストン『ファシズムの解剖学』〕、ch. 5.

▼71 Philippe Burrin, 'Le fascisme: la révolution sans révolutionnaires', *Le Débat* 38, 1986.

▼72 Isaiah Berlin, 'Joseph de Maistre and the Origins of Fascism', *The Crooked Timber of Humanity: Chapters in the History of Ideas*, London: John Murray, 1990.

▼73 Zeev Sternhell, 'Fascism' in *International Fascism: Theory, Causes and the New Consensus*, ed. Roger Griffin, London: Arnold, 1998, 34.

▼74 Gentile, *Fascismo*, 272. また次の著作も参照すること。Emillo Gentile, *The Italian Road to Totalitarianism*, New York: Frank Cass, 2006.

▼75 Nicola Tranfaglia, *La prima guerra mondiale e il fascismo*, Turin: UTET, 1995, 635. この見解はすでに次の二人によって明らかにされていた。Alberto Aquarone, *L'organizzazione dello Stato totalitario*, Turin: Einaudi, 1965; Renzo De Felice, *Mussolini il Duce: II, Lo Stato tatalitario 1936–1940*, Turin: Einaudi, 1981, ch. 1, 3–155. レンツォ・デ・フェリーチェのファシズム的全体主義に関する定義の曖昧さについては、次のものを参照すること。Emileo Gentile, *Renzo De Felice*, 104–11.

的潮流を吸収したり、多くの保守的分子を自分たちの制度の中に取り込んだりするのを妨げるものではないのだ。ドイツの経済的エリート層と軍のエリート層（ナチの多頭支配的権力システムの支柱のうちの二つ）は、たとえ自分たちの保守的本能に従っていた時でも、自らの信念（Weltanschauung）[77]に実際に固執することなく、ヒトラーを支持した。同様に、ムッソリーニも、現実主義的な計算にもとづいて、イタリア社会の保守層を少なくとも征服したり、中立化することを追求したのであって、まず最初は王政の庇護の下に自らの政権を打ち立てることを受け入れ、次にはカトリック教会と妥協すると決断したのだった。[78]

同様の考察がフランスにも広げることができるかもしれない。ヴィシー政権は、ファシスト的特徴を保持しているにもかかわらず、保守主義的・伝統主義的・権威主義的なプロジェクトにとどまり続けた。このプロジェクトは、ロバート・O・パクストンによれば、「明らかにファシズムよりも保守主義により近かった」という。[79]フランスのナショナリズムと、モーラスの保守主義からファシストに至る極右の運動に参加するすべての人々がヴィシーの下に結集したのであり、この政権は保守主義とファシズムとの混合体として出現した。[80]

この観点からすると、スペインのケース——このケースはわが三人の歴史家によっては完全に無視されたのだが——は、象徴的である。スペインでは、二つの精神がフランコ体制内部で共存していた。一方には、大地主から教会に至るまでの、伝統的エリート層の保守的イデオロギーであるナショナル・カトリシズムがあった。もう一方には、ファランヘ党によって体現される明白なファシスト的路線——世俗化され、モダニズム的・帝国主義的・「革命的」・全体主義的路線——をもつナショナリズムがあった。ナショナル・カトリシズムは、未来に身を置くのではなく、過去へと身を置くスペインの栄光、すなわち、スペインの〝黄金世紀〟を復活させることを望んでいたので、「新しい文明」という神話にはまったく魅かれてはいなかった。それどころか、ファランヘ党は、イタリアやドイツと並んで全体主義的ヨーロッパの一翼となる近代的で強力なファシスト国家を創設することを望んでいたのであり、アフリカやラテン・アメリカにおける帝国主義的拡張に向かうことを目論んでいた。フランコは、一九四三年以後に明確なナショナル・カトリックへと傾斜していく路線を取るまで、スペイン内戦と彼の政権の最初の数年間、これら二つの潮流の調停者の役割を果たした。この年には、第二次世界大戦が不可避的に枢軸国側の敗北で終わるように思われるようになったからだ。一部の歴史家は、この時点を、ファランヘ党の「カトリック化」とフランコ体制の「脱ファシズム化」の始まりとみなしている。[81]

保守的強権主義とファシズムとの衝突は、一九三〇年代と四〇年代において公然と表現された。最もよく知られたそうした例に属するものとして、一九三四年のオーストリアにおけるドルフースの敗北、一九四一年のルーマニアの鉄衛団の粛清、さらにまた一九四四年七月のヒトラー暗殺未遂によって明らかになったナチ体制とプロイセンの軍エリート層の一部との関係の危機を思い起こすことができるかもしれない。しかし、このような対立は、前記のファシズムと保守主義との収斂をしのぐ重要性をもつものではない。むしろ、そうした対立は法則を確認したうえでの例外であるように思われる。

なお残っているのは暴力の問題である。この問題は、イデオロギーと文化と表象にもとづくファシズム

▼76 Renzo De Felice, 'Introduzione', *Le interpretazioni del fascismo*, Romme: Laterza, 1995, xvi.

▼77 次のものを参考にすること。Franz Neumann, *Behemoth: The Structure and Pracice of National Socialism*, New York: Oxford University Press, 1942〔フランツ・ノイマン『ビヒモス――ナチズムの構造と実際 一九三三－一九四四』(みすず書房、一九六三年)〕。ヒトラーが権力に昇りつめた際の保守派エリート層が果たした役割については、次の著作が強調している。Ian Kershaw, *Hitler, 1889–1936: Hubris*, London: Allen Lane, 2000, ch. 10, 377–428〔イアン・カーショー『ヒトラー(上)――一八八九－一九三六 傲慢』(白水社、二〇一五年)〕。

▼78 多党制の概念はトランファリアによってイタリア・ファシズムに対しても適用された。Tranfaglia, *La prima guerra mondiale e il fascismo*, 498.

▼79 Robert O. Paxton, *Vichy: Old Guard and New Order 1940–1944*, New York: Knopf, 1972, ch. 2〔ロバート・O・パクストン『ヴィシー時代のフランス』(柏書房、二〇〇四年)〕。

▼80 次のものを参照すること。Michel Winock, ed., *Histoire de l'extrême droite en France*, Paris: Seuil, 1993, 11–12.

▼81 Ismad Saz Campos, *Los nacionalismos franquistas*, Madrid: Marcial Pons, 2003, 369.

に関する三人のファシズム解釈によって後景に退けられている。わが三人の歴史家は、ファシズムの核にある帝国主義と軍国主義、戦争への無分別な崇拝、平和主義への拒絶の役割を強調した。モッセは、ホロコーストのイデオロギー的前提の一つである国粋的な（「ファルキッシュ」）反ユダヤ主義の問題を、非常に重要な何冊かの著作で取り上げている。その一方で、第一次世界大戦についての彼の解釈、すなわち、日常生活における大規模な暴力に次第に自ら慣れていくヨーロッパ社会の野蛮化という分析は、ナチズムの台頭とそれが第二次世界大戦中に実施された絶滅政策を理解するうえでかけがえのない鍵となるものである。しかし、彼はこれらの考察をファシズムに関する自らの全体的な定義の中に取り入れることなく、むしろ依然として文化的・神話的・象徴的なものに基礎を置き続けたのであった。ジェンティーレの場合は、ムッソリーニのイタリアでの全体主義国家の建設における「帝国」創設の役割を強調したのだが、ファシズムのイデオロギーとその実践との関係をけっして全面的に調べようとはしなかった。後になって、彼は、人種差別主義がファシズムのイデオロギーとレトリックの中に浸透したというそのかぎりにおいて、人種差別主義を分析したのだが、それはエチオピアにおけるジェノサイドのイデオロギー的根拠となる役割との関係ではけっして分析されなかったのである。スターンヘルついて言えば、彼は、一九世紀末におけるフランス・ナショナリズムをファシズムの一例であるとみなすことによって、ファシストの暴力の問題を消し去ってしまう（当時のフランス・ナショナリズムの暴力は、ドレフュス大尉の死刑を要求する街頭デモンストレーションの域を超えるものではなかった）。

ようするに、これらの歴史家はいずれも、暴力――この暴力が、大規模な抑圧、強制収容所、民族絶滅という政策の形を取ったのだが――をファシズムの根本的特徴だとは認めていないのである。これはじつに驚くべきことである。なぜなら、暴力が実際にはファシズムの絶対に必要とされる側面であるだけでなく、同時にそれがヨーロッパ社会の歴史的意識と集団的記憶の中に深く根を下ろしているからである。二つの内戦（一九二二～二五年、一九四三～四五年）、さらにはたちまちのうちにジェノサイドへと変質していった植民地戦争という軌跡を描いていったイタリアのファシズムを定義する場合に、暴力を無視することができるだろうか？[82] 一九三三年のその始まりから、四五年のその崩壊に至るまで、恐怖支配と絶滅が賛美される中で過激になっていったカリスマ的体制であるナチズムの定義に当たって、暴力の問題を考慮しないままにしておくことは可能だろうか？[83] 流血の内戦で生まれ、その後一〇年間にわたって組織的な弾圧と強制収容所と大量処刑が続いたフランコ体制を分析するに際して、暴力を無視することができるだろうか？[84]

それなのに、じつは、モッセはファシストの暴力を自らの考察の中心にけっして据えることはなかったのだ。彼のかつての弟子のスティーブン・E・アシュハイムは、正しくも次のように見ていた。すなわち、モッセにとって、絶滅収容所はナチズムの「技術的な」側面にすぎなかったのであって、彼のすべて著作はナチズムの文化的背景とメンタリティーを理解しようと試みるものであった、と。[85] それでもやはり、一方におけるイデオロギーや文化と、他方における絶滅政策との間には、彼の研究がけっして埋めようとはしなかった巨大なギャップが存在している。自らの回顧録の中で、モッセは「ホロコーストが私の念頭から消え去ることはけっしてなかった」と書いており、アメリカに亡命したドイツのユダヤ人として、彼が

▼82 次のものを参照すること。Ian Campbell, *The Addis Ababa Massacre: Italy's National Shame*, New York: Oxford University Press, 2017. ファシストの暴力に関する歴史記述の抑制については、次の二つを参照すること。Ruth Ben-Ghiat, 'A Lesser Evil? Italian Fascism and the Totalitarian Equation', in *The Lesser Evil: Moral Approaches to Genocide Practices in a Comparative Perspective*, eds. Helmut Dubiel and Gabriel Motzkin, New York: Frank Cass, 2004; Phiippo Facardi, "“Bravo italiano” e “cattivo Tedesco”: reflessioni sulla genesi di due immagini incrociate', *Storia e memoria* 1, 1996, 55–83. レンツォ・デ・フェリーチェによる膨大な量のムッソリーニの伝記には、ファシストの暴力はごくわずかなスペースを占めているにすぎない。

▼83 私はこの側面を以下において分析した。Enzo Traveso, *The Origins of Nazi Violence*, New York: The New Press, 2003.

▼84 次の二つを参照すること。Julián Casanova, ed., *Morir, matar, sobrevivir, La violencia en la dictadura de Franco*, Barcelona: Crítica, 2002; Carme Molinero, Margarida Sala, and Jaume Sobrequés, eds, *Una immensa prisión, Los campos de concentración y las prisiones durante la guerra civil y el franqismo*, Barcelona: Critica, 2003.

このようにあまりにも巨大すぎる出来事を無視して静観することはできなかったのだ。[86] しかし、この見解は、彼の研究よりも彼の経験の軌跡により大きな影響を及ぼしていて、彼の研究の分野ではホロコーストは依然として隠された次元にとどまっている。時として、とりわけ自伝の中では、彼は、暴力の問題に関するナチズムとファシズムとの比較を、イタリアの独裁者の方が「それと同類のドイツの独裁者よりも人間的である」[87] という一言だけで片付けてしまっているように思われる。ジェンティーレは、（ファシスト・イタリアが「ホロコーストの暗い影の枠外に」とどまり続けたという点を繰り返し強調した）自分の良き師のデ・フェリーチェとは違って、この種の倫理的比較を避けている。[88] こうした比較は、イタリアの歴史家によってなされる場合には、不可避的に弁解の色合いを帯びることになる。モッセはファシズムの本質的特徴の一つとしての政治の軍国主義化を捉えることができなかったのだ、とジェンティーレは鋭くも洞察した。[89] しかしながら、ジェンティーレの著作でもこの問題がファシスト的見世物の一つの側面として理解されているにすぎない場合があるので、このような洞察はジェンティーレ自身の著作にもまた当てはまるのかもしれない。フェリーチェもジェンティーレもともに、イタリア国外ではジェノサイドという形を取った政治の形態としてファシストの暴力を分析しようとは試みなかった。カレル・プレッシーニによれば、ホロコーストとは「モッセの著作の中のすべての主要傾向――マキャベリズムや国家理性、ブルジョア的順応による他者的なもの（ユダヤ的なものやホモセクシュアル的なものの両方）に対する拒絶や、倫理と政治との離反の増大――が融合する場」だということになる。[90] しかし、こうした観察結果というものは、両大戦間の時期のすべてのヨーロッパの政治に当てはめることができるのであって、ホロコーストに関する満足すべき歴史的説明として受け入れることはできない。

ファシズムを、その内部から、すなわち言語、文化、信条、象徴、主役たちの神話を出発点にして解釈すれば、われわれはファシズムの本質的な側面のいくつかを歴史的な経験として理解することができるようになる。歴史家とその研究対象との間でのいっさいの感情移入を外部的なものとしてアプリオリに拒絶してしまえば、ファシズムの本質を理解することはできない。このような評価は、デ・フェリーチェ、モッセ、ジェンティーレの三人を、ファシズムに関する反ファシスト的解釈を放棄させる方向へと押しやった。そのようなアプローチの結果は、素晴らしい独創的な直観と驚くべき無分別とが矛盾し合ってないまぜになることになる。もしファシズムが文化や想像力にすぎないものであるということになれば、その暴力は不可避的に象徴的なものにすぎないことになる。ファシストの暴力の本当の側面を理解するためには、われわれはその犠牲者に向けた別種の共感を取り入れる必要がある。それは、別の認識論的な立場を意味するのであって、この立場は歴史的に反ファシズムの伝統に属している。この伝統のイデオロギー的特徴、ならびに、その限界や濫用——とりわけ、歴史的分析をモラル的・政治的判断に置き換えてしまおうとするその傾向——は、確かに、周知のことであって、激しい批判を浴びてきたのだが、そうだからと言って、それはその成果を疑問視するということにはならないのである。

スターンヘルについて言うと、彼はファシズムとナチズムのイデオロギー上の隔たりしか観察していない。彼の眼には、「ファシズムは」生物学的決定論にもとづくイデオロギーである「ナチズムとけっして

▼85 Steven Aschheim, 'Intorduducion', *What History Tells: George L. Mosse and the Culture of Modern Europe*, eds. Stanley G. Payne, David Jan Sorkin, and Jhon Tortorice, Madison: The University of Wisconcsin Press, 2004, 6. ある会議でモッセはホロコーストの特異性を強調したし、ナチによるユダヤ人絶滅は伝統的なポグロムとは比較し得ないものであるのであって、「ホロコーストは……歴史上類を見ないものだ」とも書いている。これは、ジェンティーレが次の著書に引用している。Gentile, *Il fascino del persecutore*, 137. にもかかわらず、モッセはこのアプローチを発展させず、このホロコースト評価は、彼の研究の中では他と結びつくことなく、宙に浮いたままになってしまっている。

▼86 Mosse, *Confronting History*, 219.

▼87 Mosse, *The Fascist Revolution*, 40–41.

▼88 以下に収められているレンツォ・デ・フェリーチェへのインタビューと比較すること。Jader Jacobelli, ed., *Il fascismo e gli storici oggi*, Rome: Laterza, 1986, 6

▼89 Gentile, 'A Provisional Dwelling', *What History Tells*, 102.

▼90 Plessini, *The Perils of Normalcy*, 119.

同一であるはずがない」と映っている。すなわち、ファシズムとナチズムとがいくつかの類似する特徴を表わしていることに議論の余地はないが、この二つは根本的な問題において異なっていた。生物学的人種差別主義は、明らかに、フランスのファシズムを構成する一つの要素であったが、ナチズムだけがそれを「一つのイデオロギーの中核をなすものに、そして運動と体制に」変えたというのである。[91] この点で、スターンヘルはデ・フェリーチェにより近い。デ・フェリーチェは、常に、ファシズムの左翼的・「革命的」起源をナチズムのロマン主義的・反動的なものと対比していた。デ・フェリーチェは、ファシズムとナチズムを全体主義の二つの異なる形態に、すなわち、前者を左翼とジャコバン派に、後者を右翼と人種差別主義に結びつけた。[92]

このような解釈からくる問題点は容易に確認できる。一方で、このアプローチによって、生物学的人種差別主義の世界観と結びつき、産業技術にもとづく絶滅作戦の実践——これは今日に至るまで歴史的に特異なものであり続けている——へとつながっていくイデオロギー潮流としてのナチの反ユダヤ主義の特異性を認識することが可能となる。他方で、この解釈はナチズムをファシズムの政治的「一家《ファミリー》」から除外することにしかならないのだ。この「一家《ファミリー》」は、国による多くの相違と異なったバージョンを示すという特徴をもっているが、それでもやはり共通の原型を保持しているのだ。両大戦間のヨーロッパでは、ファシズムは、知識人・運動・党・政権がとりわけ自己を見出すことができる「磁場」として登場した。[93] 各国のバージョンは、その国の伝統を持ち込み、保守主義と近代主義との、革命と反革命との、民族主義と帝国主義との、反ユダヤ主義と人種差別主義との、反リベラリズムと反共主義との、独自の融合を打ち立てた。それぞれが自身の独自の神話と象徴を作り上げ、それらを政治的実践へと転化させた。スターンヘルの用語を借りれば、ファシストの「受胎」は、常に必ず政権という形を取るわけではなく、政権が成立するような事態になった時に、大規模な暴力がその不可避的で必然的結果として出現することになるのである。

ファシストの暴力の軽視というジェンティーレ、モッセ、スターンヘルに共通する根源は、その暴力の前提の一つがヨーロッパの植民地主義である、という点を三人が認識し得ていない点にある。一九世紀のヨーロッパの植民地主義は、近代の人種差別主義のイデオロギーにとっての実験室であったばかりでなく、大量絶滅の実験場でもあった。先住民が全面的に追い立てられる形態として領土拡張が実施され、征服が「より劣等な人種」の絶滅の必然的過程と同一視され、帝国の権力が本国の市民と植民地の被支配者との階層的関係にもとづく法的・政治的手段として導入されたのは、インド、コンゴ、アルジェリア、リビアにおいてである。しかし、わが三人の歴史家は、ファシズムのこの側面にまったく無関心であるように思われる。ジェンティーレは、ドイツ領ナミビア（ドイツ領南西アフリカ）でのヘレロ人のジェノサイドを事実上無視したデ・フェリーチェやモッセに比べても、ファシズムのこの側面に対して一貫してさらに関心を寄せなかったし、スターンヘルはむしろ、世紀末のフランス・ナショナリズムの変質についての自らの解釈の中で、植民地主義に関するいかなる言及をも回避する方を選んだ。この観点からすると、三人の認識上の視界は、冷戦期はじめの全体主義をめぐる論争から生じた一定の方法論上の示唆を無視しているかぎりにおいて、致命的な限界をもっているように思われる。ハンナ・アーレントは、イデオロギーとテロルとの出会いの領域として、一九世紀の帝国主義を明快な形で描いていて、アフリカが行政府による虐殺の最初の経験の場になった、と指摘している。[94]

5……歴史の公的な使用

もしファシズムの解釈について、それを最も広範に受け入れた諸国の歴史認識と集団的記憶に対するファシズムの影響についての観点から検討するならば、われわれは対照的な情景を見出すことになる。

---

[91] Sternhell, 'Le concept de fascime', *Naissance de l'idéologie fasciste*, 19–20.
[92] Renzo De Felice, *Intervista sul fascismo*, Rome: Laterza, 2001, 105–106.
[93] Phillipe Burrin, 'Le champ magnétique des fascismes', *Fascisme, nazisme, autoritarisme*, Paris: Seuil, 2000, 211–46.

モッセがこの論争を刷新し、今日の歴史記述におけるパイオニアとして認められていることに異論はない。彼の著作には常にホロコーストの記憶が登場し、それらはナチズムを理解するうえでかけがえのないものとして受け入れられている。ユダヤ系ドイツ人亡命者としての彼の境遇は、彼が、歴史の主役への共感を保持しながら、内部からナチズムを探求する方法を提起する時、曖昧さを一掃させることとなった。彼は、死の直前のインタビューの中で宣言しているように、ホロコーストはヨーロッパ文化全体に疑問を呈したのだった。だから、彼は次のように付け加えた。「私のすべての著作は、多かれ少なかれ直接的な意味において、私の時代のユダヤ人の悲劇に関係している」と。[95]

他方において、モッセは、デ・フェリーチェとその弟子たちによって展開された反・反ファシスト・キャンペーンを擁護したが、彼の擁護は有益だったとは言えない。イタリアでは、ファシズムについての解釈の刷新は、倫理的・政治的パラダイムとしての反ファシズムの危機と符合していた。ファシズムの文化的・象徴的側面に関する研究の広がりは、記憶の対象としてのその非政治化をともなった。ファシズムに関する「科学的」で「非政治化された」解釈の新実証主義的な主張を隠れ蓑にして（これは政治的右翼やメディアによって大いに後押しされたのだが）、イタリアは結局のところ自身の過去と「和解した」。理解と正当化との間の境界がますますはっきりしなくなっていった。ファシスト的典礼が国の遺産に登録される一方で、反ファシズムは少数派にすぎない政治として拒絶された。

こうして、ファシズムは、国の記憶を体現するようになったが、他方で、（一九四三年九月以後に大衆運動として新たに勢いを増した）反ファシズムは、「祖国の死」の産物だとみなされるようになった。[96]ファシストの暴力は消し去られてしまい、アフリカにおける自分たち側のジェノサイドの側面を抹消され、自分たちがナチの政治やユダヤ人絶滅政策と共謀したことは忘れ去られた。[97]サロ（「共和国」）の暴力は、ファシズムの歴史から切り離され、一九四三〜四五年の内戦の中に記載されるようになり、[98]この内戦は、今では反ファシズムの暴力への反撃として説明されるようになった。（それに代わって反ファシズムの暴力は、全体主義的、または共産主義的、あるいは反祖国的な性格であると特徴づけられることとなった)。イタリアにおいて、デ・フェリーチェが、モッセとノルテとを和解させたのだった。[99] こうした背景があったので、ジェンティーレの著作が受け入れられるようになった。ファシストの文化についてのジェンティーレの研究は、独創的ではあるが、ジェンティーレが克服しようと試みた反ファシスト派の観点からするこれまでの古いファシズム分析とまったく同様に一面的であるように思える。ファシストの自己表現を、ファシズムに敵対する側が広めたイメージだと決めつけてしまうのが充分でないのとまったく同様に、ファシズム自身の自己表現を研究するだけではファシズムを理解するのに充分でないのである。彼を批判する論者たちがしばしば指摘したように、ファシストの言説の「字句通りの解釈」を好むジェン

▼94 Hannah Arendt, *The Origins of Totalitarianism*, New York: Harcourt Brace, 1979 (original 1951)［ハンナ・アーレント『全体主義の起源』（みすず書房、二〇一七年）］, 186, 216, 231. エミリオ・ジェンティーレは、全体主義に関するアーレントの研究に関する長い批判的分析を書いたが、その中では帝国主義と植民地主義の両方の問題が完全に無視されていた。Emilio Gentile, 'Le silence de Hannah Arendt: L'interprétation du fascisme dans *Les Origines du totalitarisme*', *Revue d'Histoire Moderne et Contemporaine*, 55/3 (2008), 11–34. ポストコロニアル研究とホロコースト研究との論争関係については、次のものを参照すること。A. Dirk Moses, 'Conceptual blockages and definitional dilemmas in the "racial century", genocides of indigenous peoples and the Holocaust', *Patterns of Prejudice*, 36/4 (2002), 7–36; 'Revisiting a Founding Assumption of Genocide Studies', *Genocide Studies and Prevention*, 6/3 (2011), 287–300.

▼95 次のものに引用されている。Aschheim, 'George L. Mosse at 80', 301.

▼96 Renzo De Felice, *Mussolini l'alleato. La guerra civile 1943–1945*, Torino: Einaudi, 1997, 86–87. 次のものも参照すること。Ernesto Galli della Loggia, *La morte della patria*, Rome: Laterza, 1996.

▼97 Gianpasquale Santomassimo, 'Il ruolo di Renzo De Felice' in *Fascismo e antifascismo, Rimozioni, revisioni, negazioni*, ed. Enzo Colloti, Rome: Laterza, 2000, 415–32, especially 428; Nicola Tranfaglia, *Un passato scomodo. fsscismo e postfascismo*, Rome: Laterza, 1996, 98.

▼98 次のものを参照すること。Claudio Pavone, *A Civil War: A History of the Italian Resistance*, London: Verso, 2013.

▼99 Pier Paolo Poggio, 'La ricezione di Nolte in Italia', in *Fascismo e antifascismo*, 317–414.

ティーレの方法は、しばしば事態と言葉との相違をもはや見なくなってしまうことになり、社会と体制との同一視、そしてまた体制とその外面との同一視につながってしまった。[100]

スターンヘルの著作は、フランスではそれとは大きく異なる衝撃をもたらし、フランスのファシズムは「存在しない」という古い神話を粉砕し、ヴィシー政権の性格をめぐる論争を再開させることとなった。[101]一九七〇年代中頃まで、フランスのファシズムというものは存在しなかった、というルネ・レモン◆の説が、ヴィシーを忘れ去ることを正当化させていた。レモンのテーゼは、フランスでは、保守派・オルレアン派・ボナパルティスト派の三つの潮流のみが出現した、というものであった。[102]スターンヘルは、ロバート・O・パクストンやミカエル・マリュス◆などの他の歴史家と同様に、自らを慰めるようないかなる自己弁護的解釈にも異議を唱えた。[103]

スターンヘルは、ヴィシー政権をフランスの敗北とドイツの占領によって引き起こされた単なる偶然であったとするのではなくて、フランス文化の中に何十年間にわたって深く根付いていたいくつかの知的潮流が収斂するというフランス国内の歴史の産物であることを示した。ようするに、スターンヘルのテーゼは、この歴史的論争における転換点を画したのである。修正、適応、休止期間という多くのステップを経て、ファシズムに対するフランスの「アレルギー」となっていた伝統的ビジョンは徐々に放棄されていった。したがって、歴史の公的使用は、異なるさまざまな学問的解釈の成果だけでなくその隠された目的をテストするのだ。

▼100 Richiard Bosworth, *The Italian Dictatorship: Problems and Perspectives in the Interpretation of Mussolini and Fascism*, London: Arnold, 1998, 21. ボスワースによれば、デ・フェリーチェに指導されたのイタリアの歴史学派は、歴史研究の「ネオ・ランケ的」概念と、物語としての歴史に関するポストモダン派的な単純なビジョンとの間の逆説的な融合を実現した。Bosworth, *The Italian Dictatorship*, 26.

▼101 Henri Rousso, *The Vichy Syndrome: History and Memory in France Since 1994*, Cambridge, MA: Harvard University Press, 1994.

◆**ルネ・レモン**　一九一八～二〇〇七年。フランスの歴史学・政治学の大家。カトリック系知識人。邦訳書に『政教分離を問いなおす——EUとムスリムのはざまで』（青土社、二〇一〇年）ほか。

▼102 René Rémond, *Les droite en France*, Paris: Aubier, 1982. この本の初版は一九五四年に刊行された。この論争については、次のものをも参照すること。Michel Dobry, 'La thèse immunitaire face aux fascismes. Pour une critique de la logique classificatoire', in *Le mythe de l'allergie française au fascisme*, Paris: Albin Michel, 2003, 17–67.

◆**ミカエル・マリュス**　一九四一年～。ホロコースト、ユダヤ人問題、国際法の歴史を研究するカナダの歴史家。

▼103 Michard R. Marrus and Robert O. Paxton, *Vichy France and the Jews*, New York: Schocken Books, 1983.

［第5章］
修正主義と「反・反ファシズム」

ベルリンの壁の崩壊以降、新自由主義的グローバリゼーションによって、左翼勢力が決定的な後退を余儀なくされたことにより、かつての「反ファシズム」の闘いの記憶は次第に忘れ去られ、それに代わって「反・反ファシズム」の勢力が次第に勢いを増してきた。「ファシズム論」に関しても、歴史修正主義の波が押し寄せてきたのである。

「反・反ファシズム」の物語は、四つの点にまとめることができる。

(1) 党派的な歴史記述に対して、「科学的」「客観的」で「厳密な」歴史記述として対置する。
(2) 共産主義が全体主義に近似しているので、反ファシズムも全体主義の形態と同一視する。
(3) ファシストの戦争犯罪と暴力は否定しないが、レジスタンスにも虐殺や残虐行為があったのであって、両者の暴力は「等価」であり同列のものであるとする。
(4) 対立する両陣営の間のいわゆる「グレーゾーン」を強調し、有益な唯一の態度として、ファシズムと反ファシズムの両方を退ける。

二〇世紀は政治的大義のために何百万もの人々が戦った対立の時代であった。反ファシズムもその一つであり、それが非歴史化されると、民主主義は健忘症に陥り、脆弱なものになってしまう。

1……さまざまな歴史への修正主義

「修正主義」は、その意味が脈絡と用途に応じて大きく変わり得る曖昧な概念である。「修正主義」は、その短い系譜が明らかにしているように、もっぱらその歴史記述だけに限定されるものではけっしてなくて、アカデミズムの領域の境界を超えて、自身の過去に対する現代社会の関係を問題にする態度や主張に深く関係する政治的な現象でもある。修正主義が政治理論から借りてきたものであるという点は想起しておくべきである。この点では、この概念は、マルクス主義者の間の論争の中で用いられた議論のツールとして一九世紀末に登場した。ドイツにおける正統派マルクス主義の擁護者——とりわけカウツキーがそうであった——たちは、社会民主党の思想家エドゥアルト・ベルンシュタインを「修正主義者」であると言った。ベルンシュタインは、資本主義の「崩壊」(Zusammenbruch)という考えに対する疑問を表明し、社会主義への議会を通じた平和的な移行のプロジェクトを奉ずるようになり、「社会主義革命」のプロジェクトを否定した。▼[1] こうして、「修正主義」は、ドイツにおける社会民主党の重大な戦略的路線転換を提案する理論と政治の両面での変更、資本主義の再解釈を意味したのであった。

ソ連邦が誕生して、マルクス主義が独自のドグマと世俗的神学者を擁した国家イデオロギーに変質した後には、「修正主義的」という形容詞は、共産主義運動内部の政敵に対する罵《ののし》りの烙印となり、烙印を押された者は裏切りと敵との内通という非難を浴びた。強いイデオロギー的苦味をともなって非難される「修正主義」とは、聖なるテキストについての間違った解釈にもとづく、正統派路線からの逸脱を意味した。歴史研究の分野に移ってからも、それは概してこの否定的な暗黙の意味を保持し、規範的な公認の解

▼1　この論争に関する諸論文は次のものに収録されている。Henry Tudor and J. M. Tudor, eds, *Marxism and Social Democracy: The Revisionist Debate 1896–1898*, New York: Cambridge University Press, 1988.

釈の放棄と政治的論争を呼ぶ新たな観点の採用の両方を意味した。

修正とは、歴史の記述の「生理的」様式であると言うことができよう。歴史は常に現在において、現在から書かれる。過去についてのわれわれの解釈は、現代の文化や現代に関する知的感性や倫理的・政治的懸念と明らかに関連している。それぞれの社会は、その歴史の創造の枠を形作り、その発想の源となっている歴史性――過去に関する独自の理解と過去との独自の関係――という自身の独自の型をもっている。その結果、歴史記述は、時代の移り変わり、世代間の連鎖、集団的記憶の変貌とともに変わっていく。フランス革命とロシア革命についてのわれわれの見方も、われわれの先人たちとは大きく異なっている――たとえば、一九二〇年代や六〇年代の歴史家とは大きく違っている――とすれば、それは、われわれがとにかく新しい文書史料を発見したからというだけではなくて、とりわけ現代が過去に関する異なった見方をもっているからなのである。こうした「修正」とは、歴史研究の自然な手続きを構成していて、学問上の作業を形成するものである。歴史記述は、けっして不変のものでも、時代を超えたものではなくて、それ自身の歴史をもっている。

それにもかかわらず、「修正主義」というのは、何かそのこととは別のことを意味している。それは通常、悪かったり、間違っていたり、受け入れがたかったりする「修正」を指す概念なのである。この点では「一般には」という点を強調すべきである。なぜなら多くの種類の修正主義が存在するからである。ある意味では、ヨーロッパ大陸とアメリカとでは修正主義の概念に根本的な不一致がある。ヨーロッパ大陸の修正主義の概念は、弁解がましい数多くの解釈という形を取って促進されているファシズム「復権」の試みと結びついている。アメリカの修正主義の概念は、体制順応主義に反対するものであり、ソ連邦の歴史に関する主流派の保守的解釈からは距離を置くものである。ヨーロッパでは、「修正主義的」潮流は右翼的傾向であるが、アメリカでは、修正主義的傾向はネオコン的な歴史の見解に反対している。

アメリカでは、こうした「修正主義派」とは、モッシェ・レヴィン、J・アーチ・ゲッティ、シェイラ・フィッツパトリックなどの学者たちであったし、今もそうであって、これらの人々は、反共主義のドグマにもとづく冷戦的な歴史記述を批判し、その全体主義的な見せかけの背後にあるソ連邦の社会史を探求した。シェイラ・フィッツパトリックによれば、「修正主義」は「学問上の戦略」であるとして、彼女はその主要な特徴を次のようにまとめている。すなわち、受容されている思想に対する偶像破壊、大きな物語への懐疑、経験主義、一次資料に関する骨の折れる膨大な作業である、というのである。[2] このプログラム——そして、彼女が大きな物語について述べる時、それはまず何よりも冷戦時の保守的ステレオタイプの観点を指しているのだが——によって、歴史的知識の領域における巨大な前進が可能になった。それに反してリチャード・パイプス◆やマーチン・メイリア◆などの学者の伝統的アプローチからすると、ソ連邦の全歴史は権力の座にある犯罪的イデオロギー——全体主義的イデオロギーとしての共産主義——が、徐々に暴かれていくこととして説明できる。[3] こうした学者の伝統的なアプローチに反して、この「修正主義派」の歴史家集団は、革命とスターリニズムの両方を再考することに貢献したのであって、革命とスターリニズムをそれらをめぐる固有の脈絡の下に戻し、実際の次元の中でこの両者を記述した。このグループの最も重要な貢献として、われわれは、恐怖政治支配と暴力の包括的な再解釈を挙げることができ

◆モッシェ・レヴィン　一九二一〜二〇一〇年。ポーランド出身のロシア史家。邦訳書に『レーニンの最後の闘争』（岩波書店、一九六九）ほか。

◆J・アーチ・ゲッティ　一九五〇年〜。米のロシア・ソ連史家。UCLA教授。邦訳書に『ソ連極秘資料集　大粛清への道——スターリンとボリシェヴィキの自壊　一九三二－一九三九年』（共著、大月書店、二〇〇一年）。

◆シェイラ・フィッツパトリック　オーストラリア出身のロシア・ソ連史家。シカゴ大学歴史学部名誉教授。

▼2　Sheila Fitzpatrick, 'Revisionism in Restrospect: A Personal Veiw', *Slavic Review* 67, 3., 2008, 704.

◆リチャード・パイプス　一九二三〜二〇一八年。ポーランド出身で、米のロシア・ソ連史家。ハーバード大学名誉教授。レーガン政権時の国家安全保障会議でソ連・東欧問題顧問を務めるなど、冷戦期の米政府において重要な役割を果たした。邦訳書に『ロシア革命史』（成文社、二〇〇〇年）ほか。

◆マーチン・メイリア　一九二四〜二〇〇四年。米のロシア・ソ連史家。専門は社会主義思想史。邦訳書に『ソヴィエトの悲劇——ロシアにおける社会主義の歴史　一九一七－一九九一』上下（草思社、一九九七年）。

よう。この再解釈は、強制労働収容所が果たした経済的役割を強調し、弾圧犠牲者の数を、ロバート・コンクエスト◆の純然たる想像による見積もりの中で指摘されている一〇〇〇万人ではなくて、一五〇〇万から二〇〇万人だと評価を変更し、一九三〇年代はじめの農業集団化キャンペーンの期間中の対クラーク戦争◆の無制限な発展力学を分析した。[4]

最近の二〇年間で、もう一つの有益な「修正主義的」潮流が、イスラエルの歴史記述を揺るがした。いわゆる「新しい歴史家◆」たち（ベニー・モリスやイラン・パペが最もよく知られている）が、一九四八年のイスラエル・アラブ戦争に関する頑迷な民族主義的な語り口に疑問を呈することによって、この紛争の複雑さを研究し、その認識を変えた。これらの歴史家の著作は、新たなユダヤ人国家の市民がこの戦争を自衛のための闘争として経験したのに対して、軍のエリート層がそれを「民族浄化」運動として遂行したことを説得力をもつ形で立証したのである。[5] イスラエルは、一方では、その存続のために戦ったのだが、他方では、この紛争を六〇万人以上のパレスチナ人をその土地から追放する格好の口実に変えたのだった。その結果は、歴史の真実を確立し直した「修正」となった。すなわち、パレスチナ人たちがアラブ諸政権からなされたとする指令に従って自分たちの土地を放棄したのではなく、むしろ暴力的に追い出された、というのだ。

以上の少数の例だけでは、「修正主義」がエルンスト・ノルテの国家社会主義——ボリシェヴィキの暴力の締めくくりとしての脅威を受けた第三帝国によって再生産されたアウシュヴィッツ——についての弁護論的解釈、あるいは全面占領と降伏という「ポーランド的」運命からイタリアを救うためにムッソリーニが造り上げた愛国的犠牲としてのサロ共和国（一九四三〜四五年）というレンツォ・デ・フェリーチェの見方に限られているわけではない、ということを示すには充分ではない（以上の二つの解釈については後で論じる）。「科学的研究の日々の糧《かて》」や歴史家の本能的責務というノルテとデ・フェリーチェの「修正主義」を擁護する言いわけは、大いに論議を呼び得る二人自身の「修正」の本質を変えるものではない。[6]

言い換えれば、多くの種類の歴史の修正があるのだ。正当であって必要でさえあるものがある一方で、犯罪的な体制を復権させようとする見苦しい試みは言うまでもないが、受け入れがたいものとして登場するものもあるのだ。われわれは、修正主義などの曖昧でしばしば間違っている用語の適切さについて議論することができるが、通常、「修正主義」と非難される多くの歴史的な修正は、過去に関するわれわれの見方の倫理的・政治的転換を意味している、ということが依然として真実なのである。そうした修正は、歴史記述における「弁護論的傾向」の出現と軌を一にしている。（ユルゲン・ハーバーマスは、一九八六年の「歴史家論争」の時期にこの定式を用いた）。[7] この意味で使われると、修正主義は不可避的に否

▼3 次の二つの著作と比較すること。Martin Malia, *The Soviet Tragedy: A History of Socialism in Russia 1917–1991*, New York: Free Press, 1994［マーティン・メイリア『ソヴィエトの悲劇——ロシアにおける社会主義の歴史 一九一七－一九九一年』上下（草思社、一九九七年）］、Richard Pipes, *The Russian Revolution*, New York: Knopf, 1990［リチャード・パイプス『ロシア革命史』（成文社、二〇〇〇年）］。

◆**ロバート・コンクエスト** 一九一七〜二〇一五年。英のソ連史学者。英政府の反共工作活動にも従事していた。邦訳書に『スターリンの恐怖政治』上下（三一書房、一九七六年）。

◆**対クラーク戦争** クラークとは、農業集団化に反対したウクライナなどの自営農民のこと。

▼4 次の二つを比較すること。Anne Applebaum, *Gulag: A History*, New York: Doubleday, 2003［アン・アプルボーム『グラーグ——ソ連集中収容所の歴史』（白水社、二〇〇六年）］、Robert Conquest, *The Great Terror: Stalin's Purge of the Thirties*, New York: Macmillan, 1968［ロバート・コンクエスト『スターリンの恐怖政治』上下（三一書房、一九七六年）］。

◆**新しい歴史家** 一九八〇年代、イスラエルでは、建国をめぐる公文書や機密文書が公開された。ベニー・モリスやイラン・パペら「新しい歴史家」グループは、これらの史料にもとづく実証主義的な歴史研究によって、シオニズムによって自国に都合がよいように歪められている建国の歴史が、実際にはいかなるものであったのかを明らかにするという「イスラエル版歴史修正主義」を押し進めた。

▼5 次のものと比較すること。Alain Greilsammer, *La nouvelle histoire d'Israël: essai sur une identité nationale*, Paris: Gallimard, 1998.

▼6 François Furet and Ernst Nolte, *Fascism and Communism*, Lincoln: University of Nebraska Press, 2004, 51; Renzo De Felice, *Rosso e Nero*, Milan: Baldini & Castoldi, 1995, 17.

定的な意味を内包した形を取る。「修正主義派の」学者が未発掘の文書史料を発見してそれを調べたからと言って、誰もそのことを批判しはしないことは明白である。修正主義者が強く批判される理由は、自身の解釈を強調するその政治的理由である。（それがいかなる目的をもち、どのような影響を及ぼすかに関わりなく）あらゆる形態の「修正」が、歴史記述の境界を超えて歴史の公的使用を問題にすることもまた明白である。[8] 修正主義は、それが正典であると認められているような一部の支配的解釈を批判するからではなくて、共通の歴史的意識と過去に対する集団的責任の感情に影響を与えるから、デリケートな問題なのである。それは、フランス革命、ロシア革命、ファシズム、国家社会主義、共産主義、植民地主義、などの根本的な出来事を絶えず取り上げるのであり、その解釈は、過去に対するわれわれの見方を超えて、今日の集団的アイデンティティについてのわれわれの見方に直接、影響を与えるのである。

2……「反・反ファシズム」という歴史修正主義

反ファシズムは、とりわけ修正主義においてはケース・スタディーとなる。過去三〇年間以上にわたって、われわれは、議論を呼び、先鋭な論争を作り出してきた「反・反ファシズム」という歴史記述の修正の波が繰り返し生まれるのを目撃してきた。新しい世代の学者によって周期的に再開されるこうしたキャンペーンは、メディアの中で大きな反響となり、しばしばアカデミーの世界を超えて広がり、その結果、一般の人々が論争する問題となっている。そのような対立はヨーロッパのほぼすべての地で行なわれてきたが、とりわけ、イタリア、ドイツ、フランス、スペインで激しいものとなった。

イタリアでは、「反・反ファシズム」の歴史修正主義は、一九八〇年代にさかのぼる。そこでは、ムッソリーニの伝記作家でもある、先駆的な修正主義の歴史家レンツォ・デ・フェリーチェが、有害な「反ファシスト的パラダイム」を放棄すべきだとするアピールを発した。[9] 彼の見解によれば、数十年間にわたって、このパラダイムは歴史研究への強い妨げとなってきたのであって、今や若い歴史家はそのような束縛となるイデオロギー的枠組みから脱すべき時である、というのである。数十年の間、ファシズムの歴史的解釈が倫理的・政治的非難によって形成されてきた（時として置き換えられてきた）とする彼の主張は間違ってはいなかった。戦後イタリアのあまりにも多くの学者が、歴史的研究と政治的批判とを混同して、ファシスト体制の二〇年間についてのより深い認識に枠をはめ、その認識を制限するある種の反ファシスト的ドグマを打ち立ててしまったのである。この「反ファシスト的パラダイム」を退けるということは、有害な歴史記述の狭量さの壁――ファシズムを「イタリアのモラル的病い」とみなすクローチェの旧来の見方――から抜け出し、イタリアの歴史において長期間続いたムッソリーニの体制についての記述を書き改めることを意味した。ファシズムは非難されるべきではなく、その他のすべての時代や政治体制と同様に歴史化されるべきである。ファシズムを例外視して、それを防護柵で囲ってしまうというのは理に適っていない、というわけである。デ・フェリーチェは、膨大な研究（とりわけ彼による五巻のムッソリーニの伝記）を残し、彼の業績の一部は、今日、一般に受け入れられている（特に、ファシズムを大衆的全体主義とする彼の見方は彼の弟子の一部によって深められ、拡張された）[10]。問題は、ファシズムをイ

▼7 Jürgen Habermas, 'A Kind of Settlement of Damages: The Apologetic Teddencies in German History Writing,' in James Knowlton, ed., *Forever in the Shadow of Hitler?: Original Documents of the Histrikerstreit, the Controversy Concerning the Singularity of the Holocaust*, Atlantic Highlands, NJ: Humanities Press, 1993, 34-44［J・ハーバーマス「一種の損害補償、ドイツにおける現代史記述の弁護論的傾向」、『過ぎ去ろうとしない過去――ナチズムとドイツ歴史家論争』（人文書院、一九九五年）、所収］。

▼8 Jürgen Habermas, 'Concerning the Public Use of History', *New German Critique* 44, 1988, 40-50［J・ハーバーマス「歴史の公的使用について――ドイツ連邦共和国の公式の理解が壊れつつある」、『過ぎ去ろうとしない過去』、前掲書、所収］。

▼9 次のインタビューを参照すること。The interview with De Felice in Jader Jacobelli, ed. *Il fascismo e gli storici oggi*, Rome: Laterza, 1986, 3-11.

▼10 ジェンティーレの次のものと比べること。Emilio Gentile, *Fascismo. Storia e interpretazione*, Rome: Laterza, 2002.

タリアの歴史の連続性の中に再び書き加えた後、デ・フェリーチェが最後には反ファシズムをこの同じ歴史の連続性の中から排除してしまったということである。ファシズムはこの歴史の中では正当な位置を占めているのだが、ファシズムへの敵はそうではないのだ。こうして、反ファシズムは、孤立した少数派の運動に、「祖国の死」に対して、そしてまた「国民の統一」を破壊して内戦の渦中に国を投げ込んだことに対して責任を負うべき存在になってしまった。[11] このような議論はまだ消え去っていず、パルチザンの手当たり次第の暴力を取り上げたベストセラー本という形をとってしばしば蒸し返される。それは、ユーゴスラビア共産主義者同盟のレジスタンスによるイタリア人犠牲者――フォイベの虐殺◆――をめぐる論争から、プリモ・レーヴィ◆のすぐれた伝記の利用にまで及んでいる。[12]

ドイツでは、この「反・反ファシズム」キャンペーンは、東西ドイツの国家的統一の後の時期にクライマックスに達した。ドイツ民主共和国（東ドイツ）の併合は、ドイツ人の抵抗の遺産である反ファシズムの解体を不可避的に意味する政治的・経済的・文化的過程であると考えられた。反ファシズムは、批判的な歴史化を要求する伝統であることを辞めた。そうした歴史化は、ドイツ民主共和国（東ドイツ）の国家イデオロギーとしてのスターリニズムとその制度化と象徴的につながるがゆえに矛盾し、対立し、曖昧なものとみなされる可能性があったのだった。反ファシズムはむしろ、全体主義的イデオロギーを覆い隠してきた単なる「神話」にすぎないものであると表現された。[13]「歴史家論争」の時のホロコーストを「相対化」しようとする試みとは違って、この「反・反ファシズム」十字軍は最後に成功をおさめた。その成功は歴史記述にとどまらなかった。ベルリンでは、都市景観が改造され、四〇年間続いたかつての「現存社会主義」の痕跡のほとんどすべてを消し去られた。[14]

フランスでは、「修正主義派」のキャンペーンは、ペタンのヴィシー政権の復権という形をけっして取らなかったが、それは共産主義に対する全般的な攻撃によって吸収されるという形を取った。『幻想の過去――二〇世紀の全体主義』において、フランソワ・フュレは、反ファシズムを、それは人道主義的・民主的な仮面であって、この仮面を被って人民戦線当時には、ソ連邦がヨーロッパ知識人に対して有害な影響を広げたのだ、と提起している。[15] フュレの後を受けて、ステファヌ・クルトワは、反ファシズムを「共産主義黒書」の部類に属すべきものだとして、共産主義の犯罪を正当化するために捏造《ねつぞう》されたイデオロギー的ツールにすぎないとした。[16] フランスの最近の「冷戦の古強者」の最も過激な代表者は、おそらくベ

▼11 De Felice, *Rosso e Nero*, 55. 一九四三年九月を「祖国の死」とみなすことについては、次のものと比較すること。Ernesto Galli Della Loggia, *La morte della patria: la crisi dell'idea di nazione tra Resistenza, antifascismo e Republica*, Rome: Laterza, 1996.

◆**フォイベの虐殺** 伊のファシスト政権が崩壊すると、チトー率いる共産主義パルチザンが、クロアチアのファシスト組織と戦闘を繰り広げたが、この間にイタリア人住民に行なわれた虐殺。報復的な意味だけでなく、共産党支配の障害になりそうな人物を抹殺したとされる。一説では一万人が殺害されたとされ、死体は「フォイベ」と呼ばれる洞窟に投げ込まれた。戦後の反ファシズムを基礎とした伊の政治体制ではタブーとなってきたが、近年の政治情勢の変化で語られるようになってきた。現在、イタリアとクロアチアの間で歴史論争となっている。

◆**プリモ・レーヴィ** イタリアの化学者・作家。アウシュヴィッツ収容所からの生還者で、この体験を記した『これが人間か』(朝日選書、二〇一七年)で知られる。

▼12 次のものと比較すること。Sergio Luzzatto, *Partigia: una storia della Resitenza*, Milano: Mondadori, 2013.

▼13 次のものと比較すること。Antonia Grunenberg, *Antifaschismus: Ein deutscher Mythos*, Reinbek: Rowohlt, 1993. そのようなプロパガンダ的アプローチの外部にある歴史的評価については、次のものを参照すること。Dan Diner, 'Antifaschisttische Weltanschauung: ein Nachruf', *Kreisläufe*, Berlin: Berlin Verlag, 1996. 西ドイツの歴史記述の反ファシズムからホロコーストへの移行については次のものを参照すること。Nicola Berg, *Der Holocaust und die west-deutschen Historiker: Erforschung und Erinnerung*, Göttingen: Wallstein, 2003, 379–83.

▼14 次の二つと比べること。Régine Robin, *Berlin chantiers*, Paris: Stock, 2000; Sonia Combe and Régine Robin, eds, *L'effacement des traces*, Paris: BDIC, 2009.

▼15 François Furet, *The Passing of an Illusion: The Idea of Communism in the Twentieth Cencury*, Chicago: Chicago University Pree, 1999, ch. 8.

▼16 以下の著作の序文を参照すること。Stéphane Courtois, ed., *The Black Book of Communism*, Cambridge, MA: Harvard University Press, 1999〔ステファヌ・クルトワ『共産主義黒書〈ソ連編〉』(ちくま学芸文庫、二〇一六年)〕。

ルナール・ブリュヌトー◆であろう。政治学者の彼は、反ファシズムを「共産主義インターナショナル機構の戦略家によって造り出された知的テロリズム」の一形態だと記している。そのような悪質な捏造の目的は、「真のリベラル・民主主義派の判断を誤らせること」であった、というわけである。[17]

スペインでは、「修正主義」の学者たちは、反ファシズムを「赤」の物語であって、不適格だと決めつけようと試みた。こうした学者たちは、その物語に対して、「党派的歴史」ではなくて、客観的・中立的な歴史、科学的根拠ある歴史を対置すべきだと主張した。おかしなことに、このような「非党派的」研究は結果としてスペイン内戦の弁護論的解釈に行き着いた。それによると、ボリシェヴィキの全体主義の触手から自国を護ろうとしたフランコの賞賛に値する働きに比べると、フランコの暴力とその強権的体制は、ささいなものになってしまうのだ。何冊ものベストセラーをもつ著者ピオ・モアによれば、フランコの「一揆」というものは、共和派の造り出した「神話」だということになる。なぜなら、その正当な軍事的「蜂起」（levantamiento）は、共和国を共産主義の手中に追いやろうとする人民戦線の試みが誘発したものであったからである。モアは、スペイン的「ノルテ主義」を体現しているのであって、ドイツにおけるフランコ派の同族と同様に、フランコの暴力が、ボリシェヴィキの脅威に対する健全で正当な反応に付随する代償であった、と考えている。[18] モアは、ポスト・ファシストのアウトサイダーの役割を果たしたのだが、スタンリー・G・ペイン◆のような定評ある保守派の学者からの予期せぬ支持を見出した。ペインは、イタリアにおけるデ・フェリーチェのように、共和派の「通説」に反対するスペイン内戦の再解釈を提唱していた。その結果、アウトサイダーが新解釈の開拓者となったのだ。[19] 近年、保守派の若い世代の歴史学者は、それとは異なる戦略を用いるようになった。こうした若い歴史家たちは、フランコが無罪であるとは主張せず、ただただ共和派に罪があることを強調するのである。これらの若い世代の歴史家は、フランコ独裁体制の強権的特性を否定はしないが、内戦期間中には、共和派がファシズムに対する民主主義的オールタナティブを代表してはいなかったのだ、という点だけを主張する。フランコ体制の極端な暴力を否定しないが、共和派の暴力がそれとは質的に異なるものではなかった、とただひたすら強調するのである。[20]

概略すると、これらの異なるさまざまな「反・反ファシズム」の物語は、それらが共通してもっている四つの点にまとめることができよう。(1)(「反ファシズム的パラダイム」にもとづく)「活動家的」・党派的歴史記述に対して、「科学的」「客観的」で「厳密な」歴史記述の形を対置すること。(2)共産主義のイデオロギーとその運動が全体主義に近似しているので、反ファシズムを全体主義の形態と同一視すること。(3)ファシストの暴力と反ファシストの暴力を同じものであるとみなすこと。(4)対立する両陣営の間のいわゆる「グレーゾーン」を強調して、有益な唯一の態度はファシズムと反ファシズムの両方を退けることであると指摘すること。

第一の主張——「科学的」歴史対「党派的」歴史——は、「価値中立的」学問の古い神話を掘り起こすものである。[21] これは、現に生活している社会から切断された、いかなる主体性をも奪われた、集団的記憶

◆**ベルナール・ブリュヌトー** 一九五二年〜。全体主義とジェノサイドを研究する仏の歴史家。

▼17 Bernard Bruneteau, 'Interpréter le totalitarisme dans les années 1930', in *Naissances du totalitarisme*, ed. Philippe de Lara, Paris: Cerf, 2011, 244, 251.

▼18 Pío Moa, *Los Mitos de la Guerra Civil*, Madrid: Esfera, 2003.

◆**スタンリー・G・ペイン** 一九三四年〜。米の歴史学者。スペインと欧州ファシズムが専門。翻訳書に『スペイン革命史』(平凡社、一九七四年)ほか。

▼19 Stanley G. Payne, *The Collapse of the Spanish Republic, 1933–36: Origins of the Civil War*, New Heven: Yale Univesity Press, 2006. ピオ・モアの著作についてのペインの評価は以下を参照すること。Stanley G. Payne, 'Miltons y tópicos de la Guerra Civil', *Revista de Libro* 79/80, 2003, 3–5. モアをめぐる議論について以下を参照すること。Alberto Reig Tapia, *Anti Moa*, Madrid: Ediciones B, 2006.

▼20 次のものを参照すること。Fernando del Rey, ed., *Palbras como puños :Lintransigencia politica en la segunda República española*, Madrid: Tecnos, 2011. このスペインのノルテ主義については次のものを参照すること。Ismael Saz Campos, 'Va de Revisionismo', *Historia del Presente* 17, 2001, 161–64.

に無関心で、自分を取り巻く世界の激動と喧噪を逃れるために不可欠な平穏を史料の中に見出すことができる研究者を想定している。通常、このような主張の支持者は、メディアの中で、とりわけ保守派の新聞や雑誌の中に好意的な共感を見出すことができる。

じつは、過去には反ファシズム的な歴史記述が存在したのである。ファシズムや国家社会主義、フランコ体制は自身の公式の歴史記述を保持していたのであり、亡命した歴史家だけが反ファシストであり得た。その多くは、自国のレジスタンス運動に加わった人々であった。そのような経験は数十年前に終了したのだが、その遺産は残り続け、新しい研究者の世代を形成した。今日、批判的な歴史的記述の時がやってきた。批判的歴史家は、被告側弁護人でも検察官でもない。これらの歴史家は確かにグラーグ［ソ連の強制労働収容所］の存在——この存在を認めることはスターリニズムに対する道徳的・政治的非難を暗に要求する——を否定しないのだが、スターリニズムの起源・目的・機能を解明しようと試みるだろう。さらに、グラーグを情況との関連の中で説明し、比較し、通時的な展望の中に位置づけようと試みるだろう。その暴力の残忍化と暴力への順応という点に関して、ロシアの絶対主義の中のスターリニズムの起源ならびに第一次世界大戦と内戦が、ソヴィエト社会に及ぼした結果とを研究するだろう。「反・反ファシズム」の歴史家の側は、そうしたいかなる全面的研究も必要としない。こうした歴史家にとって、歴史には何ら謎はないのであって、歴史家がその答をすでに知っているのだ。グラーグは、ソ連邦が全体主義的であったから存在したのであり、ロシアの内戦はボリシェヴィキ・イデオロギーのドグマがそれに相当するものを含んでいたがゆえに起こった、というわけである。これがマーチン・メイリアなどの研究者によって書かれたソ連邦の歴史の核心である。彼にとっては、「一〇月革命によって創り出された世界においては、われわれはある一つの社会にはじめて取り組んでいたのではけっしてなくて、むしろわれわれは一つのイデオロギー政体（イデオクラティック）に一貫して取り組んでいたのだ[22]」。

批判的歴史家は、フォイベ（の虐殺）の残虐な経験を否定しないだろう。イタリアとユーゴスラビアの国境地帯にあるこのトリエステの山岳地帯フォイベで、チトーのパルチザンが数千人の対イタリア協力者を殺害したのだった。批判的歴史家は、そうした悲劇的出来事とは反対の出来事を記述し、この出来事をイタリアとユーゴスラビアの対立関係や変動する国境の歴史の中に記録し、バルカン半島に対するファシスト派の占領によってなされた暴力だけでなく枢軸国側の軍隊によってなされた反パルチザン戦争の残忍さをも考慮に入れるだろう。それとは反対に、「反・反ファシズム」の歴史家にとっては、この悲劇に関する唯一可能な説明は、共産主義の全体主義なのである。[23] それが、数多くの領域で、すでにテスト済みの聖書解釈学的方法の鍵となっているものである。一九七〇年代末、フランソワ・フュレのような自由主義的な歴史記述のチャンピオンは、フランス革命に関する「ジャコバン的-レーニン主義的通説」に反対するパンフレットを書いたが、それは、「今日、グラーグが『恐怖政治』の再考をもたらしつつあるのである。なぜなら(フランス革命とロシア革命の)二つは同一のプロジェクトを共有しているからである」。[24] 言い換えれば、「価値中立的な歴史は反共主義的歴史」を意味するということになる。

3……「反ファシズム＝全体主義」の発想のもととなる三段論法

「反・反ファシズム」の歴史記述の発想のもととなる単純な三段論法が存在していて、それは次のように定式化することができよう。反ファシズム＝共産主義であり、共産主義＝全体主義だ、だから、反ファシ

▼21 デル・レイの以下の著作の中の「戦史」批判を参照すること。Fernando del Rey, 'Revisionismos y antemas: A vueltas con la II República', *Historia Social* 72, 2012, 155–72.
▼22 Malia, *The Soviet Tragedy*, 8［メイリア『ソヴィエトの悲劇』］。
▼23 この出来事の再評価については次のものを参照。Joze Pirjevec and Gorazd Bajc, *Foibe: una storia d'Italia*, Torino: Einaudi, 2009.
▼24 François Furet, *Interpreting the French Revolution*, New York: Cambridge University Press, 1981, 12［フランソワ・フュレ『フランス革命を考える』（岩波書店、一九八九年）］。

ズム＝全体主義だ、というものである。このような解釈が反ファシズムの正当性を傷つけ、まともな人々が反ファシストからもその同伴者や支持者（'fiancheggatori'）に対しても距離を置かざる得なくなるようにしようとするものであることは明白である。レンツォ・デ・フェリーチェによれば、イタリア行動党――自由主義と社会主義を代表し、「正義と自由」（Giustizia e Liberta）運動を継承する党――が、レジスタンスの中で、「共産党産のワインの産地表記を民主主義と指定することを許したというかぎりにおいては」[25]、悪しき役割を果たした、ということになる。フランソワ・フュレは、反ファシズムをボリシェヴィキがそれによって「民主主義の紋章」を手にすることを可能にしたトリックだと定義した。「大粛清」の時期、「ボリシェヴィキは欠席裁判で自身を自由派として徹底的に作り直した」[26]（じつに否定的な暗示だ）、と彼は書いているが、さらに進んで次のように指摘しさえしている。すなわち、反ファシズムに関する共産主義者の最初のもととなる考えは、一九三五年の共産主義インターナショナル◆によって作り上げられた戦術から派生した副産物なのだ、と。

残念なことに、このような「価値中立的な」解釈は、それに反するいくつかの歴史的事実に注意を払っていないのだ。イタリアでは、一九二五年に最初の「反ファシスト宣言」を発したのは、自由主義の哲学者であるベネディクト・クローチェだったのである。一九三〇年、国家社会主義の台頭に反対するドイツの社会民主党と共産党の反ファシストの連合を呼びかけたのは、無党派左翼の週刊紙『ディー・ヴェルトビューネ』であった（この時点では、ドイツ共産党は、社会民主党を敵とみなし、「社会ファシスト」と規定していた）[27]。一九三四年二月におけるファシストの反乱を受けて強力な反ファシスト・キャンペーンを展開するよう鼓舞したのは、フランス共産党ではなくて知識人のグループであったが、この運動は二年後に人民戦線として頂点に達した。共産党と社会党の両党はともにこの巨大な自然発生的運動に参加せざるを得なかった。フュレの解釈はまた、反ファシズム、すなわち、アナーキストやトロツキストから、社会民主主義派やリベラル派までのさまざまに異なる反スターリニズムの諸潮流を含んだ、知的・政治的運動の多様性をも無視している。一般に、こうした解釈は、一九四一年には、連合国側が枢軸国側に反対するにソ連邦との統一戦線を結成したという事実について、いかなる論評をも避ける傾向にある。この単純な事実は、反ファシズムを正当化するうえで大いに貢献したのだった。

反ファシズムを歴史化するということは、その内部に存在していた諸矛盾と曖昧さを探究することを意味する。一九三〇年代において、反ファシズムは、ヨーロッパ文化の最も重要な潮流であったし、第二次世界大戦終結時には、第三帝国の敗北から出現した民主的な諸政権にとっての共通のエトス（精神）となった。それでは、われわれは次の事実をどのように説明できるのだろうか？ すなわち、それは、モラル的立場からも政治的立場からも、自らが反ファシズムに加わったあれほど多くの知識人たちが、どうしてスターリニズムを批判し、モスクワ裁判◆の茶番や農業の強制的集団化、収容所を非難することを拒否したのか、という事実についてである。さらには、反ファシズム運動の内部でスターリニズムを批判した知識人——アーサー・ケストラーからヴィクトル・セルジュに至る、アンドレ・ジッドからマネス・シュペルバーに至る、ヴィリ・ミュンツェンベルクからジョージ・オーウェル、ガエターノ・サルヴェミニに至る人々——の主張が聞き入れられなかったり、たちまち忘れ去られてしまうようなことにどうしてなってしまったのか、ということでもある。アプトン・シンクレア◆が指摘したような「包囲された町」症候群——

▼25 De Felice, *Rosso e Nero*, 69.

▼26 Furet, *The Passing of an Illusion*［フュレ『幻想の過去』］、224.

◆**一九三五年の共産主義インターナショナル**　フュレがここで言っているのは、一九三五年七月の第三インターナショナル第七回大会のことである。スターリンは、ここで、社会民主党を「社会ファシスト」と規定したこれまでの極左セクト主義路線から一八〇度転換し、反ファシズムを前面に出した人民戦線路線を打ち出した。

▼27 次のものと比較すること。Istvan Deak, *Weimar Germany Left's Wing Intellectuals: A Political History of the Weltbühne and Its Circle*, Berkley: University of California Press, 1968.

◆**モスクワ裁判**　一九三六年から三回にわたって行なわれたスターリンによる大粛清のでっち上げ裁判。一〇月革命を担ったボリシェヴィキの中心的指導者は、スターリンを除いてほとんどが有罪とされ、銃殺された。

市が包囲下にある時には、市政府に異議を申し立てれば必ず包囲する側の陣営の第五列になってしまう[28]――が、大きな役割を果たしたことは確かである。だからと言ってこのことは、才能があり（別の状況のもとでは）自立した精神を備えていたであろう多数の人々が指摘したような重要な事実を無視した態度を正当化することにはならない。

同様の検討を、ホロコーストに対する反ファシズム側の態度に対しても行なうことができるだろう。ごくわずかな例外を除いて、反ファシズムは、ナチの反ユダヤ主義を、人種絶滅策であるとするよりもむしろ過激なデマに満ちたプロパガンダと見ていた。このことは、国家社会主義のイデオロギー的由来ならびにユダヤ人を差別し、中傷する旧来のヨーロッパ的常套手段の言語と文化への有害な適応について途方もない無理解を暴露するものである。簡単に言えば、反ファシズムの知識人たちは、ファシズムの根底にある「啓蒙の弁証法」を捉えることができなかったのである。これら知識人たちはファシズムを、近代それ自身の真の産物というよりも、むしろある種の文明の崩壊、野蛮への後戻り、と見ていた[29]。こうした知識人にとって、ファシズムは、反啓蒙主義の過激な形態を意味したのであって、反動的なモダニズムの形態を意味するものではなかった[30]。この反動的モダニズムは、保守主義や強権主義が近代的手段による合理主義の成果と共生するものであった。国家社会主義の核にある神話体系とテクノロジーとの混合は、進歩の思想が全面的に支配する運動にとっては理解しがたいものであった[31]。しかしながら、反ファシズムにこうした限界と曖昧さがあるのは、反ファシズムが形としては全体主義と好一対のバージョンだからだとみなすことはできないのだ。

4……ファシストとレジスタンスの暴力は「同等」なのか？

いわゆる「価値中立的」研究は、反ファシズムの歴史家を、ファシストの暴力と反ファシストの暴力とに同一の評価を与える。どちらも全体主義的であり、われわれはモラルに反するという点で両者を区別することなく、両方を退けるべきである、というわけだ。これが、スペインの歴史家リカルド・ロブレドが造り出した辛辣な定義に従った、「同等の暴力」(equiviolencia)についてのテーゼである。▼32

たとえ「修正主義の」歴史家が、言い方を絶えず訂正し続けてきているとしても、このような言い方は新しいものではない。その起源は、第二次世界大戦終結時にまでさかのぼる。この時、ナチ派のパージの犠牲となった者たちが自己弁護の戦略としてこの立場を主張した。一九四八年、マルティン・ハイデッガーは、その当時、亡命してアメリカにいたかつての弟子ヘルベルト・マルクーゼに、数通の手紙を書いた。その中で、ハイデッガーは、連合国の軍隊による東プロイセンからのドイツ人の追放をユダヤ人に対

◆**アプトン・シンクレア** 一八七八〜一九六八年。米の作家。多くの社会テーマについて社会主義者の視点から作品を著わし、高い人気を得た。邦訳書に『ジャングル』(ゆまに書房、二〇〇四年)ほか。

▼**28** Upton Sinclair, *Terror in Russia? Two Views*, New York: R. R. Smith, 1938, 57. 次の二つの著作と比べること。David Caute, *The Fellow-Travellers: Intellectual Friend of Communism*, New Haven: Yale Univesity Press, 1983; Ludmila Stern, *A Western Intellectuals and the Soviet Union, 1920–40: From Red Scqaure to the Left Bank*, Abingdon: Routledge, 2007.

▼**29** Max Horkheimer and Theodor W. Adorno, *Dialectic of Enlightment*, Sranford: Stanford University Press, 2007［M・ホルクハイマー、T・W・アドルノ『啓蒙の弁証法』(岩波文庫、二〇〇七年)］と比較すること。

▼**30** Jeffrey Herf, *Reactionary Modernism: Technology, Culture and Politics in Weimar and the Third Reich*, New york: Cambridge University Press, 1986［ジェフリー・ハーフ『保守革命とモダニズム――ワイマール・第三帝国のテクノロジー・文化・政治』(岩波書店、一九九一年)］。

▼**31** 次のものと比較すること。James D. Wilkinson, *The Intellectual Resistance in Europe*, Cambridge, MA: Harvard University Press, 1981.

▼**32** Ricardo Robledo, 'Sobre la equiviolencia: puntualizacions a una réplica', *Historia agraria*, 54, 2001, 244–46. スペインの新保守派の歴史記述への全体的評価については次のものも参照すること。Ricardo Robledo, 'El giro ideológico en la historia contemporánea Española: "Tanto o más culpable fueron las izquierdas"', in *El pasado en construcción: Revisiones de la historia y revisionismos históricos en la historiografía contemporánea*, eds Carlos Forcadell, Ignacio Peiró, and Mercedes Yusta, Zaragoza: Institución Fernando el Católico, 2015, 303–38.

するナチの絶滅策になぞらえた。マルクーゼは、そのような言い方はこれ以上の対話を不可能にするものだと説明し、ハイデッガーとの文通を断つと決めた。

ユダヤ人絶滅策について私の述べているすべての点が、「ユダヤ人」という箇所に「東ドイツの人々」を入れ替えるならば、連合国側にも同じ程度当てはまる、とあなたは書いています。この一文をもって、あなたは人間同士の会話という次元を枠外に――ロゴスの枠外に――立っているのではないでしょうか？　ただ論理の次元の枠外に立っているがゆえに、他の人々も同じことをしたと言って、犯罪を説明し、相対化（auszugleichen）し、「了解する」ことが可能なのです。もっと言えば、何百万もの人間の拷問し、傷つけ、絶滅させることと、（いくつかの例外的ケースを除けば）そうした非道な迫害を受けなかった住民グループの強制的移住とを、どうして同一視できるのでしょう?[33]。

これと同じ時に、カール・シュミットも、第三帝国の犯罪をめぐる論争が占領下のドイツ統治の内部で連合国によって犯されている「ジェノサイド」を完全に覆い隠してしまっていると不満を漏らした[34]。それから四〇年後にドイツ連邦共和国で「歴史家論争」が起こった時にも、論調は変わらなかった。ノルテは、ボリシェヴィキの「アジア的」行為の方が、論理的にも事実としても先行しているのであって、ナチの「人種的殺人」以前になされていると説明した。ナチの「人種的殺人」の発想源となったのはボリシェヴィキの「階級的殺人」だったし[35]、どちらもともに残念で痛ましいことだったのだが、最初のものが原罪であった、というわけである。『フランクフルター・アルゲマイネ・ツァイトゥング』紙の記者であり、歴史家でもあるヨアヒム・フェストによれば、毒ガス使用という技術的処理の点を除けば、ナチの暴力と共産主義の暴力とには違いはなかったのであって、一方が「人種的」絶滅であったのに対して、他方は「階級的」絶滅であった[36]、ということになる。

イタリアでは、レンツォ・デ・フェリーチェが、一九八七年に、イタリア・ファシズムは「ホロコーストの影響の及ばないところに位置していた」と指摘して、その地ならしをした。[37] それに続く数年のうちに、彼の弟子たちが、レジスタンスはファシズムと同じほど暴力的で非寛容だった、とする結論を導き出した。スペインでは、フランコ陣営と共和国陣営の暴力の対称性を強調することが「修正主義の」歴史家の常套手段である。このキャンペーンは、サントス・フリア◆のような一部の著名な歴史家にも伝染し影響を及ぼしていて、彼は結局のところ、共和派の大義を共産党や社会党やアナーキストやトロツキストの支持者から切り離してしまうようになった。[38] しかしながら、彼は、一九三六年のスペインにおいて、もし共産党や

▼33 次のものを参照すること。'Heidegger and Marcuse: A Dialogue in Letters'. これは、マルクーゼに次の著作に入れられている。Herbert Marcuse, *Technology, War and Fascism*, London: Routledge, 1998, 261–67 (quotation on 267).

▼34 Carl Schmitt, *Glossarium: Aufzeichnungen der Jahre 1947–1951*, Berlin: Duncker & Humblot, 1991, 282.

▼35 Ernst Nolte, 'The Past that will not Pass', in James Knowlton, ed., *Forever in the Shadow of Hitler?: Original Documents of the Histrikerstreit, the Controversy Concerning the Singularity of the Holocaust*, Atlantic Highlands, NJ: Humanities Press, 1993, 21–22［エルンスト・ノルテ「過ぎ去ろうとしない過去――書かれはしたが、行われなかった講演」、『過ぎ去ろうとしない過去――ナチズムとドイツ歴史家論争』（人文書院、一九九五年）、所収］。「歴史家論争」については次のものを参照すること。Richard Evans, *In Hitler's Shadow: West German Hitorians and the Attempt to Escape from the Nazi Past*, New York: Pantheon Books, 1989.

▼36 Joachim Fest, 'Encumbered Remembrance: The Controversy About the Incompatibility National Socialist Mass Crimes', *Forever in the Shadow of Hitler?*, 63–71［ヨアヒム・フェスト「負債としての記憶――ナチズムの集団犯罪の比較不可能性に関する論争によせて」、『過ぎ去ろうとしない過去』、前掲書、所収］。

▼37 Interview with Renzo de Felice, in Jader Jacobelli, ed., *Il fascismo e gli storici oggi*, 6. フェリーチェに関しては以下を参照すること。Gianpasquale Santomassimo, 'Il ruolo di Renzo De Felice', in *Fascismo e antifascismo: Rimozioni, revisioni, negazioni*, ed. Enzo Collotti, Rome: Laterza, 2000, 415–29.

◆**サントス・フリア** 一九四〇～二〇一九年。スペインの歴史家・社会学者。社会史と政治思想を専門とする。

▼38 次のものとそれに対する回答を参照すること。Santos Juliá, 'Duelo por República española', *El País*, 25 June 2010: the reply by Josep Fontana, 'Julio de 1936', *Público*, 29 June 2010.

社会党、アナーキストやトロツキストの勢力がいなければ、どのような勢力が共和国を防衛することができたかを説明していないのである。ことによるとホセ・オルテガ・イ・ガセット◆なのだろう？

同じ問題が、一九四三～四五年のイタリアについても提起されなければならない。ことによると、レジスタンス運動は共産党なしに可能だったのか？　どの勢力が民主的社会を打ち立てたのか？　ことによると、スフォルツァ伯爵なのであろうか？　（ヒトラー暗殺を試みた）クラウス・フォン・シュタウフェンベルクの勇気と英雄的行為は疑問の余地のないところだが、一九四四年七月時点でヒトラーに反対した彼の立場が民主的性格のものだったというのは大いに疑問が残るところだ。軍部のエリート層は、一九三三年のワイマール民主主義の解体にも、またそれから二年後のニュルンベルク法の公布にも、反対することはなかった。軍部のエリート層は、「大ドイツ」（Grossdeutschland）の考えを擁護し、スターリングラードでの敗北までヒトラーの戦争を支持し続けた。軍部エリート層内のこのグループに属する軍人たちは、ヒトラーなき強権的ドイツを夢見ていたのだった。[39]　こうした軍人たちは、「全体主義的」反ファシズムに反対する民主派の「レジスタンス」の代表だったのだろうか？　この問いかけに対して、それがいかなるものであろうと肯定的に回答するというのは、大いに疑問だ。共産主義がドイツをも含めてファシズムに反対する抵抗運動の中で重要な役割を果たしたとすれば、それはリベラリズムも保守主義もともに、それに先立つ時期にファシズムの台頭を阻止できなかったからであり、その後も信頼に足る勢力として登場しなかったからなのである。

一九二二年におけるイタリアの経験と一九三三年におけるドイツの経験は――この時、リベラル派のエリートたちがムッソリーニとヒトラーの政権奪取に賛成した――、これらのエリートたちを当てにならない存在と化してしまったのであって、それは、ソ連邦の赤軍の勝利のオーラによって強められた共産党のレジスタンスが、なぜ強力だったかを説明してくれる。批判的な観点で歴史的事実を見るならば、リベラリズムにそれほど罪はなかったとは言えないのだ。「同等の暴力」という考えを、その論理的結論にまで突き詰めるなら、リベラリズムもその罪を免れられるわけではない。連合軍は、ドイツの民間の市民社会に対する計画的な破壊の一環として第三帝国に対する空爆戦を遂行し、ドイツの諸都市に対する組織的な爆撃で六〇万人のドイツ人が殺害され、数百万人が難民にさせられた[40]。広島と長崎の惨劇は全体主義的なイデオロギーの結果ではなかった。それは、ルーズヴェルトによって計画され、トルーマンによって命じられたものであって、スターリンが命じたものではなかった。

しかし、「同等の暴力」というテーゼは、タブーを打ち破ったのだ。すなわち、もし反ファシズム――これが大陸ヨーロッパにおける第二次大戦後の民主主義の政治的基礎であった――が、ファシズムと同等のものであるということが証明されるのであれば、その場合には、誰もファシストであることを恥じるべきではない、というわけだ。二〇〇〇年に、イタリアの歴史家ロベルト・ヴィヴァレッリは、自身が過去においてファシストであったことを明らかにしたが、じつは、そこには男性的誇りの感覚が混じっていたのだった。

> 誰か人が私に、サロ共和国の戦士として戦ったことを「後悔」しているかと尋ねるなら、私はこう答えるだろう。後悔していない、たとえ今日、その大義が道徳的・歴史的に正しいものでなかったと自身が認識しているとしても、そうしたことも私は満足している。〔……〕私は自らの責務を果たしたのだ、それだけだ[41]。

◆**ホセ・オルテガ・イ・ガセット**　一八八三～一九五五年。スペインの哲学者。ボリシェヴィズムとファシズムを「野蛮状態への後退」「原始主義」として批判した。邦訳書に『大衆の反逆』（白水社、二〇〇九年）ほか。

▼39　次のものを参照すること。Ian Kershaw, *The Nazi Dictatorship: Problems and Perspectives of Interpritation*, New York: Oxford University Press, 2000, ch. 8 ('Resistance without the People?').

▼40　次を参照すること。Jörg Friedrich, *The Fire: The Bombing of Germany, 1940–1945*, New York: Columbia Press, 2006.

▼41　Roberto Vivarelli, *La fine di una stagione: Memoria 1943–1945*, Bologna: Il Mulino, 2000, 23.

最近の数十年間に多くのヨーロッパ諸国で繰り広げられた記憶の政治は、この重大な変化を忠実に映し出す鏡である。この脈絡の中で、われわれは次のような出来事を語ることができるだろう。アメリカ人兵士も一部のナチ親衛隊（ＳＳ）隊員もともに埋葬されている、ビットブルク軍人墓地をヘルムート・コールとロナルド・レーガンの二人がいっしょに訪問したこと。どちらの陣営への忠誠かを区別せず、第二次世界大戦のすべての死者を追悼するベルリンのノイエ・ヴァッヘ追悼記念施設の設置。イタリアにいたホロコーストのユダヤ人犠牲者を回想した後に、ムッソリーニの側で戦った「サロの少年たち」にも哀悼を意を表明する一九九〇年代以降の多くのイタリア政治家の演説。スペインのかつての共和国戦士たちが、ドイツ軍とともに戦うためにフランコによってロシアに派遣された青師団の一部の兵士といっしょに行進したマドリードの有名な二〇〇〇人のデモ。[42]

5……「グレーゾーン」

プリモ・レーヴィの作品『溺れるものと救われるもの』は、「グレーゾーン」と名づけた問題を取り上げている。たいていの場合、「反・反ファシスト」の歴史記述は、弁護論と定義できる「グレーゾーン」のような、皮肉っぽく、中立的で、穏健さを思わせる態度を取る。[43]この用語は、絶滅収容所の中での加害者と犠牲者との間の曖昧で定まらない流動的な領域を指し示している。この概念は、拡張されると（しかも、そうすることによって変えられると）、傍観者を、すなわち内戦の真っただ中で、一つの陣営を選ぶことができず、二つの対立し合う極の間を揺れ動いてははっきりとした態度を取れない大衆を、描き出すことができた。一部の研究者は、そのような受動的で、ためらいがちで、おびえ、時として悩み、時として臆病になる態度は、別のイタリア人の作家の『丘の上の家』の誘惑から借りてきた隠喩を通じても把握することができた。[44]スペインでは、共和派の亡命とフランコ独裁体制の犯罪の両方をともに同時に恩赦することにもとづく、過去の記憶を消し去るような民主化への移行過程が進められたが、「反・反ファスト」

の歴史家たちは、まず何よりも、この移行の利点に疑義をはさむすべての試み——まずその第一は「歴史の記憶に関する法」（二〇〇七年）——を批判して、「移行の精神」を保持すべきだとする願いを表明している。

そうした態度の背後に、われわれが見出すのは、弁護論的傾向だけではない。そこにはまた、犠牲者を救済する実践から過去を解釈するプリズムへと人道主義を変質させようとする、いわゆるポスト全体主義的な知恵も存在している。このようにして、民主主義は、抽象的で実態のない、時間を欠いた価値になってしまった。思想家ツヴェタン・トドロフのような批判的精神の人が数年前にフランスのレジスタンスに関する著作の中で指摘したのは、このアプローチだった▼45。ヴィシー政権の民兵（ファシスト）と過激なパルチザン（反ファシスト）の両方に汚名を着せることによって、彼は、大虐殺を回避するために、両陣営

▼42 ビットブルク墓地については次のものを参照すること。Geoffey H. Hartman, *Bitburg in Moral and Political Perspective*, Bloomington: Indiana University Press, 1986. ノイエ・ヴァッヘについては次のものを参照。Peter Reichel, *Politik mit Erinnerung: Gedächtnisorte im Streit um die Nationalsozialistische Vergangenheit*, München: Hanser Verlag, 1995, 231–46. イタリアの政治家の発言については、次のものを参照。Filippo Focardi, *La guerra della memoria: La Resistenza nel dibattito politico italiano dal 1945 ad oggi*, Rome-Bari: Laterza, 2005.

▼43 Primo Levi, *The Drowned and the Saved*, New York: Summit Books, 1988［プリーモ・レーヴィ『溺れるものと救われるもの』（朝日新聞社、二〇〇〇年）］。「グレーゾーン」概念の内戦への拡張的適用については次のものを参照すること。De Felice, *Rosso e Nero*, 55–66.

▼44 次のものと比較すること。Raffaele Liucci, *La tentazione della 'Casa in collina': Il disimpegno degli intellettuali nella guerra civile italiana 1943–1945*, Milano: Unicopli, 1999. これは次の著作について言及している。Cesare Pavese, *The House on the Hill*, New York: Walker, 1961［チェーザレ・パヴェーゼ『丘の上の家』、『世界文学全集 二〇世紀の文学』三三（集英社、一九六六年）、所収］。

▼45 Tzvetan Todorov, *A French Tragedy: Scenes of Civil War, Summer 1944*, Hanover, NJ: University Press of New England, 1996［ツヴェタン・トドロフ『フランスの悲劇——一九四四年夏の市民戦争』（法政大学出版局、一九九八年）］。

に対して等距離を置き、両陣営を仲介しようと試みた民間人の美徳に焦点を当てたのだった。このことは、唯一正当なレジスタンスが一般民間人のレジスタンス――戦士のレジスタンスではなくて、救護者たちのレジスタンス――であることを意味する。にもかかわらず、やはり歴史的な理解からすると、一般民間人のレジスタンスは、政治的・軍事的レジスタンスと深く結びついていた。この二つの異なった実践的活動とやり方はたいていの場合、同じ価値観を共有し、同じ目的を追求していたのだった。独創性に富んだ著作の中で反ファシズムの「倫理性」を綿密に調べた歴史家クラウディオ・パヴォーネ◆は、ナチの占領に反対する民族解放運動、社会的解放のための階級闘争、利敵協力者に反対する内戦という、レジスタンスにおける相関関係にある三つの側面の特徴を明らかにした。これらの異なる次元は共存していたのであり、レジスタンスがその「倫理性」を発揮したのは、まさにこうした結びつきを通じてであった。[46]

暴力と戦争、全体主義、ジェノサイドの世紀における価値ある唯一の主役が、救護者、医師、看護師、ストレッチャーを押す人々であったなどとするのは疑問だ。二〇世紀を、巨大な人道上の破局に還元してしまうことはできないのであって、そのような解釈学は、極度に単純化されていて、限界をもつ。セルジョ・ルッツァット◆が修辞的表現で問うている。「一般民間人の犠牲者が二〇世紀の真の英雄――それとは対極にあった残虐なイデオロギーの犠牲となった子羊――として認められている以上、なぜわれわれはそれらを区別すべきなのだろうか？」[47]と。過ぎ去った世紀はイデオロギー的・政治的大義のために何百万人もの人々が戦った対立の時代であった。反ファシズムはそのうちの一つだった。それがひとたび非歴史化されてしまうと、民主主義それ自身が健忘症に陥り、脆弱なものになってしまう。反ファシズムの起源と歴史を知ることは、すなわち、それがいかに出現したのか、いかに確立されたのかを知ることは、たとえそれがその曖昧さや限界を理解するためにすぎないものであったとしても、有益である。反ファシズムをその起源から切り離してしまい、反ファシズムが生まれた歴史的経験と反ファシズムとを対立させるのは、危険である。だからこそ、ファシズムを経験したヨーロッパ大陸の諸国において、われわれは「反・反ファシズム」の民主主義など必要としないのだ。

◆**クラウディオ・パヴォーネ**　一九二〇～二〇一六年。伊の歴史家。伊の歴史的解放運動研究所会長、現代史協会会長を務めた。

▼46　Claudio Pavone, *A Civil War: A History of the Italian Resistance*, London: Verso, 2013.

◆**セルジョ・ルッツァット**　一九六三年～。伊の歴史家。専門はフランス・イタリア近現代史。邦訳書に『反ファシズムの危機――現代イタリアの修正主義』（岩波書店、二〇〇六年）。

▼47　Sergio Lazzatto, *La crisi dell'antifascismo*, Torino: Einaudi, 2004, 44.

［第6章］
「全体主義」の政治利用

スラヴォイ・ジジェクは皮肉を込めて、全体主義を「天朝」で調合された緑茶と同類の「架空の老化防止剤」だと述べている。全体主義という概念は、暴力と大量絶滅によって根底から動揺させられた二〇世紀の意味を捉えるためのものとして登場した。そのアイコンは、ヒトラーのアウシュヴィッツとスターリンの収容所であった。ファシズムと共産主義との一目瞭然とも思える表面的ないくつかの類似性を強調することによって、この両者を共通の性格をもつ政治体制であると描いたのである。戦後の西側は、自分たちに対する全体主義的な敵に汚名を着せることによって、帝国の自分たち自身の暴力と抑圧の形態を放免したのだった。そしてソ連邦が崩壊すると、西側のリベラリズムはその「最終的勝利」を祝ったが、二〇〇一年の9・11以降、全体主義は「イスラム」という顔ももつようになっている。

「全体主義」ほど曖昧な概念は少ない。「ポピュリズム」という概念は全体主義の双生児なのだ。論争の境界を明確にするのを助ける代わりに、混乱を生み出す。左翼と右翼の両方の潮流によって共有し得るもっぱら政治的スタイルにのみ焦点を当てるのであって、その結果、根本的な本質がぼやかされてしまうことになる。

1……「全体主義」の新しい顔

学術的研究ならびに、さらに広く言って二〇世紀と二一世紀初頭の政治文化を貫く全体主義という考えの軌跡は、広範なインパクトを与えた時期と光彩を失った時期とが交互に訪れたのであって、ひどくねじ曲がったものとなってきた。[1] この考えがわれわれの政治的・歴史的語彙の中に入ってくるのが、もはや覆し得ないものとなったかどうかについて言うのは、おそらくあまりにも早すぎるだろうが、それが急速に勢いを回復したことは明確に証明されている。

それは、二〇〇一年の9・11を受けて、最近では劇的な形での復活を遂げたのであり、この時にはイスラムのテロリズムに反対する試みの中でこの考えが動員されたのだった。こうして、「全体主義」は、たとえ常に実り多いものではなかったとしても、政治と研究の二つの世界にまたがる、そしてまた、スローガンではないとしても闘いの言葉と分析のツールにまたがる、壮大な共生を物語る実例となっている。それが、なぜそれほど堅固で持続性をもっているのかを説明する諸要因のうちでも、公的な記憶ということが顕著でもっともな一つの理由であることは確かである。一方において、ホロコーストの方は、公共的な記念、美術館、美学的脚色の対象——一部の学者はそれを、西側の「市民宗教」だと定義している——で

▼1 全体主義に関する知識人の論争の最も重要な論文は、次の三つの書の中に集められている。*Le totalitarisme: Le xxe siècle en débat*, ed. Enzo Traveso, Paris: Editions du Seuil, 2001; *Le totalitarisme: origines d'un concept, genèse d'un débat 1930–1942*, ed. Bernard Bruneteau, Paris: Editions du Cerf, 2010; *Totalitarismus im 20. Jahrhundert. Ein Bilanz der Internationaler Forschung*, ed. Eckhard Jesse, Baden Baden: Nomos Verlag, 1996. 冷戦終結までのこの概念の歴史的研究については、次のものを参照。Abbott Gleason, *Totalitarianism: The Inner History of the Cold War*, New York: Oxford University Press, 1995. ポスト冷戦期におけるこの論争の最初の批判的解釈については次のものを参照すること。Anson Rabinbach, 'Moments of Totalitarianism,' *History and Theory* 45: 1, 2006, 72–100.

あるばかりでなく、現代における暴力とジェノサイドの一例ともなった。他方において、ソ連邦の崩壊は共産主義の経験を、もっぱらほぼその犯罪的側面（大量追放、大量の処刑、収容所）にだけ焦点を当て、それと同時にかつては高く持ち上げられていた解放の潜在的可能性を覆い隠してしまうような歴史的な視座の枠内に決定的にはめ込んでしまうような記述をもたらした。共産主義は、革命と恐怖政治、解放と抑圧、社会運動と政治体制、集団的行動と官僚的専制とが複合的に結合する多彩で多面的な矛盾する相互に組み合わさった現象というよりもむしろ、残虐なイデオロギーのなせる業に帰着させられることとなった。スターリニズムが共産主義の「真実の」顔となった。

　こうした情勢の下では、全体主義の概念は、暴力と大量絶滅によって根底から動揺させられた一つの世紀の意味を捉えるための最も適切なものとして登場した。大量絶滅のアイコンはアウシュヴィッツとコルイマ◆なのである。対抗相手が敗北して、西側のリベラリズムはその最終的勝利を祝った。フランシス・フクヤマ◆が一九八九年にヘーゲル的用語を用いてはじめて自己満足的な解釈を定式化した。[2] マーチン・メイリアの『ソヴィエトの悲劇』からフランソワ・フュレの『幻想の過去――二〇世紀の全体主義』に至る世紀の変り目以降の多くの学者の著作の根底にあるのは、この解釈である。[3] この学術的研究と政治への関与との同様の融合が、「全体主義」に関するごく最近の印象深いまでのコメントの増大の波を作り出しているのだ。今回それは、もっぱら西側に挑戦する新たな脅威、イスラムのテロリズム、に向けられている。「自由世界」と（ファシストや共産主義者などの）全体主義との旧来の対立は、後者が新たな顔を見せる「文明の衝突」に取って代わられたのだった。

2……「全体主義」という概念の歴史の諸段階

　全体主義の考えの前提となるものは、第一次世界大戦中に出現した。この大戦は、ヒトラーの体制とスターリンの体制が登場する以前には、「総力戦」であるとして描写されていた。[4] 民主主義と大衆社会の時代に属する近代の衝突として、この大戦はヨーロッパ社会の物資的資源を吸上げ、その社会的・経済的諸力を動員し、その精神的状態と文化を一変させた。それは、国際法の定めが適用されなければならなかった国家間の古典的な戦争として生まれたが、たちまち産業による巨大な虐殺へと転化した。「総力戦」はテクノロジーによる絶滅と大量の無名の死の時代を切り開いた。それは、（二〇世紀の最初のものとなった）アルメニア人のジェノサイドを生み出し、ホロコーストを予示した。ホロコーストは、（第一次大戦という）大陸規模で計画されたこの産業的殺戮の歴史的前例抜きには理解し得ないだろう。▼5 だから、第一

◆**コルイマ** シベリアのコルイマ川流域にあったスターリンの強制収容所のこと。

◆**フランシス・フクヤマ** 一九二〇年～。米の日系の政治学者。一九八九年、冷戦終結により、「人間の政府の最終形態としての自由民主主義」「自由主義国家」「政治的自由主義」「経済的自由主義」が最終的な勝利を収めることで、社会制度の発展が終わり、人類発展としての歴史が「終わる」という説を発表。後に著書『歴史の終わり』上下（三笠書房、一九九二年）としてまとめられた。

▼**2** この論争についての批判的な復元については、次のものを参照すること。Perry Anderson, 'The End of History', *A Zone of Engagement*, London: Verso, 1992, 279–375.

▼**3** Martin Malila, *The Soviet Tragedy: A History of Socialism in Russia 1917–1991*, New York: Free Press, 1994［マーティン・メイリア『ソヴィエトの悲劇——ロシアにおける社会主義の歴史 一九一七－一九九一年』上下（草思社、一九九七年）］。および François Furet, *The Passing of an Illusion: The Idea of Communism in the Twentieth Century*, Chicago: Univercity of Chicago Press, 2000［フランソワ・フュレ『幻想の過去——二〇世紀の全体主義』（バジリコ、二〇〇七年）］。

▼**4** *Great War, Total War: Combat and Mobilization on the Western Front, 1914–1918*, edited by Roger Chickering and Stig Förster (Cambridge: Cambridge University Press, 2000). これは、ケンブリッジ大学出版局の五巻から成る「総力戦の歴史」の第三巻である。論争を呼ぶこの概念については、以下の二つを参照すること。Hans-Ulrichi Wehler, "Absoluter" und "totaler" Krieg. Von Clausewitz to Ludendorff', *Politische Viertelsjahresschriff* 10: 2, 1969, 220–48; Talbot Imlay, 'Total War', *Journal of Strategic Studies* 30: 3, 2007, 547–70.

▼**5** 戦争とジェノサイドとの象徴的関係については次のものを参照すること。*The Specter of Genocide: Mass Murder in Historical Perspective*, eds Robert Gellately and Ben Kiernan, New York: Cambridge University Press, 2003.

次世界大戦は出発点となる経験であった。それは、英雄精神と騎士道のかつての理想が、近代的テクノロジーと合体する新たな戦士の精神を鍛造したのだった。ニヒリズムが「合理的なもの」になり、戦闘は敵の組織的な破壊と考えられるようになり、膨大な量の人命の喪失が予測され、戦略的計算として立案し得るものとなった。ある程度、全体主義の考えは、一つの世代全体の想像力を形成した政治の残酷化の過程の結果であった。[6]「総力戦」は急速に「総力国家」になった。さらに、全体主義の考えが、地政学的利害や領土をめぐる主張をはるかに超えて、戦争が対立する価値観やイデオロギーを非和解的なものへと駆り立てた。この精神をものにするためには新しい概念が必要だった。「全体主義」は、その新語のうちでは最も成功をおさめたものの一つであった。

われわれの政治的・歴史的語彙の中で、「全体主義」ほど混合的なものになる可能性があり、伸縮自在で、多種多様であり、結局のところ曖昧な概念は非常に少ない。それは、ファシズムから反ファシズムにまで、マルクス主義からリベラリズムにまで、アナーキズムから保守主義にまで至る現代の政治的思想のあらゆる傾向になじむ。一九二〇年代にイタリアの反ファシストたちによってムッソリーニの独裁体制の新しさを描き出すために創り出された形容詞の「全体主義的」は、ファシストたち自身によってその後、盗用されるようになった。ジョヴァンニ・アメンドラにとって、ファシストの「全体主義的」体制とは専制と同義語だったのだが、ファシズムの方が、権力の新しい形態を概念化――神聖化――しようと試みたことは明らかである。一九三二年の『エンシクロペディア・イタリアーナ』のために書かれた有名な記事の中で、ムッソリーニとジョヴァンニ・ジェンティーレは、自分たちの独裁体制は、国家と市民社会のいっさいの区分を廃絶するものであり、一枚岩の国家によって体現される新しい文明の誕生である、という点において「全体主義的」性格のものであるということを公然と主張した。[7]エルンスト・ユンガーやカール・シュミットに至るワイマール共和国の多くの民族主義派や保守主義的革命派は、イタリア・ファシズムの路線に沿った「総力動員」や「総力国家」を望んでいた。ところが、国家社会主義の支持者たちが、この政治的概念を避けてしまった。[8]ヒトラーとヨーゼフ・ゲッペルスによれば、ナチの体制は「全体主義的国家」というよりも、むしろ「人種的国家」であった。▼9 一九三八年のイタリアでの反ユダヤ主義の人種差別的な法の制定によってイデオロギー的収斂の強化が公認されたにもかかわらず、イタリアのファシズムと国家社会主義とのいくつかの決定的相違が残り続け、その世界観は、それぞれ一方は国家に、他方は人種（Volk）に、焦点を当てていた。

一九三〇年代の期間中、全体主義の概念がイタリアとドイツの反ファシストの亡命者の間で広範な考えとなっていった時に、ソ連邦の一部の異端派の著作の中に、とりわけヴィクトル・セルジュ◆の著作▼10の中に、「全体主義」という言葉が登場し、それがファシズム、国家社会主義、スターリニズムに共通の強権的特

▼6 総力戦がもたらした政治の野蛮化については、次の二つの著作を参照すること。George L. Mosse, *Fallen Soldiers: Reshaping the Memory of the World Wars*, New York: Oxford University Press, 1990, 159–81［ジョージ・モッセ『英霊——創られた世界大戦の記憶』（柏書房、二〇〇二年）］、Omer Bartov, 'The European Imagination in the Age of Total War,' *Murder in Our Midst: The Holocaust, Industrial Killing, and Representaion*, New York: Oxford University Press, 1990, 33–50.

▼7 Jens Petersen, 'La nascita del concetto di "stato totalitario" in Italia,' *Annali dell'Istituto storico italo-germanico di Trento* 1, 1975, 143–68. この記事は、ジョヴァンニ・ジェンティーレとベニト・ムッソリーニによって書かれたが、作者名として名前を記載しているのは、ムッソリーニのみである。'The Political and Social Doctrine of Fascism,' *Political Quarterly* 4:7, 1933, 341–56.

▼8 Ernst Jünger, 'Total Mobilization,' in *The Hidigger Controversy: A Critical Reader*, ed. Richard Wolin, Cambridge: MIT Press, 1993, 119–38; Carl Schmitt, *The Concept of the Political*, ed. George Schwab, Chicago: University of Chicago Press, 2007, 22–25［カール・シュミット『政治的なものの概念』（未来社、一九七一年）］。

▼9 「革命的保守派の」総力的ビジョンから「人種的」国家についてのナチの思想への移行については、次のものを参照すること。Ernst Forsthoff, *Der tatale Staat*, Hamburg: Hanseatische Verlagsanstalt, 1933.

◆**ヴィクトル・セルジュ** 一八九〇〜一九四七年。ソヴィエト政権下で共産党員として国際的に活動したが、次第にスターリンとの対立を深め党を除名され、苛酷な弾圧を受けた。仏の作家たちによる釈放運動によってソ連を出国した後、スターリニズムを告発する論考を多数発表した。邦訳書に『仮借なき時代』（現代企画室、二〇一四年）。

性を批判する道具となった。カトリックやプロテスタントの亡命反ファシストたち、古典的リベラル派の思想家、異端派のマルクス主義者、アナーキストに近い作家、こうしたすべての人々が、新しいヨーロッパの独裁体制を「全体主義的な」ものとして描いた。一九三九年の独ソ不可侵条約の締結は、その時まではまだその地位がむしろ不安定で不確かなものでしかなかったこの概念を、突如として正当化させることとなった。一九三九年には、全体主義に関する最初の国際セミナー〔アメリカ哲学協会後援〕がフィラデルフィアで開催され、さまざまな学問分野から学者が結集したが、その中には多くの亡命者たちが含まれていた。[11]少なくとも一九四一年とこの年のドイツによるソ連邦への電撃的な侵攻の時期までには、ロシアを「赤色ファシスト」と、ナチ・ドイツを「茶色のボリシェヴィキ」〔茶色はナチの突撃隊の制服の色〕として描き出すことは、まったく当たり前のこととなっていた。[12]

「全体主義」の歴史の大まかなアウトラインは、異なる八つの局面に分けることができる。一九二〇年代におけるイタリアでのこの概念の誕生、一九三〇年代における政治的亡命者やファシスト自身の間でのその拡大、独ソ不可侵条約後の一九三九年における研究者の間でのこの用語の承認、一九四一年以後の反ファシズムと反全体主義との同盟、冷戦期間中における反全体主義についての反共主義と同義であるとの定義のし直し、一九六〇年代から八〇年代までの期間中のこの概念の危機と衰退、一九九〇年代における過去の世紀を概念的に説明するための回顧的なパラダイムとしてのその復活、そして最後に、イスラム原理主義に対する戦いの中での二〇〇一年の9・11以後のその再活用。その対象となったものは、さまざまに異なり、時として相互に交換可能であったが、この大まかな時期区分はこの対象に対して絶えず活用され続ける強さと、驚くべき弾力性の両方を明らかにしている。それは、異なるさまざまな段階を超えて、アリストテレスからマックス・ウェーバーに至る古典的な政治思想によって練り上げられてきた伝統的なカテゴリー——絶対主義、独裁体制、圧政、専制——には適合しない新しい権力の出現を捉えている。これは、モンテスキューが『法の精神』で描いた「専制」（恐怖にもとづく無法な専断的統治）の定義にも合致しない権力である。ハンナ・アーレントが述べているように、二〇世紀はイデオロギーと恐怖政治との共生を作り出したのだ。

第二次世界大戦中、この論争の中心は、大西洋を渡る文化・知識・人々の大量の移動という流れに沿って、ヨーロッパからアメリカへ移った。知識人の歴史というプリズムを通して見ると、それは亡命者の間のイデオロギー的議論になった。それは、地政学的な危惧に影響されたり、西側の外交政策の枠内に結局のところ縛り付けられてしまうことになる以前には、もともとの環境から追放されて新世界に定住するようになった人々が担った政治にコミットする学問的研究の活力を表現していた。それは、新世界においてアメリカの制度と政治的文化を発見したのである。とりわけ、ドイツ系ユダヤ人の亡命者たち——大西洋の対岸からやって来たこの研究者の移住（Wossentransfer）の中核——にとって、全体主義を定義することは、一世紀前にトクヴィルによって発見されたアメリカ民主主義として自分たちの前に、新鮮で強固なものとして出現した自由の文化に向き合い、それに同化することを意味した。

亡命した歴史家のジョージ・L・モッセは、教養《ビルドゥング》から権利章典《ビル・オブ・ライツ》へという印象的な定式で、この文化的・実存的移行を捉えた。▼13 現代の「大脱出《エクソダス》」によって救出されたこれらの避難してきた研究者たちは、ヨー

▼10 一九三三年二月一日付けのフランスの友人、マグドレーヌ・パズ、モーリス・パズ夫妻への手紙の中で、セルジュはソ連邦を「絶対的で、破局的な全体主義国家」だと定義した。次の著作を参照すること。Victor Serge, *Memoirs of a Revolutionary*, New York: New York Review Books. 2012, 326［ヴィクトル・セルジュ『母なるロシアを求めて——革命家の回想』（現代思潮社、一九七〇年）］。

▼11 カールトン・J・ヘイズ（Carlton J. Hayes）は、以下のアメリカ哲学学会会報の特集号でこの国際セミナーの論文集を出版した。*Proceedings of the America Philosophical Society* 82: 1, 1940.

▼12 Franz Borkenau, *The Totalitarian Enemy*, London, Faber & Faber, 1940.

▼13 George L. Mosse, 'The End is not Yet: A Personal Memoir of the German-Jewish Legacy in America', in *The German-Jewish Legacy in America 1933–1988: From Bildung to the Bill of Rights*, ed. Abraham Peck, Detroit: Wayne State University Press, 1989, 13–16.

ロッパの終末論的難破から新世界の発見に至るまでの歴史的な破局という脈絡の中で全体主義を研究した。反ファシズムと反全体主義との同盟がこれらの知識人を新たなモラル的・政治的ジレンマに直面させるようになったのは、戦後においてである。

実際、この論争の最初の七つの段階は、この概念の誕生と拡大の時期（一九二五～四五年）と、西側におけるその絶頂と衰退の時期（一九五〇～九〇年）との二つの主要な時期に分けることができるのであって、一九九〇年にはこの概念は世論の中で広く同意を得ていたそれまでの地位を失うこととなった。

最初の時期、その支配的な役割は、それがムッソリーニやヒトラー、スターリンを批判する手段として役立つというかぎりにおいて、批判的なものであった。

第二の時期には、それは、共産主義の脅威から自由世界を防衛するという弁護論的な役割を主として果たすこととなった。言い換えれば、全体主義は共産主義と同義語となり、反全体主義は反共主義のみを意味するようになった。ドイツ連邦共和国では、それは、哲学的な基礎となった根本原則（Grundgesetz）となり、「忘却のベール」が「過去の再加工」（Verarbeitung der Vergangenheit）への障害としてのナチの犯罪の上に舞い降りた。[14] 全体主義に反対する戦いの名の下に、「自由世界」は、アジア（韓国からインドネシアやベトナムに至るまで）、ラテン・アメリカ（グァテマラからチリに至るまで）で、ともに凶暴な軍事独裁体制を支援した。この時期の数十年間、一九三〇年代に樹立された反ファシズムと「自由世界」との同盟が断ち切られ、「全体主義」という言葉それ自身が左翼◆の文化からは禁じられてしまった。アメリカのヘルベルト・マルクーゼ◆のようなごく少数の異端者や、『社会主義か野蛮か』のもとに結集したフランスの反スターリニズムの社会主義者（クロード・ルフォール、コルネリウス・カストリアディス、ジャン＝フランソワ・リオタール）の小さなサークル[15]のみが、自分たちの「反全体主義」を主張し続けた。その結果、「全体主義」はとりわけ英米的用語となり、冷戦の前線基地としての西ドイツを例外として、ヨーロッパ大陸ではまった無視されることとなった。共産党がレジスタンスの覇権を握る役割を果たしたイタリアとフランスでは、ハンナ・アーレント、カール・フリードリッヒ◆、ズビグネフ・ブレジンスキー◆の著作のような、この論争の決定的に重要な作品が無視されるか、あるいは翻訳されることすらなかった。この概念の拡大は、とりわけ「文化自由会議」と結びついた定期刊行物（『エンカウンター』『デル・モナット』『プラーヴ』『テンポ・プレゼンテ』など）に見られたが、CIAとの財政的つながりが明らかになった一九六八年以降、その隆盛はたちまちのうちに消滅してしまった。▼16 青年の反乱とベトナム戦争反対運動の時代であった一九六〇年代末から七〇年代には、全体主義の概念はドイツやアメリカですら衰退したが、そこでは反共主義のプロパガンダによって度しがたく汚染されたものとして映ったのだった。ヘルベルト・マルクーゼがベルリン自由大学での講義の中でこの用語を口にすると、ルディ・ドチュケ◆は、

▼**14** 次のものを参照すること。Wolfgang Wippermann, *Totalitarismustheorien*, Darmstadt: Primus Verlag 1997, 45.

◆**ヘルベルト・マルクーゼ** 一八九八～一九七九年。独生まれでユダヤ系の哲学者。ナチから逃れて米に亡命。管理社会における人間疎外を批判し、一九六〇年代後半には、全世界で急進的運動を展開した青年の間で、その著作が広く読まれた。

◆**『社会主義か野蛮か』のもとに結集した……** 以下の三名は雑誌『社会主義か野蛮か』を刊行し、ソ連邦を国家資本主義だとして、一九五六年のハンガリー動乱を始めとする東欧の官僚体制に反対する反乱を支援した。

▼**15** クロード・ルフォールとコルネリウス・カストリディウスによって一九四七年に創刊された反全体主義の社会主義誌『社会主義か野蛮か』については、以下の二つの著作を参照すること。Michael Scott Christofferson, *French Intellectuals Against the Left: The anti-totalitarian Moment of the 1970s*, London: Berghahn Books, 2004, and especially ch. 1, 27–88; Herbert Marcuse, *Technology, War and Fascism: Collected Papers*, ed. Douglas Kellner, London: Routledge, 1998.

◆**カール・フリードリッヒ** 一九〇一～八四年。独出身で米の政治学者。ハーバード大学教授を務めた。研究・評論・政治活動のすべてを通じて、法の支配にもとづく代議制民主主義を擁護し、全体主義体制を批判し、直接民主主義や大衆運動には批判的な態度をとった。ブレジンスキーは学問上の弟子にあたる。

◆**ズビグネフ・ブレジンスキー** 一九二八～二〇一七年。ポーランド出身で米の政治学者。ジョンソン大統領の大統領顧問、カーター政権の国家安全保障問題担当大統領補佐官を務めた。

▼**16** 次の二つを参照。Peter Coleman, *The Liberal Conspiracy: The Congress for Cultural Freedom and the Struggle for the Mind in Postwar Europe*, New York: Free Press, 1989; Gilles Scott-Smith, *The Politics of Apolitical Culture: The Congress for Cultural Freedom, the CIA and Post-War American Hegemony*, New York: Routledge, 2002.

マルクーゼを「敵の言葉を採用している」として非難した。[17]

3……政治理論から歴史記述への移行

ファシズムと共産主義についての全体主義の観点からする解釈は、アメリカとドイツの研究者の間で戦後期に支配的であったが、一九七〇年代以降になると、自身を「修正主義的」と称する社会と政治に関する歴史家の新しい世代からますます異議を唱えられるようになり、最後には放棄されてしまった。[18] 新しい世代の研究者の多くにとって、その解釈は、認識としては狭く、政治的には曖昧で、結局のところ役立たないように見えた。政治理論は、権力の性格と類型を定義することに関心を寄せる。歴史研究は、そうではなくて、政治体制の起源や発展や全体的な発展力学やその最終的な帰結を取り上げ、ナチズムとスターリニズムとの主要な相違を発見するのであって、それらを単一のカテゴリーに集約しようとするいかなる試みに対しても不可避的に疑問を抱くのだ。

歴史家は、この用語が研究者の間や公的な論争の中でこの用語を強力に広げる役割を果たしたハンナ・アーレントの『全体主義の起源』をほとんど無視した。アーレントは、まず最初に第一次世界大戦終結時に多民族から成る旧帝国の崩壊によって、次にはユダヤ人をパリア（最下層民）に変えてしまった多くのヨーロッパ諸国での反ユダヤ的法規の制定によって、国家なき民族が誕生したことの分析に多くの啓発的なページを割いていた。彼女の観点からすれば、市民権を奪われた人間集団の存在はホロコーストの基本的前提となるものであった。彼女はこう書いている。ナチは、ガス室を作動させる前に、ヨーロッパのいかなる国もユダヤ人難民の権利を要求することはない、という点を理解していたのだ、と。「問題は、生きる権利が攻撃される前に、完全な無権利状態が創り出されたということである」。[19] 同様に、彼女は、植民地主義と国家社会主義のイデオロギー的・物質的な系譜関係を明らかにすることによって、両者の歴史的連続性をも指摘している。アフリカにおける帝国の支配は、数十年後に全体主義の暴力が実行に移した統治と大量虐殺との合体のための実験室であった。反ユダヤ主義と帝国主義と全体主義に関する三部構成のそれぞれの部分が一貫した結びつきを欠くこの本の不均質さに当惑して、歴史家はむしろそれを無視してしまい、この著作がポスト・コロニアル研究の学者たちによって見捨てられた状態から救い出されたのは、ようやく四〇年後のことにすぎない[20]。

しかしながら、大部分の研究者にとって、全体主義的モデルは、生成のアプローチを回避するものだった。政治学者の二つの世代にとっての正典的著作となっている『全体主義的独裁と専制』において、カール・フリードリッヒとズビグネフ・ブレジンスキーは、国家社会主義と共産主義とには多くの明白な類似性があると指摘し、全体主義を次のようなものとして定義した。すなわち、「(a) 憲法上の自由、多元主義、権力の分立を意味する民主主義と法の支配の両方を抑圧、(b) カリスマ的指導者によって率いられる

◆ルディ・ドチュケ　一九四〇～七九年。一九六〇年代後半の西ドイツにおいて活躍した急進的な学生運動家。一九七〇年代には、反核運動や環境保護運動に取り組む。一九六八年に保守系の新聞の影響を受けた暗殺者によって頭に三発の銃弾を受けて重傷を負った。

▼17　次を参照。William David Jones, *German Socialist Intellectuals and Totalitarianism*, Urbana: University of Illinois Press, 1999, 192–97.

▼18　Sheila Fitzpatrick, 'Revisionism in Soviet History', *History and Theory* 46: 4, 2007, 91.

▼19　Hannah Arendt, *The Origins of Totalitarianism*, New York: Houghton Mifflin, 1973［ハンナ・アーレント『全体主義の起源』（みすず書房、二〇一七年）］, 296.

▼20　たとえば、次の三つの著作を参照すること。Mirk Moses, 'Hannah Arrendt, Colonialism, and Holocaust', in *German Colonialism: Race, the Holocaust, and Postwar Germany*, eds Volker Langbehn and Mohammad Salama, New York: Colombia University Press, 2011, 72–90; Pascal Grosse, 'From Colonialism to National Socialism to Postcolonialism: Hannah Arendt's *Origins of Totalitarianism*', *Postcolonial Studies* 9: 1, 2006, 35–52; Michael Rothberg, 'At the Limits of Eurocentrism: Hannah Arendt's *The Origins of Totalitarianism*', *Multidirectional Memory: Remembering the Holocaust in the Age of Decolonization*, Stanford: Stanford University Press, 2009, 33–65.

単一政党制の樹立、(c)宣伝省庁の創設を含むメディアの国家独占を通じた公認イデオロギーの確立、(d)ナショナル・コミュニティーから排除された政敵や政治集団に対する強制収容所システムを通じた統治形態へと暴力が転化していること、(e)自由市場が計画経済に取って代わられていること、という諸特徴のシステム的相互関係」[21]である。

これらすべての特徴は、ソヴィエトの共産主義とドイツの国家社会主義の双方に、その度合いは異なるとしても見出すことができるが、そうした説明から現われてくる姿は静態的・形式的で、表面的である。全体主義は抽象的なモデルである。それが描く社会と個人に対するその全面的なコントロールは、現実のファシスト体制やソヴィエトの体制についてのものというよりも、作家のオルダス・ハクスリーからジョージ・オーウェルに至る文芸的ファンタジーをむしろ思い起こさせる。戦時以来、亡命した一部の研究者は、一枚岩的なリヴァイアサン——リヴァイアサンというのは基本的にナチの自己表現であった——であるという第三帝国の見方を覆し、フランツ・ノイマン◆はナチを挑発的に、ビヒモス、すなわち、非国家、カオス、無法の支配、無秩序、アナーキー、として描き出した。[22] 一九七〇年代になると、ドイツの機能主義学派に属する一部の歴史家が、ナチズムを、ハンス・モムセン◆があえて「弱い独裁者」と呼んだ一人のカリスマ的指導者によって統一されている、さまざまな異なる権力中枢に基礎を置く「ポリクラティック（多党制的）」——ナチ党、軍部、経済エリート層、国家官僚——であると分析した。[23]

ナチ・ドイツとソ連邦との通時的な比較は、両者の重大な違いを示している。まず第一は、その持続期間である。一方が一九三三年から四五年までのわずか一二年間だったのに対して、他方は七〇年間以上続いた。前者は、自らが追求し、引き起こした世界大戦の終結で崩壊するに至るまで、黙示録的雰囲気の中で、極端化をよりいっそう積み重ね続けた。後者は、革命から出現し、スターリンの死とその後に続いた長いポスト全体主義の時代を生き延びた。それを解体させたのは、軍事的敗北ではなくてその内部危機であった。

第二に、両者のイデオロギーについて言えば、これほど大きく対立していたものはなかった。ヒトラーの第三帝国は、反啓蒙主義（Gegenaufklärung）のハイブリッドなジンテーゼ、および近代的テクノロジーの崇拝、ならびにチュートン◆的神話と生物学的ナショナリズムのジンテーゼを基盤にした人種差別主義的世界観を擁護した。▼[24] かつてはロシアと東欧に成立していた「現存社会主義」について言うと、それは、

▼21 Carl J. Friedrich and Zbigniew Brzezinski, *Totalitarian Dictatorship and Autocracy*, Cambridge: Harvard University Press, 1956, particularly ch.2, 'The General Characteristics of Totalitarianism'［全体主義の全般的特徴］、15–26.

◆**フランツ・ノイマン**　一九〇〇～五四年。独・米の政治学・社会学者、『ビヒモス——ナチズムの構造と実際　一九三三－一九四四』で、ナチの体制は、政治・軍事・経済・社会・文化のすべての面が統合された独裁体制であると分析した。ビヒモスとは、ホッブズの著書から取られているが、旧約聖書にある神が天地創造の五日目に造り出した存在で、リヴァイアサンと二頭一対をなしている。

▼22 Franz Neumann, *Behemoth: The Structure and Pracice of National Socialism*, New York: Harp & Row, 1966, xii［フランツ・ノイマン『ビヒモス——ナチズムの構造と実際　一九三三－一九四四』（みすず書房、一九六三年）］。ほぼ同じ時期に、別の亡命学者が、国際的な内戦という情勢との関連の中でナチ・ドイツの混乱した性格を指摘している。Sigmund Neumann, *Permanent Revolution: The Total State in a World at War*, New York: Harper, 1942.

◆**ハンス・モムゼン**　一九三〇～二〇一五年。独の歴史学者で、社会史の研究で知られ、特にアドルフ・ヒトラーが弱い独裁者であると主張し、第三帝国の機能主義的解釈を行なった。『ヴァイマール共和国史——民主主義の崩壊とナチスの台頭』（水声社、二〇〇一年）。

▼23 『ビヒモス』の中でノイマンが練り上げた「ポリクラティック」モデルは、ミュンヘン現代史研究所の歴史家の国家社会主義に関する研究に刺激を与えたが、特に次のものについてはそうである。Martin Broszat, *The Hitler State: The Foundation and Development of the Internal Struggle of the Third Reich*, New York: Routledge 2013. この歴史記述の潮流とハンス・モムゼンによるヒトラーに対する「弱い独裁者」という定義については、次のものを参照すること。Ian Kershaw, *The Nazi Dictatorship: Problems and perspectives of Interpretation*, London: Bloomsbury, 2015, notably ch. 4, 81–108.

◆**チュートン**　古代、ユトランド半島に住んでいた部族で、ゲルマン民族の源流とされる。

▼24 Jeffrey Herf, *Reactionary Modernism: Technology, Culture and Politics in Weimar and the Third Reich*, New York: Cambridge University Press, 1984, ch.8, 189–216［ジェフリー・ハーフ『保守革命とモダニズム——ワイマール・第三帝国のテクノロジー・文化・政治』（岩波書店、一九九一年）］。

マルクス主義のスコラ的・教条主義的・聖職者的バージョンを表現していたのであって、自らが啓蒙主義の真の継承者であり、普遍救済論者として、解放の哲学を主張していた。最後に、ヒトラーは、一九三三年に合法的に権力の座に就いた。この時、ヒンデンブルク大統領は、民族主義派の知識人の多くの部分はもちろんのこと、経済界（大工業、金融機関、地主貴族）と軍部の両方のすべての伝統的エリート層の承認のもとに、ヒトラーを首相に任命した――一部の観測筋はこの選択を「見込み違い」だったと語っているのだが。[25] 他方、ソヴィエト権力は、ツァー体制を完全に打倒し、旧支配者たちの資産を没収し、国の社会的・経済的基礎を根本的に変革し、国の経済を国有化するとともに新しい管理者層を創り出した。[26]

　全体主義の観点から研究を行なう学者たちは、圧政者の政治的同一性と心理的な類似性に焦点を当てたのに対して、「修正主義派」の歴史家は、ムッソリーニやヒトラーのカリスマ性とスターリンのソ連邦における個人崇拝とには非常に大きな相違があるという点を強調した。ファシスト指導者たちの身体や言葉を取り巻く「オーラ」は、カリスマ性のある権力についてのウェーバーの定義とまさにぴったりであった。ファシスト指導者たちは、その支持者たちとの間の身体的接触すら必要とした神意を得た人間として登場した。彼らの演説は人々を惹きつける磁力を持ち、指導者を中心とした信者のコミュニティーを創り出した。もちろん、そのプロパガンダはそれ自身がこの傾向の実践であったし、その実践はそれでも依然としてその体制の基盤の一つであり続けた。これら指導者たちは、ファシストのその考えや価値観や決定を通じてだけでなく、その身体やその声やその振る舞いを通じても「新しい人間」を予示しなければならなかった。[27] スターリンのカリスマ性は、それとは異なっていた。彼はソヴィエト人民にはまったく溶け込んではいなかった。ソヴィエト人民はパレードの最中、赤の広場の演壇上に立つ遠くのシルエットとして彼を眺めていた。演壇を取り巻くオーラは純然たる人工的構造物であった。彼はボリシェヴィズムを創造することも、一〇月革命を指導することもなかったが、むしろロシア内戦後の党の内部闘争から生まれてきたのだった。一部の歴史家は、彼個人の権力が「はるか遠くの彼方から」生まれてきたという点を指摘している。彼のライバルであったファシストたちとはおよそほど遠い存在であり、ファシスト指導者よりもずっと感情的でも身体的でもなかった。[28]

4……全体主義的暴力の比較

暴力は、明らかに全体主義モデルのもう一つの核心である。スターリニズムの暴力は、ソヴィエト社会にとっては本質的に内部的なものだった。この暴力は、ソヴィエト社会を屈伏させ、正常化し、それに規律をもたらそうと試みたが、同時に強制的手段によってその社会を変えようとも試みた。犠牲者の圧倒的多数はソヴィエト市民であり、その大部分はロシア人であった。そして、この点は政治的粛清の犠牲者（活動家、公務員、党役員、軍将校）だけでなく、社会的抑圧や強制集団化の犠牲者（追放されたクラーク［農業集団化に反対したウクライナなどの自営農民］、犯罪者、反社会的勢力）にも当てはまる。第二次世界大戦中に敵との内通者とみなされたために罰せられた民族コミュニティ――チェチェン、クリミア・タタール、ヴォルガ地方のドイツ系の人々など――は、スターリニズムの犠牲者のより広範な大衆の中では少数であった。ナチの暴力は、

▼25 Kershaw, Ian, *Hitler, 1889–1936: Hubris*, London: Allen Lane, 1984, 424–25［イアン・カーショー『ヒトラー（上）――1889－1936 傲慢』（白水社、二〇一五年）］。

▼26 Sheila Pitzpatrick, *The Russian Revolution*, New York: Oxford University Press, 1994.

▼27 Kershaw, *Hitler 1889–1936*, xii［カーショー『ヒトラー（上）』］を参照すること。ムッソリーニのカリスマ性については次の著作の最初の三つの章を参照すること。Sergio Luzzatto, *The Body of Il Duce: Mussolini's Corpse and the Fortunes of Italy*, New York: Metropolitan Books, 2005.

▼28 モシェ・レヴィンによれば、スターリン崇拝は、自らの権力の絶頂期に、このロシアの独裁者がその支持者から隠れ、彼を取り巻く人々を死の恐怖の下に置き続けたというかぎりでは、まさにウェーバーの言うカリスマ性とは正反対のものだったという。Moshe Lewin, 'Stalin in the Mirror of the Other', in *Stalinism and Nazism: Dictatorships in Comparison*, eds Ian Kershaw and Moshe Lewin, New York: Cambridge University Press, 1997, 108–109.

それとは反対に、主として外部に対して、すなわち第三帝国の外に向けて計画されたものであった。社会に向けられた時と同様に、統制の画一的強化（Gleichschaltung）の後、激しい弾圧が主として左翼と労働組合に向けられるようになり、この暴力は戦争中を通じて広く行なわれ続けた。暴力は、広範な力を張りめぐらしていた警察の支配下で行使されたが、「人種別」に引かれる境界線の枠内にあったナショナル・コミュニティー内では、相対的にソフトな形を取った。しかしながら、それは、民族（Volk）から排除された一部のカテゴリーの人々（ユダヤ人、ジプシー、障がい者、同性愛者）に対しては、無制限に行使され、それはさらに、最終的に占領地域のスラブ系住民や、戦争捕虜や強制移送された反ファシストの人々にまで拡張されるようになった。この後者の人々に対する待遇は、明白な人種別階層に応じて異なった（英国人被収容者の待遇は、ソ連邦の人々の被収容者とは比較にならないほどよかった）。

歴史研究者がこうした亀裂に照明を当てる以前でさえ、体験にもとづく証言がすでに一九五〇年代に膨大な量にのぼっていて、そのことが何人かの政治的思想家の著作の中で言及されていた。レイモン・アロンは、全体主義の概念を退けなかった少数のフランスの分析者の一人だったのだが、第三帝国のガス室とソ連邦の強制労働収容所という両者の最終的帰結の違いを強調して、ナチズムとスターリニズムには相違がある、などと指摘した。[29] 工業の五か年計画と農業の集団化とを通じてソ連邦を近代化しようとするスターリンの社会計画は、確かにそれ自体としては、道理に適っていないものではなかった。しかしながら、これらの目標を達成するために用いられた手段は、強権的で非人道的であっただけでなく、結局のところ、経済的にも非効率的であった。収容所列島における強制労働、「農民に対する軍事的・封建的搾取」、一九三六〜三八年の粛清の期間中における軍エリート層の重要部分の粛清は、破局的結果――農業生産の崩壊、飢饉、人口減少――を招き、近代化計画それ自身に疑問を投げかけさせることとなった。[30] それに対して、ナチにおいてはその最も驚くべき点は、まさしく一方におけるその手順の合理性と、他方における人種的階層に沿ったドイツや大陸ヨーロッパの再組織化というその目標の非合理性（人道的・社会的にも非合理的であり、さらには経済的においてさえ合理性を欠いていた）との矛盾である。[31] 言い換えれば、ナチズムは、「手段上の道理」と反啓蒙主義から引き継いだ非合理主義の最も急進的な形態とを組み合わせたのだった。（その反動的モダニズムを雄弁に物語る）絶滅収容所では、工業生産と科学的管理の方法が殺害のために用いられた。戦争期間中、ユダヤ人の絶滅は、それが潜在的な労働力の可能性を失うことになり、戦争努力のための資源を枯渇させたというかぎりにおいて、軍事的・経済的レベルで非合理的なものとなった。アーノ・J・マイヤーが語っているように、ホロコーストの歴史は、「合理的」・経済的関心と、最終的には支配的になったイデオロギー的至上命令との間の絶えざる緊張によって形作られていた。[32] 最新の研究が示しているように、ナチ指導部は、これらの絶滅政策を経済的考慮にもとづくものとして作成したが——ホロコーストの一定の側面はその点を明白に示している——、この目的は、戦争中には疑問視されるようになり、最終的に曲げられてしまった。[33] ソ連邦においては、強制労働収容所の被収容者（zeks）

▼29 次のものを参照すること。Raymond Aron, *Démocratie et totalitarisme*, Paris: Gallimard, 1965, 298.

▼30 Nicolas Werth, 'A State Against Its People: Violence, Repression, and Terror in the Soviet Union', in *The Black Book of Communism: Crime, Terror, Repression*, ed. Stéphane Courtois, New York: Havard University Press, 1999, 261–68［ニコラ・ヴェルト「人民に敵対する国家——ソ連における暴力、抑圧、テロル」、ステファヌ・クルトワ『共産主義黒書〈ソ連編〉』（ちくま学芸文庫、二〇一六年）、所収］の結論を参照すること。本文の鉤括弧内の表現「農民に対する軍事的、封建的搾取」はニコライ・ブハーリンのもの。ソ連邦の農業の集団化については次の書を参照すること。Andrea Graziosi, *The Great Soviet Peasant War*, Cambridge: Cambridge University Press, 1996.

▼31 人種的線引きに沿ってドイツ社会を再編しようとするナチの計画の全面的な分析については次のものを参照すること。Michael Burleigh and Wolfgang Wippermann, *The Racial State: Germany 1933–1945*, New York: Cambridge University Press, 1998.

▼32 次のものを参照すること。Arno J. Mayer, *Why Did the Heavens not Darken? The 'Final Solution' in History*, New York: Pantheon Books, 1988, 331. 死の収容所はもっぱら絶滅施設としてのみ機能していたが、それらは矛盾していることに、親衛隊経済管理本部（WVHA）当局の指揮下にあった。ラウル・ヒルバーグはこの「ジレンマ」を「完全にSS内問題だ」と述べている。Raul Hilberg, *The Distruction of the European Jews*, Chicago: Quadrangle Books, 1967, 557.

は。シベリア地域の入植化――地域の森林伐採、鉄道・発電所・産業の建設、新しい都市の創設――という目的のために使われた。そこでは、奴隷制の野蛮な方法が、「社会主義建設」のために、すなわち、近代の基礎を築くために用いられた。[34] ステーヴン・コトキン◆によれば、スターリニズムの特殊性は「社会の破壊を通じた巨大国家の形成」にあったわけではなく、むしろそうした国家に沿った新しい社会の創設にあったという。[35] ナチのドイツにおいては、科学とテクノロジーと工業の最も進んだ成果は、人間の生命を破壊するために動員された。

　フランスの歴史家ソニア・コンブは、スターリニズムとナチの暴力を体現する二人の人物、バイカル湖近くのオゼルラグ収容所の所長セルゲイ・エヴスティニェフと、アウシュヴィッツの最も有名な指揮官のルドルフ・フェルディナント・ヘスとの違いを説明する、概略的な比較・対照を明らかにしている。[36] 一九九〇年年代はじめにインタビューを受けたエヴスティニェフは、自分の業績について一定の誇りを隠しはしなかった。彼の仕事は、被収容者を「再教育」するとともに、さらにそれに加えて、とりわけ鉄道の線路を建設することであった。この目標を達成するために、彼は、流刑者の労働力を、自分自身の必要に応じて控えたり「消費」したりする形で、使うことができた。被収容者（zeks）の生死は、彼の選択にかかっていて、それが最終的には中央のソヴィエト当局によって決められることになっていた。多数の囚人がひどい待遇の中で線路建設の奴隷として働いて、死んだ。オゼルラグ収容所では、死は天候と強制労働の結果であった。エヴスティニェフは、毎月何マイルの線路が建設されたかを計算して、オゼルラグ収容所の効率の評価を行なった。ルドルフ・ヘスは、工業的絶滅のセンターであったアウシュヴィッツ＝ビルケナウを中核とする強制収容所網を率いた。この施設の「生産性」を計算するための基本的基準は死者の数であって、それは移送とテクノロジーの両方の効率に応じて向上したり、低下したりしたのだった。アウシュヴィッツでは、死は、強制労働の副産物ではなくて、収容所の目的そのものであった。ナチ親衛隊（SS）のフランツ・ズーホメルは、ドキュメント映画『ショアー』◆の中で監督のクロード・ランズマンのインタビューに答えて、トレブリンカ収容所は「工場」であり、「原初的だが、死を生産する効率的なライン」だと述べている。[37] この発言から出発して、ジグムント・バウマン◆は、ホロコーストを「科学的管理の教科書」の好例ともなるべきものだと分析した。[38]

▼33 次の二つを参照すること。Götz Aly, *Hitler's Beneficiaries: Plunder, Race War and Nazi Welfare State*, New York, 2007; Adam Tooze, *Wages of Destrucition: The Making and Breaking of the Nazi Economy*, New York: Penguin Books, 2006. アリーの以前の研究のホロコーストの経済的合理性というテーゼに対する興味深い批判は次のものを参照すること。Dan Diner, 'On Rationality and Rationalization: An Economistic Explanation of the Final Solution', *Beyond the Conceivable: Studies on Germany, Nazism, and the Holocaust*, Berkeley: University of California Press, 2000, 138-59.

▼34 アン・アップルバウムによれば、「それは奇妙なことなのだが、本当であった。コミと同様にコルイマにおいては、グラーグは、遠方の原野に少しずつ――もしそう呼ぶことができるなら――「文明化」をもたらしていたのだった。森林しかない地に道路が建設されつつあり、湿原だったところに住宅が出現しつつあった。もともとの住民はわきに追いやられ、都市と工場と鉄道に道を譲った」というのだ。次のものを参照すること。Anne Applebaum, *Gulag: A History*, New York: Doubleday, 2003［アン・アプルボーム『グラーグ――ソ連集中収容所の歴史』（白水社、二〇〇六年）］, 89-90. アーノ・J・マイヤーにとって、グラーグは、恐怖政治を強めるための手段として役立つこと、そして、自由のない労働力という経済的資源として役立つこと、という「二重の機能」を果たしたのであった。Arno . J. Mayer, *The Furies: Violence and Terror in the French and Russian Revolutions*, Princeton: Princeton University Press, 2000, 640.

◆**ステーヴン・コトキン**　一九五九年〜。米の歴史学者（ロシア現代史、ユーラシア地域研究専攻）。プリンストン大学教授。

▼35 Stephan Kotkin, *Magnetic Moutain: Stalinism as a Civilization*, Berkeley: University of Califorunia Press, 1995, 2.

▼36 Sonia Combe, 'Evstignev, roi d'Ozerlag', *Ozerlag 1937-1964*, ed. Alain Brossat, Paris: Editions Autrement, 1991, 214-27.

◆**『ショアー』**　ナチのユダヤ人虐殺を、生存者、看守、関係者などへのインタビューだけで構成した九時間二七分にわたるドキュメント映画。ユダヤ人の狩り出し、列車による移送、収容所での殺害、死体の処分などが、証言によって生々しく再現されていく。ズーホメルはSS伍長で、トレブリンカ収容所での膨大な死体の処理について雄弁に語っている。一九八五年制作、クロード・ランズマン監督。その証言だけをまとめた邦訳書に『ショアー』（作品社、一九九五年）がある。

▼37 Claude Lanzmann, *Shoah*, New York: Pantheon Books, 1985, 52. またルドルフ・ヘスが一九四六年の処刑前に書いた覚書をも参照すること。Rudolf Höss, *Commandant of Auschwitz*, New York: Orion, 2000.

もちろん、道理をわきまえた人なら誰も、ナチズムとスターリニズムが残虐な政策を実施したことを否定することができなかったのだが、その内的論理は大きく異なっているのであって、この点での違いは、もっぱら両者の類似性に焦点を当てる全体主義のような概念に疑問を投げかける。これは、ナチ体制の一枚岩的な面の背後にあるドイツ社会を分析しようと試みたミュンヘンの現代史研究所から、ヒトラーについての最新の伝記作者やホロコーストに関するほぼすべての歴史家に至るまで、非常に多くの歴史家がなぜ疑問を抱くのかの理由を明らかにしている。[39] ソヴィエト研究の分野では、「全体主義学派」の最後の重要な研究書は一九九〇年代に発表されたのであって、この時すでに、こうした研究は「修正主義派」の人々によって脇に追いやられていたのだった。ナチズムとスターリニズムの比較を取り上げた最近の重要な著作は、西側とロシアの多くの研究者の論文を集めたもので、意味深長にも『全体主義を超えて』という題名がつけられている。[40]

5……歴史的なパターン

全体主義の概念の潜在的なメリットは、歴史的な比較を促すという事実にあるのだが、その政治的制約のために、そうした比較・対照の作業は、一九三〇年代と四〇年代におけるナチのドイツとソ連邦とを二元的で史的背景抜きの共時的並列に帰結させてしまうのである。通時的で多面的な比較がむしろ新たな興味深い見方を切り開くであろう。スターリニズムとナチズムとは、それぞれの先行者や競合者を欠いていなかったからである。

アイザック・ドイッチャー◆にとって、スターリンは、まさしくナポレオンが一七八九年の革命の波とルイ一四世の絶対主義とをともに体現していたのとまったく同じように、ボリシェヴィズムとツァーリズムとのハイブリッド的なジンテーゼであった。[41] 同様に、アーノ・J・マイヤーは、スターリンを「急進的な近代化論者」として、そしてその支配を記念碑的事業の実現と途方もない犯罪との「不均等で不安定なア

マルガム」として描き出している。▼42

一九三〇年代の農業集団化の期間中のクラークの追放については、ピーター・ホルキスト◆が、それは基本的に一八六〇年代のアレクサンドル二世の改革における七〇万人を上回る農民の再定住の再現であったのであって、かつてのこの移住はコーカサス地方のロシア化のためのより広範なプロジェクトの一環として刻印されている、と指摘している。▼43

「クラークの解体」は、強権的・官僚的方法で考えられ、実現された「上からの革命」の結果であったが、その方式は、厳密に計画されたものというよりも急場しのぎの間に合わせで作られたものであって、実

◆ジグムント・バウマン 一九二五～二〇一七年。ポーランド出身の社会学者。邦訳書に『立法者と解釈者――モダニティ・ポストモダニティ・知識人』（昭和堂、一九九五年）ほか。

▼38 Zygmunt Bauman, *Modernity and Holocaust*, Cambridge: Polity Press, 1989, 150［ジグムント・バウマン『近代とホロコースト』（大月書店、二〇〇六年）］。

▼39 特に次のものを参照すること。Detlev Peukert, *Inside Nazi Germany: Conformity, Opposition and Racism in Everyday Life*, Lodon: Penguin Books, 1993［デトレフ・ポイケルト『ナチス・ドイツ――ある近代の社会史 ナチス支配下の「ふつうの人々」の日常生活』（三元社、一九九四年）］。

▼40 *Beyond Totalitarianism: Stalinism and Nazism Compared*, eds Michael Geyner and Sheila Fitzpatrick, New York: Cambridge University Press, 2009.

◆アイザック・ドイッチャー 一九〇七～六七年。英のソ連史家。トロツキーやスターリンの伝記を著わしたことで著名。邦訳書に『追放された予言者・トロツキー』（新潮社、一九六四年）ほか。

▼41 Isaac Deutscher, 'Two Revolutions', in Marxism, Wars, and Revolution, *Essays from Four Decades*, London: Verso, 1984, 35.

▼42 Mayer, *The Furies*, 607.

◆ピーター・ホルキスト 米のロシア・ソ連史家。ペンシルベニア大学の歴史学教授。

▼43 Peter Holquist, 'La question de la violence', in *Le siècle des communismes*, ed. Michel Dreyfus, Paris: Les Editions l'Atelier, 2000, 126–27.

際にはコントロールできない結末を招いたのであった。ソヴィエトの飢饉は、アウシュヴィッツやバルバロッサ作戦◆よりもむしろ、一九世紀半ばにアイルランドの人々の多くを死亡させることになった大飢饉[44]や、一九四三年のベンガルの飢饉を思い起こさせるものだった。何人かの研究者が説得力ある形で立証しているように、民間人の死亡が軍事作戦の目的ではなくて、この大量の死は、一九三〇〜三三年のウクライナのように不可避的な「付随する損害」とみなされた。さらに、ウクライナ農民に対するスターリンの憎悪すら、大英帝国の臣民に対するチャーチルの人種差別主義的見解の影に隠されてしまった。[45]しかしながら、連合国側の暴力が「反全体主義の」主体の側からなされていたかぎりにおいては、通常の「全体主義的」アプローチは、連合国側の暴力とのいかなる比較対照も許さないのである。

ナチズムもまた自身の歴史上の前例を持っていた。それをボリシェヴィズムに対する反撃やそれに対する防衛的暴力だけのせいにしてしまうことは、一九世紀ヨーロッパの人種差別主義と帝国主義の中にあったその文化的・物質的な歴史的前提を無視することを意味する。ドイツの反ユダヤ主義はロシア革命よりもずっと古いものであって、「生命圏◆」（Lebensraum）の概念はすでに旧大陸全体に広がっていた帝国主義的考えのドイツ版として二〇世紀の幕開けの時期に出現していた。それは、非ヨーロッパ地域が征服と植民地化に開かれた地域であるとする西側のビジョンを反映していたにすぎなかった。[46]「劣等人種」の「絶滅」という考えは、ヨーロッパ文化全体に、とりわけイギリスとフランスの文化に属していた。一九一八年の敗戦とプロイセン帝国の崩壊とヴェルサイユ条約によって課された「懲罰」から生まれたナチズムは、汎ゲルマン主義の古い植民地的野心をアフリカから東ヨーロッパに移した。にもかかわらず、英領インドは依然としてヒトラーにとってのモデルとして残り続けたのであって、ヒトラーは征服と略奪の植民地戦争としてソ連邦に対する戦争を構想し、計画を立てた。言葉遣い（「破壊」「人間以下」など）と手順（飢饉、収容所、追放、組織的絶滅）の両方の点で「最終解決策」を予示したのは、ボリシェヴィキよりもむしろ、フォン・トロッタ司令官の軍隊によって一九〇四年に南西アフリカ（現在のナミビア）でなされたヘレロ人の絶滅◆であった。（エルンスト・ノルテの主張をわかりやすく言い換えれば）「ホロコース

トの論理的かつ実際の先例」は、ドイツ植民地の歴史の中に求められるべきだと言えるかもしれない。▼47

ドイツ以外では、ホロコースト以前でそれに最も近いジェノサイドの経験は、一九三五年におけるファシストのエチオピアの植民地化であり、これは、ソ連邦におけるナチによる対パルチザン作戦の先触れとなったアビシニア・ゲリラ戦に対する大規模な対反乱掃討作戦をも含む、「より劣った人種」に対する化学兵器や大量破壊による戦争として行なわれた。▼48 ところが実際には、全体主義に関する研究は、イタリア・ファシズムとドイツ・ナチズムの関係を無視することによって、国家社会主義とボリシェヴィズムと

◆**バルバロッサ作戦**　第二次大戦中、ナチスによるソ連への奇襲作戦の暗号名。今日では独ソ戦の序盤の戦闘の総称としても使われる。

▼**44**　Mayer, *The Furies*, 639.

▼**45**　次のものを参照すること。Madhusree Mukerjee, *Churchill's Secret War: The British Empire and the Ravaging of India During World War II*, New York: Basic Books, 2011.

◆**生命圏**（Lebensraum）　地政学の用語であり、国家が自給自足を行なうために必要な政治的支配が及ぶ領土を指す。ヒトラーは『わが闘争』の中で言及している。

▼**46**　次のものを参照。Enzo Traveso, *The Origins of Nazi Violence*, New York: The New Press, 2003, 47–75. ナチの帝国主義の概観については次のものを参照すること。Mark Mazower, *Hitler's Empire: Nazi Rule in Occupied Europe*, London: Allen Lane, 2008.

◆**ヘレロ人の絶滅**　独帝国が先住民族ヘレロ人などに対して行なった大虐殺。アフリカ分割の動きの中の一九〇四〜〇七年にかけて行なわれ、二〇世紀最初のジェノサイドと言われる。

▼**47**　次の二つの著作を参照すること。Isabel V. Hill, *Absolute Destruction: Military Culture and the Practices of War in Imperial Germany*, Ithaca, NY: Cornell University Press, 2005; Gesine Krüger, *Kriegsbewältigung und Geschichtsbewusstsein: Realität, Deutung, und Verarbeitung des deutsches Kolonialkrieg in Namibia 1904 bis 1907*, Göttingen: Vandenhoeck und Ruprecht, 1999.

▼**48**　次の二つの書を参照すること。Angelo Del Boca, *The Ethiopian War 1935–1941*, Chicago: University of Chicago Press, 1968; Ian Campbell, *The Massacre of Addis Ababa: Italy's National Shame*, New York: Oxford University Press, 2017.

の相互作用のみにもっぱら焦点を当てている。全体主義の考えの最も徹底した擁護者の一人であるカール・ディートリヒ・ブラッハー◆は、ナチズムを「ヨーロッパのファシストの家系」に登録するのを拒否した。[49]同様に、レンツォ・デ・フェリーチェもまた、「右翼的」（ドイツ）全体主義と「左翼的」（イタリア）全体主義が、それぞれ民族的（volkisch）イデオロギーと（ジョルジュ・）ソレル的な社会主義の伝統に起源があるとして、両者を区別して、ヒトラーとムッソリーニのファシズムとの間に何らかの「血縁」関係があるという点を全面否定している。フェリーチェは、弁護論的な言い方でファシズムがホロコーストの「影響の及ばないところ」にとどまっていたと結論づけている。[50]エミリオ・ジェンティーレによれば、それ以外の歴史家は、ファシズムの全体主義的性格を指摘しているのであって、ファシズムが国家的側面を強調していることからすれば、それは全体主義の最も完成された形態でさえある、ということになるのだが、そうした評価は、概して、ナチの暴力との間のいかなる比較をも回避しているのだ。[51]

6……ナチとスターリニストのイデオロギーの比較

全体主義の研究モデルの中心となっているものは、依然としてイデオロギーである。この研究のモデルは、研究対象の体制を（ワルデマール・グリアン◆が「イデオクラシー（イデオロギー国家）」と呼ぶところの）イデオロギーにもとづいた権力システムにすぎないものとして、反リベラリズムといった形で、まったく否定形で定義を与えるものだ。[52]これが、ファシズムと共産主義を単一のカテゴリーのもとに位置づける唯一の方法なのである。しかし、この研究は、「イデオクラティックな」モデルを採用することによって、二〇世紀に出現した政治的に邪悪な体制のさまざまな起源を描き出すという系統学に変わってしまう。最も保守的な研究者（たとえば、エリック・フェーゲリン）は、全体主義を世俗化の終章とみなした。その過程は宗教改革から始まり、最後にはいっさいの宗教性が奪われた世界という結果となる。それは、グノーシス的な市民神学の探求という旅の終わりなのである。[53]先鋭な論争が起こり、啓蒙主義の強権主義的な潜在的可能性の中に悪の根源を見出そうとする研究者と、ファシズムを反啓蒙主義の軌跡の完成とする研究者とを引き裂いた。その結果、アイザイア・バーリンはルソーについて「近代思想における最悪での人物であり、自由への恐るべき敵の一人」[54]と述べたのに対して、ゼエブ・スターンヘルは、ファシズム

◆**カール・ディートリヒ・ブラッハー** 一九二二〜二〇一六年。独の政治学者・歴史家。ワイマール共和国とナチスドイツを専門とした。邦訳書に『ドイツの独裁——ナチズムの生成・構造・帰結』（岩波書店、二〇〇九年）。

▼**49** Karl Dietrich Bracher, *The German Dictatorship: The Origins, Structure, and Effects of National Socialism*, New York: Praeger, 1970［K・D・ブラッハー『ドイツの独裁——ナチズムの生成・構造・帰結』（岩波書店、二〇〇九年）］。

▼**50** レンツォ・デ・フェリーチェへのインタビューを参照すること。The interview of Renzo De Felice by Giuliano Ferrara in *Il fascismo e gli storici oggi*, ed. Jader Jacobelli, Roma: Laterza, 1987, 6.

▼**51** エミリオ・ジェンティーレは、ファシズムを「全体主義的国家の最も完全な合理化」であると定義している。Emilio Gentile, *Fascismo. Storia e interpretazione*, Roma: Laterza, 2002, 272. また次の二つの著作も参照すること。Emilio Gentile, *La via italiana al totalitarismo: Il partito e lo stato nel regime fascista*, Roma: Carocci, 2008; Emilio Gentile, ed., *Modernità totalitaria, Il fascismo italiano*, Roma: Laerza, 2006.

◆**ワルデマール・グリアン** 一九〇三〜五四年。ロシアで生まれ、独からスイスへ亡命し、米で研究活動をした政治学者。ボリシェヴィズムとファシズムは「全体主義」という共通点をもち、ともに「イデオロギー」の概念を偽造した「イデオクラシー」によって、ユートピアを掲げ、人々を組織化していく。全体主義を、救世主主義としての「政治的宗教」であるとして分析した。ハンナ・アーレントは『暗い時代の人々』（河出書房新社、一九九五年）でグリアンを論じている。

▼**52** Waldemar Gurian, 'Totalitarianism as Political Religion,' in *Totalitarianism Proceedings of a Conference Held by the American Academy of Arts and Sciences*, ed. Carl Friedrich, Cambridge: Havard Univesity Press, 1953, 123.

▼**53** Eric Voegelin, *The New Science of Politics: An Introduction*, Chicago: University of Chicago Press, 1987, 163［エリック・フェーゲリン『政治の新科学——地中海的伝統からの光』（而立書房、二〇〇三年）］。

▼**54** Isaiah Berlin, *Freedom and Its Betrayal: Six Enemies of Human Liberty*, Princeton: Princeton University Press, 2002, 49. バーリンはまた、処刑することについてのメーストルの弁明の中に全体主義の起源を発見した。Isaiah Berlin, 'Joseph de Maistre and the Origins of Fascism,' *The Crooked Timber of Humanity*, New York: Knopf, 1991, 130.

を、合理主義・普遍主義・人間主義という「フランス＝カント的伝統」を破壊しようとする急進的な試みであると見たのだった。[55] 別の研究者は、一方における急進的な啓蒙主義と他方におけるエスニック的なナショナリズムの両方に由来する反民主主義的傾向が収斂していったという点を強調し、複数の要因が混ざり合った系統の流れを指摘している。ヤコブ・タルモンにとっては、左翼の反リベラリズム（ルソー、ロベスピエール、バブーフによって体現される急進的民主主義）と、右翼の非合理主義（フィヒテからヒトラーに至る人種的神話）とが融合して全体主義というモンスターになったのであり、このモンスターの双頭をなす共産主義者とファシストは同じように全体主義的で、救世主的であるので、経験的で多元主義的なリベラリズムとは対立するのだというわけである。[56]『従属への道』の中で、経済学者フリードリヒ・フォン・ハイエク◆は、全体主義の本質を計画経済の中に見出している。彼は、社会主義による私有財産という近代の自由の核心に対する批判の中に、全体主義の基礎があると指摘し、この批判が第一次世界大戦後に急進的民族主義を汚染させ、結局のところ国家社会主義を生み出すこととなった、と主張した。[57]

こうした系統学的・哲学的な不一致のほかにも、ナチとスターリニストの暴力を解釈するうえでイデオロギーだけで充分なのかどうかという問題が残る。全体主義というモデルの支持者にとって、その結論は自明である。[58] リチャード・パイプスは、同じような形態の大規模な暴力を生み出すこととなったジャコバン主義からボリシェヴィズムに至る明白な連続性を強調し、「恐怖支配」の根源がレーニンのジャコバン的思想にあると説明した。彼によると、レーニンのこの考えの究極の目的はブルジョアジーの物理的抹殺なのであって、この目標は「階級戦争の教義」の論理的一環であり、自分たちを取り巻く現実に対する彼の感情に見合うものであった、という。[59] パイプスの眼には、一七九三年の公安委員会◆は、フランス啓蒙思想協会に由来するものと映ったが、それはまさに、チェーカー◆（反革命・サボタージュ取締り特別非常委員会）がツァー時代のナロードニキの結社の所産だったのとまったく同じであって、ボリシェヴィキは自らのテロリスト的観点をナロードニキから引き継いだというのである。マーチン・メイリアは、共産主義を破壊的な形のユートピア思想の実現として描いている。「一〇月革命によって創り出された世界においては、われわれの前に現われるのはけっして社会ではなくて、体制、『イデオクラティックな』体制である」[60]。こうした解釈に共通する特徴は、フランス革命もロシア革命も、ともに結局のところ一方的な妄信の爆発に帰するものだという点にある。パイプスは、トクヴィルを引用して、革命を「ウィルス」に譬えた[61]。フランソワ・フュレについて言えば、彼は、収容所列島が、両方の体制の裁判手続きの同一性からし

▼55 Zeev Sternhell, *The Anti-Enlightenment Tratdion*, New Heven: Yale University Press, 2009.

▼56 Jacob Talmon, *The Origins of Totalitarian Democracy*, New York: Norton, 1970.

◆**フリードリヒ・フォン・ハイエク**　オーストリアのウィーンで生まれた経済学者。経済学におけるオーストリア学派を代表する経済学者の一人。自由主義の立場から、計画経済体制、集産主義を批判した。その観点から、計画経済を主張する左翼もナチズムも同じく集産主義であり、ともに全体主義であるとした。一九八〇年代以降に新自由主義が台頭すると、彼の思想が見直され、再評価されている。

▼57 Friedrich von Hayek, *The Road to Serfdom*, London: Boutledge, 2007［フリードリヒ・フォン・ハイエク『隷従への道――全体主義と自由』（東京創元社、一九五四年）］。

▼58 ソ連邦の史料保管所が開放されるまでは、スターリンの恐怖政治の犠牲者の人数を非常に誇大に記録するような方向へと研究が促されていたが、イデオロギーにもとづいて計画された大量殺人に関するこの全体主義的モデルによって触発された著作の中で最も多くの読者を獲得したのが、Robert Conquest, *The Great Terror: Stalin's Purges of the Thirties*, New York: Macmillan, 1968［ロバート・コンクエスト『スターリンの恐怖政治』上下（三一書房、一九七六年）］だった。この論争のバランスシートについては、次のものを参照すること。Nicolas Werth, 'Repenser la "Grande Terreur"', *La terreur et la désarroi, Staline et son système*, Paris: Perrin, 2007, 264–99.

▼59 Richard Pipes, *The Russian Revolution*, New York: Knopf, 1990, 345, 790, 794.

◆**一七九三年の公安委員会**　仏革命期の統治機構で、自由の確立のためには暴力が必要であるとして「自由の専制」のために創られ、もとは「祖国の危機」から脱するための臨時的な独裁機構であったが、次第に国民公会の最も重要な機関となり、恐怖政治を押し進め革命を推進した。

◆**チェーカー**（反革命・サボタージュ取締り特別非常委員会）　KGBの前身にあたる最初のソヴィエト政治警察。一〇月革命直後にソヴィエト政府が設置した。

て、フランス革命の恐怖政治と同列に置かれるべきものだ、と指摘している。彼はこう主張する。「全体の意志を通じて、王としての人民は権力を備えた架空の一体性を獲得する」のであるが、それは「全体主義の原型であった信仰」なのだ、と。[62]「歴史家論争」から『共産主義黒書』（一九九七年）に至るまでの時期、ナチズムとボリシェヴィズムとが実質的に同じだというテーゼは、一般にとても大きな支持を受け続けた。しかしながら、それは、最近の研究の観点からするとむしろ時代遅れであるように思われる。新しい研究は、そのようなテーゼを放棄し、両者のもっと微妙な違いを認め、より多角的な原因究明のアプローチを支持するようになっている。

ホロコーストは、歴史記述のパラダイムのこの変化を雄弁に物語る試金石である。数十年間にわたって、研究者は、ソール・フリードランダー◆によって意図派と機能派という形で区分された二大潮流に分かれてきた。前者はイデオロギー的動機に主として焦点を当てたのに対して、後者は当面する情勢の中でなされた一連のプラグマティックな選択の結果として生じた、ユダヤ人絶滅という予想を超えたその性格に主として焦点を当てた。[63]意図派にとって、第二次世界大戦とは、反ユダヤ主義それ自体にまでさかのぼる古いプロジェクトを実現することを可能にする歴史的配列を創り出したものにすぎなかった。機能派にとっては、ユダヤ人に対する憎悪は、戦争の中で発展した出来事の必然的な前提ではあったが、充分な前提ではなかった。[64]最近の多くの研究は、ナチの暴力に対するより広範なアプローチを採用し、ホロコースト研究の狭い枠組みから自ら抜け出すことによって、この時代遅れの議論を克服しようと試みている。したがって、イデオロギーは、広く重層的な地政学的プロジェクトの中に深く埋め込まれているように見えるのである。それは、ドイツの「生命圏」地域を征服し、ソヴィエト国家、すなわち、ナチがユダヤ人と同一視したボリシェヴィキ国家を破壊するという植民地計画なのである。領土の征服、共産主義の破壊、スラブ人の住民の食糧不足と飢餓、ドイツ人の入植、自然資源の略奪、ユダヤ人の絶滅であった。これらすべての目標が戦争の中で集合していったのである。これが意味するものが、ヨーロッパの壮大な生物学的、政治的な再編であった。

ティモシー・スナイダー◆が指摘しているように、（ヒトラーの）『わが闘争』は、キリスト教的なパラダ

▼60 Malia, *The Soviet Tragedy*, 8. 論争の余地もあり、特異なのは、A・ジェームズ・グレガーによって提起されている全体主義に関する「イデオクラティック」的解釈である。彼によれば、ムッソリーニのファシズムもレーニンのボリシェヴィズムもともに、結局のところ、単なるマルクス主義の異型にすぎない、というのだ。A. James Gregor, *Marxism, Fascism, and Totalitarianism: Chapters in the Intellectua History of Radicalism*, Stanford: Stanford University Press, 2009.

▼61 Pipes, *The Russiamn Revolution*, 132–33.

▼62 François Furet, *Interpreting the French Revolution*, New York: Cambridge University Press, 1981, 180［フランソワ・フュレ『フランス革命を考える』（岩波書店、一九八九年）］。

◆ソール・フリードランダー　イスラエルの歴史家。邦訳書に『アウシュヴィッツと表象の限界』（未来社、一九九四年）。

▼63 Saul Friedländer, 'Reflecitons on the Historicization of National Socialism,' *Memory, History, and the Extermination of the Jews of Europe*, Bloomington: Indiana University Press, 1993, 64–83.

▼64 意図派潮流については、こうした反対のアプローチの最も驚くべき例はルーシー・ダヴッドヴィッチならびに、とりわけ大きな論議を呼んだダニエル・J・ゴールドハーゲンの著作である。Lucy Dawidowicz, *The War Against the Jews 1933–45*, London: Weidenfeld & Nicolson, 1975; Daniel J. Goldhagen, *Hitler's Willing Executioners: Ordinary Germans and the Holocaust*, New York: Vintage, 1997［ダニエル・ゴールドハーゲン『普通のドイツ人とホロコースト――ヒトラーの自発的死刑執行人たち』（ミネルヴァ書房、二〇〇七年）］。後者の研究は、この意図というものをヒトラーにとどまらずそれからさらにドイツ国民全体にまで拡張して取り上げている。機能派潮流については、次の二つの論文を参照すること。Martin Broszat, 'Hitler and the Genesis of the "Final Solution"', *Aspects of the Third Reich*, London: Macmillan, 1985, 390–429; Hans Mommsen, 'The Realizaiton of the Unthinkable: The "Final Solution" of the Jewish Question in the Third Reich,' *From Weimar to Auschwitz: Essays on German History*, Princeton: Princeton University Press. 1991, 224–53. 今日、機能派「学派」の最も重要な代表者は、ゲッツ・アリーである。彼の著作については、次の二つを参照すること。Götz Aly, *'Final Solution': Nazi Population Policy and the Murder of the European Jews*, London: Arnold, 1999［ゲッツ・アリー『最終解決――民族移動とヨーロッパのユダヤ人殺害』（法政大学出版局、一九九八年）］、ならびに既述の Götz Aly, *Hitler's Beneficiaries*.

◆ティモシー・スナイダー　一九六九年〜。米の歴史家。専門は、近代ナショナリズム史、中東欧史、ホロコースト論。

イム——天国・堕落・脱出・贖罪——にもとづいて構成されていて、それは、宗教的思想と動物学の考えが混ざり合う結果となっている。[65] しかし、歴史と社会を生物学的プリズムを通して解釈しようとするこの傾向は、一九世紀の実証主義に典型的なものであって、ナショナリズムから社会主義に至る一九世紀のすべての思想潮流を形成したものである。ヒトラー主義は、依然として民族主義的な（vokisch）ナショナリズムの急進的バージョンにとどまっていた。そして、そのイデオロギー的な特殊性は、多様な思想の共生の産物であったのであり、この共生は、その民族主義を、ソール・フリードランダーの言葉を借りれば、「ドイツ的キリスト教精神、ネオロマン主義、神聖なアーリア人の血統への神秘的崇拝、超保守主義的なナショナリズムの出会いの場」[66] に変質させたのだった。社会的ダーウィニズム、優生学、神秘的で反啓蒙主義の思想のこのアマルガムが、ヨーロッパの他の諸国では類を見ない、「贖罪的な反ユダヤ主義の特殊な形態」——ドイツ人の解放の形態としてのユダヤ人の絶滅——を生み出した。しかしながら、この特異な統合は、ナチの暴力の一つの前提にすぎなかった。フリードランダーによれば、ホロコーストは、ヒトラーが権力掌握にまで昇りつめたこと（あらかじめ定められていた計画の実現）の不可避的結果でも、見込み違いの政策が「積み重なったうえでの急進化」の行き当たりばったりの産物でもなかった。それはむしろ、「意図と偶然性との間で、認識可能な原因と好機との間で、諸要因が収斂していった結果であった。全体的なイデオロギー的目的と戦術的政策決定とが相互作用で高まり合い、情勢の変化に応じてより急進的な動きに依然として一貫して対応できる状態にとどまり続けたのだ。[67]

スナイダーによれば、バルバロッサ作戦は、ヒトラーとスターリンの両者にとって決定的な誤算だったという。スターリンは、ドイツの独裁者と自分の同盟が一時的な性格のものであるという点についていかなる幻想も抱いていなかったが、ドイツの侵攻がそれほどすぐになされるとは予測していなかったし、その春の間に届けられた多くの情報ソースからの警告を信じず、それらをイギリスの宣伝のせいだとみなしていた。この彼の受動的姿勢はソ連邦を崩壊に瀬戸際にまで追い込むことになった。ヒトラーはと言えば、彼はスラブ人が「劣った人種」だとする見方に依然として捕らわれ続けていたので、三か月でソ連邦を破壊することが可能だという誤った考えを抱いていた。このドイツの攻勢の失敗がこの戦争の最終的結末を決定した。電撃戦を開始するに当たって、ナチは四つの基本的目標を掲げていた。ソ連邦の迅速な殲滅、一九四一年春の期間中に三〇〇〇万人の人々に被害を及ぼした計画的飢饉、敗北したソ連邦西部の領土へのドイツ人の入植という壮大な計画、ユダヤ人問題の最終的解決、すなわち最遠隔の占領地域へのヨーロッパ・ユダヤ人の大量移送（Ostplan）――そこで、ヨーロッパのユダヤ人は次第に抹殺されていくことになろう――の四つがそうである。この電撃戦の失敗のために、ヒトラーは自分の優先順位を変更せざるを得なくなった。「最終的解決」は当初、戦争の終結時に、最終的に解決される予定だったのだが、それが短期間に達成できる唯一の解決策となった以上、突如として当面の目標となった。ユダヤ人は移住させられなかったので、殺害されることになる一方、占領された諸国は組織的に破壊されることとなった。したがって、スナイダーは、「殺害は勝利の合図というよりも、むしろ勝利への代替策であった」[68]と主張している。彼の解釈は、「全体主義派」の研究の決まり文句を避けている。彼は、ヒトラーとスターリンを単なる悪の象徴と決めつけてしまうのを避けるために、その残虐さを超えて、二人の行動と目的を批判的に理解すべき歴史上の主体としてヒトラーとスターリンを見ているのである。二人のイデオロギーには共通するものはほとんど何もなく、二人の絶滅政策も大きく異なっている。国家社会主義は主として非ドイツ人を、もっぱら戦争中に殺害したのに対して、スターリニズムはほとんどが戦時以前の段階にソヴィ

▼65 Timothy Snynder, *Black Earth: The Holocaust as Hitory and Warning*, New York: Tim Duggan Books, 2015［ティモシー・スナイダー『ブラックアース――ホロコーストの歴史と警告』上下（慶応義塾大学出版会、二〇一六年）］, 4.

▼66 Saul Friedländer, *Nazi Germany and the Jews, Vol. 2: The Yours of Persecution, 1933–1939*, New York: Harper Collins, 1997, 87.

▼67 Ibid., 5.

▼68 Timothy Snyder, *Bloodelands, Europe Between Hitler and Stalin*, New York: Basic Books, 2010, 215［ティモシー・スナイダー『ブランドランド――ヒトラーとスターリンの大虐殺の真実』上下（筑摩書房、二〇一五年）］。

エト市民を殺害した。

同様に、多くの研究者は、ソヴィエトの暴力の異なる波を分析する際に、意図派的アプローチと機能派的アプローチとを組み合わせた。最初の波は、一九一八〜二一年の内戦の最中に、行き過ぎ、即決処刑、すべての内戦で見られる犯罪などをともなう形で出現した。それが、暴力は歴史の「産婆」だとするボリシェヴィキの見方によって形成されたということは確かであるが、それは「階級の絶滅」というプロジェクトから生まれてきたものではなかった。その起源からして、ボリシェヴィキは一九一四年までは他のヨーロッパ諸国の社会民主党とその文化を共有していたのであって、レーニンは自らをドイツ・マルクス主義の「法王」であるカール・カウツキーの忠実な弟子であるとみなしていたのであって、レーニンのイデオロギー的路線は、その後、一〇月革命を強く批判するようになったロシアとヨーロッパの多くの社会主義者のイデオロギーと異なっていたわけではなかった。暴力の第二と第三の波（それぞれ農業集団化とモスクワ裁判）は、平和が訪れ安定化したこの国で出現した。第二の波はとりわけ、イデオロギー的根拠にもとづく絶滅プロジェクトから生まれてきたのではなくて、社会を近代化する強権的・官僚的プロジェクトから生まれた。この社会近代化プロジェクトは、J・アーチ・ゲッティが述べているように、「一貫性を欠く」「誤算に満ちた」政策に変わってしまい、その最終的帰結が権力の永続的行使としての恐怖政治の確立となったのであった。[69] レーニンからゴルバチョフに至るまでを結ぶ一直線の連続性を理論化したり、スターリニズムの恐怖政治をソ連邦の「イデオクラティック」な性格の反映として説明するのではなくて、むしろ、この暴力を現実の情勢の脈絡の中に位置づけ、多様な衝撃のうちの一つにすぎないものとしてそのイデオロギーを検討した方が、おそらくもっと有効であろう。ようするに「イデオクラシー」モデルは抗しがたく目的論の方へと向かわせる傾向をもっているのであって、想定上の全体主義の悪から現実の全体主義の悪への直線的な連続性を提起することになってしまうのである。シェイラ・フィッツパトリックによれば、「全体主義的モデルにもとづく研究」——ソ連邦を「上意下達式の階層的統一体、イデオロギーにもとづく一枚岩の党。受動的な社会に対する恐怖政治による支配」とみなす研究——は、「事実上、ソヴィエトの自画像を逆立した道義でもって投影する鏡の像なのだ」[70]（「党は常に正しい」に代わって「党は常に間違っている」というわけだ）。

7……イスラム国と全体主義

二〇〇一年の9・11以降、この知識人の論争では新たなページが開かれた。それ以前には、リベラル民主主義勢力は常に、自分たちの方にモラル的・政治的利点があると自慢していたのだが、かつて存在した「現存社会主義」の終焉は、この敵からリベラル民主主義を奪い取ってしまった。他方、ニューヨークとワシントンにおけるテロ攻撃は突如として、反全体主義の古い七つ道具を再び活性化させることとなり、この七つ道具は今やイスラム原理主義の脅威に対して向けられるようになった。冷戦期と同様に、新たな十字軍がすぐさま出現したが、この十字軍を担った人々の多くは、ポール・バーマン◆やクリストファー・ヒッチェンズ◆、ベルナール＝アンリ・レヴィ◆のような左翼の出自だった[71]。二〇〇三年、アメリカがイラク

▼69 John Arch Getty, 'The Policy of Repression', in *Stalinist Terror, New Perspectives*, eds John Arch Getty and Roberta Manning, New York: Cambridge University Press, 1993, 62. アーノ・マイヤーは、その著作（Arno J. Mayer, *The Furies*, 643）で同様の結論を導き出している。「収容所列島が意識的な大量虐殺やエスニック集団虐殺という熱狂によって構想され、運営されていたという点を示唆するものは何もない。被収容者の圧倒的多数――おそらく九〇％以上――は、二〇歳から六〇歳までの成人男性であった。収容所では子ども、女性、老人は比較的少数だった」。

▼70 Fitzpatrick, 'Revisionism in Soviet History', 80.

◆**ポール・バーマン**　一九四九年～。米の作家。一九六八年のコロンビア大学での学生運動に関わった。二〇〇三年の著作『テロとリベラリズム』で、右と左の全体主義運動はともに、第一次大戦の余波で、自由主義文明の失敗の反応としてヨーロッパで発生し、そのイデオロギーは妄想的・終末論的・ユートピア的で、達成不可能な目的のための大衆動員を行なった、としている。

に侵攻した時、ポール・バーマンは、アルカイダのような宗教的運動とサダム・フセインのバース党のような世俗的政権をともに、「狂気と死への崇拝」に等しく鼓舞されている全体主義の二つの形として描いた。[72]「連帯」労組から生まれたポーランドの有名な反対派で、『ガゼタ・ヴィボルツィア』紙の編集長であるアダム・ミフニク◆は、西側を防衛するこの新たなキャンペーンの意味を次のようにまとめた。

私は、全体主義的独裁体制についてのわが国の経験を思い出した。だからこそ私は、二〇〇一年の9・11から正しい結論を導き出すことができたのだ。〔……〕「水晶の夜」は、ヒトラーのナチズムの隠された真実を暴露した、かのモスクワ大裁判は、世界にスターリニスト体制の本質を示した。こうした出来事とまったく同じように、ワールド・トレード・センター・ビルの崩壊を眺めて、私は、世界が新たな全体主義という難題に直面しつつあることに気づいた。暴力、妄信、偽りが民主的価値観に挑戦しようとしていたのである。[73]

多くの研究者は、一般に受け入れられているこの信念を取り入れて、二〇世紀のヨーロッパの歴史を解釈するために作られてきた分析的カテゴリーをイスラムに適用した。この認識の転換とともに、「ムスリム同胞団」◆のような運動は、ヨーロッパの全体主義の組織的、イデオロギー的ツールの多くを装備したある種のレーニン主義的「前衛党」になった。この着想から、エジプトの神学者サイイド・クトゥブ◆は、「単一党によって支配された」、「イスラムの衣装をまとったレーニン主義」を目指す「一枚岩的国家」の神学者として描かれた。[74]ジェフリー・M・ベール◆によれば、イスラムの教義は、それが西側の世俗的な全体主義のありとあらゆる典型的タイプの特性——マニ教や一元論（とりわけユートピア的集団主義）、さらには自らの敵を非人間化し、破壊することをめざすパラノイア——を再生してそれらを宗教的形態に組

◆**クリストファー・ヒッチェンズ**　一九四九年〜。英出身の作家・ジャーナリスト。一九六〇年代には、反戦・反人種差別運動

など多くの政治運動に参加した。邦訳書に『アメリカの陰謀とヘンリー・キッシンジャー』(集英社、二〇〇二年)。

◆**ベルナール＝アンリ・レヴィ**　一九四八年〜。仏の哲学者。「新哲学派」(一九六八年の五月革命を経験した若い世代の哲学者の総称)の一人。二〇〇三年のイラク戦争を支持し、カダフィ政権のリビアへの軍事介入をサルコジ大統領に進言した。邦訳書に『人間の顔をした野蛮』(早川書房、一九八九年)ほか。

▼**71**　たとえば次のものを参照すること。Simon Cottee, ed., *Christopher Hitchens and His Critics*, New York: New York University Press, 2008. この新しい反全体主義キャンペーンについての批判的評価については、次のものを参照。Richard Seymour, *The Liberal Defence of Murder*, London: Verso, 2008. この新しい反全体主義の波に属するリベラルな知識人たちはいくつかの点で、アイザック・ドイッチャーが見事に描写した冷戦時代の前走者たちと不可避的に似てくることになっている。Isaac Deutscher, 'The EX-Communist's Conscience', in Marxism, Wars, and Revolution, *Essays from Four Decades*, London: Verso, 1984, 49–59.

▼**72**　Paul Berman, *Terror and Liberalism*, New York: Norton, 2004, xiv.

◆**アダム・ミフニク**　一九四六年〜。第二次大戦後のポーランド統一労働者党政権下での反対派で、一九八〇年のポーランドのグダンスク造船所のストライキが起こると、自主管理労組「連帯」の中心的指導者の一人となった。邦訳書に『民主主義の天使——ポーランド・自由の苦き味』(同文舘出版、一九九五年)。

▼**73**　Adam Michnik, 'We, the Trators', *World Press Review* 50: 6, 2003 (originally from *Gazeta Wyborcza*, 28 March 2003, worldpress.org/Europe/1086.cfm).

◆**ムスリム同胞団**　二〇世紀前半に、エジプトで誕生したイスラム主義団体。現在はエジプトにとどまらず、中東の各国のスンナ派にその組織を広げている。イスラム法にもとづくイスラム国家の樹立をめざす。長年にわたってサウジアラビア政府が同胞団を支援してきたが、「アラブの春」以降、民衆の反乱を恐れるサウジ政府は、同胞団への支援を止めた。そのため、同胞団を支援し続けるカタール政府とサウジ政府との関係が悪化している。

◆**サイイド・クトゥブ**　一九〇六〜六六年。エジプトのイスラム主義の作家・詩人。一九五〇〜六〇年代におけるムスリム同胞団の理論的指導者。

▼**74**　Ladan Boroumand and Roya Boroumand, 'Terror, Islam, and Democracy', in *Islam and Democracy in the Middle East*, eds Larry Diamond, Marc F. Plattner, and Daniel Brumberg, Baltimore: Johns Hopkins University Press, 2003, 286–87.

◆**ジェフリー・M・ベール**　政治的・宗教的過激派とテロに関する米の研究者。米ミドルベリー国際研究所の不拡散およびテロ研究プログラムの教授。

み込んでいるというかぎりにおいて、「本質的に反民主主義的で、全体主義的なイデオロギーである」であるという。[75] 奇妙なことに、全体主義的モデルに最も近いイスラム体制であるサウジアラビアが西側の新たな十字軍によって取り上げられることは滅多にない。しかし、イラン・イスラム共和国とは違って、サウジアラビアは西側の同盟国であり、西側陣営の中に確たる経済的・地政学的位置を占めているのであって、そのためにサウジアラビアは悪の枢軸国の陣営に組み込むことから自動的に除外されているのである。

イスラムのテロリズムを全体主義的モデルにあてはめることは、けっして容易なことではない。イスラムのテロリズムは、民主主義に対する反動として生まれたヨーロッパのファシズムとは違って、民主主義が歴史的に持続する形で存在してこなかったところから生まれた。多くのムスリム国では、それは、アメリカやかつての植民地列強によって支援された反動的で強権的な体制に対する抗議を体現しているのであって、逆説的だが、一定のモラル的正当性を得ているのである。[76] それは西側と闘っているのであって、西側の方はアラブ諸国の中では一貫して、民主主義的な形を取る存在ではなくて、むしろ帝国的・強権主義的な形を取る存在として映っている。中東では、一九九一年以来、西側の「人道主義にもとづく戦争」が数十万人の人々を殺害してきたのであって、その大部分が民間人であったのだから、これらの戦争が事実上の、自由と民主主義のための反全体主義の戦争であったと説明するのは容易ではない。それは、一九七〇年代においてラテン・アメリカの人々が、チリのピノチェトとアルゼンチンのビデラの軍事独裁体制が共産主義の全体主義から自分たちを守ってくれているのだと信じるのと、同じくらい説得力を欠いている。西側がソ連の衛星諸国において「自由世界」を体現する反対派として登場することができた冷戦期とは違って、今日ではアメリカは大部分のイスラム諸国にとっては帝国的列強である、と思われているのである。

そのうえ、イラクとシリアにおけるイスラム国の暴力は、強制力手段を国家的に独占していた古典的な全体主義の暴力とは質的に異なっている。イスラムのテロリズムは、それ自身の固有の性格を持っているのだが、脆弱な国家の内部で台頭し、国家の崩壊や不完全さから生まれてくるのである。歴史的に言えば、テロリストの暴力は常に国家の暴力とは正反対にあるものであって、この点ではアルカイダやイスラム国さえ例外ではない。近年、イスラム国が領土的・制度的存在として国家に近いものになった。この点において、イスラム国は中東全域の安定性を破壊した一〇年間の西側の軍事介入から利益を得ているのであって、この軍事介入はイスラム国がその影響力を広げ、いまだかつて存在しなかった地域で多くのテロリスト部隊を生み出すことになっているのである。しかし、それとは別の相違点もまた重要である。ファシズムと共産主義は新しい社会の建設と「新しい人間」の創造の願望の一環として、未来を指向するプロジェクトの中で生み出された。両者は古い形の絶対主義を再生しようとは望んでいなかった。[77] ムッソリーニとゲッベルスは、国家「革命」が（絶対王政の復活を目指す）正統主義とは無縁のものであると説明している。イスラムの反動的モダニズムは逆に、創成期の架空のイスラムの純粋さに戻るために、ロケット砲や爆弾や携帯電話、ウェブサイトのような近代的テクノロジーを利用している。それがユートピア的な傾向を持っているとすれば、未来よりもむしろ過去を見ているからである。結局のところ、イスラム原理主義は、一般に全体主義に当てはまるような「政治的宗教」の定義とは合致しない。政治的宗教のこの概念は、伝統的宗教に取って代わり、自身の儀礼や象徴を採用し、その信奉者には合理的な選択に従って行動するのではなくてむしろ「信じる」ことを求める、世俗的な運動と体制を意味している。それとは反対に、イスラムのテロリズムは、脱植民地化の後にムスリム世界を形成することとなった世俗化と近代化のプロセ

▼75 Jeffey M. Bale, 'Islamism and Totalitarianism', *Totalitarian Movements and Political Religions* 10: 2, 2009, 80, 84.

▼76 次のものを参照すること。Faisal Devji, *Landscape of the Jihad: Militancy, Morality, Modernity*, Ithaca, NY: Cornell University Press, 2005.

▼77 この違いは、以下のトドロフの著作によって強調されている。Tzvetan Todorov, *Hope and Memory: Lessons from the twentieth Century*, Princeton: Princeton University Press, 2003［ツヴェタン・トドロフ『悪の記憶・善の記憶——二〇世紀から何を学ぶか』（法政大学出版局、二〇〇六年）］。また次のものも参照すること。Rabinbach, 'Moments of Totalitarianism', 84.

スに対する暴力的な反動なのである。それは、世俗的宗教ではなくて、「政治的宗教」であり、世俗主義や政治的近代に反対するジハード（聖戦）なのである。イスラムのこのテロリズムのことを「神権政治的な」全体主義だと言うのは、この概念をかつてないほど捻じ曲げ曖昧なものにしてしまう。それは、改めてもう一度、その本質的役割を確認させることになっている。その役割は、歴史と世界を批判的に解釈するのではなくて、敵と闘うということなのだ。

8……まとめ

スラヴォイ・ジジェクは皮肉を込めて、全体主義を「天朝」で調合された緑茶と同類の「架空の老化防止剤」として描いている。緑茶は、広告でうたわれている効能によれば、体の中で遊離基《フリーラジカル》として知られている有害分子を「中和する」という。[78] 歴史的には、「全体主義」はリベラル派民主主義の身体を治す未承認のジェネリック抗生物質という役割を果たした。西側は、自分たちに対する全体主義的な敵に汚名を着せることによって、帝国の自分たち自身の暴力と抑圧の形態を放免したのだった。この概念に対する研究者からの絶えざる批判は続いたが、それでも、全体主義の概念は消滅しなかった。それどころか、それは驚くべき力と再生能力を示し、新たな分野へとその影響力を拡大しさえした。全体主義は——これは逆説なのだが——、役に立たないが、それと同時にまた取り替えられないものでもあるのだ。それは、権力の性格と本質を定める政治理論にとってはかけがえのないものなのだが、具体的で多面的な出来事によって構成されている過去を再構成し、分析しようと試みる歴史研究にとっては、役立たない。フランツ・ノイマンは、それを、実際には存在しない抽象的なモデル、すなわち「理念型」であると定義した。[79] ジョージ・オーウェルは『一九八四年』の中で「ビッグ・ブラザー」や「真理省」や「ニュースピークス」（新語法）を使ってその未来社会の悪夢を描いたが、理念型としての全体主義は、「現存するファシズムと共産主義」よりも、はるかにずっとオーウェルによって描かれた悪夢を思い起こさせるものとなっている。

全体主義は抽象的考えであるのに対して、歴史の現実は具体的な全体的である。

同様の論争は、歴史研究が自分たち以外の学科から導入した別の概念、とりわけホロコーストの概念についても存在する。刑法の部門から生まれたこの概念は、有罪か無罪かを明示し、刑罰を与え、苦難を認定し、賠償を得ることを目指すものであるが、別の分野にこの概念を置き換えることは、過去の姿を不毛なものにしてしまうような二分法を思わず導入することとなってしまった。迫害者と犠牲者はけっして単独で存在しているわけではなくて、両者はどちらも、多様な関係者に取り囲まれていて、変化する背景の中で動いている。参加者は、古い要素と新しい要素、引き継がれてきた要素と創り出された要素といった、さまざまな要素の複雑な相互作用を通じて、迫害者にも犠牲者にもなる。これらの諸要素が参加者の動機、振る舞い、反応を形成するのである。学者はこの複雑さを説明しようと試みる。マルク・ブロック◆がかつて強調したように、研究者は歴史の裁判を取り仕切るためにそこにいるわけではない。多くの研究者がこのカテゴリーを退ける決断をしたのは、そのためである。ヘンリー・ハッテンバッハ◆によれば、

　感情的な効果を引き起こすためにジェノサイドに対する非難がなされたり、あるいはジェノサイドであるとされる件数が急増する結果を利用して政治的な立証がなされたりして、ジェノサイドという用

▼78 Slavoi Žižek, *Did Somebody Say Totalitarianism? Five Intervention in the (Mis)use of a Notion*, London,: Verso, 2001, 1-2［スラヴォイ・ジジェク『全体主義——概念の（誤）使用について』（青土社、二〇〇二年）］。

▼79 Franz Neumann, 'Notes on the Thory of Dictatorship,' *The Democratic and the Authoritarian State: Essays in Political and Legal Theory*, New York: Free Press, 1957, 119.

◆**マルク・ブロック**　一八八六〜一九四四年。仏の歴史学者。アナール学派の創始者の一人。レジスタンス運動に参加し、ドイツ軍に銃殺される。邦訳書に『歴史のための弁明——歴史家の仕事』（岩波書店、二〇〇四年）ほか。

◆**ヘンリー・ハッテンバッハ**　米のジェノサイド・ホロコースト研究者。ホロコーストと他のジェノサイドを比較し、ホロコースト独自の性格を研究。国際ジェノサイド防止アカデミーの創設者で会長。

語が当初の意味を失うに至るまでになってしまったり、ということがあまりにもしばしば起こった。▼80

良くも悪くも、ジェノサイドの概念は、その使用に影響を及ぼし、慎重さを必要とする、モラル的、政治的な関心を凝縮している。記憶の要求と解釈の論争とのこの永続的な争いを観察して、ジャック・セム◆ランは、「ジェノサイド」をその独自のアイデンティティや法的な記憶の領域内にとどめ、研究の面では「大規模な暴力」などの別の概念を用いるよう、提案している。▼81

これは健全な警戒心をもたらしてくれるのだが、しかしだからと言って、その点で、「科学的」、「中立的」、「価値観から解放された」、研究が存在するのだとする幻想的主張をするような間違いを犯すべきではない。むしろわれわれはそこから次の点を自覚すべきなのだ。すなわち、歴史はさまざまな異なる方向へと記憶や政治や法からの力が働く場の真っただ中で書かれているのであって、そこでは、過去の解明が歴史の公的使用と切り離し得ないのだ、と。このことは、概念と現実とを切り離すような形で万里の長城が存在するということを意味するのだろうか？　もしファシズムと共産主義に関する研究が全体主義に対して批判的距離を置き続け、すべてをそれほど包括的なものにせず、より相違を認めたもっと適切な定義を望むならば、われわれの歴史意識には基準点が必要になる。われわれは現在を理解するために過去を見るのであって、このことは歴史の「公的使用」を意味する。▼82　したがって、一方において全体主義の概念はその曖昧さ、その脆弱性、その濫用について批判され続けているが、おそらくこの概念がすっかり放棄されることはないだろう。それは西側に取っての旗印であったという点を超えて、アウシュヴィッツやコルイマ、ナチズムの強制収容所、スターリニズムの収容所、ポル・ポトのキリング・フィールドの死の収容所を経験した一世紀の記憶を保持しているのだ。そこには正当性があり、その正当性は何らアカデミズムの認知を必要とはしない。二〇世紀は、政治の挫折を経験した。ハンナ・アーレントによれば、この政治とは、対立、思想や人間の実践の多様性、他者性に対して開かれた場を意味する。彼女は書いている。政治とは、存在論上の問題ではない、問題はその下《インフラ》にあるものだ。すなわち、人間の間の、異なる主体の間の相互作用こそ、政治という言葉の意味なのだ、と。全体主義はこの公共空間を取り除き、代わりに、人間を閉じられた、均質的で、一枚岩的な存在に圧縮してしまう。それは市民社会を国家の中に吸収し、窒息させてしまう。この観点から見ると、それはマルクスの共産主義とは正反対である。マルクスのそれにあっては、国家が、自己解放されていくコミュニティーの中に消滅していく。全体主義の概念は、このトラウマ的な経験をわれわれの集団的記憶や過去についてのわれわれの表現に中に刻みつけている。

▼80 Henry Huttenbach, 'Locating the Holocaust Under the Genocide Spectrum: Toward a Methodology and a Characterization,' *Holocaust and Genocide Studies* 3: 3, 1988, 297.

◆**ジャック・セムラン**　仏の歴史家・政治学者。ホロコースト、ジェノサイドの専門家。邦訳書に『娘と話す 非暴力ってなに?』(現代企画室、二〇〇二年)。

▼81 Jacques Sémelin, *Purify and Destroy: The Political Uses of Massacre and Genocide*, New York: Columbia Univesity Press, 2008, 320.

▼82 Jürgen Habermas, 'Concerning the Public Use of History,' *New German Crtique* 44, 1988, 40-50［J・ハーバーマス「歴史の公的使用について——ドイツ連邦共和国の公式の理解が壊れつつある」、『過ぎ去ろうとしない過去——ナチズムとドイツ歴史家論争』(人文書院、一九九五年)、所収］。歴史と大衆的暴力に関する記憶との厄介な関係については、次のものを参照すること。Dominick LaCapra, *History and Memory After Auschwitz*, Ithaca, NY: Cornell University Press, 1998.

［結章］

消失したユートピアの代替物としてのポピュリズム

第1章で観察したように、今日、「ファシズム」の概念は新しい右翼過激派とイスラム主義の両方に適用されているが、われわれは、歴史的なファシズムとこうした新しい現象との間に実際にどのような関係が存在するのかについて議論した。「ポスト・ファシズム」という用語——この用語の適用について私はヨーロッパとアメリカの極右の運動に限定した——は、歴史的な連続性だけでなく歴史的な断絶をも考慮に入れたものである。われわれはまた、「イスラムのファシズム」が、古典的ファシズムと一定の類似性をもつにもかかわらず、なぜそれとは異なっているのか、その理由についても検討した。この点で最も重要な点は、われわれがポスト・ファシズムとイラク・シリアにおけるイスラム国について両者が出現したその知的・政治的脈絡を理解しようと試みたことである。

二〇世紀前半のユートピアの想像についてすでに述べた。その当時には、ファシズムが共産主義の対抗相手だったことについても触れた。なぜなら、ファシズムと共産主義がともに自身を資本主義の危機に対する、そしてまたその政治的表現であったヨーロッパ・リベラリズムの崩壊に対する、まさにオールタナティブを代表したからである。アメリカでは、民主主義は抜群の力強い発展力学をもち、とりわけフランクリン・D・ルーズヴェルトのニューディールのおかげで未来を約束するものであるように思われた。ヨーロッパでは、古典的リベラリズムはまるで一九世紀の生き残りのように見え、リベラル民主主義は、苦境に陥っていて、ファシズムとのある種の接近とも言える道をたどりつつあった（両者が、ようやく正面衝突するようになったのは一九三九年にすぎなかった。民主主義陣営がソ連との軍事ブロックを結ぶようになったのは、それからさらに二年後のことであった）。

二〇世紀は第一次世界大戦とともに、旧世界秩序の崩壊とともに始まったが、この戦争は同時に、武装せるユートピアとしてのロシア革命と共産主義を生み出し、その影はこの世紀全体に覆いかぶさり続けた。それは、栄光の時だけでなく恥辱の時を経験したが、当然にも資本主義に対するオールタナティブを体現していた。二一世紀は、それとは違って、共産主義の崩壊のさ中に始まった。もし歴史が、「経験の場」としての過去と「期待の地平」としての未来との間の共生的関係であるとすれば、二一世紀初頭には、この弁証法は消滅してしまったように思われる。世界は現在の中に引きこもってしまい、自らの身を将来に向けて投じることができるようには思われないのだ。

実際、共産主義の消滅とともに、ユートピアの概念それ自体が疑問視されるようになっている。ベルリンの壁の崩壊後、二〇年間にわたって、ユートピアが不可避的に全体主義をもたらすのだ、とわれわれは説明されてきた。未来社会に対するいかなるプロジェクトもその唯一あり得る結末は、全体主義的な恐怖政治である、したがって、私有財産、個人の自由、起業家精神、競争に基礎を置き、代議制度によって組み立てられる、市場社会の「レッセ・フェール」（自由放任）のパラダイムが、自由社会を建設する唯一可能な道となるだろう、というわけだ。この脈絡の下では、右翼過激派とイスラム主義は、今や消え去ってしまったユートピアの代替物となっている。両者は新しいユートピアではなくて、ユートピアの代替物なのである。両者はともに反動的である。なぜなら、過去への回帰を望むからである。右翼過激派は、グローバリゼーションを拒絶し、われわれを各国の国境と旧来の保守的な価値観の枠組みの中に閉じ込めたがっている。国の主権というこの薄っぺらな概念を用いて、それはユーロゾーンからの離脱、保護主義への復帰、移民の排除を求める。イスラム主義、あるいは聖戦主義に陥っているそのテロリスト的バージョンは、創成期の架空のイスラムへの回帰のために闘っている。両者は、大きく異なった回答なのだが、互いに相手を非難し合っている。極右派は、移民と難民を西側社会の「イスラム化」のための手段であるとして非難しているのに対して、イスラム主義の側は自らが、キリスト教の下のヨーロッパによる外人憎悪に対する対抗を代表する存在だとしている。両者はぞっとするほど退嬰的である。

同時に、それとは別の何かが台頭しつつあるという兆候もある。アラブ革命、ウォール・ストリート占拠運動、スペインの「怒れる者の運動」、「ポデモス」、ギリシャの「シリザ」、イギリス労働党党首へのジェレミー・コービンの就任、フランスの「夜に立ち上がる」運動を考えるだけで、そのことは明らかだ。これらすべては希望の根拠を提供してくれている。しかし、少なくとも現時点では、最大の問題は、こうした抵抗運動が新しいプロジェクト、〝新しいユートピア〟の枠組みを描き出すことも、一九八九年に設置された精神的な檻から脱け出すこともできない、という点を露呈していることだ。アラブ革命は悪循環の下に沈んでしまった。ヨーロッパでは、すでに述べた社会運動が危機に対処し、ありとあらゆる種類の不平等を拡大させつつある緊縮政策を阻止する試みとして登場した。これらすべての運動は一定の共通する特徴を合わせもっているが、それらはばらばらに分かれていて、協調性を欠いている。たとえ現在のグローバル化された時代がこれらの運動を収斂していく方向へと駆り立てていくように思われるとしても、そうした収斂はまだ起こっていないのだ。

両大戦間の時代に、ロシア革命は、ヨーロッパの枠を超える全世界的な運動を生み出すという新しい地平を切り開き、脱植民地化の礎の一つとなった。一九六〇年代、全世界的な青年の反乱は、キューバからアルジェリア、ベトナムへと至る反植民地闘争に合流した。パリのバリケードから始まった運動、ベトナムにおけるテト攻勢、チェコスロバキアにおけるプラハの春、メキシコ・シティーでの学生運動、これらすべては相互に対話し合っていたかのようであった。これらの運動の統一性をあらためて立証する必要はない。それは一つの世代の政治意識を打ち固めたものであった。その時代には、これらのさまざまな運動を共闘させようとする試みは実際に存在した。ラッセル法廷とベトナム戦争に抗議する国際的運動、そしてキューバ革命後の三大陸人民連帯会議、さらに非同盟会議すらも、この傾向を促進するのに役立った。

今日、そうしたものに匹敵するものは存在しない。オールタナティブとしての一九九〇年代の（世界社会）フォーラムは、力強い発展力学をもつ運動の口火となったが、残念なことに、それは、9・11の攻撃、ならびにポルトアレグレ市におけるブラジル労働党内左派の敗北、さらには運動のNGOネットワークへの変質によって、一挙に終息させられてしまった。

しかしながら、潮の流れは変わりつつある。ウォール・ストリート占拠抜きにバーニー・サンダースの大統領選キャンペーンを、先行する15－M運動抜きにスペインのPodemosを、想像するのはむずかしいだろう。おそらく、（フランスの）「夜に立ち上がる」運動もフランスにおける左翼再編の兆候なのであろう。ブレグジット（イギリスのEU離脱）のトラウマを受けて、こうした闘争が収斂していくならば、それらはEUを変革する闘争の引き金となるだろう。それは、市場と金融ロビーのヨーロッパに終止符を打ち、EU連合規模におけるプロジェクトにもとづく社会的ヨーロッパを誕生させることになるだろう。

二〇世紀の革命が敗北を喫したために、その積み重なる影響が長期にわたって残ってきた。そのことは今日において全世界の社会運動の結びつきが欠如している、という事態の中にまさしく表現されている。その象徴的なケースがアラブ革命であり、この革命の担い手は自分たちの敵が誰なのかを明確に見定めたが、旧来の独裁体制にいかに取って代わるかとか、既存の社会・経済的モデルをいかに変革するのかについての構想をもっていなかった。革命がこのように依拠すべきパラダイムをまったくもたないという事態は、この二世紀の間ではじめてのことであり、その結果、革命は自らを造り直さざるを得なかった。全世界でオールタナティブの文化という織物をともに編み上げ、共同のプロジェクトを練り上げることはけっして簡単な課題ではない。批判的思想は、政治的に無力であると同時に複雑でもあるので、当面、われわれができるのは、この間積み重ねてきた経験について意見を交換することだけである。フォーディズムの資本主義の終焉は、一つの世代から次の世代への経験と政治文化の両方の伝達を可能にしていた「記憶の社会的枠組み」を壊してしまった。左翼の文化それ自身は定着しなかった。

この点では、ポスト・ファシズムの出現は重大な変化であるように見える。右翼過激派は、もはやヨーロッパの首都を軍服に身を包んで行進するウルトラ民族主義者によっては代表されなくなっている。もしフランスの「国民戦線」が、これまでそうであったようなやり方とは異なるやり方で労働者階級に呼びかけているとすれば、それは二〇世紀の構造的分岐の一つ、ファシズムと共産主義との対立という分岐――が衰退したからである。労働者階級はもはや自らを左翼と一体であるともみなしていないし、ましてや共産党と同一であるとはみなしていない。北部イタリアの最も工業化された地域では、「北部同盟」がブルー・カラー労働者の指導的党になった。共産主義の終焉はタブーを打ち破り、ポスト・ファシスト運動は今や自らは民衆諸階級の擁護者の立場に立つと主張している。フランス北部ではとりわけ、「フランス人」労働者階級が「国民戦線」のもとに結集している。この党は、緊縮政策反対や反新自由主義の言説と、自民族中心主義や外人憎悪とを結ぶつけることができたのである。

　新しい社会運動が、労働者階級の記憶から完全に離れ去ってしまったわけではない。ギリシャの「シリザ」はどこから生まれてきたものでもない。それは、さまざまな急進的左翼の結集のプロセスの結果であり、多くの知識人によって支持された。同じことが、スペインの「ポデモス」にもまた当てはまる。マドリードのコンプルテンセ大学の政治学者のグループによって結成された「ポデモス」は、オールタナティブを練り上げ、グローバルに思考することに関心を寄せていた知識人と活動家のネットワークを結集することに成功した。しかし、これらの新しい社会運動は、自らと前世紀の労働者階級の記憶との連続性を主張するだけでは充分ではないという点をすぐに理解した。何か新しいものを創り出す必要があった。これは、左翼の歴史にそっぽを向くことを意味するものではなくて、むしろ一つの歴史的サイクルが終わり、さらに先へと進む必要があるという点を認めることを意味する。今日の抗議運動は、スキュラとカリュブディス［ギリシャ神話に登場する海の怪獣］との間で、一方で過去が枯渇し、他方で見ることのできる未来が欠如している、という二つの間で動揺している。この情勢は後戻りさせることはできない。強力な想像力に恵まれた創造的精神がいつなんどき急に現われて一定のオールタナティブを提案するかもしれないが、新しいユートピアは何らかの空想力をもつ天才の中から湧き出てくるわけではない。思想は、自身の中には根づくことができないのであって、その大きな前進を可能にしてくれる一つの社会的勢力にかかっている。実際、中間にいかに無数の媒介するものがあろうと、予言者それ自身は所与の社会情勢の産物であるというかぎりにおいて、社会勢力はまた思想の創造に必要なものなのだ。今日、多くのかすかな兆候が示唆しているように、変革が起こりつつあって、進行中の分子過程が質的な飛躍を結局のところ生み出す可能性がある。しかし、それはまだ起こっていない。ポスト・ファシズムは過渡的現象なので、急進的左翼が二〇世紀から新しい思想と新しい政治形態への移行を実現することになるだろう。事態が沸騰しようとしており、薬罐《やかん》のふたが吹っ飛ぼうとしていることをわれわれは知っているのであって、われわれはそれに備える必要がある。そうなる時、それにふさわしい言葉が生まれることは確実だ。

謝辞

本書は、ちょっと変わった背景のもとで生まれた。
それは、当初、マリーヌ・ル・ペンの「国民戦線」の台頭が圧倒的注目を浴びた、二〇一六年のフランス大統領選挙戦の最中に録音された長いインタビューとして始まった。出版社Textuelの仕事をしている友人のジャーナリスト、レジス・メイランが、われわれの対話の枠組みとなる一連の質問を設定してくれた。その後、アメリカ大統領選挙でドナルド・トランプが予期せぬ形で当選を果たした後、私たちは再び会った。インタビューは、現在の政治的懸念から出発して、今日から見たより大きな歴史的考察にもとづいて展望を探求するものとなった。

EUのほとんどすべての諸国における極右派の急激な台頭は、過去の妖怪を大きく覚醒させ、ファシズムとは何か？　という問題を再び提起している。二一世紀にファシズムについて語ることに、今なお意味があるのか？　私はその疑問に対するとりあえずの解答のためのいくつかの諸要素を提供し、現在と歴史的な前提とを結びつけることによって、この暗澹たる情景を照らし出したいと思っている。イギリスの出版社Versoのセバスチャン・バッジェンが、私にこの対談を一冊の本にさせてほしいと要請してきた。私は、レジス・メイランとの合意のうえで、デービッド・ブローダーの助けを借りて、そうすることにした。ブローダーは、当初のフランス語の対談テキストを翻訳してくれた。こうして、私は、最初の対談の文章を全面的に書き直し、作成し直し、若干の変更を加え、いくつかのケースでは最近の事態の進展に照らして考えを改めた。

本書は、すべてを包摂する全体的な歴史的射程を論じている。そうであるにもかかわらず、もう一方で、移民、植民地主義、イスラム嫌悪の問題に関してフランスに焦点を当てているのは、出版に至る以上のような特異な経過があったからである。この点に関わるのは、もっぱら第I部「歴史としての現在」の部分である。ちなみに第I部のタイトルは、かつて同じ題名の著作を著わしたポール・スウィージーに少し敬意を払って『歴史としての現代』にした。

他方、第II部「現在の中の歴史」は、ファシズム、反ファシズム、全体主義の遺産が現代の知的・政治的論争の中をどのような形で徘徊しているのか？　その在り方を取り上げている。それは、歴史記述の分野におけるこうしたカテゴリーの使用と濫用についての批判的分析を提供している。この分野は、現代の喧騒や興奮からかけ離れたところに立つ「中立的な」象牙の塔ではけっしてない。本書には、雑誌と書籍に当初発表された三つの文章を含んでいる。第4章と第6章の最初のバージョンは、それぞれ次のものに発表されたものである。*Constellations* (Volume 15, no. 3, 2008) と *History and Theory* (Volume 56, no. 4, 2017). 第5章は最初、次のものに収録された。*Rethinking Antifascism*, the proceedings of a conference on antifascism edited by Hugo Garcia, Mercedes Yusta, Xavier Tabet, and Cristina Clímaco (New York: Berghahn Books, 2015).

本書は、最初の私のレジス・メイランとの討論、デービッド・ブローダーの翻訳、英語版ではインタビュー形式ではなく文章に変更してはどうかというセバスチャン・バッジェンの提案がなければ、陽の目を見ることはなかったであろう。これらすべての人々に深く感謝する。

〔訳者あとがき〕

世界の今後を見通していくためのダイナミックな視座

湯川順夫

二一世紀において、ポピュリズムが世界を動かしていく大きな要素となっているという点は、衆目の一致するところだろう。しかし一方、「ポピュリズム」という概念はきわめて広い意味をもっており、それが指し示す境界は曖昧で明確ではない。ここから今日、ポピュリズムという概念の歴史的な定義や、その現象的な分析がさまざまになされている。

本書は、二一世紀世界のゆくえを左右していくであろうポピュリズムに対して、二〇世紀世界を動かしたファシズムとの比較によって、構造的で能動的な分析を行なったものである。ポピュリズムの定義付けや現象的な分析を超えて、まさに「世界の今後を見通していくためのダイナミックな視座」（英『ガーディアン』紙）となっていると思われる。

本書について

本書のオリジナルは、*Les Nouveaux visages du fascisme: Conversation avec Régis Meyran* (Editions Textuel 2017) であるが、その英語版である *The New Faces of Fascism: Populism and The Far Right* (Verso, 2019) は、構成が変更されており（前者はインタビュー形式となっているが、後者はそうなっていない）、さらにオリジナルにはない「第Ⅱ部」が追加されている。本翻訳は、オリジナルを参照しながら、より充実をはかったと思われる英語版をもとに訳出したものである。

この英語版に新たに加えられた第Ⅱ部は、ナチズム論・ファシズム論の世界的な成果の今日的な総括とも言うべきものであり、著者トラヴェルソの *Totalitarismo. Storia di un dibattito*（邦訳『全体主義』平凡社新書）の事実上の続編と言うべきものになっている。ジョージ・L・モッセ、ゼエブ・スターンヘル、エミリオ・ジェンティーレの三人の研究が中軸となって展開されていく。モッセについては多くの邦訳書があるが、スターンヘル、ジェンティーレはまったく日本では紹介されていないので、世界的な研究成果を知るうえでも、きわめて貴重なものであると言えよう。現在のポピュリズムを考えるうえで重要な前提であり、そのために英語版では追加されたと思われる。

著者エンツォ・トラヴェルソについて

トラヴェルソは、一九五七年にイタリアで生まれ、ジェノヴァ大学で現代史を修めた後、パリの社会科学高等研究院（ＥＨＥＳＳ）で博士号を取得した。パリ第八大学、ピカルディ・ジュール・ヴェルヌ大学などで経て、現在はアメリカのコーネル大学で教授を務めている。ドイツ、イタリア、スペイン、ベルギー、さらに南米諸国の大学に客員教授として招かれ、さらに各地で開催される政治学・社会学のセミナーにも参加するなど世界的に活躍している。また、イタリアの『ヴェンテージモ・セコロ』誌の専門家委員会、フランスの『ラ・カンゼーヌ・リテレール』紙や『リーニュ』誌などの編集委員会のメンバー、アドバイザーを務めた。

その著作は十数冊に及ぶが、そのすべてが世界各国に翻訳されており、ファシズム、ナチズム、社会主義などの歴史家として世界的に著名な存在である。邦訳書としては、以下の六冊が刊行されている。

- 『ユダヤ人とドイツ――「ユダヤ・ドイツの共生」からアウシュヴィッツの記憶まで』（宇京頼三訳、法政大学出版局、一九九六年）

- 『アウシュヴィッツと知識人――歴史の断絶を考える』（宇京賴三訳、岩波書店、二〇〇二年）
- 『マルクス主義者とユダヤ問題――ある論争の歴史　1843‐1943年』（宇京賴三訳、人文書院、二〇〇〇年）
- 『全体主義』（柱本元彦訳、平凡社新書、二〇一〇年）
- 『ヨーロッパの内戦――炎と血の時代　一九一四‐一九四五』（宇京賴三訳、未来社、二〇一八年）
- 『左翼のメランコリー――隠された伝統の力　一九世紀～二一世紀』（宇京賴三訳、法政大学出版局、二〇一八）

なお、トラヴェルソについては、これまで彼の著作の翻訳の多くを手がけてこられた宇京賴三氏による『左翼のメランコリー』の「訳者あとがき」で、経歴とこれまでの著作の内容が詳しく紹介されているので、ご参照いただきたい。

第Ⅰ部について

まず第Ⅰ部は、欧米を中心に台頭している現在のポピュリズム政治勢力の分析となっている。第二次大戦後に成立し、一九八〇年代まで続いてきた戦後世界の支配的秩序は、ベルリンの壁とともに崩壊し、それに代わって新自由主義的グローバリゼーションが世界を席巻した。社会主義の「敗北」によって「歴史は終焉」し、資本主義は「永遠の勝者」として生き残るものとみなされることとなった。新自由主義のもとでは、一九世紀から歴史的に獲得されてきた労働者・女性・少数民族などの既得権は縮小させられ、「大きな政府」による福祉政策は大幅に削減された。既存の労働組合や労働者政党の指導部は、この新自由主義の全面攻勢に抗することができず、その大半が新自由主義の政策を容認してしまった結果、人々の信頼を失い、自らが壊滅的打撃を受けた。こうして、新自由主義的資本主義がその勝利を謳歌することとなった。

だが現在、この「勝利」も大きな揺らぎを見せている。「無敵」となった資本主義は、むき出しの利益追求に走り、そのあまりにも肥大化した投機が実体経済とかけ離れた結果、リーマン・ショックに端を発した世界金融危機を引き起こす。工業諸国では、安い労働力を求める大資本の工場の海外移転による国内製造業の空洞化によって、労働者は失業し、社会における貧困と格差が増大した。地球環境も、あくなき資本の利益追求に走る新自由主義的グローバリゼーションのもとで、深刻な危機に見舞われている。温暖化によるハリケーンや台風の大型化や大洪水が頻発し、その一方で土地の乾燥による山火事の常態化と砂漠化が進行し、極地の氷や氷河は溶解し、さらには感染症の全世界的波及とその常態化という危機が我々を襲っている。その結果、多くの人々が無権利状態や貧困のもとに置かれ、深刻な危機に直面させられている。

トラヴェルソは、現在のこの局面を、二〇世紀の左翼が致命的な敗北を喫し、敗北の痛手から立ち直ることができていない、二一世紀には「アラブの春」や「黄色いベストの運動」などのさまざまな社会運動が出現してきてはいるものの、いまだそれに代わる新しい左翼の運動を確固として作り出し得ていない時代である、と位置つけている。そして、まさにこの過渡的局面だからこそ、現在のようなポピュリズムが台頭している、と彼は捉えるのである。

では、今日見られるポピュリズム勢力は、かつてのファシズムの再生を意味するのだろうか、という問いに対して、トラヴェルソは、今日のこの危機的状況という歴史的局面の中にポピュリズム勢力の台頭を位置づけて、次のように述べる。

今日、右翼過激派の台頭は、語義に関する曖昧さを示している。

一方において、ファシズムについて公然と語るものは――ギリシャの「夜明け」やハンガリーの「ヨッビク」(「より良いハンガリーのための運動」)やスロバキアの「国民党」を例外として――誰もいないし、大部分の観測筋はこうした新しい運動と一九三〇年代のそれらの祖先との違いを認めている。

他方において、この新しい現象を定義しようとするいかなる試みも、両大戦間の時期と今日のこの現象とを比較・対照することを意味することになる。ようするに、ファシズムの概念は、この新しい現実を捉えるためには不適切であると同時に不可欠でもあるのだ。したがって私は、現局面を「ポスト・ファシズム」の時期と呼ぶことにする。この概念は、年代順の特殊性を強調し、連続性と変化の両方を意味する歴史的な時系列の中にそれを置いてみようとするのである。それは確かに始まりつつあるすべての問題に対して答えるものではないのだが、変化の現実を強調しているのである（本書、一〇頁）。

トラヴェルソによるフランスのマクロン政権に対する彼の見事な分析でも明らかなように、新自由主義的グローバリゼーションのもとで、雇用の縮小、非正規雇用の拡大、医療・社会福祉・教育などの公共サービスの削減という一連の政策の最大の犠牲者は、中間層と労働者である。こうして今日、多くの人々は、これらの政策が民衆の生活とは無縁のEUのエリート層によって立案され、実行されたものであって、このエリート層を代表するものこそマクロン大統領にほかならないと感じるようになっている。人々のEUエリート層に対する怒りはすさまじく、その怒りは、あたかも間欠泉が周期的に噴出するように、「黄色いベスト」運動や年金改革をめぐる抗議運動などという形を取って爆発的に噴き出している。そこに、極右の国民戦線が介入し、エリート層を批判し、民衆の味方を装って票を伸ばす。それは、アメリカにおいて新自由主義雄政策を推進してきた民主党と共和党を「既成政党」として非難し、自分こそが既成政党の政策の犠牲者の味方だとして支持を獲得してきたトランプ陣営と基本的に同じだ。

しかしトラヴェルソは、フランスの国民戦線を始めとするヨーロッパのポピュリスト勢力は、古典的なファシズムの復活を目指すものではなく、フランスの第五共和制の制度への内部への参加を追求しており、既存体制の破壊的打倒を目指す古典的ファシズムとは異なる「ポスト・ファシズム」とも呼ぶべきものであるとしている。これらのポピュリズム勢力は、民族排外主義であり、イスラム憎悪を前面に押し出し、イスラム原理主義やそのテロに対して自分たちこそがヨーロッパの「民主主義的価値観」を防衛しているのだと唱えている。そこでは、一九三〇年代の危機の時代に第一のスケープゴートとなったユダヤ人に代わって、イスラム系の人々が第一の「敵」として集中砲火を浴びることになっている。この意味では、トラヴェルソは、本書において、ポスト・ファシズムを「不確定で不安定な、しばしば矛盾するイデオロギー的内容を明らかにしており、その中では、矛盾した政治的・哲学的諸要素がともに混在しているような歴史性――二一世紀初頭という歴史性――をもつ独特の体制に属して」（本書、一三頁）とみなしているのである。彼は、とりわけフランスの国民戦線を例に取って、今日に時代の中に適応しようとするその新しい性格を、次のように指摘している。

その言説は変わり、党はもはやその古いイデオロギーや政治的原理を主張しなくなり、自らの立ち位置を大きくフランスの政治舞台の中に移しさえした。自らへの信頼性を気にかけて、この党は、痛みをともなわない「通常の」オールタナティブな選択肢として自らを打ち打ち出すことによって、現在の第五共和国の制度への参加を追求したのだった。もちろん、この党は、EUや伝統的な既存の体制には反対したが、それらに対する破壊的勢力として登場することをもはや望まなくなった。すべてを変えることを望んだ古典的ファシズムとは違って、「国民戦線」の野心は、今では体制をその内部から変えることであった。この点について、ヒトラーやムッソリーニですら合法的チャンネルを通じて権力を掌握したのだとする異議が出されるかもしれないが、この異議は妥当ではない。そこには、法の支配を打倒し、民主主義を一掃しようとするヒトラーとムッソリーニの意志がはっきりと確認されるからである（本書、一四頁）。

さらには、性的マイノリティの党首を頂いて、性的マイノリティの権利を主張しつつ、このような権利を否定する「イスラムのファシズム」からオランダを守ることを主張する極右派にも、こうした点が当てはまるだろう。

もちろん、彼は、このポスト・ファシズムという規定を固定的で普遍のものであると見ているものではないし、現時点でファシズムであると規定しないからと言って、その危険性を過小評価しているわけもない。戦争と革命の時代を表現した二〇世紀の左翼は敗北したが、新しい運動が、まだ確固として出現していない二一世紀において、それはあくまでも過渡的なものにすぎない。深まりつつある今日の危機がより一層進み、たとえば、EUそのものが分解するような事態になれば、今日のポスト・ファシズムは、より過激なものへと行き着くかもしれない。もしフランスにおいて国民戦線の大統領が当選するようなことになれば、それは、第五共和国のシステムをすぐに根本的に解体することはないかもしれないが、強権的な政権を樹立し、市民権の出生地主義や市民的自由の全面的な見直しなどに着手しようとするだろう。

ポピュリズムの概念は、今日では、一部の人々によって左翼の大衆的運動にも適用されているのだが、これについてトラヴェルソはどう考えているのだろうか？「左派ポピュリズム」という概念に関して、彼は否定的であって、本書で次のように述べている。ポピュリズムという概念を右翼と左翼の両方に使うことは、「論争の境界を明確にするのを助ける代わりに、混乱を生み出す。こうした定義は、左翼と右翼の両方の潮流によって共有し得るもっぱら政治的スタイルにのみ焦点を当てるのであって、その結果、根本的な本質がぼやかされ」（本書、三〇頁）というわけである。

第Ⅱ部について

前述したように第Ⅱ部は、ナチズム論・ファシズム論の世界的な成果の今日的な総括とも言うべきものとなっており（*Totalitarismo. Storia di un dibattito*〔邦訳『全体主義』〕の事実上の続編となっている）、現在のポピュリズムを考えるうえの前提として、きわめて重要な内容である。

ベルリンの壁の崩壊以降、新自由主義的なグローバリゼーションによって、左翼勢力が重大な打撃を受け、決定的な後退を余儀なくされている今日、かつての反ファシズムの闘いの記憶は次第に忘れ去られ、それに代わって「反・反ファシズム」の勢力が次第に勢いを増してきた。「ファシズム論」に関しても、歴史修正主義の波が押し寄せてきたのである。トラヴェルソによれば、この「反・反ファシスト」の動きは、一九八〇年代頃から台頭してきたファシズムの歴史的総括の一つの視点である。それは、ファシストの戦争犯罪と暴力は否定しないが、それに対抗するレジスタンスの側にも虐殺や残虐行為があったのであって、この意味において、ファシストの暴力とレジスタンスの暴力は「等価」であり、同列のものにすぎないというものだ。フランスでは、これは『共産主義黒書』（邦訳：ちくま学芸文庫）の刊行とそのキャンペーンという形をとった。ソ連邦や中国での粛清・迫害・飢餓の犠牲者は、ナチスによる大量虐殺を上回るものだ、というわけである。スペインでも同様に、フランコ体制の側の暴力と弾圧と同時に、共和国側の暴力を取り上げることが歴史修正主義派の常套手段となり。それがより大きく取り上げられるようになってきた。これについてトラヴェルソは、次のように批判する。

「『同等の暴力』というテーゼは、タブーを打ち破ったのだ。すなわち、もし反ファシズム――これが大陸ヨーロッパにおける第二次大戦後の民主主義の政治的基礎であった――が、ファシズムと同等のものであるということが証明されるのであれば、その場合には、誰もファシストであることを恥じるべきではない」（本書、一九五頁）と。

その出現の歴史的由来を無視して、スターリニズムの官僚主義体制とファシズム体制との統治スタイルの現象的な類似性から、この二つの体制を一括りしてしまう全体主義の概念を批判するトラヴェルソの一貫した立場が、この問題でも貫かれている。レジスタンスの運動は、スターリニズムの指導部の枠と統制を決定的に超えることができなかったが、同時にそこには、搾取と抑圧、差別からの解放を目指す民衆が参加し、この運動を支えていたのであって、その点を無視したり、過小評価したりすることはできない。トラヴェルソは、スターリニズムを厳しく批判するスタンスを貫いているが、だからと言って、ファシズムとスターリニズムを全体主義として一括りにし、ファシズム運動とレジスタンス運動を同列に置くべきではない、と主張する。

このような「等価論」は、むしろ欧米の帝国主義の体制を、ファシズムやスターリニズムとはまったく異なる素晴らしい「民主主義」の体制として擁護・正当化することにつながり、ファシズムがこの「民主主義体制」の内部の矛盾から生まれてきたという点を無視するものである。この立場は、欧米の「民主主義」体制への順応主義に道を開くことになる危険を内包しているのである。実際、全体主義の概念は、アメリカの左翼の一部に対して、第二次大戦後に世界の覇権をより決定的なものにしたアメリカの体制を支持し、正当化させ、体制支持の側に移行させていく役割を果たしたのである。

第Ⅱ部でトラヴェルソが強調しているもう一つの点は、ジョージ・モッセ、ゼエブ・スターンヘル、エミリオ・ジェンティーレの三人の研究者のファシズム論に対する批判的評価である。三者にはさまざまな相違が存在するが、ともにファシズムを文化とイデオロギーの面から解釈しようとしているのであり、このの運動がファシスト革命を追求したと捉えている、とトラヴェルソは述べる。彼によれば、三人の歴史家はこのアプローチによって、ファシズムの反共産主義と暴力礼賛の役割を過小評価しているということになる。ファシズムを何よりも、一九一七年のロシア一〇月革命に対抗する反革命であり、ある種の反動的モダニズムであると捉えているからである。これもまたじつに興味深い問題提起である。

＊

最後に、社会運動にも関与するトラヴェルソの近年の言葉を紹介して締めくくりたい。雑誌のインタビューに応えて彼は、左翼はまだ死んでいないが、二〇世紀におけるその敗北をまだ克服できていないとしたうえで、次のように語っている。

もちろん、私はけっしてあきらめてはいない。我々は、永続的であるとの印象を与えるような移行期に生きているのだ。二〇世紀は地政学的・イデオロギー的境界を固定していたのに対して、我々の時代はすべての分野において、境界は曖昧で混乱しているという特徴を示している。この中で、私は一つのことを確信している。すなわち、二一世紀の左翼は反資本主義的なものになるだろうと。この左翼とは、地球を消費し尽くそうとしつつある社会経済システムに対して、根本的な疑問を提起するだろう。この将来の左翼は、自らを共産主義者と呼ぶのだろうか、それとも社会主義者と呼ぶのだろうか、それともアナーキストだろうか？ あるいは、まだ自らを「左翼」だと認めるのだろうか？ 何とも言えない。それは近年の諸経験を統合し、新しい希望を築き上げなければならない。多くの分散した経験の諸要素がまだ結晶化されていない（*Le Un Hebdo*, 10 October 2017）。

本書は、内田眞人氏（作品社編集部）の助力によって刊行することができた。お礼を申し上げたい。

［解説］
新型コロナの時代におけるポピュリズムをいかに考えるか？
――トラヴェルソのポスト・ファシズム論をめぐって

中村勝己

はじめに

〈ポピュリズム〉という政治用語は、一九世紀後半の米国政治における人民党の登場以来使われてきたようだ（本論考末尾に挙げた参考文献の越智道雄、宮本太郎を参照）。しかし、近年のポピュリズムは、これらの事典類で説明されているものとはかなり違う。そのことを近年の政治学者や歴史学者は強調しており、そのため彼らは、後に見るように「ネオ・ポピュリズム」とか「ポスト・ファシズム」という言葉を使っている。二一世紀に入り本格化した政治のポピュリズム化は、ここで定式化するなら、米ソ冷戦終結後の三〇年間のグローバリゼーションにより変容した経済と社会という下部構造のあり方に照応した上部構造（政治）のあり方だと筆者は考える。下部構造および経済政策に焦点を当てたグローバリゼーションは、デヴィッド・ハーヴェイを始め多くの論者が分析してきたが、これに照応する上部構造としての政治のポピュリズム化の分析は、事態の進展が早いということもあってか、立ち遅れている印象がある。そしてこのポピュリズムの政権掌握は、権威主義的独裁への移行の危険を常にはらむがゆえに、警戒と注目が必要である。

グローバリゼーションの進展により、各国のそれまでの産業構造は大きく再編された。それにともなって市民社会領域のさまざまなコミュニティも解体・縮小・再編を強いられた。経済社会領域の変動が市民社会領域の解体的再編を促し、その結果生み出されたバラバラな個人が権威主義的政治を求めてしまうという図式は、一九二〇～三〇年代西欧のファシズム台頭の機序を分析したユダヤ系ドイツ人の論者たちに共通するものだった。

たとえば米国の新社会調査学院（The New School for Social Research）にユダヤ系亡命ドイツ人研究者が受け入れられるための準備に貢献した経済学者のエミール・レーデラー（一八八二～一九三九年）は、『大衆の国家』（一九四〇年）でファシズムが社会を解体し、無定形でアトム化された大衆ないし群衆へと鋳つぶしたと指摘した。

フランクフルト学派のメンバーだった社会心理学者のエーリヒ・フロム（一九〇〇～八〇年）は、『自由からの逃走』（一九四一年）において、個々人を繫いでいた〈第一次的絆〉が宗教改革から二〇世紀前半までの近代史において解体し、こうして自由と孤独に耐えられなくなった人々が、解体された〈第一次的絆〉の代わりとなる新たな束縛に逃げ込もうとした、それが二〇世紀のファシズムだとした。

政治哲学者のハンナ・アーレント（一九〇六～七五年）は、『全体主義の起源』（一九五一年）の第三部「全体主義」で、人々が身分や職能によりさまざまな中間団体に組織されていた一九世紀の階級社会がバラバラな個人からなる二〇世紀の大衆社会へと変貌することにより、ファシズムやナチズム、スターリニズムの全体主義が成立する条件が整ったとした。

「『大衆』という表現は」とアーレントは言う。「人数が多すぎるか公的問題に無関心すぎるかのために、人々がともに経験しともに管理する世界に対する共通の利害を基盤とする組織、すなわち政党、利益団体、地域の自治組織、労働組合、職業団体などに自らを構成することをしない人々の集団にも当てはまるし、またそのような集団についてのみ当てはまる」（アーレント『全体主義の起源』㈢、一〇頁）。そして「大衆社会のなかの個人の主たる特徴は残酷さでも愚かさでも無教養でもなく、他人との繫がりの喪失と根無し草的性格である」（同書、二二一～三頁）とした。

これらユダヤ系亡命ドイツ人研究者に共通する分析枠組は、社会的紐帯が解体する原因の特定に関しては見解が分かれるものの、一九世紀後半ごろに社会の絆がいったんは解体し（大衆社会の成立）、それを下からであれ上からであれ暴力的に再組織化してファシズムが成立したとするものである。この枠組を近年の新自由主義的グローバリゼーションに適用すれば、グローバル化の進展により解体した社会的紐帯を、メディアを通じてであれ運動を通じてであれ疑似的にでも再組織化することによりポピュリズムが成立したと説明できよう。

マルクス主義の系譜では、エルネスト・ラクラウ（一九三五～二〇一四年）が『資本主義・ファシズム・ポピュリズム』（一九七七年）でポピュリズム概念の新しい定義をしている。ラクラウはアルゼンチンのファン・ペロン大統領（一九四六年就任）が導入した労働者保護、女性参政権実現、外資系企業の国有化などの政策により成立した政治勢力＝権威主義的独裁体制（ペロン主義）を現代ポピュリズムの範型とみなした。ラクラウは、ペロン主義が「労働者階級に根をはっていたという事実」にその強みがあると考えた（ラクラウ、前掲書、一九四～五頁）。これは、後で見るように、グローバル化の進展の下での米国やEU圏における急進右翼の伸長の背景を探る上でも重要な視点であると思われる。

日本で早くからポピュリズムに注目しその分析を明らかにしてきた大嶽秀夫（一九四三年～）は、ポピュリズム現象には「二つの源流」あるいは「二つのポピュリズム」があるという（大嶽秀夫『日本型ポピュリズム』、一一一～二頁）。一つは「下からの運動」である。もう一つは言わば上からの「政権の政治指導」であり、これは「マスメディアによる上からの大衆動員」として登場した。筆者はこの枠組みを継承しつつ、「運動型ポピュリズム」と「メディア型ポピュリズム」という二類型を以下で活用する。

また大嶽秀夫は、アメリカの歴史家マイケル・ケイジン（Michael Kazin, 一九四八年～）の研究（*The Populist Persuasion:An American History*, Basic Books, 1995）を参照して次のようにポピュリズムを定義する。「ポピュリズムとは、『普通の人々』と『エリート』、『善玉』と『悪玉』、『味方』と『敵』の二元論を前提として、リーダーが、「普通の人々（ordinary people）」の一員であることを強調する（自らをpeopleにアイデンティファイする）と同時に、『普通の人々』の側に立って彼らをリードし『敵』に向かって戦いを挑む『ヒーロー』の役割を演じてみせる、『劇場型』政治スタイルである。それは、社会運動を組織するのではなく、マスメディアを通じて、上から、政治的支持を調達する政治手法の一つである」（大嶽、前掲書、一一八～九頁）。この定義は汎用性が高く、以下の記述を理解するうえでも有益であろう。

筆者は、米ソ冷戦の終焉以後の経済のグローバル化が中間団体や共同体の解体・再編をもたらしたこと、また人々はそうした中間団体や共同体に代わる紐帯を求めるが、そうした欲求が情報化社会の進展に支えられてネット空間に流出し、それが現代のポピュリズムを押しあげる原動力になっていることを指摘したい。したがってポピュリズムの台頭には時代的な必然性があるのだが、ネットやテレビなどのメディアを通じたポピュリズムへの参加によってはそうした欲求は充たされることがない。下手をすれば、排外主義的な右翼ポピュリズムに席巻されてしまいかねない危機的な状況である。市民社会の解体状況に歯止めをかけ、中間団体や共同体の創造的な再建こそが現在必要とされているのであり、結局のところ各種の選挙に課題を絞り込む「左翼ポピュリズム」は、そうした危機的状況への処方箋たり得ないだろう。しかし結論を急ぐ前に、最近のイタリアにおけるポピュリズム論議を紹介したい。

1……先行する右翼ポピュリズムあるいはポスト・ファシズム

マルコ・レヴェッリ──二一世紀ポピュリズムの成立基盤

マルコ・レヴェッリ（一九四七年～）は、イタリアの政治社会学者である。[1] そのレヴェッリが、ポピュリスト政党による政権交代が生じた二〇一八年のイタリアの上下両院選挙の前年に刊行したのが『ポピュリズム2・0』である（Marco Revelli, *Populismo 2.0*, 2017）。

この著書は、米国のトランプ大統領当選、英国のEU離脱、フランスの国民連合（RN、旧国民戦線FN）の二〇一七年大統領選での決選投票進出、ドイツ（「ドイツのための選択肢」AfD）、イタリア（ベルルスコーニ、五つ星、レンツィ政権）など各国のポピュリズムの現状を、メディアや研究者の分析を紹介しながら論評するものだ。レヴェッリは、ポピュリズムをいくつかの指標により特徴づけている。ポピュリズムは、「人民へと呼びかけ」、政権や既成政党の「裏切りを糾弾」し、「カリスマ的魅力を備えたリーダー」による「転覆（根本的改革）」を唱える。そして「右か左か」で分類するよりも「上か下か」で分類する方が分析しやすい政治現象だという政治学者たちの見解を紹介している（p. 15, p. 26）。レヴェッリは、一九世紀後半の米国に見られた「原初的ポピュリズム」と区別して〈ネオ・ポピュリズム（Il neopopulismo）〉という言葉を使う（p. 24）。また「二つの米国」が存在すること、つまり「二〇世紀末から」米国で急速に「分断（*cleavage*）」が固定化してきたことを指摘する（pp. 45-6）。産業構造＝産業地理の変容が有権者の投票行動の変化を促した。ヒラリー・クリントンが金融・情報・メディアのような成長産業の利益を代弁する「エスタブリッシュメント」の象徴に見えたのに対して、トランプが衰退する工業地帯の利益と不満を代弁する政治家に見えたことは、単なる仮象ではないとレヴェッリは見る。労働者階級（衰退し縮小する階級）に呼びかけ、彼らもそれに呼応したからトランプが勝利したのだ。

かくして、結局のところ、その地理的広がりにおいて国境を超える「右翼ポピュリズムの新種族」の誕生が証明されたのである。グローバリゼーションと同時進行で成長した新自由主義のパラダイムが国境を超えたように。これは西洋の政治‐文化の母型が動揺したことの表徴である。西洋の社会的組

▼1　産業社会学の著書に『フィアットで働くこと』（一九八九年）、政治社会学の書に『二つの右翼――ポストフォーディズムの政治的漂流』（一九九六年）、『社会的左翼――労働の文明を超えて』（一九九七年）、『左翼、右翼、喪われたアイデンティティ』（二〇〇七年）、『ポスト左翼』（二〇一七年）などがある。国立トリノ大学の教授を務めた後、国立東部ピエモンテ大学教授に転出した。左翼の再定義を目指すレヴェッリの仕事は日本に紹介される価値がある（中村勝己・二〇〇六、レヴェッリ・一九九七を参照）。

成の激震の表徴だ。というのも、右翼が「労働者階級」を発見したのだとしたら、それは何かが壊れたことを意味するからだ。深部において。まずもって、労働者階級においてである。右翼においても。しかしとりわけ左翼において。それはつまり、左翼が陣地を明け渡したということだ。より正確に言うと、歴史的に左翼の社会的土台であったもの――左翼の存在に意味を与え左翼の綱領のための参照点を与えてきた「主体」――がもう一方の陣地に移動したということである。この事態こそ、今や完全にポスト二〇世紀的な情景へと私たちを導くのである（p. 62）。

右翼ポピュリズムが労働者階級に呼びかけている状況の指摘は、先に見たエルネスト・ラクラウがペロン主義を分析した際の視点と呼応している。ラクラウは、ペロン主義が「労働者階級に根をはっていたという事実」にその強みがあると考えたのであった（ラクラウ、前掲書、一九四～五頁）。また、トランプを支持する人々のメンタリティを分析したレヴェッリの次の指摘も興味深いものだ。ポピュリズムの背後にグローバル化による経済変動があるとしても、それは単なる窮乏化とは異なると言うのだ。むしろ尊厳の剝奪とでも呼ぶべきものなのだ。

トランプへの投票は、貧困層の叛逆ではない。それはもちろんそうなのだが、むしろ剝奪された者たちの報復なのだ。何かを喪った者たちの。彼らは、ミドル・クラスやアッパー・クラスの間にもいる。そして各々が、何かを喪ったと感じている。男性としての自らの優位性、自らの収入の一部（それがいくらであるかは重要ではない）、自らの社会的地位、自らの仕事への承認、自らの信念への敬意、自らの国、この世界における自らの役割、自らの権勢、自らのヘゲモニー……。それを喪ったと感じているだけではない、それを剝奪されたと感じているのだ。他者によって。すなわちエリート、金融界、銀行、ワシントンという沼地、ゲイ、レズビアン、トランスジェンダー、放蕩好きなハリウッドのスターたち、彼らの公園で飯を食うヒスパニック系の住民たち、路上に空き瓶を放置する黒人たち、自分たちよりも信仰心の篤いイスラム教徒たち、自分たちの街を買い上げ、テロリストに資金供与しているアラブの石油商たちによって……（pp. 64-5）。

「ニューエコノミー」が「オールドエコノミー」を衰退させ、それに対する反発が右翼ポピュリズム勢力を押し上げる投票行動となって表われる構図はEU離脱の英国にも大陸諸国にも見られると、レヴェッリは考える。しかしまた、そこには極右なりの政治勢力形成戦略の練り上げも見て取れるという。フランスの国民戦線（FN、当時）は、党首がジャン＝マリー・ル・ペン（父）からマリーヌ・ル・ペン（娘）に交代して以降、復古的・ネオファシスト的・反ユダヤ主義的な性格を薄め、国民政党化（中道化）をすめることに一定成功した（p. 97）。選挙戦術の習熟も（p. 99）。一九九〇年代初頭から支持者層にも変化が見られた（復古的な伝統派カトリック、ブルジョア、保守派から、より広範な層への拡大）。それまでFNに投票してきた「企業経営者、上級知的職業人、公共部門の中間職」が減り、新しい支持者として「労働者、職工長、企業技術者、店員、フリーランスの勤労者」が増えた（p. 101）。「これら二つの社会階層のあいだをいくつかのカテゴリーが『揺れ動いている』。それらのカテゴリーとは、グローバリゼーションの否定的な帰結に最も曝されている人々である。すなわち技術者、会社員、とりわけ会社員である！彼らは以前ならル・ペンに投票する気にはほとんどならなかった人々である」（政治学者ゴンバンとクレポンからの引用、p. 101）。「今日『国民戦線の』宣伝に有利に働いているのは、フランス社会の多数派部分の生活条件が全般的に劣悪化していることである。彼らにとって政府の政策とEUにより課されている政策は傷口に塩をすり込むものに見えている」（p. 102）。このように、当面のところ「成功した」ポピュリズムとは、右翼ポピュリズムなのである。

イタリアにおける右翼ポピュリズムの展開

イタリアでは、右翼ポピュリズムの歴史はすでに三〇年近くになる。シルヴィオ・ベルルスコーニ（一九三六年～）は、政治家に転身する以前に不動産業ですでにイタリア随一の大富豪となり、その後は民放テレビ局三局すべてを所有するメディア界の帝王となった。盟友だったクラクシ首相（当時。イタリア社会党書記長でもあった）が検察の大規模汚職捜査で失脚したことを承けて、ベルルスコーニは自らの資産や人脈を総動員して政界に進出した。すなわち一夜にして新政党フォルツァ・イタリアを結成（一九九四年一月）、この党は二か月後の上下両院選挙で既成政党への批判・不満を吸収し、両院で第一党に躍進した。ベルルスコーニの時代は、途中で中道左派（オリーブの樹）による政権交代を挟みながらも、ギリシャ危機に端を発するイタリアの経済不安による辞任（二〇一一年）まで二〇年近くに及んだ（村上信一郎『ベルルスコーニの時代』参照）。

イタリアの記号学者・作家のウンベルト・エーコ（一九三二～二〇一六年）は、政治学者の吉田徹によれば次のように述べている。「ベルルスコーニ現象の本質が、メディアを巧妙に支配した上で既存の政治構造を迂回し、国民に直接『訴えかける』政治であると指摘している〔……〕。議会に席を持つ政党が存在し、その政党がリーダーを選出し、党執行部のもとで練られた公約に対して有権者が投票する――そんな古典的な議会制民主主義のイメージを完全に塗り替えて、リーダーと国民の直接的な対話や結びつきを重視するからこそ、ポピュリスト政治家はメディアを手段として最重要視するのである」（吉田徹『ポピュリズムを考える』、四五頁）。ベルルスコーニ政治は、トランプのツイッター政治の先取りだったのであり、これを「メディア型ポピュリズム」と呼ぶことにする。

もう一点、強調しておくべきなのは、二〇一八年のポピュリスト政権（五つ星を軸とする）の内部で要の位置についた「同盟（Lega）」という政党だ。これは、その前進が「北部同盟（Lega nord）」（一九八九～九一年結成）という地域分離主義政党だが、二〇一八年選挙の直前になり名称から「北部」を取り去って単に「同盟」と名乗るようになった。元来は反マフィア、反中央、反南部、反国家、反移民などを掲げ、北部地域のイタリア国家からの分離独立とEUへの直接加盟を主張してベルルスコーニ政権の一角を担っていたが、近年、党首が世代交代し、折からの中東危機とイタリアへの難民流入への民衆の不安や反発を吸収するような政策、つまり反移民と反EUの主張を前面に押し出した。九〇年代から二〇〇〇年代にかけては、元新左翼の活動家で初代党首ウンベルト・ボッシ（一九四一年～）の派手なパフォーマンスやダミ声の演説により北部イタリアでは熱狂的とも言える人気を誇ったが、そのあからさまな南部差別発言のために全国的な勢力形成はできないままだった。そのため中道右派連合内部では、要の位置をベルルスコーニに握られてしまい、存在感を示すには政権離脱して政権を潰すことくらいしかやることがなかった。それがここにきて党首も三代目となり、中東危機・難民危機を奇貨として勢力を伸長、二〇一八年の上下両院選挙で中道右派連合内部の第一党、下院全体の約二割の議席を手にする。

こうしてポスト・ベルルスコーニ時代の中道右派連合のリーダーとなったのが、この三代目党首マッテーオ・サルヴィーニ（一九七三年生まれ）だ。この人物も新左翼の活動家だった経歴をもつ。この政権で首相に就任したのは法学者のジュゼッペ・コンテ（一九六四年生まれ）、同盟と五つ星の連立に賛成し協力を約束した無所属議員だが、「移民の受け入れ絶対反対」などと大声でわめく副首相兼内務大臣のサルヴィーニの方がマスコミの注目度などで存在感が大きいようだ（サルヴィーニは閣内対立のために二〇一九年八月に副首相を辞任、同盟は閣外に去った。コンテも別の閣内対立のために二〇二一年一月に首相を辞任した）。

北イタリアにはもともとドイツ語を母語とする地方もあり、文化的自治権を要求する住民運動もある（南チロル人民党 Südtiroler Volkspartei など）。北部同盟は、そうした住民運動のスタイルを取り入れて、反汚職・反マフィア・北部の分離独立などを掲げて結成された。初代党首ボッシは、イタリア連邦主義思想にも連なる人物である。リソルジメント（一九世紀のイタリア国家統一運動）で中央集権国家を創ったのは間違いだった、自分たち北部人はイタリア人ではなくパダーニャ人だ、というナショナル・アイデンティティの作り変えを主張していた。右とも左ともつかない奇妙なイデオロギー構成がこの党の特徴だった。一二世紀に神聖ローマ皇帝（フリードリヒ一世）の南下政策に対抗して結成された北部イタリアの都市同盟であるロンバルディア同盟をシンボルにしている（北村暁夫『イタリア史10講』、五五頁、二七八頁）。彼らの敵は行政の中心ローマであり、税金を公共事業で食い物にする国会議員やこれと結託するマフィアであり、南部人と移民の犯罪である。そして北部同盟は、「犯罪と行政依存しかしない怠惰な南部人」というイメージで盛んに反南部・反中央のキャンペーンを張り、国政選挙に出た。折からの汚職議員摘発に端を発した政界再編の波に乗って躍進を果たし、ベルルスコーニの中道右派政権の一角を占めるまでになった。その後の紆余曲折を経て、現在は党首も世代交代し反南部より反移民へとターゲットをシフトさせ、EU離脱と排外主義の主張を強めている。北部同盟は、排外主義的とはいえ住民・市民の運動を基盤にしており、ベルルスコーニ政治のような「メディア型ポピュリズム」とは性格が違う「運動型ポピュリズム」であることも見ておくべきだろう。

二〇〇〇年代に入り新たな活性化を見せていたローマの極右（ネオ・ファシズム）グループの中から、新左翼の空家占拠と自主管理の戦術を取り入れることにより勢力を伸張させる流れが出てきた。通称カーザ・パウンド（Casa Pound）である（ファシズム時代のイタリアに暮らしムッソリーニの崇拝者でもあった米国出身の詩人エズラ・パウンドの名にちなむ）。警察や行政当局との衝突を繰り返しながらも、二〇一〇年の時点でローマの元政府機関の建物に二三家族（八二人）を抱えるまでに成長した。二〇〇六年には独自の学生組織を結成、ネオ・ファシズム組織「イタリア社会運動―三色の炎」に加入してローマにある中央組織を占拠し排除される（極右内部のヘゲモニー争いができるほどに伸長している）。二〇一一年の地方選挙以降は地方議会に進出、二〇一三年と二〇一八年の上下両院選挙に独自リストで立候補するも、今のところ国会の議席はゼロ。二〇一一年一二月には中部イタリアのフィレンツェで、セネガル人の男性二名がカーザ・パウンドの支持者に殺害される（容疑者も逃亡中に自殺）。これは今日でも繰り返し言及される事件であり、これ以降、ヘイト型犯罪が増加している模様である。

ようするに、右翼ポピュリスト政党の「同盟」は、約三〇年間の活動の中で、その時その時の情勢により勢力の増減を繰り返しながらも、難民危機という自党に有利な状況が来たことで、また自党の主張を組み替えることで、一気に全国的な政治勢力へと拡大したのである。EUによるグローバル化の更なる進展と緊縮財政の下で中道右派と中道左派の政策的な違いが縮減している時代にあって、中道右派のいわば排外主義的極右への旋回によってヘゲモニーを確立したと言える。グローバリゼーションと新自由主義政策の行き詰まりの、排外主義化した右翼による突破である。これに刺激を受ける形で議会外の排外主義右翼も活性化しているということだ。

五つ星運動の台頭

一九九〇年代以降、イタリアの選挙制度は政争により頻繁に変わったが、二〇一七年に再び小選挙区比例代表併用制に戻った。それにもかかわらず中道右派対中道左派の二極対立構造が崩壊を始め、「第三極型ポピュリズム」とも呼ぶべき勢力が台頭する。それが「五つ星運動（Movimento 5 Stelle）」である（伊藤武『イタリア現代史』、二五六～八頁）。お笑い芸人（スタンダップ・コメディアン）のベッペ・グリッロ（一九四八年～）とネット実業家のジャンロベルト・カザレッジョ（一九五四～二〇一六年）が中心になって立ち上げ、既成政党に嫌気がさしていた人々の間で人気を博し一気に全国的な政治勢力となった。既成政党との協力を一切拒否すること、五つの価値（経済成長、水資源の維持、持続可能な交通インフラ、環境保護、インターネット社会の促進）の擁護、欧州統合反対、公的債務のデフォルトなどを掲げている。二〇一三年の上下両院選挙で大躍進し、下院（六三〇議席）で一〇八議席、上院（三一五議席）で五四議席を有する。欧州議会の会派は、欧州緑グループではなく、ドイツのAfDも加盟する（！）欧州懐疑主義の「自由と直接民主主義のヨーロッパ」に二〇一九年まで所属した。二〇一六年にローマ市とトリノ市の首長選挙に勝利した（くわしくは、中村勝己・二〇一七参照）。そして二〇一八年の上下両院選挙でついに第二党に躍進して政権に就いた。この政党は、既成政党からなる政党政治の対立構造に飽き飽きしていた有権者の期待を集めて躍進したという点で、また自分たちを既存の左右対立図式に位置づけないという点でも典型的なポピュリスト政党である。これまで五つ星が支えてきたコンテ首相が二〇二一年一月に辞任し、後継首相にエコノミストでテクノクラート（イタリア銀行総裁・欧州中央銀行総裁などを歴任）のマリオ・ドラーギ（一九四七年〜）が就任した。中道右派と中道左派、それに五つ星が支える超党派内閣が成立した。イタリア政治は、次の局面への移行期に入ったと考えられる。イタリア政治のポピュリスト的な漂流（マルコ・レヴェッリ）はこれからも続くだろう。

それでは、このようなポピュリズム（とりわけ右翼ポピュリズム）の「成功」の鍵は何だったのか。もう一人の論者の議論を見てみよう。

エンツォ・トラヴェルソ——ポスト・ファシズム論

本書『ポピュリズムとファシズム』の著者エンツォ・トラヴェルソ（一九五七年〜）は、イタリア出身で現在は米国のコーネル大学で教える歴史学者である。本書においてトラヴェルソは、欧米で台頭する「ポピュリズム」と呼ばれる極右勢力を「ポスト・ファシズム」と位置づけることを提案する。

その理由は、こうした極右勢力がかつてのファシズム運動と歴史的な継承関係にありつつもそこから大きく変容しているからであり、この現象はいまだ結論のつかない流動的なものだからでもある。また、「上と下」という視点でだけ捉えると「右と左」という区別が捨象されてしまうからでもある。本書は主にフランス政治を素材に議論を進めており、取り上げられる素材は、第二次大戦前から存在するファシズム政党の後継者たち極右勢力である。その意味で、トラヴェルソの議論には、たとえば前述のベルルスコーニ政治は取り上げられない。

ファシズムからポスト・ファシズムへの流れを大まかに描くと、

㈠　生物学的（自然主義的）人種主義から差異論的（文化主義的）人種主義へ、
㈡　ターゲットをユダヤ人からイスラム教徒へ（反ユダヤ主義から反イスラム主義へ）、
㈢　大国主義的植民地主義（外に向かっての同化主義）から少数派としての権利要求へ（白人キリスト教徒として生き続ける権利の要求へ）、

などの特徴を挙げることができる。

差異論的人種主義（racisme-différencialisme または ethno-différencialisme）とは、アラン・ド・ブノワ（Alain de Benoist, 一九四三年〜）らフランス新右翼の理論家たちが提起した観点である。政治学者の畑山敏夫は次のように言う。「彼ら〔フランス新右翼の理論家たち〕は『相違への権利（le droit à la différence）』に立脚する国民的な文化やアイデンティティの差異と多様性を肯定するものとして人種主義を理論化している。そのような『差異論的人種主義（racisme-différencialisme）』は、後にFN〔Front National, 国民戦線〕の反移民的立論に有効な根拠を提供することになる」（畑山敏夫『現代フランスの新しい右翼』、六九頁）。ただしトラヴェルソは、国民連合（旧国民戦線FN）の路線転換（国民政党化）へのド・ブノワの貢献はさほど大きくないと考えている（差異論的人種主義〔ethno-différencialisme〕の命名者は研究者のピエル・アンドレ・タギエフであるという）。

本書の冒頭でトラヴェルソは、自らが「ポスト・ファシズム」という用語を採用した理由について説明している。

明らかにこの〔ポスト・ファシズムという〕概念は限界があるにもかかわらず、それは、われわれが依然として変化の途上にあり、まだ結晶化していない過渡期の現象や運動を記述する助けとなる。〔……〕われわれがファシズムについて語る時、何について語っているかに関して何ら曖昧なところはないが、右翼過激派の新しい勢力は、異なるさまざまな分子から成る混合的な現象なのである。それらは、すべての国で、たとえヨーロッパの中でも〔……〕同じ特徴を示していないし、それぞれも相互に大きく異なっているのだ。

ポスト・ファシズムはまた、ネオ・ファシズム、すなわち、古いファシズムを永続化させ、再生させようとする試み、とは区別されるべきである。〔……〕ポスト・ファシズムはそれとは異なる。たいていの場合、それは古典的なファシスト的背景に由来していることは本当なのだが、今ではその形態を変えている。〔……〕いずれにしても、これらの運動は、古典的なファシズムとのイデオロギー的連続性をもはや公然と表明してはいないのだ。これらの運動を定義するに当たって、運動の歴史的起源に関して、われわれはそれを産み出した子宮を無視することができないのだが、同時に、その変貌をも考慮に入れなければならない。こうした運動は、自らを変えて来たのであり、それは、その最終的結末が予測し得ないような方向を取りつつ進行している（本書、一二一～一二三頁）。

私見によれば右翼ポピュリズムの「成功」は、一方で自分たちの主張における「敵対性」の要素を強めたことにある。その敵対性は、ブリュッセルに本部を置くＥＵの幹部たちエリート、市場を食い荒らすグローバル企業、財界の顔色ばかり窺う特権的な国会議員たち、労働組合によって権利と生活を保障された公務員、移民労働者などに向けられている。「ポピュリズムというのはイデオロギーというよりもすぐれて政治のスタイルだ〔……〕。それは、大衆を『体制』への反対へと動員するために、国民の『生来の』美徳を賞賛し、国民とエリート層とを――さらには社会それ自身と既存政治体制とを――対立させるようなレトリックの手順なのである」（本書、二五頁）。

しかしまた他方で、右翼ポピュリズムは自分たちの主張を穏健化（中道化）することで支持基盤を拡大することにも成功したようだ。右翼ポピュリズムを侮ってはならない理由は、この「自己刷新能力」の高さがあるからなのだ。

ポスト・ファシズムは、反フェミニズム、反黒人の人種差別主義、反ユダヤ主義、同性愛嫌悪から出発している。右翼過激派は、これらの衝動を結集し続けている。最も反啓蒙主義的な有権者の層が「国民戦線」に支持票を投じているが、同時に、「国民戦線」は全体として新しいテーマと社会的実践を取り入れている。こうした新しいテーマと社会的実践は、自身の創成期の規範に属するものではない。したがって、ゲイの結婚と「すべての人のためのデモ」をめぐるマリーヌ・ル・ペンの曖昧な立ち位置は、単なる戦術的な選択ではない。それは、極右がちっぽけな集団と化してしまうのを避けるために承認せざるを得ない歴史的変化を反映しているのである。二一世紀初頭のヨーロッパ社会は、一九三〇年代の社会ではない。今日、女性を家庭の中に戻すべきだと提唱することは、アルジェリアにおけるフランスの植民地支配の復活を要求することと同じような時代錯誤であろう。マリーヌ・ル・ペン自身がこの変化の産物であって、古い月並みなイデオロギー的考えのままにとどまる続けることは、広範な人々の層を引き離してしまうことになるという点を充分に承知しているのである（本書、四八〜五〇頁）。

右翼ポピュリズムは、世代交代を果たし、時代の変化を読み取り、政治的・イデオロギー的な主張の強調点を置き換え、自らのアイデンティティを組み替えてきたのだ。このように右翼の側が左翼に対して一歩も二歩も先んじている状況を前にして左翼は何をなすべきなのか、トラヴェルソの見解はこうだ。

今日、極右派は、その伸縮自在のイデオロギー的分岐線を消し去ることなく、新自由主義のヨーロッパに対する批判を提起することができる。左翼が新自由主義に対して強い反対の声をあげ、反資本主義的特性を帯びるようになっているところでは、極右派は、（ギリシャの「黄金の夜明け」の場合のように）ネオファシスト的となるだろう。その社会的言説は、その人種差別主義と外国人憎悪によって全面的に覆いつくされてしまっている。（フランスの）「国民戦線」の場合は、左翼がオールタナティブを提起できないというただそれだけの理由から、社会的不平等を攻撃するこの土俵で大衆的支持を得ているのだ（本書、八〇頁）。

このように、EUでも各国ごとに右翼と左翼の布置状況が異なるために、右翼ポピュリズムの登場の仕方（主張の強調点）も異なっている。しかし、右翼ポピュリズムに対抗するためには、いずれにしてもグローバル企業批判、EU官僚批判、特権的国会議員批判など、反資本主義的な敵対性を再活性化することが左翼勢力に求められていることは間違いない。しかしまた、これまで見てきたレヴェッリにしてもトラヴェルソにしても、二〇一七年の時点では「左翼ポピュリズム」を提案してはいない（もちろんスペインのポデモスやギリシャのシリザに注目はしているが）。「左翼ポピュリズム」の提案は、日本でもすでに紹介されているように、政治哲学者のシャンタル・ムフ（一九四三年〜）がなしたものである。この論点についてはあとで触れることにする。次に、こうしたイタリアの論者たちの議論を踏まえて、日本におけるポピュリズム論議に何が言えるか、考えてみたい。

2……日本の右翼ポピュリズム

安倍政権の性格規定——保守的自由主義の極右旋回

政治学や法律学は、平時（通常の状態）において分散（分権）されていた諸権限が、危機的事態において一時的に特定の部局に委任・集中されることで強大な権力が構成される事態を〈例外状態〉とか〈非常事態〉と呼んできた。新型コロナの蔓延に対処するために世界各国で導入された非常事態宣言や緊急事態宣言もこれに近い。その点で、かつて行政府の長である安倍首相（当時）が「私は立法府の長として……」といった発言を繰り替えしてきたことに見られるように、安倍首相には三権を統合せんとする志向が明らかに見て取れた。これは、単なる「言い間違い」や「無知」ではなかったことが二〇二〇年春の緊急事態宣言により明確になったと思われる。黒川弘務東京高等検察庁検事長の定年を延長した閣議決定に象徴される司法への介入もそうだ。やはり安倍首相（当時）は三権統合体制を構築せんとする「確信犯」だったのだ。そこで、日本の右翼ポピュリズムあるいは安倍政権および菅政権の性格についてここで見ておきたい。

ネットやマスメディアでは安倍晋三首相（当時）を「無能な政治家」と揶揄する風潮があった。特に

「マスク二枚」の発表以来その傾向が著しかった。確かに安倍晋三という人物はそれほど有能な政治家であるようには見えない。ジャーナリストの青木理は青年時代の安倍晋三の「ごく凡庸なおぼっちゃまの姿」を洗い出している（青木理『安倍三代』、二三一頁）。しかし、その「無能な政治家」がどうして七年間も政権を維持できたのか、むしろ私たちはそこを考えなければいけない。それは官邸官僚の存在（首相補佐官など）抜きには考えられない。いわば安倍晋三は一人ではなかったということ、「チーム安倍」として動いていたことを見ておく必要がある。ジャーナリストの森功が『文藝春秋』誌で指摘してきたように、メディアで「安倍の振付師」と呼ばれることもある政務秘書官（首相官邸で働く）今井尚哉（一九五八〜）の「活躍」が大きい。森によれば第二次安倍政権の主要政策にはすべて今井が嚙んでいる、というよりも、ほとんどが今井秘書官の発案なのである。「アベノミクス（三本の矢）」「新三本の矢」「一億総活躍社会」「原発海外輸出」「戦後七〇年の首相談話」など、森功の取材と考証によれば第二次安倍政権の根幹となる政策の筋は今井秘書官が書いている（森功『官邸官僚』第一章「総理を振り付ける「首席秘書官」」参照）。他にも長谷川榮一（一九五二年〜）、和泉洋人（一九五三年〜）、秋葉賢也（一九六二年〜）、木原稔（一九六九年〜）らが中央省庁官僚や国会議員から登用されている（菅政権になっても、彼ら官邸官僚のうちの何人かは留任し、またある者は内閣官房参与に移籍している。今も彼らは政権の中枢を担っているのだ）。

現在の官邸官僚たちは、たとえそれぞれの省庁での「出世競争」からは落ちこぼれていたとしても、それがその官僚の優劣の基準とは限らない（森、前掲書）。むしろ彼らは省益に縛られない一種の国家テクノクラートなのだ。官邸が中央省庁人事を制覇した象徴とされる「内閣人事局」確立は二〇一四年五月だが、その構想自体は一九九〇年代末の橋本龍太郎政権のときから始まっていたという。行政権力を官邸に集中させる構想自体は、「首相公選制」論となり、小泉政権誕生前後に関心が高まって、懇談会報告書（二〇〇二年）となってまとめられた。そこでは米国大統領型の強い行政権限の集中が求められた。そして今や官邸権力による官僚支配が完成したという。おそらく安倍政権中枢は、米国大統領制をモデルとして、よりトップダウン式の内閣制を考えていたのであろう。かつての自民党政権の「派閥政治」とは明らかに異なる機構へと現在の自公政権、とくにその中枢である官邸は変貌したのである。

アメリカ政治の研究者、砂田一郎は米国の大統領補佐官について次のように説明している。「〔米国において〕今日の行政府が行なう無数の決定のうち、大統領まで上がってくる重要な決定はその一部である。そしてそれらの決定に大統領が最終決断を下す場合でも、その決断に必要な情報や選択肢は大統領補佐官などの側近が用意する。大統領個人の意向が強く働く決定もあるが、決定が実質的には彼ら組織による決定であることも多い」（久保文明ほか『アメリカ政治 第三版』、一二六頁、強調は中村）。

これら大統領直属の組織ができたのはフランクリン・D・ローズヴェルト大統領（在任、一九三三〜四五年）のニューディール改革期であるが、狭義には一九三三〜三五年、広義には三〇年代いっぱいである。「ローズヴェルトは、一九三九年に議会に要請して行政組織の再編成権を手に入れた。そして、新たに大統領行政補佐官を六人置いて大統領側近のスタッフを拡充するとともに、そのホワイトハウス・オフィスと、それまで財務省のもとにあった予算局など四つの組織とを包括する「大統領行政府」を創設した。これが大統領制の組織化の始まりである」（久保文明ほか、前掲書、一二六〜七頁）。

ローズベルト大統領は、恐慌に対処するため（ニューディール期に）、また第二次世界大戦の勝利を期するため強大な権限を手にした政治指導者である。戦後米国の政治学者クリントン・ロシター（一九一七〜七〇年）は、『立憲独裁』（原書刊行、一九四八年）において、独裁がきわめて成立しにくい制度設計になっている憲法を持つ米国において「立憲国家の枠組みを守るためにこそ、一時的に立憲主義の原則を逸脱するような統治が必要」なケースとしてこの大統領の統治を挙げている。その統治とは、たとえば「個人の自由を直接侵害した配給制度や徴兵制度、ほとんど没収的な税制。ハワイに対する軍政（military rule）の施行。〔……〕何万人もの日系アメリカ市民に対する強制移住。治安を乱すアメリカ市民の発言や出版物に対する場当たり的な禁止措置」（ロシター『立憲独裁』、二七頁）などだった。

そしてロシターは次のように〈立憲独裁〉を擁護する。「一般市民には理解出来ないことだったかもしれないが、フランクリン・ローズヴェルトの強力で積極的な政府は、立憲政府の定着した原則、立憲独裁（*constitutional dictatorship*）の原則を事実上かつ理論上も追求していたということである。独裁（*dictatorship*）という言葉を警戒する根拠とすべきではない。〔……〕実際、立憲的（*constitutional*）という限定のための形容詞はほとんど余計なものである。なぜなら、独裁制の歴史的概念は立憲的なものに他ならないからである」（ロシター、前掲書、二七～八頁、強調は原文）。独裁論や例外状態論を検討していると、私たちはこのような一見逆説的な主張に必ずと言っても良いほど出くわすことになる。これは単なる詭弁なのだろうか。それとも現実の民主主義制度にそうした逆説あるいはパラドックスがはらまれているのだろうか。

菅義偉政権の性格と右翼ポピュリズムの「メディア型」と「運動型」

現在の菅内閣における政策決定がどのような過程を経てなされているのか、不透明なところが少なくない。日本学術会議任命拒否問題は、官邸官僚の一人で官房副長官の杉田和博（一九四一年～）の判断だとも言われている。安倍政権の路線を忠実に継承した菅政権も、三権統合志向を隠さないが、そのモデルは例外国家（ファシズム国家）として一三年間君臨したナチス・ドイツ帝国ではなく、米国大統領型のトップダウン行政機構なのだろう。しかし、米国のような強力な分権制度の保障のない日本にこの仕組みを導入することは、実はきわめて危険性の高いことであることを指摘しなければならない。

しかしまた、このような内閣人事局や官邸官僚の制度を導入したにもかかわらず、菅政権のコロナ対策のための一連の施策がどこかチグハグな印象を与えるのも否めない。安倍晋三前首相とは異なり、自らの派閥によって支えられていない菅義偉首相は、そのため自民党内の派閥力学に左右されやすい。一連の「Go To キャンペーン」の政策実現は、全国旅行業協会の会長を務める二階俊博議員の派閥からの突き上げが功を奏したとも言われている。このように、安倍前首相よりも党内政権基盤が弱い分だけ、菅首相は逆に柔軟に各分野からの要求（突き上げ）を政策に取り込みコロナ対策に効果を上げる可能性がないわけではないが、それが「民意」とかけ離れた「業界益」の優先に帰結する危険もあり、今後の政権の安定は予断を許さない。

自民党自身が、かつての強固な支持基盤を喪失しており、大都市圏の無党派層に支持を求めるしか政権維持の方法はない。その意味で自民党もポピュリスト政党化しているのであるが、コロナ対策の遅れは、非自民の大都市圏ポピュリスト政党をいっそう押し上げることになるだろう。日本維新の党、東京都知事が立ちあげた「希望の党」など地方自治体の首長が呼びかけて新党が結成される動きが繰り返されているが、業界団体や労働組合の組織的な支援を受けず（受けられず）、大都市圏の無党派層を基盤とする点で、これが日本において典型的なポピュリスト政党だと言えるだろう。

今回の新型コロナへの対処をめぐり、安倍政権・菅政権が迷走していたとしか見えなかった時に、自治体首長がこまめな記者会見などで住民に向けて情報発信を繰り返したことは、たとえその情報が内容の薄いものであった場合でさえも、感染の不安に苛まれた人々にとっては一定の安心を与えたはずだ。しかもその記者会見はマスメディアのニュースやネット配信により全国の視聴者に届く。典型的な「メディア型ポピュリズム」とみなすことができる。ポスト・コロナにおける政治勢力の伸長を考えると、大都市圏の与党として、今後は新たな全国政党に成長していく可能性が高い。

また、民族排外主義（在日韓国人・朝鮮人を標的にしたヘイトスピーチ）の街頭行動で注目を集めた「在特会」、NHKの受信料の支払い拒否キャンペーンで注目を集めた「NHKから国民を守る党」（当時）なども選挙の度ごとに勢力を拡大しつつあり、警戒と注視が必要だ。こちらは典型的な「運動型ポピュリズム」である。

この間、自民党と自公政権の極右化に影響力を与えたとされ、ジャーナリストらによる分析書が多く出版された「日本会議」は、ポピュリズムというよりは、地道な草の根の活動を積み重ねてきた運動団体である（あえてポピュリズムに分類するのであれば、「運動型ポピュリズム」である）。リーダーは、全共闘時代に新左翼系の学生運動と実力で対決した経験を持つ新右翼のベテラン活動家たちである。筆者が前節で言及したアラン・ド・ブノワは、フランス新右翼にグラムシの陣地戦論を導入したことで知られる理論家である。グラムシ陣地戦論とは、社会変革の舞台を市民社会に設定し、上部構造（政治・社会・文化）における言論活動や文化活動・学問活動を重視するものだった。そうした活動を通じて市民社会におけるヘゲモニーを確立することが戦略目標であり、それは国家権力の掌握以前に達成されねばならないとされる。日本会議の活動スタイルとこれまでの成果を見ると、日本で（世界的に見ても）最も成功した右翼グラムシ派の一つではないだろうかと思われる。

3……左翼ポピュリズムしか道がないのか？

シャンタル・ムフ──「左翼ポピュリズム」の提起

本稿の第1節で見たマルコ・レヴェッリもエンツォ・トラヴェルソも、「左翼ポピュリズム」という語法を使うことはあっても、その提案はしていない。これに独自の意味を込めて提案したのはシャンタル・ムフ（一九四三年〜）であり、日本でも一定の反響を呼んでいる。[2] 現代思想的な議論の展開の鮮やかさと、またその生臭いほどに実践的な政治的提言とが混在していて、評価の難しい本である。

二〇〇八年から二〇〇九年にかけてのリーマン・ショック以降のグローバル金融資本主義の危機と景気後退、そしてこれに規定された新自由主義ヘゲモニーの失墜、にもかかわらずそれに取って替わるべき対

▼2 邦訳：ムフ『左派ポピュリズムのために』参照。以下、特に断わらないが、引用にあたっては本稿と文体を整えるため邦訳文に手を加えた。とくに「右派」「左派」という文言を「右翼」「左翼」に変更した。翻訳では「左派ポピュリズム」になっているが、筆者の訳では「左翼ポピュリズム」である。日本語環境で「右派／左派」という言い方は、同じ一つの政治勢力の中の穏健派と急進派を指すことがほとんどだ。これに対して「右翼／左翼」という言い方は、フランス革命に際して革命に対し懐疑的な立場と肯定的な立場が分かれたように、異なる政治勢力を指すことが多い。問題は“left populism”をどう理解するかということだが、ポピュリズムという単一の政治勢力が存在したうえでその左派を指すというよりは、右翼と左翼という異なる二つの政治勢力が存在したうえで、そのポピュリスト潮流にいま風が吹いているというのがムフの理解なのだと思う。

抗へゲモニーの不在という意味での〈空位時代（*interregnum*）〉。これが現在の〈状況（*conjuncture*）〉だとムフは言う。この〈空位時代〉に新しい対抗へゲモニーを確立する好機が到来する。それが〈ポピュリスト・モーメント〉だ。ポピュリズムの時期というくらいの意味だろう。いま、この〈時期〉が来ているのだというのがムフの見立てである。

ただし、この〈時期〉にはそれまで政党政治によって周辺部に押しやられていた右翼の側も活性化するので、右翼ポピュリズムが政権を掌握して新自由主義レジームよりもいっそう権威主義的で排外主義的な体制を創り出す危険と背中合わせでもある。イタリアが今まさにそうなっている。一九九〇年代から二〇〇〇年代にかけては新自由主義へゲモニーが確立・維持された時代だったが、その時代の西欧の政治は中道右派と中道左派のどちらが財政赤字の解消などの新自由主義改革をよりスムーズに実現できるかを競うものになっていた。中道右派と中道左派の政策的違いが縮減した時代である。もはやイデオロギー的な対立の時代ではないという意味で「ポスト政治」という言い方がされたりもした。しかしリーマン・ショックによる新自由主義へゲモニーの失墜によりそうした時代が終わってみたら、その後に残っているのは特権的エリート層による支配体制で、それが今も続いている。新自由主義レジームの下で貧富の格差が拡大し、国境を超えた支配ブロックが確立している。西欧各国の政策もほとんどブリュッセルのEU本部で決められている。自分たちの国民主権とか、そういうものは全然ないじゃないかと西欧諸国の人々は感じている。

そこでムフは、〈人民〉と〈政治的既得権益層〉との対抗のフロンティア（政治的境界線）を構築しようと提案する。左翼の側がこうした状況に介入を開始したのが二〇一一年である。それがギリシャやスペイン、あるいはアメリカのオキュパイ運動だ。ロンドンやフランクフルトでも街頭抗議行動が現われた。三・一一以降の日本でももちろんそうだった。しかしムフに言わせると、それだけでは足りない。こうした街頭抗議行動が「重要な成果を得ることができたのは、政治機構に関与しようとする政治運動〔つまり国政選挙に打って出ること〕が組織され、それが運動に続いたときのみであった」（ムフ、前掲書、三四頁）という。ムフが念頭においているのは、国政選挙に挑戦して成功したギリシャのシリザ、スペインのポデモスなどの左翼勢力だ。要するに、狭い意味での政治、選挙や国会への挑戦を忌避するな、政党を結成しろというのがムフの主張である。「右翼ポピュリスト政党の台頭を止めるには、左翼ポピュリスト運動による厳密に政治的な回答が必要なのだ」と言っている。

では「左翼ポピュリズム」とは何なのか。それは資本主義を全面的に否定する社会主義イデオロギーと運動ではないとムフは言う。先に筆者は、右翼ポピュリズムがグローバル金融資本主義の帰結に対する批判で一歩先んじているので、これに対抗したいのであれば反資本主義的な〈敵対性〉を強めなければならないと述べた。これに対して、ムフが目指すのは民主主義による革命であり、民主主義を深化させるという意味での「民主主義の根源化＝急進化（radicalizing Democracy）」だ。しかし、新自由主義レジームの下でここまで経済格差が拡大して、多くの労働が断片化・無意味化し、真面目に長時間働いても暮らせない人々が激増している時代に、資本主義批判を掲げないで良いのかという疑問がある。

次に〈等価性の連鎖〉という言葉だが、筆者はこれを「前衛党なき人民戦線」論と理解している。人民戦線とはよく知られている通り、かつてのコミンテルンの戦術の一つだ。一九三〇年代のファシズムの台頭を前にして、いきなり革命を目指すのではなく、まずはファシズムとの対抗を考えてブルジョア自由主義者や社会民主主義者とも統一戦線を組めという議論だ。しかしそれは前衛党、革命党あっての話なのだが、ムフの考えている〈等価性の連鎖〉というのは、前衛党は抜きでやれということだ。ムフの説明によると「〈等価性の連鎖〉とは、既存の政治的主体の単なる寄り合いではないと強調しておきたい。また、すでに構成された人民が、あらかじめ存在する対抗者（adversary）に対立するといった状況を指しているのでもない。人民、およびその対抗者を定める政治的フロンティアは、政治的闘争を通じて構築される。それは対抗へゲモニー的な介入による再節合につねに曝されている。左翼ポピュリズム戦略が節合しようとする民主的な諸要求は、互いに異質なものであり、だからこそそれらは、等価性の連鎖のなかで節合される必要があるのだ」（ムフ、前掲書、八七頁）という。「節合」というのは異質な要素、異質な勢力をまとめるという意味だ。

右の引用文の中で対抗者（adversary）という言葉が出てきたが、これは、カール・シュミット（一八八八～一九八五年）の言う敵（enemy）の言い換えだ。シュミットは第一次世界大戦末期のロシア革命やプロイセン敗戦後の政治の世界で革命派と反革命派とが殺しあう状況を目にし、そういう敵対性が政治の本質であり、それをきちんと見すえなければならないとした。ムフはこの議論を非常に高く評価しつつも、本当の殺し合いではなくて、民主主義の枠内で敵対関係（antagonism）ならぬ闘技関係（agonism）が活性化することで民主主義自体も活性化する、民主主義が深まるのだという議論を組み立てた。そのためシュミットのいう敵（ドイツ語でいうFeind、それに対応する英語がenemy）という言葉は使わない。あくまで対抗者（adversary）という言葉を使って、民主主義の枠内でいろんな勢力が競い合い、争いあうことで民主主義を活性化させよという議論を提起している（ムフ『政治的なるものの再興』、八頁ほか参照）。

ムフに言わせれば、こうしてさまざまな運動勢力が特定の勢力を〈対抗者〉と名指して彼我の闘技関係を設定することで、〈等価性の連鎖〉が形成されて〈人民〉が構築される。こういうイメージだ。それゆえムフによれば、「左翼ポピュリズム戦略がめざすのは、権力をとる人民の多数派を創出し、進歩的なヘゲモニーを確立することである。〔……〕等価性の連鎖を通じて『人民』は構成されるのだが、その等価性の連鎖〔のあり方〕は歴史的な情勢にかかっているだろう」ということになる。

そして、この「人民が構築される」過程において代表制（七六頁以下）と政党に対して高い評価が与えられているのが特徴だ。さらに〈指導者〉論（九五頁以下）、政治的〈感情（affect）〉論（九七頁以下）、〈パトリオティズム〉論（同）が展開される。ここでは一点だけ指摘しておきたい。それは、ムフの〈代表制〉に対する評価がいささかナイーブ過ぎるのではないかということだ。ムフははっきりとそう書かないが、左翼ポピュリズム確立の最大のチャンスとして明らかに選挙を念頭においている。しかも与野党の対決、あるいは右翼と左翼が一騎打ちになるような大統領選挙とか首長選挙を考えているはずだ。しかし、そうした一騎打ち型の選挙による〈代表制〉の仕組みが民主主義的である保証がどこにあるのか、という疑問が生じる。ムフが新自由主義レジームの下での中道右派と中道左派の〈ポスト政治〉、つまりもう政治的対立が終わってしまった時代を民主主義の縮減として批判していたということは先に見た。同じことは一騎打ち型の選挙にも言えることではないか。つまり選挙に勝つためにはできるだけ多くの票を集めることが必要となるのだから、そのために特定の社会集団の利害を前面に出すことができない。災害の被災者である、女性である、あるいは障がい者である、非正規労働者である、失業者である、定住外国人であるなど、そういう特定のグループの利害を前面に出してしまうと、その人たちの関係者は投票するかもしれないが、それと関係ない人、ピンとこない人は投票しなくなる。そうなると結局、総花的な政策パッケージ、あれもこれもどんな問題も全部やるという形になるしかないのではないか。運動としての訴求力は明らかに低下するだろう。これでは既成政党の政治と左翼ポピュリズムとの違いが曖昧になるのではないだろうか。何のための民主主義の根源化＝急進化だったのかということになろう。

山本太郎と「れいわ新選組」──日本の「左翼ポピュリズム」の登場なのか？

日本で台頭してきた新たなポピュリズム政党で、最も「左翼ポピュリズム」に近いのは、山本太郎が率いる「れいわ新選組」だ。「消費税廃止」や「奨学金徳政令」、「最低賃金一律一五〇〇円」、「デフレ脱却給付金」、「新規国債発行による財源確保」などインパクトのある政策が並び、注目を集めた。二〇一九年七月の参院選で比例区から重度障がい者の舩後靖彦と木村英子の二人を当選させたことは記憶に新しい。特定の業界団体や労働組合の組織的な支援に依拠せず（依拠できず）、全国の無党派層にアピールすることで議席を獲得した。主要な宣伝媒体は山本太郎の街頭演説とその録画のネット配信である。前述の「メディア型ポピュリズム」と「運動型ポピュリズム」の区別で言うと、今のところ「メディア型」であると言えるだろう。そして少なくとも山本太郎党首の発言に即する限り「れいわ新選組は右でもなく左でもない」というのであるから、当事者の自己意識としては、これも典型的なポピュリストの言である。

また、ポピュリスト政党が右であろうと左であろうと抱える構造的な問題として、メンバーシップをどう定義するか、そして国会議員候補などのリーダーをいかに選出するかということがある。既成政党は、右翼・保守であれば政党スタッフ（議員秘書など）や国家官僚、自治体首長経験者から議員候補を募ってきたし、左翼・革新であればこれも政党スタッフ（党専従）や労働組合活動家、弁護士から議員候補をリクルートしてきた。そこには善かれ悪しかれ社会集団や組織のリーダーとしてすでに選ばれてきた人の中から候補者を選ぶという安定感があった。これに対してポピュリスト政党の場合には、野心的だが得体の知れない「ずぶの素人」が選ばれることが少なくないので、リーダー選抜に失敗するリスクが高くなる。たとえば二〇二〇年七月に、前年の参院選比例区から選挙に出た大西恒樹氏が「高齢者の命の選別をするべきだ」とする主張をネット配信したことから批判を浴び、その後に党から除籍された。大西氏はＩＴ企業の経営者であり二〇一七年の総選挙では「フェア党」代表として出馬しているので「ずぶの素人」と呼ぶことはできないが、日本版ネクロポリティクスとでも呼ぶしかない高齢者安楽死推進政策の主張者は、少なくとも既成政党の選抜システムの下では候補者に選ばれることがなかったはずである。「メディア型ポピュリズム」の危うさであろう。

4……〝バイオポリティクス〟から〝ネクロポリティクス〟への〈統治のパラダイム〉の移行

ポピュリズム論との関連で確認しておきたいのが、〈生権力〉ないし〈生政治〉をめぐる議論だ。進化生物学者のジャレド・ダイアモンド（一九三七年〜）によれば、人類の歴史と感染症は強く結びついているという。感染症は、相当数の人間が集団で生活するようにならないと人間社会の中で存続することができないので、農耕生活の開始のように人口密度が必要なのだ（ダイアモンド『銃・病原菌・鉄』上、三七六頁）。次に都市の成立がある（同書、三七七頁）。さらに、大陸をまたぐ交易路の発展である。人間の文明の進展とともに感染症が増えてきたことがわかる（同書、三七八頁）。今回の新型コロナの大流行も、狩猟した野生動物を「海鮮市場」に持ち込み販売していたことが発端だと言われている（漢方薬用のセンザンコウが発生源だという説もある)。いずれにしても、野生動物の体内で静かに潜伏していたコロナ・ウイルスが、動物から人間に感染し、更に進化してヒト－ヒト感染を引き起こし、それが猛烈な勢いで世界に蔓延したと推測できる。これが、野生動物の食肉化あるいは漢方薬の原料化も含めあらゆるものを商品化するグローバル資本主義の最突端である中国の地方都市で始まったことが興味深い。そして二〇二〇年春からの新型コロナの大流行への世界各国の対処は、自由な外国渡航の全面的・部分的な停止、さらにはグローバルな生産態勢の鈍化となって現われ、これまでのようなグローバリゼーションが持続不可能であることを露呈させた。これに代わって全面化したのが、非常事態宣言のもと、国家と医療機関や製薬会社その他の民間諸組織が連動する形での〈生権力〉による私たちの生活と健康の〈統治〉である。

ミシェル・フーコー(一九二六～一九八四年)によれば、一七～八世紀頃の西欧で、それまでの「臣下に死を与える君主の権限」型の権力(死の権限ないし死の権力=殺す権力)とは別に、「人々の出生率や寿命を延ばし人口を増大させる」型の生の権力(生かす権力)が登場した(『性の歴史』第一巻『知への意志』第五章「死に対する権限と生に対する権力」、および同時期の大学講義録『社会は防衛しなければならない』、「一九七六年三月十七日」の講義を参照)。この〈生権力〉は、前者(死の権限ないし死の権力)に完全に取って代ったわけではないが、前者は後者(生権力)を補完する地位に低下した。ここで私が問いたいことは、こうして現代社会において全面化するに至った〈生政治〉ないし〈生権力〉が、旧い型の〈死の権限(ないし死の権力)〉とどういう関係にあるのか、である。フーコーは、〈死の権力〉が消え去ったのではなくあくまでも〈生の権力〉に対して従属的な地位を占めるに至ったのであり、「生権力を通じて、死を与える権限という旧い主権的権力が併存している」(『社会は防衛しなければならない』、二五七頁)と言っている。この理解は現代社会を〈生権力〉の視点で規定しようとする者にとっては決定的だ。〈生権力〉と〈死を与える権限という旧い主権的権力〉が併存していると考えるならば、新自由主義レジームの三〇年の下で続いた福祉国家の解体過程、つまり〈人々を生かし人口を増大させる〉権力の機能の縮小・衰退も、〈生政治〉の終わりと捉える必要はなくなるからだ。むしろ〈生権力ないし生政治〉の後景に隠れていた〈死の権力ないし権限〉が再び前面に出てきただけのことだと考えることができる。その場合には「生政治は終わった」のではなく「生政治のもう一つの側面である〈死の権限ないし権力〉が前景化したのだ」と考えるべきだということになるだろう。

以前に筆者は、〈死の権力〉が前景化し〈生の権力〉と連動する時代を「後期生権力＝後期生政治の時代」の本格的な到来だとまとめておいた（中村勝己・二〇二〇参照）。そもそもフーコーが『性の歴史』第一巻『知への意志』を刊行したのは一九七六年であり、西欧諸国で言えば福祉国家時代がピークを迎えていた時期である。その時期だから、フーコーにとり福祉国家とは、医療・保険制度が人間の自由な生き方を縛り「模範的な生き方」を強制する、管理統制型の耐え難い権力体制（規範化社会）に見えたのではないか。フーコーの生政治論は、当時ピークを迎えた福祉国家のパターナリズムを批判するという含意があった。しかし、それから一五年後に米ソ冷戦が終わり、さらにその後の三〇年間の新自由主義レジームの下でひたすら福祉国家が解体されたことで私たちが直面している事態を前にしても、まだフーコー流の福祉国家批判を繰り返しているだけで良いのかという疑問がわく。同じようなことは多くの論者が感じているはずだ。今回の新型コロナへの世界各国の対処においては多くの犠牲者が出ているが、それは新型ウイルスへの対応が暗中模索の状態であるのもさることながら、実は〈生かす権力〉のあり方が大きく変化しており、むしろ〈死ぬに任せる権力〉の再登場とでも呼ぶべき事態が進行しているからなのではないかと思われる。

フーコーの生権力論を今日読み直すには、彼の視野からは抜けていた医療行政権力の自立化という、三権を統合した、いわば〈例外状態〉型の統治が感染症対策に際して登場していたことを指摘する必要がある。それがイタリアの歴史家カルロ・M・チポッラ（Carlo M. Cipolla, 一九二二〜二〇〇〇年）の感染症と公衆衛生の歴史の研究だ。ルネサンス期の北イタリアでペストが蔓延した際（一四世紀半ば）に登場した公衆衛生局（sanità pubblica）の隔離政策について、チポッラが行なった研究を読むと、フーコーの想定よりも数百年早く、公衆衛生に介入する生権力が成立していたことがわかる（チポッラ『シラミとトスカナ大公』、九〜一〇頁)。公衆衛生管理機構は、北イタリアに割拠した国々でまずは「非常事態のための臨時の委員会」(チポッラ、前掲書、一〇頁)として、次いで警察的性格を兼ね備えた「常設の司法官機構に発展する」(同)。

私たちにとって重要なことは、ここで問題となっている時代の北イタリア諸国には、行政・立法・司法の三つの権力を分けるという考え方も実践もなかったことである。しかも公衆衛生局は「単に法令・禁止令・布告を発する〔……〕権限だけでなく、違反者の逮捕・審理・刑罰の執行まで行なう権限を持っていた。こうした理由から『司法官の地位』という称号と自前の警察力と監獄まで持つ」(同)ことになった。このように、いまだ近代的な三権分立が制度的に確立していなかったルネサンス時代のいわば「感染症隔離型権力」=公衆衛生局は、三権を統合したような性格を帯びた。当時の医学の水準は高くなくペストの特効薬もなかったが、少なくともそれが伝染病だということはわかっていたので、とにかく患者を隔離した。そのために必要とされたのが行政的な権限集中、強い命令を下せる権力の確立だった(チポッラ、前掲書、一九頁)。

とはいえ、チポッラが当時のやり取りを示す書類を解読した結果見えてきたことは、公衆衛生局は必ずしも全権を掌握していたわけではなく、病院側は資金不足や人員不足などを理由にして公衆衛生局の指導に頑強に抵抗していたという事実である。全権を掌握した公衆衛生局のイメージとは裏腹に、やはりそうした強権に対して人々は抵抗したのである。まるで「不要不急の外出自粛」要請をものともせず盛り場に繰り出す者たちのように。それはともかく、こうした歴史は現在の緊急事態宣言により構築されつつある体制を考えるうえでもきわめて興味深い。

というのも、現代でも国家権力は、国民あるいは政治的共同体の生命・安全・健康が著しく脅かされる事態に直面すると、司法・行政・立法などの機能的分化をやめて、統合権力として作動し始めるということが明らかだからだ。一種の「危機統治(あるいは危機政府)Crisis Goverment」である(ロシター『立憲独裁』、二九頁ほか)。そもそもルネサンス期の北部イタリア諸国家における立法機関は議会ではなかった。

現代でも、緊急事態宣言下で国会審議が再開されてはいるが（二〇二一年三月一日現在）、そこで感染症対策の具体的な施策が決まるわけではなく、行政機構（上は、内閣や新型コロナウイルス感染症対策分科会、中央省庁から、下は、地方公共団体、末端は地域の消防署・救急隊、保健所まで）とその監督・指導を受ける民間諸組織（病院・診療所・薬局・各種の学校・保育園・幼稚園・スーパーまで）が連動して対策に当たっている。司法や立法は手続きが重視されるので判決や法律の制定までに時間がかかる。それでは間に合わないから行政主導で事が処理され進んでいるのである。

これが今回の緊急事態宣言の実態ではないか。つまり国民衛生の危機的事態に介入する国家緊急権の発動である（とはいえ、日本ではかなりゆるいタイプの）。通常、近現代社会における非常事態宣言（国家緊急権の発動）とは、外敵との戦争か国内における内乱の危機、さらには経済恐慌（まれに大規模自然災害）に際して発せられることがほとんどだったが、安倍政権（当時）と菅政権が今回緊急事態宣言を発したのは、新型インフルエンザ特措法第三二条を改正した緊急事態宣言条項に依拠し、国家と国民の生命・安全が損なわれないように、期間限定で緊急事態を宣言する目的によるものだった（ただし、緊急事態宣言と感染症対策は相性が悪いというのが筆者の判断である）。これは、新型感染症の蔓延に対処する医療・衛生権力としての緊急事態宣言＝かなりゆるいタイプの国家緊急権の発動、すなわち旧い「公衆衛生局の隔離権力」が新しい姿をとって登場したということである。このように、〈生政治〉と〈例外状態（非常事態）〉とは、実は密接に絡みながら連動するものなのではないか。

イタリアの政治哲学者ジョルジョ・アガンベン（一九四二年～）は、フーコーの著作刊行からおよそ二〇年経った一九九五年に発表した『ホモ・サケル』において、〈生政治と例外状態〉をめぐる議論を展開した。〈剝き出しの生（ただ生きているだけの存在）〉をめぐる議論である。米ソ冷戦終焉後の新自由主義レジームの下では、むしろ戦争が頻発した。そのグローバル内戦の時代に、人間が無残に殺される〈例外状態〉が常態化したのではないか。アガンベンの〈生政治〉論は、むしろ生権力が〈生殺与奪権〉と一体になる形で特定の人々を一定期間、奴隷のようにして生かし、そして殺すあり方を問題とした。アガンベンにとり、もとから〈生政治〉は〈死の政治（タナトポリティカ）〉と置換可能、言い換え可能なものだった（タナトポリティカとは古代ギリシャ語で死をあらわす「タナトス（θάνατος）」の政治というくらいの意味である）。今日の政治に目を向けてみると、「権力とは人を生かす力のことだ」とする四五年前のフーコーの生権力・生政治論では説明のつかない事態が数多く存在することに私たちは気づくのではないか。

はっきり言おう。現代の政治あるいは国家権力は、国民総体を生かしその生命を救おうという姿勢をとっくに放棄しているのではないか。「生かすに値する生命だけを生かし、生かすに値しない生命は死ぬに任せる、あるいは積極的に死に追いやる」政治が、いつのまにか現代に登場しているのだ（しかし、「生かすに値する生命」とそれ以外の生命との区別を誰が判定するというのか。誰がそんな権限を持っていると言えるのか）。この間の世界中の新型コロナ対策を見ていると、もちろん政府の専門機関（日本なら「分科会」）、保健所や病院のスタッフは身を削って対策に奔走していると思われるのだが、そんななかで政府の無策あるいは施策のチグハグぶりが目に付く。どんな伝染病であれ感染者の何%かは重症化し、さらにその何%かが死ぬのは統計学的な事実なのだから仕方ない、まるでそう開き直っているように見える。

繰り返しになるが、フーコーが生権力・生政治論という斬新な視点を打ち出したのは一九七六年のことだ。当時は現在のような新自由主義政策が世界的に開始される直前であり、福祉国家がその頂点を迎えた時代だった。「殺す権力が後景に退き、私たちを生きさせる権力が前面に出てきた」という分析は、医療技術や健康保険が発達しさまざまな生活保障の制度が確立していった時代だからこそ説得力をもって普及した。しかし、それから四十数年が経ち、新自由主義政策が世界的な影響力を拡大した結果、今や福祉国家の時代は終焉し、医療費の削減、公的年金制度の縮小が日程に上り始めている。日本では社会保障費は増大し続けているのだが、それは人口が高齢化しているがゆえの「見かけ」上のものであるにすぎず、政府はむしろ利用者にその負担をさせようとしている。国民を平等に生きさせる時代は終わり、その財産や労働能力の差に応じて、生きさせるに値する生命だけを生きさせ、生きるに値しないと判断された生命は死ぬに任せる時代が到来しているのではないだろうか。人はこれを「ネクロポリティクス」と呼ぶ。

カメルーン人の歴史家・政治哲学者のアシル・ムベンベ（Achille Mbembe, 一九五七年〜）は、ネクロポリティクスという観点から〈生の政治〉と〈死の政治〉の絡み合いを問題にした。ネクロポリティクスとは死の政治のことだ。[3] ムベンベは、フーコーが『社会は防衛しなければならない』において〈生かす権力〉と〈殺す権力〉の絡み合いに注目していたことを指摘し、その視点を高く評価する（Mbembe, *Necropolitics*, p. 71）。しかしまたムベンベは、フーコーの生政治論が〈殺す権力〉の役割に十分な注意を向けなかったことに疑問を呈している。そうした〈殺す権力〉が自らの力を発揮するのが近代奴隷制と帝国主義的植民地支配においてである。ムベンベは、国家権力による暴力を〈テロ〉と呼びつつ次のように指摘する。「奴隷制は、生政治の実験の最初の審級であると考えられ得る。プランテーション・システムとその帰結こそ、多くの点で例外状態の象徴的で逆説的な姿を示している」（Mbembe, *op.cit.*, p. 74）。近代奴隷制、すなわちプランテーション農場における奴隷支配に主権的権力のテロ、〈殺す権力〉の原型を見出していくことは、近代の権力をもっぱら〈生かす権力〉と捉えたフーコーの生政治論を内在的に批判することになっている。

ムベンベは、こうした支配のあり方が全面展開した地を二つ挙げる。その一つが南アフリカのかつてのアパルトヘイト体制であり（Mbembe, *op.cit.*, p. 76）、もうひとつがパレスチナだ（*op.cit.*, p. 80）。アガンベンにとりアウシュヴィッツ強制収容所が現代政治のいわば範型であったのに対して、ムベンベにとってはパレスチナ占領こそが現代政治の範型なのである。すなわち、「パレスチナの事例が描くように、後期近代の植民地占領は、複合的な諸権力の連鎖なのである。すなわち、規律権力、生権力、ネクロ権力である。これら三つの権力の結合は、占領された地域の住民に対する植民地権力による絶対的支配を実現した。戒厳状態それ自体が軍事的制度になる」（*op.cit.*, p. 82）。主権的権力と生権力の分析をフーコーやアガンベンが西欧諸国の歴史に限定していたのに対して、ムベンベは、その射程をアフリカ諸国の植民地支配やパレスチナの入植地占領にまで拡張したことで、生の権力と死の権力が不可分に絡み合うさまを分析したのである。

このように、生政治（バイオポリティクス）をめぐる議論は、現実の世界の変貌と歩を合わせるかのように死の政治（ネクロポリティクス）の議論へと旋回した。新型コロナの大流行への対処に奔走する現代世界のあり方は、グローバリゼーションが頓挫し、その先の資本主義モデルを模索している状態であり、そして〈生の政治〉に〈死の政治〉が入り込み、〈後期生権力の時代〉とでも呼ぶべき状況になっている。そうした時代に、政治の焦点になるのがポピュリズムである。もちろんポピュリズムは新型コロナの大流行以前からの現象である。しかし、ポピュリズムは今後ますます政治の常態となるだろう。

5……本書『ポピュリズムとファシズム』のいくつかの論点について

本書の第I部は、主要にフランスの政治を題材にしながらポピュリズムの動向や背景について論じている。トラヴェルソはポピュリズムの概念を曖昧なものとして斥けると筆者は先に述べた。実際、次のように言う。「ポピュリズムという概念は左翼と右翼との区別を消し去ってしまうのであって、それによって政治を理解するうえで有益な羅針盤をぼやけさせてしまうのだ」（本書、二七〜二八頁）。とはいえ、必ずしもその姿勢は一貫しておらず、イタリアのベルルスコーニや北部同盟（当時）、フランスのサルコジやマ

▼3 Achille Mbembe, *Politiques de l'inimitié*, 2016. 英語版は次の通り。*Necropolitics*, 2019. そのなかでも第三章「ネクロポリティクス」は、フーコーの生政治論をカール・シュミットの例外状態論やアーレントの全体主義論、アガンベンの強制収容所論と結びつけて論じている。この第三章は、その素となった論考の翻訳が、東京外国語大学『クァドランテ』第七号（二〇〇五年三月）に小田原琳・古川高子の両氏の手によりアキーユ・ンベンベという著者名で訳載されているので、論考全文を読みたければそちらを参照することができる。

クロン、そして米国のトランプら現代の政治家に言及するときにはポピュリズムという言葉を使ってもいる。やはり、ポピュリズムという語法を一切使わずに現代政治に言及してこれを分析するのは無理があるのだろう。

ポスト・ファシズム概念の有効性

トラヴェルソは、〈ポスト・ファシズム〉という言葉を使って、たとえばフランスの政治家マリーヌ・ルペン（一九六八年〜）が率いる「国民連合」（旧国民戦線）の動向を分析している。トラヴェルソは、一方でポスト・ファシズムを「現局面」の呼び名としながら、他方でネオ・ファシズム潮流の母胎とは縁を切り独自の路線を歩み始めた勢力をポスト・ファシズムと呼ぶ。ようするに、マスメディアなどで「ポピュリズム」と呼ばれるもののうちの右派をトラヴェルソは「ポスト・ファシズム」と言い換えて、ネオ・ファシズムを辞めて体制内化・穏健化した極右勢力を指す言葉として使うのである。〈ポスト・ファシズム〉とは実に言い得て妙な表現だ。この勢力が〈ネオ・ファシズム〉に由来することを指摘できると同時、その勢力が本家帰りする可能性も否定していないからだ。そこにはトラヴェルソのEU圏政治の将来への危機感がにじんでいる。「今日、EUは極右の伸長への障壁として立ちはだかってはいず、むしろそれに火をつけている。実際、EUの分解は、これらの運動の発展のあり方に予想し得ないような影響を与える可能性がある。もしEUが分解し、経済危機を誘発することになれば、極右派はさらにひどく急進化していく可能性がある。こうしてポスト・ファシズムは、ネオ・ファシズムの軌跡をたどることもあり得るだろう。この過程は、一つの国から別の国へとドミノ効果的に広がっていくだろう。ぞっとするようなこうしたシナリオを、法外なものとして排除できるものは誰もいない。このことは、『ポスト・ファシスト』的右翼の過渡的で、不安定な性格をよりいっそう際立たせる」（本書、二〇頁）。今後の情勢の進展次第で、状況は危機的なものになり得るということだ。

危機的状況とポピュリズム

この間の西欧の知識人たちが政治について語る際、現況（conjuncture）がきわめて流動的となり今後の社会や政治の方向性が見えにくい局面に私たちがいると強調されることが多い。先に検討したシャンタル・ムフは〈状況（conjuncture）〉について次のように言う。「マキァヴェッリは『状況について』考察するのではなく、自身をつねに『状況のなか』に位置づけていた。私は、マキァヴェッリに倣って、ある特有の状況に私の考察を位置づけることで、彼が『ことがらの具体的真理』と呼んだものを、今日の西欧諸国の『ポピュリスト・モーメント』において探求しようと思う」（ムフ、前掲書、二二頁）。ムフは「状況（conjuncture）」を「ポピュリスト・モーメント」と捉えている。このような、「伸《の》るか反るか」、どちらに転ぶかわからないという意味での「危機的状況」においてポピュリズム（ポスト・ファシズム）が台頭するという認識をトラヴェルソも共有しているはずである。

　そもそも〈危機〉とは、どのような概念なのか。精神医学者の木村敏（一九三一年〜）は人間学的な危機論の定義として次のように言う。

> 現在普通に用いられている「危機」の語は〔……〕元来、ギリシャ語で「分離・区別・選択」の意味から「判断・決断」の意味へと広がったkrisisの語に由来する。〔……〕この語の本来の意味が、「重大な変化の生ずる」「選択や決断を迫られる岐路」というような意味に拡がったために、「危険」をも意味するような訳語が当てられたのであろう。〔……〕クライシスの語は、政治的・社会的・経済的領域（「政治危機」「社会危機」「経済危機」）での用法のほか、医学の領域においても古来重要な概念となっていた。ヒポクラテスとガレノス以来、高熱を伴う重病が、ある特定の時期に急激に治癒もしくは悪化に向かった場合、この急変をクリシスと呼んでいた。わが国の医学用語ではこれを「分利」と訳している。したがって分利の時期は、病気の経過における注目すべき分岐点であると同時に、医者の側においては、治療上、あるいは予後判定上で決定的に重要な決断の時点である（木村敏『分裂病と

他者』、二一七〜九頁、強調は中村）。

「重大な変化の生ずる転回点」ないし分岐点、「決断のとき」が木村の言う「危機」なのである。二〇〇八年のリーマン・ショック以降続いた世界的な景気後退とそれにともなう各国政府の緊縮財政により新自由主義のヘゲモニーは失墜したにもかかわらず、それに代わる社会と政治のモデルが不在であるという意味での「空位時代」が長く続いてきた。その時代に登場したのがポピュリズムという政治現象なのだと考えられる。それはムフの言う通りだ。

〈ポピュリズム〉概念と〈全体主義〉概念に共通する曖昧さ

先にも指摘した通り、トラヴェルソの提起した〈ポスト・ファシズム〉という概念枠組は、イタリアのベルルスコーニや五つ星運動を包摂できない狭さがある。また〈左翼ポピュリズム〉現象も包摂できない。そのため筆者は、やはり〈ポピュリズム〉概念は丁寧な定義を加えたうえであるならば使うことができると考えている。

ただし、トラヴェルソの議論には一貫性がある。『ポピュリズム』や『ナショナル・ポピュリズム』の概念は、論争の境界を明確にするのを助ける代わりに、混乱を生み出す。こうした定義は、左翼と右翼の両方の潮流によって共有し得るもっぱら政治的スタイルにのみ焦点を当てるのであって、その結果、根本的な本質がぼやかされてしまうことになる。この観点からすると、ポピュリズムは、盛んに使われてきたもう一つの概念である『全体主義』の双生児なのだ。全体主義の概念は、ファシズムと共産主義との一目瞭然とも思える表面的ないくつかの類似性を強調することによって、この両者を共通の性格をもつ政治体制であると描くのである。〔……〕この二つはまた、未成熟で危険な民衆に対して上位に立って恩着がましい態度を取る、遠方からの観察者からの外からの尊大な眼差しを前提としている」（本書、三〇頁）。このようにトラヴェルソは〈ポピュリズム〉概念と〈全体主義〉概念をきっぱりと批判する。

トラヴェルソは、一九二〇年代前半のイタリアで批判的な意味を込めて使われ始めた〈全体主義〉の語法と定義の変遷について、膨大な文献を渉猟して一冊の本を書き上げているので（トラヴェルソ『全体主義』参照）、一部に誤解があるかもしれないが、実は〈全体主義〉という語法と視点にはきわめて批判的なのである。詳しくは本書第Ⅱ部での説明を読まれたいが、〈ポピュリズム〉概念も〈全体主義〉概念も、問題の本質を明らかにする発見術的な役割より、ぼやかしてしまう役割の方が大きいとトラヴェルソは考えている。

フランスの情勢と社会運動の動向について

また本書では、それ以外にも、フランスの社会運動を背景にして新たに結成されたが特に日本ではほとんど紹介されない「反資本主義新党（Nouveau Parti anticapitaliste, 二〇〇九年結成）」や「共和国原住民党（Indigènes de la République, 二〇一〇年に政党化）」の動向やその路線をめぐる議論が紹介され論評されており、きわめて興味深い。さらには、イスラム系移民女性が着用するブルカをめぐる論争において、フランス共和国のライシテ（脱宗教性＝世俗主義）の原則に依拠してブルカ着用を批判するフェミニストの一部の主張にトラヴェルソが言及して、「ライシスムと〔……〕ある種のイスラム嫌いのフェミニズムとの間で」生じている「厄介な客観的収斂」を指摘している（本書、六八頁）。フランス社会運動や社会情勢のこうした展開に詳しい湯川順夫さんは、本書の翻訳者として実に適役だったと思う。

「わが三人の歴史家」

本書第Ⅱ部は、ファシズム論についての既刊書『全体主義』（平凡社新書）の続編という役割も担っており、ファシズム史研究の三人の先行者の仕事を比較検討することによりファシズムについての歴史叙述を総攬するコンパクトなガイドになっている。トラヴェルソが「わが三人の歴史家」と呼んで高く評価する（本書、一三八頁）ファシズム史研究の先行者とは、ジョージ・L・モッセ（一九一八〜一九九九年）、ゼエブ・スターンヘル（一九三五〜二〇二〇年）、エミリオ・ジェンティーレ（一九四六年〜）の三人である。日本では、モッセには数冊の邦訳書があるが、スターンヘルについてはフランス・ファシズムの研究者が論文や著作で主題的に取り上げている（深澤民司『フランスにおけるファシズムの形成』序章を参照）くらいであり、またジェンティーレについてはイタリア・ファシズム研究者が論文で言及している程度である（つまりエミリオ・ジェンティーレのファシズム論を主題にした論考は筆者が知るかぎり見当たらない）ので、現在の国際的なファシズム史研究の最高水準の概要を本書一冊で知ることができ、ありがたい。この三人の仕事がトラヴェルソから高く評価されるのは、その仕事の多産さもあるが、まず何よりも三人が、ファシズムと共産主義を同一視して全体主義の枠組みに押し込むという、近年力を増しつつある俗流的理解を斥けているからである。

とはいえ、この三人の仕事をトラヴェルソは手放しで評価するわけではない。むしろいくつかの論点を掲げて彼らの研究を検証している。まず、彼らのファシズム定義では反共主義の性格が過小評価されている。次に、三人ともファシズム運動の革命としての性格を強調したが、それは大いに論争の余地があり、ファシズムの保守主義的な性格を見落としてはならない。またファシズムの全体主義的性格を一面的に強調しすぎている。さらに、暴力がファシズムの根本的特徴であることを見逃しがちである。この点では、一九世紀ヨーロッパの帝国主義がもたらした植民地支配における人種差別や絶滅政策にファシズムの暴力の原型を見出すアーレントの『全体主義の起源』における議論が高く評価されている。

歴史修正主義への批判

本書第Ⅱ部の主要な論点の一つに歴史修正主義への批判がある。歴史修正主義的なファシズム史研究の大御所としてドイツのエルンスト・ノルテ（一九二三〜二〇一六年）とイタリアのレンツォ・デ・フェリーチェ（一九二九〜一九九六年）が、そして全体主義論の研究者としてフランス革命史研究者のフランソワ・フュレ（一九二七〜一九九七年）が取り上げられている。トラヴェルソがサーヴェイしているのは主要に西欧諸国と米国の歴史研究だが、米ソ冷戦終焉後、欧米各国で一斉に始まった感がある歴史叙述における「反・反ファシズム」パラダイム登場の検証が興味深い。「反・反ファシズム」パラダイムとは、「ファシズム体制も暴力的だったが、反ファシズム運動にもレジスタンス闘争中に残虐行為が多くあった」とする相対主義的な歴史観や「反ファシズム運動の歴史叙述は、戦後に共産主義(全体主義)勢力の拡大を促進する否定的な役割を担った」といった種類の、冷戦時代は終わったと言いながら冷戦時代の反共主義を繰り返すにすぎない歴史観などを指す。日本でも従軍慰安婦問題や徴用工問題などが右派メディアから「歴史戦」の課題と位置づけられて活発なキャンペーンが繰り広げられてきた。トラヴェルソの本書を読むことで、これが世界的な同時代現象であることを再確認できる。

またトラヴェルソは、「反ファシズム」の立場からする歴史叙述に対しても一定の批判を明らかにする。その反ファシズムの視点があまりに啓蒙主義的・近代主義的であるために、ファシズムが一方では反啓蒙主義的でロマン主義的な「民族の神話」や「人種の神話」を押し出し近代合理主義に敵対しながらも、他方で当時最先端のテクノロジーを取り込んで統治に活用することができた点を見落としがちであったという。「反ファシズムの知識人たちは、ファシズムの根底にある『啓蒙の弁証法』を捉えることができなかった」のであり、「こうした知識人にとって、ファシズムは、反啓蒙主義の過激な形態を意味したのであって、反動的なモダニズムの形態を意味するものではなかった」のである。しかしこの反動的モダニズムこそが「保守主義や強権主義が近代的手法による合理主義の成果と特異な形で共生する」ことを可能にしたのであったのだが(本書、一九〇頁)。これにより私たちは二一世紀の今日においてファシズムを再考する際の理論的な到達点を与えられることになる。

ファシズムは再来するのか?

もし「ファシズムは再来するのか」という問いに「第一次世界大戦の後に登場した通りの姿をして再来する」という条件がつくのであれば、その答えは「否」であろう。しかし、「別の姿をして再来する」というのであれば、大いにあり得るのではないか。実際、本書でも挙げられているいくつかの書籍が述べているように、現代政治のポピュリズム化にファシズムの徴候を読み取り批判する論者がすでにいるし、本書刊行以降に出た本でもそのことを指摘するものは少なくない。

たとえば、二〇一八年のドイツでは、政治ジャーナリストやドイツ現代史の研究者たちが二〇一〇年代後半のドイツは一九二〇年代から三〇年代前半にかけてのヴァイマル共和国の政治状況とどこまで似通ってきたかを検証する著作が刊行された。[4] この本は、本書でも言及されているドイツの右翼ポピュリスト政党「ドイツのための選択肢」（ＡｆＤ）の台頭をきっかけとした、ヴァイマル共和国時代と現代ドイツを比較した政治・経済・メディア・投票行動などの分析からなる。その中で政治学者のユルゲン・Ｗ・ファルター（一九四四年〜）は、「ナチ党とＡｆＤの支持者の無視できない類似性を引き合いに出したいがために、ＡｆＤはナチズムのある種の再来であるなどと主張しても、この政党の性格を適切に特徴づけることはできないだろう」と言いつつも次のように指摘する。「政治的な雰囲気がどれだけ急激に変わりうるのかということを、フランス、オランダ、イギリス、アメリカ、オーストリアのポピュリストたちの成功は示している。西洋における民主主義的な体制の根幹が徐々に浸食されているという兆候は見逃すことができないし、ここドイツでも決して他人事ではない。その限りでは、もしふたたびヴァイマル共和国のような経済的かつ政治的な大きな危機が生じた場合に、ナチ党の勢力拡大を、あらゆる民主主義的な体制が直面している危機の不幸な前兆として捉えることは、当然であろう。とりわけ、ナチ党支持者においてそうだったように、そして他のポピュリスト政党においてそうであるように（ル・ペンやトランプ）、国民的、社会的な動機が同時にやってくる場合、きわめて危険な動員の潜在的可能性がそこから生じる」（ヴィルシングほか『ナチズムは再来するのか？』、六五頁）。日本でも、フェイクニュース、民族排外主義、「医療費の削減のために高齢者や障がい者を安楽死させる」ことを唱えるネクロポリティクス・イデオロギーの登場など、兆候はいくらでもあることに私たちは気づくのではないか。また、新型コロナの流行とその対処の遅れからくる社会と政治の世界的な混乱がどのような時代に向かうのか、予断を許さないのであるから。

おわりに

二〇二〇年一一月に米国大統領選挙の結果、共和党候補であり現職のトランプ大統領が敗北し、民主党候補のバイデンが当選した。しかしその後の混乱を見るかぎり、米国政治が今後もポピュリスト的な漂流（マルコ・レヴェッリ）を続けることは間違いないだろう。本稿の第1節で見たレヴェッリの議論で指摘されていた通り、ポピュリスト政治が新自由主義レジームの下で成立したものだとするならば、それへの対抗はグローバリゼーションと新自由主義政策からなる資本主義に替わる社会のモデルを構成することによってしかない。

まずはこの三〇年ほど続いた新自由主義レジームの下で解体された社会を再建することから始める必要がある。ポピュリズムを生みだしている市民社会の解体状況と向き合い、中間団体や共同体の創造的な再建を目指すべきなのだ（これは、これまで日本社会に存在したあるがままの共同体を再建しろということではない）。そこを基盤にするならば山本太郎の党に働きかけていくことはもちろん可能であるし、やるべきことであろう。「運動型ポピュリズム」の可能性である。筆者がイタリアのマルクス主義革命家アントニオ・グラムシが提起した、いささか古臭い〈陣地戦〉という概念を今も使い続けるのは、そうした「市民社会（中間団体）の創造的再建」という意味内容をこの言葉に込めているからなのだ。

＊本論考は中村勝己がこの数年間に書き綴ったポピュリズム関連の論文を現在の観点から再編集したものである。ここに再編集版を掲載するにあたり初出の雑誌編集部に感謝する。

▼4　原題は『これはヴァイマル的状況なのか——私たちの民主主義にとっての歴史的教訓』である。邦訳タイトルは『ナチズムは再来するのか？——民主主義をめぐるヴァイマル共和国の教訓』となっており、著者たちの問題意識をくんだ上手い邦題である（ヴィルシングほか、二〇一九）。

【参考文献】


青木理『安倍三代』朝日文庫、二〇一九年。

ハンナ・アーレント『全体主義の起原』㈢、大久保和郎／大島かおり訳、みすず書房、新装版、一九八一年。

伊藤武『イタリア現代史——第二次世界大戦からベルルスコーニ後まで』中公新書、二〇一六年。

猪口孝／大澤真幸／岡沢憲芙／山本吉宣／スティーブン・R・リード編『政治学事典』弘文堂、二〇〇〇年。

アンドレアス・ヴィルシング／ベルトルト・コーラー／ウルリヒ・ヴィルヘルム編『ナチズムは再来するのか？——民主主義をめぐるヴァイマル共和国の教訓』板橋拓己／小野寺拓也監訳、慶応義塾大学出版会、二〇一九年。

大嶽秀夫『日本型ポピュリズム——政治への期待と幻滅』中公新書、二〇〇三年。

越智道雄「ポピュリズム」、木田元／丸山圭三郎／栗原彬／野家啓一編『コンサイス二〇世紀思想事典』三省堂、一九九七年、所収。

北村暁夫『イタリア史10講』岩波新書、二〇一九年。

木村敏『分裂病と他者』ちくま学芸文庫、二〇〇七年。

久保文明／砂田一郎／松岡泰／森脇俊雅『アメリカ政治 第三版』有斐閣、二〇一七年。

ジャレド・ダイアモンド『銃・病原菌・鉄——一万三〇〇〇年にわたる人類史の謎』（上）倉骨彰訳、草思社文庫、二〇一二年。

カルロ・M・チポッラ『シラミとトスカナ大公』柴野均訳、白水社、一九九〇年。

エンツォ・トラヴェルソ『全体主義』柱本元彦訳、平凡社新書、二〇一〇年。

中村勝己「一九九〇年代イタリア左翼の再定義論争における敵対性と平等主義——ボッビオ『右翼と左翼——政治的区別の理由と意義』をめぐる論争を中心に」、『年報政治学二〇〇六—Ⅰ』（日本政治学会・木鐸社）、二〇〇六年、所収。

——「七〇年代イタリアにおける後期マルクス主義の成立 ver.2」、『情況』第四期第一巻第六号、二〇一二年、所収。

——「債務危機と緊縮財政にゆれるイタリア——新政権発足と抗議行動の意味」、『季刊ピープルズ・プラン』第五七号、二〇一二年、所収。

——「〈第三極型ポピュリズム〉について考える——イタリアの事例を中心に」、『変革のアソシエ』第二八号、二〇一七年、所収。

——「左翼ポピュリズムは、安倍政治へのオルタナティブとなりうるか——最近のイタリアの議論を参照して考える」、『情況』第五期通巻七号、二〇二〇年冬号、情況出版、所収。

——「緊急事態宣言を考える——ポスト・コロナの時代を分析するために」、『情況』第五期第三巻第三号、二〇二〇年夏号、情況出版、所収。

畑山敏夫『現代フランスの新しい右翼——ルペンの見果てぬ夢』法律文化社、二〇〇七年。

深澤民司『フランスにおけるファシズムの形成――ブーランジスムからフェソーまで』岩波書店、一九九九年。

ミシェル・フーコー『性の歴史Ｉ――知への意志』渡辺守章訳、新潮社、一九八六年。

――――『社会は防衛しなければならない コレージュ・ド・フランス講義 一九七五―七六年度』石田英敬／小野正嗣訳、筑摩書房、二〇〇七年。

宮本太郎「ポピュリズム」、猪口ほか編『政治学事典』、前掲書、所収。

シャンタル・ムフ『政治的なるものの再興』千葉眞／土井美徳／田中智彦／山田竜作訳、日本経済評論社、一九九八年。

――――『左派ポピュリズムのために』山本圭／塩田潤訳、明石書店、二〇一九年。

村上信一郎『ベルルスコーニの時代――崩れゆくイタリア政治』岩波新書、二〇一八年。

森功『官邸官僚――安倍一強を支えた側近政治の罪』文藝春秋、二〇一九年。

吉田徹『ポピュリズムを考える――民主主義への再入門』ＮＨＫブックス、二〇一一年。

エルネスト・ラクラウ『資本主義・ファシズム・ポピュリズム――マルクス主義理論における政治とイデオロギー』大阪経済法科大学法学研究所訳、横越英一監訳、大村書店、一九八五年（Ernesto Laclau, *Politics and Ideology in the Marxist Theory*, NLB, 1977）。

マルコ・レヴェッリ「「ポストフォーディズム」についての八つの仮説」石堂清倫訳、『情況』一・二合併号、一九九七年、所収。

クリントン・ロシター『立憲独裁――現代民主主義諸国における危機政府』庄司圭吾訳、未知谷、二〇〇六年。

Achille Mbembe, *Politiques de l'inimitié*, Editions La Découverte, 2016. 英訳版：*Necropolitics*, Duke University Press, 2019［アキーユ・ンベンベ「ネクロポリティクス――死の政治学」小田原琳／古川高子訳、『クァドランテ』第七号、東京外国語大学海外事情研究所、二〇〇五年、所収］。

Marco Revelli, *Populismo 2.0*, Einaudi, 2017.

Enzo Traverso, *Les nouveaux visages du fascisme*, Les éditions Textuel, 2017. イタリア語訳版：Enzo Traverso, *I nuovi volti del fascismo*, traduzione dal francese di Gianfranco Morosato, ombre corte, 2017.

New York: Havard University Press, 1999［ニコラ・ヴェルト「人民に敵対する国家――ソ連における暴力、抑圧、テロル」、ステファヌ・クルトワ『共産主義黒書〈ソ連編〉』（ちくま学芸文庫、2016 年）、所収］.

Werth, Nicolas, 'Repenser la "Grande Terreur"', *La terreur et la désarroi, Staline et son système*, Paris: Perrin, 2007.

Wilkinson, James D., *The Intellectual Resistance in Europe*, Cambridge, MA: Harvard University Press, 1981.

Winock, Michel, *Nationalism, Anti-Semitism, and Fascism in France*, Stanford, Stanford University Press, 1998.

Winock, Michel, ed., *Histoire de l'extrême droite en France*, Paris: Seuil, 1993.

Winter, Jay, 'De l'histoire intellectuelle à l'histoire culturelle: la contribution de George L. Mosse', *Annales* 56: 1, 2001.

Wippermann, Wolfgang, *Totalitarismustheorien*, Darmstadt: Primus Verlag 1997.

Wohl, Robert, 'French Fascism: Both Right and Left: Reflection on the Sternhell Controvercy', *Journal of Modern History* 63:1, 1991.

Zanatta, Loris, *El Populismo*, Buenos Aires: Katz Edittores, 2013.

Zemmour, Éric, *Le Suicide Français*, Paris: Albin Michel, 2014.

Žižek, Slavoi, *Did Somebody Say Totalitarianism? Five Intervention in the (Mis)use of a Notion*, London,: Verso, 2001［スラヴォイ・ジジェク『全体主義――概念の（誤）使用について』（青土社、2002 年）］.

Zuckermann, Moshe, '"Islamofascim": Remarks on a Current Ideologeme', *Die Welt des Islams* 52, 2012.

'Manifeste contre le nouvel antisémitisme', *Le Parisien*, 22 April 2018.

Proceedings of the America Philosophical Society 82: 1, 1940.

Todd, Emmanuel, *Qui est Charlie? Sociologie d'une crise religieuse*, Paris: Seuil, 2015［エマニュエル・トッド『シャルリとは誰か？――人種差別と没落する西欧』（文春新書、2016 年）］.
Tooze, Adam, *Wages of Destrucition: The Making and Breaking of the Nazi Economy*, New York: Penguin Books, 2006.
Toury, Jacob, 'The Jewish Question: A Semantic Aproach', *Leo Baeck Institute Year Book* 11: 1, 1966.
Tranfaglia, Nicola, *La prima guerra mondiale e il fascismo*, Turin: UTET, 1995.
Tranfaglia, Nicola, *Un passato scomodo. fsscismo e postfascismo*, Rome: Laterza, 1996.
Traveso, Enzo, ed., *Le totalitarisme: Le xxe siècle en débat*, Paris: Éditions du Seuil, 2001.
Traveso, Enzo, *The Origins of Nazi Violence*, New York: The New Press, 2003.
Traveso, Enzo, 'Illuminismo e anti-illuminismo: La storia delle idee di Zeef Sternhell', *Storiografia* 18, 2014.
Traverso, Enzo, *The End of Jewish Modernity*, London: Pluto Press, 2016.
Traverso, Enzo, *Fire and Blood: The European Civil War 1914–1945*, London: Verso, 2016［エンツォ・トラヴェルソ『ヨーロッパの内戦――炎と血の時代 1914–1945 年』（未来社、2018 年）］.
Treitschke, Heinrich von, 'Unsere Aussichten', in *Der Berliner Antisemitismusstreit 1879–1881*, vol. 1, ed. Karsten Krieger, Munich: K. G. Saur, 2003.
Tudor, Henry, and J. M. Tudor, eds, *Marxism and Social Democracy: The Revisionist Debate 1896–1898*, New York: Cambridge University Press, 1988.

Venturi, Franco, *Roots of Revolution*, New York: Grosset and Dunlap, 1966.
Vergès, Françoise, *La mémoire enchaînée: Questions sur l'esclavage*, Paris: Albin Michel, 2006.
Vidal-Naquet, Pierre, *Mémoires, vol. 2: Le trouble et la limière 1955–1998*, Paris: Seuil/La Découverte, 1998.
Viroli, Maurizio, *For Love of Country: An Essay on Patriotism Nationalism*, New York: Oxford University Press, 1995.
Vivarelli, Roberto, *La fine di una stagione: Memoria 1943–1945*, Bologna: Il Mulino, 2000.
Voegelin, Eric, *The New Science of Politics: An Introduction*, Chicago: University of Chicago Press, 1987［エリック・フェーゲリン『政治の新科学――地中海的伝統からの光』（而立書房、2003 年）］.
Voegelin, Eric, *Die politische Religionen*, Munich: Fink, 1996.
Volkov, Shulamit, 'Anti-Semitism as Cultural Code: Reflections on the History and Historiography of Anti-Semitism in Imperial Germany', *Leo Baeck Institute Year Book* 23: 1, 1978.

Wagner, Richard, 'Judaism in Music', *Judaism in music and Other Essays*, trans. William Ashton Ellis, Lincoln: Nebraska University Press, 1995.
Watkins, Susan, 'The Political State of the Union', *New Left Review* 90, 2014.
Wehler, Hans-Ulrichi, '"Absoluter" und "totaler" Krieg. Von Clausewitz to Ludendorff', *Politische Viertelsjahresschriff* 10: 2, 1969.
Werth, Nicolas, 'A State Against Its People: Violence, Repression, and Terror in the Soviet Union', in *The Black Book of Communism: Crime, Terror, Repression*, ed. Stéphane Courtois,

trans. *Neither Right Nor Left: The Fascist Ideology in France*, Princeton University Press, 1996).

Sternhell, Zeev, *Maurice Barrès et le nationalisme français*, Brussels: Complexe, 1985.

Sternhell, Zeev, 'Le concept de fascisme', in *Naissaance de l'idéologie fasciste*, eds Zeev Sternhell, Mario Sznajder and Maia Maia Asheri, Paris: Folio-Gallimard, 1994 (English trans. *The Birth of Fascist Ideology; From Cultural Rebellion to Political Revolution*, Princeton: Princeton University Press, 1996).

Sternhell, Zeev, *La droite révolutionnaire, Les origines françaises du fascime 1885–1914*, Paris: Folio-Gallimard, 1997, original edition 1978.

Sternhell, Zeev, 'La droite révolutionnaire: Entre les anti-lumières et le fascisme', preface to the new edition of *La droite révolutionnaire*, 1997.

Sternhell, Zeev, 'Fascism' in *International Fascism: Theory, Causes and the New Consensus*, ed. Roger Griffin, London: Arnold, 1998, 34.

Sternhell, Zeev, 'Morphologie et historiographie du fascisme en France', *Ni droite ni gauche. L'ideologie fasciste en France*, Paris: Fayard, 2000.

Sternhell, Zeev, '*The Fascist Revolution: Toward a General Theory of Fascism* by George L. Mosse', *The American Historical Review* 105: 3, 2000.

Sternhell, Zeev, 'Le Fascisme, ce mal du siècle', in *Le mythe de l'allergie française au fascisme*, ed., Michel Dobry, Paris: Albin Michel, 2003.

Sternhell, Zeev, *Les anti-Lumières. Du XVIIIe siècle à la guerre froide*, Paris: Fayard, 2006 (translated by David Maisel, *The Anti-Enlightenment Tradition*, New Haven: Yale University Press, 2009).

Sternhell, Zeev, *Histoire et Lumière: Entretiens avec Nicolas Weil*, Paris: Albin Michel, 2014.

Stora, Benjamin, *La gangrène et l'oubli. La mémoire de la guerre d'Algéire*, Paris: La Découverte, 2006.

Talmon, Jacob L., *The Origins of Totalitarian Democracy*, London: Secker & Warburg, 1952 / New York: Norton, 1970.

Talon, Claire, 'Comprendre le djihadisme pour le combattre autrement', *Mediapart*, 5 October 2014.

Tapia, Alberto Reig, *Anti Moa*, Madrid: Ediciones B, 2006.

Terre, Carlos de la, 'Left-wing Populism: Inclusion and Authoritarianism in Venezuela, Bolivia, and Equador', *The Brown Journal of World Affairs* 23: 1, 2016.

Teti, Vito, *La razza maledetta: Origini del pregiudizio antmeridionale*, Rome: Manifestolibri, 2011.

Todorov, Tzvetan, *A French Tragedy: Scenes of Civil War, Summer 1944*, Hanover, NJ: University Press of New England, 1996［ツヴェタン・トドロフ『フランスの悲劇――一九四四年夏の市民戦争』（法政大学出版局、1998 年）］.

Todorov, Tzvetan, *Hope and Memory: Lessons from the twentieth Century*, Princeton: Princeton University Press, 2003［ツヴェタン・トドロフ『悪の記憶・善の記憶――二〇世紀から何を学ぶか』（法政大学出版局、2006 年）］.

1991.
Schmitt, Carl, *Political Theology: Four Chapters on the Concept of Sovereignty*, ed. George Schwab, Chicago: Chicago University Press, 2006［カール・シュミット『政治神学』(未来社、1971年)］.
Schmitt, Carl, *The Coceput of the Political*, ed. George Schwab, Chicago: University of Chicago Press, 2007［カール・シュミット『政治的なものの概念』(未来社、1971年)］.
Scott, Joan, *The Politics of the Veil*, Princeton: Princeton University Press, 2010［ジョーン・スコット『ヴェールの政治学』(みすず書房、2012年)］.
Scott, Joan, *Sex and Secularism*, Princeton: Princeton University Press, 2017.
Scott-Smith, Gilles, *The Politics of Apolitical Culture: The Congress for Cultural Freedom, the CIA and Post-War American Hegemony*, New York: Routledge, 2002.
Sémelin, Jacques, *Purify and Destroy: The Political Uses of Massacre and Genocide*, New York: Columbia Univesity Press, 2008.
Serge, Victor, *Memoirs of a Revolutionary*, New York: New York Review Books. 2012［ヴィクトル・セルジュ『母なるロシアを求めて――革命家の回想』(現代思潮社、1970年)］.
Seymour, Richard, *The Liberal Defence of Murder*, London: Verso, 2008.
Shatz, Adam, 'Colombey-les-deux-Mosquées', *London Review of Books*, 9 April 2015.
Shatz, Adam, 'Wrecking Ball', *London Review of Books*, 7 September 2017.
Sieferle, Rolf Peter, *Das Migrationsprobkem: Über die Unvreinbarkeit, von Sozialstaat und Massencinwanderung*, Berlin: Manuscriptum Verlag, 2016.
Sieferle, Rolf Peter, *Finis Germania*, Steigra: Antaios Verlag, 2017.
Sinclair, Upton, *Terror in Russia? Two Views*, New York: R. R. Smith, 1938.
Sironneau, Jean-Pierre, *Sécularisation et religions politiques*, Hague, The Hague; Mouton, 1982.
Slezkine, Yuri, *The Jewish Century*, Princeton: Princeton University Press, 2004.
Snyder, Timothy, *Bloodelands, Europe Between Hitler and Stalin*, New York: Basic Books, 2010［ティモシー・スナイダー『ブランドランド――ヒトラーとスターリンの大虐殺の真実』上下(筑摩書房、2015年)］.
Snynder, Timothy, *Black Earth: The Holocaust as Hitory and Warning*, New York: Tim Duggan Books, 2015［ティモシー・スナイダー『ブラックアース――ホロコーストの歴史と警告』上下(慶応義塾大学出版会、2016年)］.
Soucy, Robert, *French Fascism: The First Wave 1924–1933*, New Haven: Yale University Press, 1995.
Soucy, Robert, *French Fascism: The Second Wave 1933–1939*, New Haven: Yale University Press, 1995.
Stern, Fritz, *The Politics of Cultural Despair: A Study in the Rise of the Germanic Ideology*, Berkeley: University of Carifornia Press, 1961.
Stern, Ludmila, *A Western Intellectuals and the Soviet Union, 1920–40: From Red Scquare to the Left Bank*, Abingdon: Routledge, 2007.
Sternhell, Zeev, *La Droite révolutionnaire: 1885–1914, les origines françaises du fascime*, Paris: Éditions du Seuil, 1978.
Sternhell, Zeev, *Ni droite ni gauche. L'idéologie fasciste en France*, Paris: Seuil, 1983 (English

Reichel, Peter, *Der schöne Schein des Dritten Reiches. Faszination und Gewalt der Faschismus*, Munich: Hanser, 1996.

Renzi, Valerio, *La politica della ruspa: La Lega di salvini e le nuove destre europee*, Rome: Edizioni Alegre, 2015.

Ricœur, Paul, 'Narrative Identity', *Philosophy Today* 35: 1, 1991, 73–81.

Rioux, Jean-Pierre, ed., *Les Populismes*, Paris: Perrin, 2007.

Rémond, René, *Les droite en France*, Paris: Aubier, 1982 (first edition 1954).

Revelli, Macro, *Populismo 2.0*, Turi: Einaudi, 2017.

Robcis, Camille, 'Cathorics, the "Theory of Gender", and the Tuern to the Human in France: A New Dreyfus Affair?', *The Journal of Modern History* 87, 2015.

Robin, Régine, *Berlin chantiers*, Paris: Stock, 2000.

Robledo, Ricardo, 'Sobre la equiviolencia: puntualizacions a una réplica', *Historia agraria*, 54, 2001.

Robledo, Ricardo 'El giro ideológico en la historia contemporánea Española: "Tanto o más culpable fueron las izquierdas"', in *El pasado en construcción: Revisiones de la historia y revisionismos históricos en la historigrafía contemporánea*, eds Carlos Forcadell, Ignacio Peiró, and Mercedes Yusta, Zaragoza: Institución Fernando el Católico, 2015.

Rosanvallon, Pierre, *Counter-Democracy: Politics in an Age of Distrust*, Cambridge University Press, 2008［ピエール・ロザンヴァロン『カウンター・デモクラシー——不信の時代の政治』（岩波書店、2017年）］.

Rothberg, Michael, *Multidirectional Memory: Remembering the Holocaust in the Age of Decolonisation*, Stanford: Stanford University Press, 2009.

Rothberg, Michael, 'At the Limits of Eurocentrism: Hannah Arendt's *The Origins of Totalitarianism*', *Multidirectional Memory: Remembering the Holocaust in the Age of Decolonization*, Stanford: Stanford University Press, 2009.

Rousso, Henri, *The Vichy Syndrome: History and Memory in France Since 1994*, Cambridge, MA: Harvard University Press, 1994.

Roy, Olivier, 'Le djihadisme est une révolte générationnelle et nihiliste', *Le Monde*, 4 November 2015.

Roy, Olivier, *Jihad and Death: The Global Appeal of Islamic State*, New York: Oxford University Press, 2018［オリヴィエ・ロワ『ジハードと死』（新評論、2019年）］.

Said, Edward, *Orientalism*, New York: Vintage, 1978［エドワード・サイード『オリエンタリズム』上・下（平凡社ライブラリー、1993年）］.

Sand, Shlomo, *How I Stopped Being a Jew*, London: Verso, 2015

Santomassimo, Gianpasquale, 'Il ruolo di Renzo De Felice' in *Fascismo e antifascismo, Rimozioni, revisioni, negazioni*, ed. Enzo Colloti, Rome: Laterza, 2000.

Sartre, Jean-Paul, *Anti-Semite and Jew*, trans. George J. Becker, preface by Michael Walzer, New York: Schocken Books, 1995［J－P・サルトル『ユダヤ人』（岩波新書、1956年）］.

Saz Campos, Ismael, 'Va de Revisionismo', *Historia del Presente* 17, 2001.

Schmitt, Carl, *Glossarium: Aufzeichnungen der Jahre 1947–1951*, Berlin: Duncker & Humblot,

Novick, Peter, *The Holocaust in American Life*, Boston: Mariner Books, 2000.

Paligot, Carole Reynaud, *La République raciale 1860–1930*, Paris: Presses universitaires de France, 2006.

Pasolini, Pier Paolo, *Scritti corsari*, ed. Alfonso Berardinelli, Milan: Garzanti, 2008.

Pattieu, Sylvain, *Les camarades des frères: Trotskistes et libertaires dans la guerre d'Algérie*, Paris: Syllepse, 2002.

Pavese, Cesare, *The House on the Hill*, New York: Walker, 1961［チェーザレ・パヴェーゼ『丘の上の家』、『世界文学全集 二〇世紀の文学』三三（集英社、1966年）、所収］.

Pavone, Claudio, *A Civil War: A History of the Italian Resistance*, London: Verso, 2013.

Paxton, Robert O., *Vichy: Old Guard and New Order 1940–1944*, New York: Knopf, 1972［ロバート・O・パクストン『ヴィシー時代のフランス』（柏書房、2004年）］.

Paxton, Robert O., *The Anatomy of Fascism*, New York: Knopf, 2004［ロバート・パクストン『ファシズムの解剖学』（桜井書店、2009年）］.

Paxton, Robert O., Isaac Chotiner's interview, 'Is Donald Trump a Fascist?', *Slate*, 10 February 2016.

Payne, Stanley G., 'Miltons y tópicos de la Guerra Civil', *Revista de Libro* 79/80, 2003.

Payne, Stanley G., *The Collapse of the Spanish Republic, 1933–36: Origins of the Civil War*, New Heven: Yale Univesity Press, 2006.

Petersen, Jens, 'La nascita del concetto di "stato totalitario" in Italia', *Annali dell'Istituto storico italo-germanico di Trento* 1, 1975.

Peukert, Detlev, *Inside Nazi Germany: Conformity, Opposition and Racism in Everyday Life*, Lodon: Penguin Books, 1993［デトレフ・ポイケルト『ナチス・ドイツ——ある近代の社会史 ナチス支配下の「ふつうの人々」の日常生活』（三元社、1994年）］.

Pinto, Antonio Costa, 'Fascist Ideology Revisited: Zeev Sternhell and his Critics', *European History Quarterly* 16: 4, 1986.

Pipes, Richard, *The Russian Revolution*, New York: Knopf, 1990.

Pirjevec, Joze, and Gorazd Bajc, *Foibe: una storia d'Italia*, Torino: Einaudi, 2009.

Plenel, Edwy, *Pour les musulmans*, Paris: Découverte, 2016.

Plessini, Karel, *The Perils of Normalcy: George L. Mosse and the Remaking of Cultural History*, Madison: The Univesity of Wisconsin Press, 2014.

Poggio, Pier Paolo, 'La ricezione di Nolte in Italia', in *Fascismo e antifascismo, Rimozioni, revisioni, negazioni*, ed. Enzo Colloti, Rome: Laterza, 2000.

Rabinbach, Anson, 'Moments of Totalitarianism', *History and Theory* 45: 1, 2006.

Rancière, Jacques, *Hatred of Democracy*, London, Verso, 2006, 80［ジャック・ランシエール『民主主義への憎悪』（インスクリプト、2008年）］.

Raz-Krakotzkin, Amnon, *Exil et souveraineté Judaïsme, sionisme et pensée binationale*, Paris: La Fabrique, 2007.

Reichel, Peter, *Politk mit Erinnerung: Gedächtnisorte im Streit um die Nationalsozialistische Vergangenheit*, München: Hanser Verlag, 1995.

Mosse, George L., *Fallen Soldiers: Reshaping the Memory of the World Wars*, New York: Oxford University Press, 1990［ジョージ・モッセ『英霊——創られた世界大戦の記憶』(柏書房、2002年)］.

Mosse, George L., 'Bookburnig and Betrayal by the German Intellectuals', *Confronting the Nation: Jewish and Western Nationalism*, Hannover: Brandeis Univesity Press, 1993.

Mosse, George L., 'Political Style and Political Theory: Totalitarian Democracy Revisited', in *Confronting the Nation: Jewish and Western Nationalism*, Hannover: Brandeis Univesity Press, 1993

Mosse, George L., *The Image of Man: The Invention of Modern Masculinity*, New York: Oxford Univercity Press, 1998［ジョージ・モッセ『男のイメージ——男性性の創造と近代社会』(作品社、2005年)］.

Mosse, George L., 'Renzo De Felice e il revisionismo storico', *Nuova Antologia* 2206, 1998.

Mosse, George L., *Confronting History of A Memoir*, Madison: University of Wisconsin Press, 2000.

Mosse, George L., *The Fascist Revolution: Toward a General Theory of Fascism*, New York: H. Fertig, 2000.

Mauget, Gérard, 'Mythologies: le "beauf" et le "bobo"', *Lignes* 45, 2014.

Mukerjee, Madhusree, *Churchill's Secret War: The British Empire and the Ravaging of India During World War II*, New York: Basic Books, 2011.

Müller, Jan-Werner, *What Is Populism?*, Philadelphia: University of Pennsylvania Press, 2016［ヤン＝ヴェルナー・ミュラー『ポピュリズムとは何か』(岩波書店、2017年)］.

Mussolini, Benito, 'Trincerocrazia', *Opera omnia*, Firenze: La Fenice, vol. 10, 1951.

Mussolii, Benito [and Giovanni Gentile], *La dottrina del fascismo nella Treccani*, Milano: Terziaria, 1997.

Neocleous, Mark, *Fascism*, Buckingham: Open University Press, 1997.

Neumann, Franz, 'Notes on the Thory of Dictatorship', *The Democratic and the Authoritarian State: Essays in Political and Legal Theory*, New York: Free Press, 1957.

Neumann, Franz, *Behemoth: The Structure and Pracice of National Socialism*, New York: Oxford University Press, 1942 / Harp & Row, 1966［フランツ・ノイマン『ビヒモス——ナチズムの構造と実際 1933–1944』(みすず書房、1963年)］.

Neumann, Sigmund, *Permanent Revolution: The Total State in a World at War*, New York: Harper, 1942.

Noiriel, Gérard, *La massacre des Italiens: Aigues-Mortes, 17 août 1893*, Paris: Fayard, 2010.

Nolte, Ernst, *Three Faces of Fascism*, New York: Holt, R & W, 1966.

Nolte, Ernst, *Der europaïsche Bürgerkrieg. Nationalsozialismus und Bolschewismus 1917–1945*, Berlin: Ullstein, 1987.

Nolte, Ernst, 'The Past that will not Pass', in James Knowlton, ed., *Forever in the Shadow of Hitler?: Original Documents of the Histrikerstreit, the Controversy Concerning the Singularity of the Holocaust*, Atlantic Highlands, NJ: Humanities Press, 1993［エルンスト・ノルテ「過ぎ去ろうとしない過去——書かれはしたが、行われなかった講演」、『過ぎ去ろうとしない過去——ナチズムとドイツ歴史家論争』(人文書院、1995年)、所収］.

Mayer, Arno J., *The Furies: Violence and Terror in the French and Russian Revolutions*, Princeton: Princeton University Press, 2000.
Mayer, Nonna, 'Vieux et nooveaux visages de l'antisémitisme en France', in *Vers la guerre des identités? la fracture coloniale à la révolution ultranationale*, ed. Pascal Blanchard, Nicolas Bancel, and Dominic Thomas, Paris: La Découverte, 2016.
Mazower, Mark, *Hitler's Empire: Nazi Rule in Occupied Europe*, London: Allen Lane, 2008.
Michnik, Adam, 'We, the Trators', *World Press Review* 50: 6, 2003 (originally from *Gazeta Wyborcza*, 28 March 2003, worldpress.org/Europe/1086.cfm).
Moa, Pío, *Los Mitos de la Guerra Civil*, Madrid: Esfera, 2003.
Molinero, Carme, Margarida Sala, and Jaume Sobrequés, eds, *Una inmensa prisión, Los campos de concentración y las prisiones durante la guerra civil y el franqismo*, Barcelona: Critica, 2003.
Mommsen, Hans, 'The Realizaiton of the Unthinkable: The "Final Solution" of the Jewish Question in the Third Reich', *From Weimar to Auschwitz: Essays on German History*, Princeton: Princeton University Press. 1991
Moses, A. Dirk, 'Conceptual blockages and definitional dilemmas in the "racial century", genocides of indigenous peoples and the Holocaust', *Patterns of Prejudice*, 36/4 (2002).
Moses, A. Dirk, 'Revisiting a Founding Assumption of Genocide Studies', *Genocide Studies and Prevention*, 6/3 (2011).
Moses, Mirk, 'Hannah Arrendt, Colonialism, and Holocaust', in *German Colonialism: Race, the Holocaust, and Postwar Germany*, eds Volker Langbehn and Mohammad Salama, New York: Colombia University Press, 2011.
Mosse, George L., *The Crisis of German Ideology: Intellectual Origin fo the Third Reich*, New York: Grosset & Dunlap, 1964［ジョージ・L・モッセ『フェルキッシュ革命——ドイツ民族主義から反ユダヤ主義へ』（柏書房、1998 年）］.
Mosse, 'E Nolte on Three Faces of Fascism', *Journal of the History of Ideas* 27: 4, 1966.
Mosse, George L., *The Nationalization of the Masses: Political Symbolism and the Mass Movement in Germany from the Napoleonic Wars through the Third Reich*, New York: Howard Fertig, 1974［ジョージ・モッセ『大衆の国民化——ナチズムに至る政治シンボルと大衆文化』（柏書房、1994 年）］.
Mosse, George L., *Intervista sul nazismo*, Rome: Laterza, 1977, 77.
Mosse, George L., *Toward the Final Solution: A History of European Racism*, New York: Howard Fertig, 1978.
Mosse, George L., *Masses and Man: Nationalist and Fascist Perceptions of of Reality*, New York: Howard Fertig, 1980.
Mosse, George L., *Nationalism and Sexuality: Respectability and Abnomal Sexuality in Modern Europe*, New York: Howard Fertig, 1985［ジョージ・L・モッセ『ナショナリズムとセクシュアリティ——市民道徳とナチズム』（柏書房、1996 年）］.
Mosse, George L., 'The End is not Yet: A Personal Memoir of the German-Jewish Legacy in America', in *The German-Jewish Legacy in America 1933–1988: From Bildung to the Bill of Rights*, ed. Abraham Peck, Detroit: Wayne State University Press, 1989.

beitung des deutsches Kolonialkrieg in Namibia 1904 bis 1907, Göttingen: Vandenhoeck und Ruprecht, 1999.

LaCapra, Dominique, *History and Memory After Auschwitz*, Ithaca, NY: Cornell University Press, 1998.

Lanzmann, Claude, *Shoah*, New York: Pantheon Books, 1985.

Lapierre, Nicole, *Causes communes. Des Juifs et des Noirs*, Paris: Stock, 2011.

Laurent, Sylvie, and Thierry Leclère, eds., *De quelle couleur sont Blancs? Des 'petits Blancs' au 'racisme anti-Blancs'*, Paris: La Découverte, 2013.

Le Bon, Gustave, *The Crowd: A Study of the Popular Mind*, Mineola, NY: Dover Publications, 2002.

Levi, Primo, *The Drowned and the Saved*, New York: Summit Books, 1988［プリーモ・レーヴィ『溺れるものと救われるもの』（朝日新聞社、2000 年）］.

Lewin, Moshe, 'Stalin in the Mirror of the Other', in *Stalinism and Nazism: Dictatorships in Comparison*, eds Ian Kershaw and Moshe Lewin, New York: Cambridge University Press, 1997.

Liucci, Raffaele, *La tentazione della 'Casa in collina': Il disimpegno degli intellettuali nella guerra civile italiana 1943–1945*, Milano: Unicopli, 1999.

Löwy, Michael, *The War of Gods: Religion and Politics in Latin America*, London: Verso, 1996.

Lombroso, Cessare, *L'uomo bianco e l'uomo di colore: Letture sull'origine e la varietà delle razze umane*, Turin: Bocca, 1892.

Losurdo, Domenico, *Heidegger and the Ideology of War: Community, Death, and the West*, Amherst, NY: Humanity Books, 2001.

Luzzatto, Sergio, 'The Political Culture of Fascist Italy', *Contemporary European History* 8: 2, 1999.

Luzzatto, Sergio, *The Body of Il Duce: Mussolini's Corpse and the Fortunes of Italy*, New York: Metropolitan Books, 2005.

Luzzatto, Sergio, *Partigia: una storia della Resitenza*, Milano: Mondadori, 2013.

Malia, Martin, *The Soviet Tragedy: A History of Socialism in Russia 1917–1991*, New York: Free Press, 1994［マーティン・メイリア『ソヴィエトの悲劇——ロシアにおける社会主義の歴史 1917–1991 年』上下（草思社、1997 年）］.

Mann, Thomas, *Reflections of a Nonpolitical Man*, ed. Walter D. Morris, New York: Frederick Ungar, 1983［トーマス・マン『非政治的人間の考察』全 3 巻（筑摩書房、復刻 1985 年）］.

Marcuse, Herbert, *Technology, War and Fascism: Collected Papers*, ed. Douglas Kellner, London: Routledge, 1998.

Marlière, Philippe, 'La gauche de l'entre-soi et le burkini', *Médiapart*, 26 August 2016.

Marrus, Michard R., and Robert O. Paxton, *Vichy France and the Jews*, New York: Schocken Books, 1983.

Mayer, Arno J., *Why Did the Heavens not Darken? The 'Final Solution' in History*, New York: Pantheon Books, 1988.

Honneth, Axel, *The Struggle for Recognition: The Moral Grammer of Social Conflicts*, Cambridge, UK: Polity Press, 2015.
Huttenbach, Henry, 'Locating the Holocaust Under the Genocide Spectrum: Toward a Methodology and a Characterization', *Holocaust and Genocide Studies* 3: 3, 1988.

Igounet, Valerie, *Le Front National de 1972 à nos jours: Le parti, les hommes, les idées*, Paris: Seuil, 2014.
Imlay, Talbot, 'Total War', *Journal of Strategic Studies* 30: 3, 2007.

Jacobelli, Jader, ed., *Il fascismo e gli storici oggi*, Rome: Laterza, 1986.
Jesse, Eckhard, ed., *Totalitarismus im 20. Jahrhundert. Ein Bilanz der Internationaler Forschung*, Baden Baden: Nomos Verlag, 1996.
Jones, William David, *German Socialist Intellectuals and Totalitarianism*, Urbana: University of Illinois Press, 1999.
Judt, Tony, *Postwar: A History of Europe Since 1945*, London: Penguin Books, 2005［トニー・ジャット『ヨーロッパ戦後史』上（1945–1971）・下（1971–2005）（みすず書房、2008年）］.
Juliá, Santos, 'Duelo por República española', *El País*, 25 June 2010.
Jünger, Ernst, 'Total Mobilization', in *The Hidigger Controversy: A Critical Reader*, ed. Richard Wolin, Cambridge: MIT Press, 1993.
Jünger, Ernst, *The Worker: Dominion and Form*, Evanston, IL: Northwestern University Press, 2017.［エルンスト・ユンガー『労働者——支配と形態』（月曜社、2013年）］.

Kagan, Robert, 'This Is How Fascism Comes to America', *Washington Post*, 18 May 2016.
Katz, Jacob, *The Dark Side of the Genius: Richard Wagner's Anti-Semitism*, Hanover: Brandeis University Press, 1986.
Kazin, Michael, *The Populist Persuation: An American History*, Ithaca, NY: Cornell University Press, 1998.
Kershaw, Ian, *Hitler, 1889–1936: Hubris*, London: Allen Lane, 1984［イアン・カーショー『ヒトラー（上）——1889–1936 傲慢』（白水社、2015年）］.
Kershaw, Ian, *The Nazi Dictatorship: Problems and Perspectives of Interpritation*, New York: Oxford Univesity Press, 2000 / London: Bloomsbury, 2015.
Koonz, Claudia, *Mothers in the Fartherland: Women, the Family, and Nazi Politics*, New York: St. Martin Press, 1987.
Koselleck, Reinhart, 'Social History and Conceptual History', in *The Practice of Conceptual History: Timing History, Spacing Concepts*, ed. Todd Samuel Presner, Stanford: Stanford University Press, 2002.
Kotkin, Stephan, *Magnetic Moutain: Stalinism as a Civlilization*, Berkeley: University of Califorunia Press, 1995.
Kracauer, Siegfried, 'Masse und Propagande', in *Siegfried Kracauer 1889–1966*, eds. Ingrid Belke and Irina Renz, Matbach am Neckar: Deutsche Schillergesellschaft, 1989.
Krüger, Gesine, *Kriegsbewältigung und Geschichtsbewusstsein: Realität, Deutung, und Verar-*

Conference Held by the American Academy of Arts and Sciences, ed. Carl Friedrich, Cambridge: Havard Uniyesity Press, 1953.

Habermas, Jürgen, 'Concerning the Public Use of History', *New German Crtique* 44, 1988.［J・ハーバーマス「歴史の公的使用について——ドイツ連邦共和国の公式の理解が壊れつつある」、『過ぎ去ろうとしない過去——ナチズムとドイツ歴史家論争』（人文書院、1995年）、所収］.

Habermas, Jürgen, 'A Kind of Settlement of Damages: The Apologetic Teddencies in German History Writing'［J・ハーバーマス「一種の損害補償、ドイツにおける現代史記述の弁護論的傾向」、『過ぎ去ろうとしない過去——ナチズムとドイツ歴史家論争』（人文書院、1995年）、所収］, in James Knowlton, ed., *Forever in the Shadow of Hitler?: Original Documents of the Histrikerstreit, the Controversy Concerning the Singularity of the Holocaust*, Atlantic Highlands, NJ: Humanities Press, 1993.

Habermas, Jürgen, *The Structural Transformation of the Public Sphere: Inquiry into a Category of Bourgeois Society*, Cambridge, UK: Polity Press, 1991［ユルゲン・ハーバーマス『公共性の構造転換——市民社会のカテゴリーについての探求』（未来社、1994年）］.

Hadjiat, Abdelali, *La marche pour l'égalité et contre le racism*, Paris: Éditions Amsterdam, 2013.

Hartman, Geoffey H., *Bitburg in Moral and Political Perspective*, Bloomington: Indiana University Press, 1986.

Hayek, Friedrich von, *The Road to Serfdom*, London: Boutledge, 2007［フリードリヒ・フォン・ハイエク『隷従への道——全体主義と自由』（東京創元社、1954年）］.

Herf, Jeffrey, *Reactionary Modernism: Technology, Culture and Politics in Weimar and the Third Reich*, New York: Cambridge University Press, 1984［ジェフリー・ハーフ『保守革命とモダニズム——ワイマール・第三帝国のテクノロジー・文化・政治』（岩波書店、1991年）］.

Higham, John, *Strangers in the Land: Patterns of American Nativism, 1860–1925*, New Brunswick, NJ: Rutgers University Press, 2001.

Hilberg, Raul, *The Distruction of the European Jews*, Chicago: Quadrangle Books, 1967.

Hill, Isabel V., *Absolute Destruction: Military Culture and the Practices of War in Imperial Germany*, Ithaca, NY: Cornell University Press, 2005.

Holquist, Peter, 'La question de la violence', in *Le siècle des communismes*, ed. Michel Dreyfus, Paris: Les Editions l'Atelier, 2000.

Horkheimer, Max, and Theodor W. Adorno, *Dialectic of Enlightment*, Sranford: Stanford University Press, 2007［M・ホルクハイマー、T・W・アドルノ『啓蒙の弁証法』（岩波文庫、2007年）］.

Höss, Rudolf, *Commandant of Auschwitz*, New York: Orion, 2000.

Houellebecq, Michael, *Submission: A Novel*, trans, Lorin Stein, New York: Picador, 2015［ミシェル・ウエルベック『服従』（河出文庫、2017年）］.

House, Jim, 'Memory and the Creation of Solidarity During the Decolonisation of Algeria', *Yale French Studies*, 118: 119, 2010.

Huntington, Samuel P., *The Crash of Civlilizations and the Remaking of the World Order*, New York: Simon & Schuster, 1996［サミュエル・ハンチントン『文明の衝突』上・下（集英社文庫、2017年）］.

University of Wisconcsin Press, 2004.
Gentile, Emilio, ed., *Modernità totalitaria, Il fascismo italiano*, Roma: Laerza, 2006.
Gentile, Emilio, *Politics as Religion*, Princeton: Princeton University Press, 2006.
Gentile, Emillo, *The Italian Road to Totalitarianism*, New York: Frank Cass, 2006.
Gentile, Emilio, *Il fascino del persecutore: George L. Mosse e la catastrofe dell'uomo moderno*, Rome: Carocci, 2007.
Gentile, Emilio, *La via italiana al totalitarismo: Il partito e lo stato nel regime fascista*, Roma: Carocci, 2008
Gentile, Emilio, 'Le silence de Hannah Arendt: L'interprétation du fascisme dans *Les Origines du totalitarisme*', *Revue d'Histoire Moderne et Contemporaine*, 55/3 (2008).
Germinario, Francesco, 'Fascisme et idéologie fasciste. Problèmes historiographiques et méthodologiques dans le modèle de Sternhell', *Revue française des idées politiques* 1, 1995.
Getty, John Arch, 'The Policy of Repression', in *Stalinist Terror, New Perspectives*, eds John Arch Getty and Roberta Manning, New York: Cambridge University Press, 1993.
Geyner, Michael, and Sheila Fitzpatrick, eds., *Beyond Totalitarianism: Stalinism and Nazism Compared*, New York: Cambridge University Press, 2009.
Gibelli, Antonio, *Berlusconi passato alla storia: L'Italia nell'era della democrazia autoritaria*, Rome: Donzelli, 2011.
Gilman, Sander L., *Jewish Self-Hatred: Anti-Semitism and the Hidden Language of the Jews*, Baltimore: Johns Hopkins University Press, 1986.
Gleason, Abbott, *Totalitarianism: The Inner History of the Cold War*, New York: Oxford University Press, 1995.
Goldhagen, Daniel J., *Hitler's Willing Executioners: Ordinary Germans and the Holocaust*, New York: Vintage, 1997［ダニエル・ゴールドハーゲン『普通のドイツ人とホロコースト――ヒトラーの自発的死刑執行人たち』（ミネルヴァ書房、2007 年）］.
Goody, Jack, *Islam in Europe*, Cambridge: Polity Press, 2004.
Grazia, Victoria de, *How Fascism Ruled Women*, Berkley: Univercity of California Pres, 1993.
Graziosi, Andrea, *The Great Soviet Peasant War*, Cambridge: Cambridge University Press, 1996.
Gregor, A. James, *The Fascist Persuasion in Radical Politics*, Princeton: Princeton University Press, 1974.
Gregor, A. James, *Marxism , Fascism, and Totalitarianism: Chapters in the Intellectual History of Radicalism*, Stanford: Stanford University Press, 2009.
Greilsammer, Alain, *La nouvelle histoire d'Israël: essai sur une identité nationale*, Paris: Gallimard, 1998.
Grosse, Pascal, 'From Colonialism to National Socialism to Postcolonialism: Hannah Arendt's *Origins of Totalitarianism*', *Postcolonial Studies* 9: 1, 2006.
Grunenberg, Antonia, *Antifaschismus: Ein deutscher Mythos*, Reinbek: Rowohlt, 1993.
Guglielmo, Thomas A., *White on Arrival: Italians, Race, Color, and Power in Chicago, 1890–1945*, New York: Oxford University Press, 2004.
Gurian, Waldemar, 'Totalitarianism as Political Religion', in *Totalitarianism Proceedings of a*

Forsthoff, Ernst, *Der tatale Staat*, Hamburg: Hanseatische Verlagsanstalt, 1933.

Foucault, Michel, *The Birth of Biopolitics: Lectures at the College de France, 1978–1979*, New York: Picador, 2010［ミシェル・フーコー『生政治の誕生――コレージュ・ド・フランス講義 1978–1979 年度』（筑摩書房、2008 年）］.

Fourest, Caroline, *Génie de la laîcité*, Paris: Grasset, 2016.

Fraser, Nancy, and Axel Honneth, *Redistribution or Recognition? A Political-Philosophical Exchange*, London: Verso, 2004［ナンシー・フレイザー／アクセル・ホネット『再分配か承認か？――政治・哲学論争』（法政大学出版局、2012 年）］.

Freud, Sigmund, 'Screen Memories', *The Uncanny*, trans. David MacLintock, New York: Penguin, 2003.

Friedländer, Saul, 'Reflecitons on the Historicization of National Socialism', *Memory, History, and the Extermination of the Jews of Europe*, Bloomington: Indiana University Press, 1993.

Friedländer, Saul, *Nazi Germany and the Jews, Vol. 2: The Yours of Persecution, 1933–1939*, New York: Harper Collins, 1997.

Friedlander, Saul, 'Mosse's Influence on the Histriography of the Holocaust', in *What History Tells: George L. Mosse and the Culture of Modern Europe*, eds. Stanley G. Payne, David Jan Sorkin, and Jhon S. Tortorice, Madison: The University of Wisconsin Press, 2004.

Friedrich, Carl J., and Zbigniew Brzezinski, *Totalitarian Dictatorship and Autocracy*, Cambridge: Harvard University Press, 1956.

Friedrich, Jörg, *The Fire: The Bombing of Germany, 1940–1945*, Now York: Columbia Press, 2006.

Furet, François, *Interpreting the French Revolution*, New York: Cambridge University Press, 1981［フランソワ・フュレ『フランス革命を考える』（岩波書店、1989 年）］.

Furet, François, *The Passing of an Illusion: The Idea of Communism in the Twentieth Century*, Chicago: Univercity of Chicago Press, 2000［フランソワ・フュレ『幻想の過去――二〇世紀の全体主義』（バジリコ、2007 年）］.

Furet, François, and Ernst Nolte, *Fascism and Communism*, Lincoln: University of Nebraska Press, 2004.

Galli della Loggia, Ernesto, *La morte della patria: la crisi dell'idea di nazione tra Resistenza, antifascismo e Republica*, Rome: Laterza, 1996.

Gellately, Robert, and Ben Kiernan, eds., *The Specter of Genocide: Mass Murder in Historical Perspective*, New York: Cambridge University Press, 2003.

Gentile, Emilio, *Il culto del Littorio, La sacralizzazione della politica nell' Italia fascista*, Rome: Laterza, 1993 (English trans. *The Sacralization of Politics in Fascist Italy*, Cambridge, MA: Harvard Univesity Press, 1996).

Gentile, Emilio, *Fascismo. Storia e interpretazione*, Roma: Laterza, 2002.

Gentile, Emilio, *Renzo De Felice, Lo stiorico e il personaggio*, Rome: Laterza, 2003.

Gentile, Emilio, 'A Provisional Dwelling: The Origin and Development of the Concept of Fascism in Mosse's Historiography', in *What History Tells: George L. Mosse and the Culture of Modern Europe*, eds. Stanley G. Payne, David Jan Sorkin, and Jhon Tortorice, Madison: The

als Gelegenheitsgast, ohne jedes Engagement', eds Ulrich Bielefeld and Yfaat Weiss, Paderborn: Wilhelm Fink: 2014.
Diner, Hasia, *In the Almost Promised Land: American Jews and Blacks 1915–1935*, Baltimore: John Hopkins University Press, 1995.
Dobry, Michel, 'La thèse immunitaire face aux fascismes. Pour une critique de la logique classificatoire', in *Le mythe de l'allergie française au fascisme*, Paris: Albin Michel, 2003.
Dosse, François, *Le Philosophe et le Président*, Paris: Stock, 2017.
Douthat, Ross, 'Is Donald Trump a Fascist?', *New York Times*, 3 December 2015.
Dreyfus, Michel, *L'antisémitisme à gauche: Histoire d'un paradox de 1830 à nos jours*, Paris: La Découverte, 2010.

Esposito, Roberto, *Categories of the impolitical*, New York: Fordham University Press, 2015.
Evans, Richard, *In Hitler's Shadow: West German Hitorians and the Attempt to Escape from the Nazi Past*, New York: Pantheon Books, 1989.

Facardi, Phiippo, '"Bravo italiano" e "cattivo Tedesco": reflessioni sulla genesi di due immagini incrociate', *Storia e memoria* 1, 1996.
Falasca-Zamponi, Simonetta, *Fascist Spectacle: The Aesthetics of Power in Mussolini's Italy*, Berkely: University of California Press, 1997.
Fallaci, Oriana, *The Rage and the Pride*, New York: Random House, 2002.
Fassin, Eric, *Populism: Le grand ressentiment*, Paris: Textuel, 2017.
Fest, Joachim, 'Encumbered Remembrance: The Controversy About the Incompatibility National Socialist Mass Crimes', in James Knowlton, ed., *Forever in the Shadow of Hitler?: Original Documents of the Histrikerstreit, the Controversy Concerning the Singularity of the Holocaust*, Atlantic Highlands, NJ: Humanities Press, 1993［ヨアヒム・フェスト「負債としての記憶――ナチズムの集団犯罪の比較不可能性に関する論争によせて」、『過ぎ去ろうとしない過去――ナチズムとドイツ歴史家論争』（人文書院、1995 年）、所収］.
Field, Geoffrey G., *Evangeliist of Race: The Germanic vision of Houston Stewart Chamberlain*, New York, : Columbia University Press, 1981.
Finchelstein, Federico, *Transatlantic Fascism: Ideology, Violence, and the Sacred in Argentina and Italy 1919–1945*, Durham: Duke University Pres, 2010.
Finchelstein, Federico, *From Fascim to Populism in History*, Berkley: University of California Press, 2017.
Finkielkraut, Alain, *L'identité malheureuse*, Paris: Folio-Gallimard, 2013.
Fitzpatrick, Sheila, *The Russian Revolution*, New York: Oxford University Press, 1994.
Fitzpatrick, Sheila, 'Revisionism in Soviet History', *History and Theory* 46: 4, 2007, 91.
Fitzpatrick, Sheila, 'Revisionism in Restrospect: A Personal Veiw', *Slavic Review* 67, 3., 2008.
Focardi, Filippo, *La guerra della memoria: La Resistenza nel dibattito politico italiano dal 1945 ad oggi*, Rome-Bari: Laterza, 2005.
Fontana, Josep, 'Julio de 1936', *Público*, 29 June 2010.
Ford, Henry, *The International Jew*, Torrance, CA: Noontide Press, 1978.

バート・コンクエスト『スターリンの恐怖政治』上下（三一書房、1976 年)].

Courtois, Stéphane, ed., *The Black Book of Communism: Crime, Terror, Repression*, Cambridge, MA: Harvard University Press, 1999 [ステファヌ・クルトワ『共産主義黒書〈ソ連編〉』（ちくま学芸文庫、2016 年)].

D'Arcais, Paolo Flores, 'Anatomy of Berlusconismo', *New Left Review* 68, 2011.

Dawidowicz, Lucy, *The War Against the Jews 1933–45*, London: Weidenfeld & Nicolson, 1975.

Deak, Istvan, *Weimar Germany Left's Wing Intellectuals: A Political History of the Weltbühne and Its Circle*, Berkley: University of California Press, 1968.

Debray, Régis, 'Mise au point', *Medium* 43, 2015.

Del Boca, Angelo, *The Ethiopian War 1935–1941*, Chicago: University of Chicago Press, 1968.

Del Rey, Fernando, ed., *Palbras como puños :Lintransigencia política en la segunda República española*, Madrid: Tecnos, 2011.

Del Rey, Fernando, 'Revisionismos y antemas: A vueltas con la II República', *Historia Social* 72, 2012.

D'Eramo, Macro, 'Populism and the new Oligarchy', *New Left Review* 82, 2013.

D'Eramo, Marco, 'They, the People', *New Left Review* 103, 2017.

De Felice, Renzo, introduciton to the Italian translation of Mosse's *La nazionalizaazzione delle masse. Simbolismo politi e movimenti di massa in Germania 1815–1933*, Bologna: il Mulino, 1975.

De Felice, Renzo, *Interpretations of Fascism*, Cambridge, MA: Harvard University Press, 1977.

De Felice, Renzo, *Mussolini il Duce: II, Lo Stato tatalitario 1936–1940*, Turin: Einaudi, 1981.

De Felice, Renzo, *Rosso e Nero*, Milan: Baldini & Castoldi, 1995, 17.

De Felice, Renzo, 'Introduzione', *Le interpretazioni del fascismo*, Romme: Laterza, 1995, xvi.

De Felice, Renzo, *'Prefazione', Le interpretazioni del fascismo*, Romme: Laterza, 1995.

De Felice, Renzo, *Mussolini l'alleato. La guerra civile 1943–1945*, Torino: Einaudi, 1997.

De Felice, Renzo, *Intervista sul fascismo*, Rome: Laterza, 2001.

Deutscher, Isaac, 'The EX-Communist's Conscience', in Marxism, Wars, and Revolution, *Essays from Four Decades*, London: Verso, 1984.

Deutscher, Isaac, 'Two Revolutions', in Marxism, Wars, and Revolution, *Essays from Four Decades*, London: Verso, 1984.

Devji, Faisal, *Landscape of the Jihad: Militancy, Modernity*, Ithaca, NY: Cornell University Press, 2005.

Dhume, Farbice, *Communautalisme: Enquête sur une chimère du nationalisme français*, Paris: Demopolis, 2016.

Diner, Dan, 'Antifaschisttische Weltanschauung: ein Nachruf', *Kreislaufe*, Berlin: Berlin Verlag, 1996.

Diner, Dan, 'On Rationality and Rationalization: An Economistic Explanation of the Final Solution', *Beyond the Conceivable: Studies on Germany, Nazism, and the Holocaust*, Berkeley: University of California Press, 2000.

Diner, Dan, 'Verschobene Erinnerung: Jean Améry's 'Die Tortur' wiedergelesen', in *Jean Améry: '...*

すず書房、2017 年)].

Bruneteau, Bernard, ed., *Le totalitarisme: origines d'un concept, genèse d'un débat 1930–1942*, Paris: Editions du Cerf, 2010.

Bruneteau, Bernard, 'Interpréter le totalitarisme dans les années 1930', in *Naissances du totalitarisme*, ed. Philippe de Lara, Paris: Cerf, 2011.

Burleigh, Michael, and Wolfgang Wippermann, *The Racial State: Germany 1933–1945*, New York: Cambridge University Press, 1998.

Burrin, Philippe, 'Le fascisme: la révolution sans révolutionnaires', *Le Débat* 38, 1986.

Burrin, Phillipe, 'Le champ magnétique des fascismes', *Fascisme, nazisme, autoritarisme*, Paris: Seuil, 2000.

Campbell, Ian, *The Addis Ababa Massacre: Italy's National Shame*, New York: Oxford University Press, 2017.

Campos, Ismad Saz, *Los nacionalismos franquistas*, Madrid: Marcial Pons, 2003.

Camus, Jean-Yves, and Nicolas Libourg, *Les droites extrêmes en Europe*, Paris: Seuil, 2015.

Camus, Renaud, *Le Grand Remplacement*, Neuilly-sur-Seine: Reinharc, 2011.

Cottee, Simon, ed., *Christopher Hitchens and His Critics*, New York: New York University Press, 2008.

Caute, David, *The Fellow-Travellers: Intellectual Friend of Communism*, New Haven: Yale Univesity Press, 1983.

Césaire, Aimé, *Discourse on Colonialism*, trans. Joan Pikham, New York: Monthly Review Press, 2000［エメ・セゼール『帰郷ノート』(平凡社、1997 年)].

Casanova, Julián, ed., *Morir, matar, sobrevivir, La violencia en la dictadura de Franco*, Barcelona: Críitica, 2002.

Chaumont, Jean-Michel, *La Concurrence des victimes: Génocide, identité, reconnaissance*, Paris: La Découverte 1997.

Chibbers, Vivek, *Postcolonial Theory and the Spectre of Capital*, New York,: Verso, 2013.

Chickering, Roger, and Stig Förster, eds., *Great War, Total War: Combat and Mobilization on the Western Front, 1914–1918*, Cambridge: Cambridge University Press, 2000.

Christofferson, Michael Scott, *French Intellectuals Against the Left: The anti-totalitarian Moment of the 1970s*, London: Berghahn Books, 2004.

Clark, Christopher, *The Sleepwalkers: How Europe Went to War in 1914*, Londonn: Allen Lane, 2012［クリストファー・クラーク『夢遊病者たち——第一次世界大戦はいかに始まったか』1・2(みすず書房、2017 年)].

Coleman, Peter, *The Liberal Conspiracy: The Congress for Culural Freedom and the Struggle for the Mind in Postwar Europe*, New York: Free Press, 1989.

Collins, Patricia Hill, and Sirms Birge, *Intersectionality*, Cambridge, UK: Polity Press, 2016.

Combe, Sonia, 'Evstignev, roi d'Ozerlag', *Ozerlag 1937–1964*, ed. Alain Brossat, Paris: Editions Autrement, 1991.

Combe, Sonia, and Régine Robin, eds, *L'effacement des traces*, Paris: BDIC, 2009.

Conquest, Robert, *The Great Terror: Stalin's Purge of the Thirties*, New York: Macmillan, 1968［ロ

nah Arendt, New York: Schocken Books, 1968.

Benzine, Racid, 'La peur de l'islam, ferment d'un nouveau lien identitaire en France?', in *Vers la guerre des identités? De la fracture coloniale à la révolution ultra-nationale*, eds. Pascal Blanchard, Nicolas Bancel, and Dominic Thomas, Paris: La Découverte, 2016.

Berg, Nicola, *Der Holocaust und die west-deutschen Historiker: Erforschung und Erinnerung*, Göttingen: Wallstein, 2003

Berlin, Isaiah, 'Joseph de Maistre and the Origins of Fascism', *The Crooked Timber of Humanity: Chapters in the History of Ideas*, London: John Murray, 1990.

Berlin, Isaiah, *Freedom and Its Betrayal: Six Enemies of Human Liberty*, Princeton: Princeton University Press, 2002.

Berman, Paul, *Terror and Liberalism*, New York: Norton, 2004.

Birnbaum, Pierre, *The Jews of the Republic: Political History of the State Jews in France from Gambetta to Vichy*, Stanford: Stanford University Press, 1996.

Birnbaum, Pierre, *Un mythe politique: La 'République juive' de Leon Blum à Pierre Mandès France*, Paris: Fayard, 1998.

Blackburn, Davis, and Geoff Eley, *The Peculiarities of German History: Bougeois Society and Politics in Nineteenth Century Germany*, Oxford: Oxford University Press, 1984.

Bobbio, Norberto, 'L'ideologia del fascismo', *Dal fascismo alla democrazia. 1 regimi, le ideologie, le figure e le culture politiche*, Milan: Baliini & Castoldi, 1997.

Boltanski, Luc, and Arnaud Esquerre, *Vers l'extrême: Extension des domaines de la droite*, Paris: Editions Dehors, 2014

Borkenau, Franz, *The Totalitarian Enemy*, London, Faber & Faber, 1940.

Boroumand, Ladan, and Roya Boroumand, 'Terror, Islam, and Democracy', in *Islam and Democracy in the Middle East*, eds Larry Diamond, Marc F. Plattner, and Daniel Brumberg, Baltimore: Johns Hopkins University Press, 2003.

Bosworth, Richard, *The Italian Dictatorship: Problems and Perspectives in the Interpretation of Mussolini and Fascism*, London: Arnold, 1998.

Bouteldja, Houria, *Les Blancs, les Juifs et nous*, Paris: La Fabrique, 2016. English trans. Rachel Valinsky, forward by Cornel West, *Whitess, Jews and Us: For a Politics of Revolutionary Love*, New York: Semiotext(e), 2017.

Bracher, Karl Dietrich, *The German Dictatorship: The Origins, Structure, and Effects of National Socialism*, New York: Praeger, 1970［K・D・ブラッハー『ドイツの独裁――ナチズムの生成・構造・帰結』(岩波書店、2009年)］.

Breuer, Stefan, *Anatomie der Konservativen Revolution*, Darmstadt: Wissenschaftliche Buchgesselschaft, 1995.

Broszat, Martin, 'Hitler and the Genesis of the "Final Solution"', *Aspects of the Third Reich*, London: Macmillan, 1985.

Broszat, Martin, *The Hitler State: The Foundation and Development of the Internal Struggle of the Third Reich*, New York: Routledge 2013.

Brown, Wendy, *Undoing the Demos: Neoliberalism's Stealith Rvolution*, New York: Zone, 2015［ウェンディ・ブラウン『いかにして民主主義は失われていくのか――新自由主義の見えざる攻撃』(み

University of Chicago Press, 2017［マリー・ルイーズ・クノット編『アーレント＝ショーレム往復書簡』（岩波書店、2019 年）］.
Aron, Raymond, *Démocratie et totalitarisme*, Paris: Gallimard, 1965.
Aron, Raymond, 'L'avenir des religions séculières', *Chroniques de guerre: Le France libre 1940–1945*, Paris: Gallimard, 1990.
Aschheim, Steven E., 'George L. Mosse at 80: A Critical Laudatio', *Journal of Contemporary History* 34: 2, 1999.
Aschheim, Steven, 'Intorduducion', *What History Tells: George L. Mosse and the Culture of Modern Europe*, eds. Stanley G. Payne, David Jan Sorkin, and Jhon Tortorice, Madison: The University of Wisconcsin Press, 2004, 6.
Ashm Timothy Garton, 'It's the Kultur, Stupid', *The New York Review of Books*, 7 December 2017.
Audoin-Rouzeau, Stéfane, 'George, L. Mosse, Réflexion sur une méconnaissance française', *Annales* 1, 2001, 1183–86.

Badinter, Elisabeth, 'Il ne faut pas avoir peur de se faire traiter d'islamophobe', *Marienne*, 6 January 2016.
Badiou, Alain, 'Le Rouge et le tricolore', *Le Monde*, 27 January 2015.
Bale, Jeffey M., 'Islamism and Totalitarianism', *Totalitarian Movements and Political Religions* 10: 2, 2009.
Balibar, Ethienne, *Secularism and Cosmopolitanism: Critical Hypotheses on Religion and Politics*, New York: Columbia Univercity Press, 2018.
Bancel, Nicolas, and Pascal Blanchard, eds, *Human Zoos: Science and Spectacle in the Age of Colonial Empires*, Liverpool University Press, 2009.
Bancel, Nicolas, Pascal Blanchard, and Françoise Vergès, *La République coloniale: Histoire d'une utopie*, Paris: Albin Michel, 2003.
Banti, Alberto Mario, *Sublime madre nostra: La nazione italiana dal Risorgimento al fascismo*, Rome: Laterza, 2011.
Bartov, Omer, 'The European Imagination in the Age of Total War', *Murder in Our Midst: The Holocaust, Industrial Killing, and Representaion*, New York: Oxford University Press, 1990.
Battini, Michele, *Socialism of Fools: Capitalism and Modern Anti-Semitism*, New York: Colombia University Press, 2016
Bauman, Zygmunt, *Modernity and Holocaust*, Cambridge: Polity Press, 1989［ジグムント・バウマン『近代とホロコースト』（大月書店、2006 年）］.
Baumard, Maryline, 'Emploi, école, les réussites et les blocages de l'intégration en France', *Le Monde*, 8 January 2016.
Ben-Ghiat, Ruth, 'A Lesser Evil? Italian Fascism and the Totalitarian Equation', in *The Lesser Evil: Moral Approaches to Genocide Practices in a Comparative Perspective*, eds. Helmut Dubiel and Gabriel Motzkin, New York: Frank Cass, 2004.
Benjamin, Walter, 'The Work of Art in the Age of Mechanical Reproduction'［ヴァルター・ベンヤミン『複製技術時代の芸術』（晶文社クラシックス、1999 年）］、in *Illuminations*, ed. Han-

参考文献

◆このリストは、原書脚注に挙げられている文献を、著者（複数の場合は筆頭者）の姓のアルファベット順に並べたものであり、邦訳編集部が作成したものである。
◆同じ文献で、複数の版が挙げられている場合は並記した。

About, Ilsen, and Vicent Denis, *Histoire de l'identification des personnes*, Paris: La Découverte, 2010.

Achcar, Gilbert, *The People Want: A Radical Exploration of the Arab Uprising*, Berkeley: University of California Press, 2013［ジルベール・アシュカル『アラブ革命の展望を考える――「アラブの春」の後の中東はどこへ？』（柘植書房新社、2018年）］.

Adorno, Theodor W., ed., *The Autoritarian Personality*, New York: Harper, 1950.

Adorno, Theodor W., 'The Meaning of Working Through the Past', In *Critical Models: Interventions and Catchwords*, ed. Lydia Goher, New York: Columbia University Press, 2005.

Agamben, Giorgio, *The Kingdom and the Glory: For a Theological Genealogy of Economy and Government*, Stanford University Press, 2011［ジョルジョ・アガンベン『王国と栄光――オイコノミアと統治の神学的系譜学のために』（青土社、2010年）］.

Albright, Madeleine, *Fascism: A Warning*, New York: Harper, 2018.

Ali, Tariq, *The Extreme Center: A Warning*, London: Verso, 2015.

Aly, Götz, *'Final Solution': Nazi Population Policy and the Murder of the European Jews*, London: Arnold, 1999［ゲッツ・アリー『最終解決――民族移動とヨーロッパのユダヤ人殺害』（法政大学出版局、1998年）］.

Aly, Götz, *Hitler's Beneficiaries: Plunder, Race War and Nazi Welfare State*, New York, 2007.

Améry, Jean, *At the Mind's Limits: Contemplations by a Survivor on Auschwitz and Its Realities*, Bloomington: Indiana University Press 1980.

Anderson, Benedict, *Imagined Communities*. London, Verso, 1983［ベネディクト・アンダーソン『想像の共同体――ナショナリズムの起源と流行』（リブロポート、1987年）］.

Anderson, Perry, 'The End of History', *A Zone of Engagement*, London: Verso, 1992.

Applebaum, Anne, *Gulag: A History*, New York: Doubleday, 2003［アン・アプルボーム『グラーグ――ソ連集中収容所の歴史』（白水社、2006年）］.

Aquarone, Alberto, *L'organizzazione dello Stato totalitario*, Turin: Einaudi, 1965.

Arendt, Hannah, *The Origins of Totalitarianism*, New York: Houghton Mifflin, 1973 / Harcourt Brace, 1979 (original 1951)［ハンナ・アーレント『全体主義の起源』（みすず書房、2017年）］.

Arendt, Hannah, 'On Humanity in Dark Times: Thoughts about Lessing', *Men in Dark Times*, New York: Hacourt Brace, 1970［ハンナ・アーレント『暗い時代の人間性について』（情況出版、2002年）］.

Arendt, Hannah, and Gershom Scholem, *Correspondence*, ed. Marie Louise Knott, Chicago:

[訳者紹介]

湯川順夫（ゆかわ・のぶお）

1943年生まれ。翻訳家。

主な翻訳書に以下がある。

エルネスト・マンデル『第二次世界大戦とは何だったのか』（柘植書房新社、2020年）

ジルベール・アシュカル『アラブ革命の展望を考える――「アラブの春」の後の中東はどこへ？』（共訳、柘植書房新社、2020年）

ディディエ・デニンクス『父さんはどうしてヒトラーに投票したの？』（共訳、解放出版社、2019年）

ダニエル・ベンサイド『21世紀マルクス主義の模索』（柘植書房新社、2011年）

イグナシオ・ラモネ『マルコス・ここは世界の片隅なのか――グローバリゼーションをめぐる対話』（現代企画室、2002年）

ジルベール・アシュカル『野蛮の衝突――なぜ21世紀は、戦争とテロリズムの時代になったのか？』（作品社、2004年）

[解説者紹介]

中村勝己（なかむら・かつみ）

1963年生まれ。政治学博士（中央大学）。専攻はイタリア政治思想史。

主な論文に、「ヘゲモニーの系譜学――グラムシと現代政治思想」（杉田敦編『講座 政治哲学 第四巻 国家と社会』岩波書店）、「オペライズモの光芒――トロンティの社会的工場論と“政治”」（市田良彦・王寺賢太編『現代思想と政治――資本主義・精神分析・哲学』平凡社）ほか。

主な翻訳書に、アントニオ・ネグリ『デカルト・ポリティコ――政治的存在論について』（共訳、青土社、2019年）、ノルベルト・ボッビオ『ホッブズの哲学体系――「生命の安全」と「平和主義」』（共訳、未來社、2018年）、エリック・ホブズボーム『いかに世界を変革するか――マルクスとマルクス主義の200年』（共訳、作品社、2017年）、ネグリ『戦略の工場――レーニンを超えるレーニン』（共訳、作品社、2011年）、アガンベン『例外状態』（共訳、未來社、2007年）ほか。

［著者紹介］

エンツォ・トラヴェルソ（Enzo Traverso）

歴史家。ファシズム、ナチズム、全体主義などの研究者として世界的に著名。米コーネル大学教授。

1957年、イタリアで生まれ、ジェノヴァ大学で現代史を修めた後、パリ社会科学高等研究院（EHESS）で博士号を取得。パリ第8大学、ピカルディ・ジュール・ヴェルヌ大学などを経て、現職。ドイツ、イタリア、スペイン、ベルギー、南米諸国の大学に客員教授として招かれ、さらに各国で開催される政治学・社会学のセミナーに参加するなど、世界的に活躍している。

著作は十数冊に及ぶが、すべてが世界各国に翻訳されており、これまでに以下の6冊が邦訳されている。

『ユダヤ人とドイツ――「ユダヤ・ドイツの共生」からアウシュヴィッツの記憶まで』（宇京頼三訳、法政大学出版局、1996年）
『アウシュヴィッツと知識人――歴史の断絶を考える』（宇京頼三訳、岩波書店、2002年）
『マルクス主義者とユダヤ問題――ある論争の歴史 1843-1943年』（宇京頼三訳、人文書院、2000年）
『全体主義』（柱本元彦訳、平凡社新書、2010年）
『ヨーロッパの内戦――炎と血の時代 一九一四－一九四五』（宇京頼三訳、未来社、2018年）
『左翼のメランコリー――隠された伝統の力 一九世紀～二一世紀』（宇京頼三訳、法政大学出版局、2018）

ポピュリズムとファシズム
——21世紀の全体主義のゆくえ

2021年 6 月10日 第 1 刷印刷
2021年 6 月15日 第 1 刷発行

著　者——エンツォ・トラヴェルソ
訳　者——湯川順夫

発行者——和田 肇
発行所——株式会社作品社
102-0072 東京都千代田区飯田橋 2-7-4
Tel 03-3262-9753　Fax 03-3262-9757
振替口座 00160-3-27183
https://www.sakuhinsha.com

編集担当——内田眞人
装丁——小川惟久
本文組版——ことふね企画
印刷・製本—シナノ印刷(株)

ISBN978-4-86182-847-8 C0031

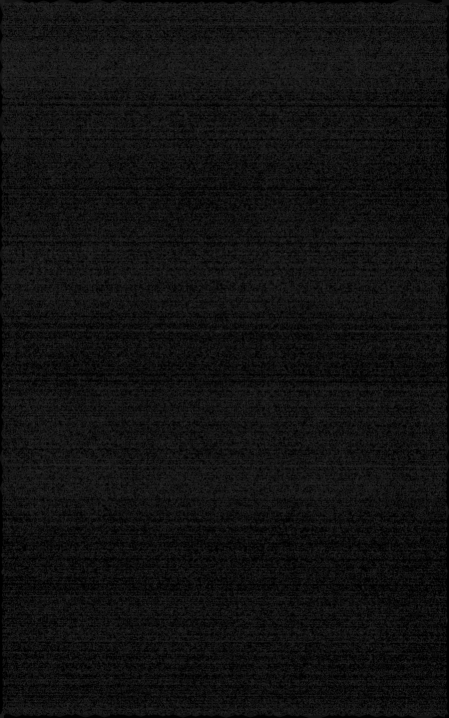